U0102478

八閩文庫

專題彙編 第一種

福建文獻集成初編解題

八閩文庫編輯部 編

海峽出版發行集團
THE STRAITS PUBLISHING & DISTRIBUTING GROUP
福建人民出版社

二〇一九年八閩文庫出版工程領導小組

組　長

梁建勇

副組長

楊賢金

成　員

施宇輝　馮潮華　賴碧濤　陳熙滿　王建南　黄　誌　卓兆水

葉飛文　陳　强　林守欽　王秀麗　蔣達德

二〇二〇年八閩文庫出版工程領導小組

組　長

邢善萍

副組長

郭寧寧

成　員

施宇輝　馮潮華　賴碧濤　陳熙滿　肖貴新　王建南　黄　誌

卓兆水　葉飛文　陳　强　林守欽　王秀麗　林義良

二〇二二年八閩文庫出版工程領導小組

組　長

張　彦

副組長

鄭建閩

成　員

林端宇　鄭家紅　顏志煌　黃國劍　許守堯　肖貴新　林　生

黃　誌　卓兆水　吴宏武　陳　强　張立峰　鄭東育　林義良

林　彬

八閩文庫編纂委員會

顧問

袁行霈　樓宇烈　安平秋　陳祖武　楊國楨　周振鶴

主任

葛兆光　張　帆

委員（以姓氏筆畫排序）

丁荷生（Kenneth Dean）　方寶川　杜澤遜　李　岩　吴　格
汪征魯　宋怡明（Michael Szonyi）　林　彬　林繼中　馬泰來
陳支平　陳紅彦　陳慶元　張志清　張善文　傅　剛　鄭振滿
鄭智明　漆永祥　稻畑耕一郎　劉　石　劉躍進　盧美松
顧　青

八閩文庫編輯中心

主任 林　彬

成員 鄧詩霞　劉亞忠　孫漢生　茅林立　江中柱　盧　和　宋一明
史霄鴻　林　頂　王金團　連天雄　江叔維　楊思敏　盧爲峰
張華金

八閩文庫編輯部

宋一明　連天雄　劉挺立　趙遠方　莫清洋　張輝蘭

八閩文庫總序

葛兆光　張帆

一

在傳統中國的文化史上，福建算是後來居上的區域。經歷了東晋、中唐、南宋幾次大移民潮，浙、閩之間的仙霞嶺，早已不是分隔内外的屏障，而成了溝通南北的通道。歷史使得福建越來越融入華夏文明之中，唐宋兩代，特別是在「背海立國」的宋代，東南的經濟發達，海洋的地位凸顯，福建逐漸從被文明中心影響的邊緣地帶，成爲反向影響全國文明的重要區域。在七世紀的初唐，詩人駱賓王曾説「龍章徒表越，閩俗本殊華」（駱臨海集箋注卷二晚憩田家，陳熙晋箋注，上海古籍出版社一九八五年，第三六頁），前一句説的是華夏的衣冠對斷髪文身的越人没有用，後一句説的是閩地的風俗本來就與華夏不同，意思都是瞧不起東南。但是，到了十五世紀的明代中期，黄仲昭在弘治八閩通志序裏卻説，八閩雖爲東南僻壤，但自唐以來文化漸盛，「至宋，大儒君子接踵而出」，實際上它的文明程度，已經「可以不愧於鄒魯」（四庫全書存目叢書史部一七七册，齊魯書社一九九六年，第三六四頁）。

的確，自從福建在唐代出了第一個進士薛令之，而且晋江有歐陽詹，福清有王棨，莆田有徐夤、黄滔這些傑出人物之後，到了更加倚重南方的宋代，福建出現了蔡襄（一〇一二—一〇六七）、陳襄（一〇一七—一〇八〇）、游酢（一〇五三—一一二三）、楊時（一〇五三—一一三五）、鄭樵（一一〇四—一一六二）、林光朝（一一一四—一一七八）、朱熹（一一三〇—一二〇〇）、蔡元定（一一三五—一一九八）、陳淳（一一五九—一二二三）、真德秀（一一七八—一二三五）等一大批著名文人士大夫。這些出身福建或流寓福建的士人學者，大大繁榮和提升了這裏的文化，甚至使得整個中國的文化重心逐漸南移，也許，就像程頤説的那樣「吾道南矣」（宋史卷四二八道學楊時傳，中華書局一九七七年，第一二七三八頁）。也就是説宋代之後，原本偏在東南的福建，逐漸成了中國重要的文化區域。

不過，習慣於中原中心的學者，當時也許還有偏見。以來自中心的偏見視東南一隅的福建，那時福建似乎還是「邊緣」。雖然人們早已承認福建「歷宋逮今，風氣日開」（黄虞稷閩小紀序，撰於康熙五年，續修四庫全書史部七三四册，上海古籍出版社二〇〇二年，第一二七頁），但有的中原士人還覺得福建「僻在邊地」。像北宋樂史的太平寰宇記，一面承認「此州（福州）之才子登科者甚衆」，一面仍沿襲秦漢舊説，稱閩地之人「皆蛇種」，並引十道志説福建「嗜欲、衣服，別是一方」（樂史太平寰宇記卷一〇〇江南東道一二，中華書局二〇〇七年，第一九九一頁）。所以，歷史上某些關於福建歷史、文化和風俗的著作，似乎還在以中原或者江南的眼光，特别留心福建地區與核心區域不同的特異之處，筆下一面凸顯異域風情，一面鄙夷南蠻鴃舌。但是從大的方面説，我們看到宋代以降，實際上福建與中原的精英文化越來越趨向同一，正如宋人祝穆方輿勝覽所説，「海濱幾及洙泗，百里三狀元」，前一句裏所謂「洙泗」即孔子故鄉，這是説福建沿海文風鼎盛，幾乎趕得上孔子故里；後一句裏「三狀元」是指南宋乾道年間福建登第的三個狀元，即乾道二年（一一六六）的蕭國梁、乾道五年的鄭僑和乾道八年的黄定，他們都是福建永福（今永泰）這個地方的人（祝穆新編方輿勝覽卷一〇，施和金點校，中華書局二〇〇三年，第一六三頁）。

文化漸漸發達，書籍或者文獻也就越來越多，福建文獻的撰寫者中不僅有本地人，也有流寓或任職於閩中的外地人。日積月累，這些文獻記録了這個多山臨海區域千年的文化變遷史，而八閩文庫的編纂，正是把這些文獻精選並彙集起來，爲現代人留下唐宋以來有關福建的歷史記憶。

二

福建鄉邦文獻數量龐大，用一個常見的成語説，就是「汗牛充棟」。那麼多的文獻，任何歸類或叙述都不免挂一漏萬。不過，我們這裏試圖從區域文化史的角度，談一談福建文獻或書籍史的某些特徵。

毫無疑問，中國各個區域都有文獻與書籍，秦漢之後也都大體上呈現出華夏同一思想文化的底色，但各區域畢竟有其地方特色。如果我們回溯思想文化的歷史，那麼，唐宋之後福建似乎也有一些特點。恰恰因爲是後來居上的文化區域，所以福建積累的傳統包袱不重，常常會出現一些越出常軌的新思想、新精神和新知識。這使得不少代表新思想、新精神和新知識的人物與文獻，往往先誕生在福建。衆所周知的方面之一，就是宋代儒家思想的變遷。應當説，宋代的理學或者道學，最初乃是一種批判性的新思潮，一些儒家士大夫試圖以屬於文化的「道理」鉗制屬於政治的「權力」，所以，極力强調「天理」的絕對崇高，人們往往稱之爲道學或理學，也根據學者的出身地叫作「濂洛關閩之學」。其中，「閩」雖然排在最後，卻應當説是宋代新儒學的高峰所在，以至於後人乾脆省去濂溪和關中，直接以「洛閩」稱之（如清代張夏雒閩源流録），以凸顯道學正宗，恰在洛陽的二程與福建的朱熹，而道學最終水到渠成，也正是在福建。因爲宋代道學集大成的代表人物朱熹，雖然祖籍婺源，卻出生在福建，而且相當長時間在福建生活。他的學術前輩或精神源頭，號稱「南劍三先生」的楊時、羅從彦（一〇七二—一一三五）、李侗（一〇九三—一一六三），也都是南劍州即今福建南平一帶人，他的提攜者之一陳俊卿（一一一三—一一八六），則是興化軍即今莆田人，而他的最重要的弟子黄榦（一一五二—一二二一）是閩縣（今福州）人、陳淳是龍溪（今龍海）人。

正是在這批大學者推動下，福建逐漸成爲圖書文獻之邦。慶元元年（一一九五），朱熹在福州州學經史閣記中曾經説，一個叫常濬孫的儒家學者，在福州地方軍政長官詹體仁、趙像之、許知新等資助下，修建了福州府學用來藏書的經史閣，即「開之以古人斅學之意，而後爲之儲書，以博其問辨之趣」（朱文公文集卷八〇，朱子全書第二四册，上海古籍出版社、安徽教育出版社二〇一〇年，第三八一四頁）。宋代之後，經由近千年的日積月累，我們看到福建歷史上出現了相當多的儒家論著，也陸續出現了有關儒家思想的普及讀物。大家可以從八閩文庫中看到，這裏收録的不僅有朱熹、真德秀、陳淳的著述，也有明清學者詮釋理學思想之作，像明人李廷機性理要選、清人雷鋐雷翠庭先生自恥録等等，應當説，這些論著構成了一個歷經宋元明清近千年的福建儒家文化史。

三

説到福建地區率先出現的新思想、新精神和新知識，當然不應僅限於儒家或理學一系。更應當記住的是，從宋代以來，中國政治、經濟和文化的重心，逐漸從西北轉向東南，一方面由於中原文化南下，被本地文化激蕩出此地異端的思想，另一方面海洋文明東來，同樣刺激出東南濱海的一些更新的知識。

我們注意到，在福建文獻或書籍史上，呈現了不少過去未曾有的新思想、新精神和新知識。比如唐宋之間，福建不僅出現過譚峭（生卒年不詳）化書這樣的道教著作，也出現過像百丈懷海（約七二〇—八一四）、潙山靈佑（七七一—八五三）、雪峰義存（八二二—九〇八）那樣充滿批判性的禪僧，還出現過禪宗史上撰於泉州的最重要禪史著作祖堂集。又如明代中後期，那個驚世駭俗而特立獨行的李贄（一五二七—一六〇二），有人説他的獨特思想，就是因爲他生在各種宗教交匯融合的泉州，傳説他曾受到伊斯蘭教之影響，當然更因爲有佛教與心學的刺激，使他成了晚明傳統思想世界的反叛者。而另一個莆田人林兆恩（一五一七—一五九八），則是乾脆開創了三一教，提倡「三教合一」，也同樣成爲正統的政治意識形態的挑戰者。再如明清時期，歐洲天主教傳教士「梯航九萬里」，也把天主教傳入福建，特別是明末著名傳教士艾儒略（一五八二—一六四九）應葉向高（一五五九—一六二七）之邀來閩傳教二十五年，從而福建才會有「三山論學」這樣的思想史事件，也產生了三山論學記這樣的文獻，無論是葉向高，還是謝肇淛，這些思想開明的福建士大夫，多多少少都受到外來思想的刺激。最後需要特別提及的是，由於宋元以來，福建成爲向東海與南海交通的起點，所以，各種有關海外的新知識，似乎都與福建相關，宋代趙汝适撰寫諸蕃志的機緣，是他在泉州市舶司任職；元代汪大淵撰寫島夷志略的原因，也是他從泉州兩度出海。由於此後福州成爲面向琉球的接待之地，泉州成爲南下西洋的航線起點，因而福建更出現了像張燮東西洋考、吴朴渡海方程、葉向高四夷考、王大海海島逸志等有關海外新知的文獻，這一有關海外新知的知識史，一直延續到著名的林則徐四洲志。老話説「草蛇灰線，伏脈千里」，歷史總有其連續處，由於近世福建成爲中國的海外貿易和海上交通的中心，所以，這裏會成爲有關海外新知識最重要的生産地，這才能讓我們深切理解，何以到了晚清，福建會率先出現沈葆楨開辦面向現代的船政學堂，出現嚴復通過翻譯引入的西方新思潮。

甚至還可以一提的是，近年來福建霞浦發現了轟動一時的摩尼教文書，這些深藏在道教科儀抄本中的摩尼教資料，説明唐宋元明清以來，福建思想、文化和宗教在構成與傳播方面的複雜性和多元性。所以，在八閩文庫中，不僅收録了譚峭化書，李贄焚書續焚書、藏書續藏書，林兆恩林子會編等富有挑戰性的文獻，也收録了張燮東西洋考、趙新續琉球國志略等關係海外知識的著作，讓我們看到唐宋以來，福建歷史上新思想、新精神和新知識的潮起潮落。

四

在八閩文庫收録的大量文獻中，除了福建的思想文化與宗教之外，也留存了有關福建政治、文學和藝術的歷史。如果我們看明人鄧原岳編閩中正聲、清人鄭杰編全閩詩録收録的福建歷代詩歌，看清人馮登府編閩中金石志、葉大莊編閩中石刻記、陳棨仁編閩中金石略中收録的福建各地石刻，看清人黄錫蕃編閩中書畫録中收録的唐宋以來福建書畫，那麽，我們完全可以同意歷史上福建的後來居上。這正如陳衍（一八五六—一九三七）在閩詩録的序文中所説「余維文教之開，吾閩最晚，至唐始有詩人，至唐末五代中土詩人時有流寓入閩者，詩教乃漸昌，至宋而日益盛」（續修四庫全書集部一六八七册，第四一一頁）。可見，宋史地理志五所説福建人「多向學，喜講誦，好爲文辭，登科第者尤多」，「今雖閭閻賤品處力役之際，吟詠不輟」（杜佑通典州郡十二），真是一點兒不假。

清代學者朱彝尊（一六二九—一七〇九）曾説「閩中多藏書家」（曝書亭集卷四四淳熙三山志跋，四部叢刊初編集部二七九册，上海書店一九八九年，第六〇一頁）。千年以來的人文日盛，使得現存的福建傳統鄉邦文獻，經史子集四部之書都很豐富，翻檢八閩文庫，就可以感覺到這一點，這裏不必一一叙説。需要特别指出的是，福建歷史上不僅有衆多的文獻留存，也是各種書籍刊刻與發售的中心之一。福建多山，林木葱蘢，具備造紙與刻書的有利條件，從宋元時代起，福建就成爲中國書籍出版的中心之一。宋元時代福建的所謂「建本」或「麻沙本」曾經「幾遍天下」（葉夢得石林燕語卷八，侯忠義點校，中華書局一九八四年，第一一六頁），更有所謂「麻沙、崇安兩坊産書，號稱『圖書之府』」的説法（新編方輿勝覽卷一一，第一八一頁）。版本學家也許將它與蜀本、浙本對比，覺得它並不精緻，但是，從書籍流通與文化貿易的角度看，正是這些廉價圖書，使得很多文化知識迅速傳向中國四方，也深入了社會下層。淳熙六年（一一七九），朱熹在建寧府建陽縣學藏書記中曾説到，「建陽版本書籍行四方，無遠不至」，可當時嘉禾縣學居然藏書很少，「學於縣之學者，乃以無書可讀爲恨」，於是一個叫姚耆寅的知縣，就「鬻書於市，上自六經，下及訓傳、史記、子、集，凡若干卷以充入之」。當地刊刻的書籍，豐富了當地學者的知識，也增加了當地文獻的積累，甚至扭轉了當地僅僅重視「世儒所誦科舉之業」的風氣（朱文公文集卷七八，朱子全書第二四册，第三七四五頁），這就是一例。到了清代，汀州府成爲又一個書籍刊刻基地，近年特别受到中外學者注意的四堡，就是一個圖書出版和發行中心，文獻記載這裏「以書版爲産業，刷就發販，幾半天下」（咸豐長汀縣志卷三一物産）。所以，美國學者包筠雅（CynthiaJ.Brokaw）文化貿易：清代至民國時期四堡的書籍交易（劉永華、饒佳榮等譯，北京大學出版社二〇一五年）就深入研究了這個位於汀州府長汀、清流、寧化、連城四縣交界地區的客家聚集區的書籍事業，繼承宋元時代建陽地區（如麻沙）刻書業，這裏再一次出現中國書籍出版史上佔據重要位置的福建書商群體。

可以順便提及的是，福建刻書業也傳至海外。福建莆田人俞良甫，元末到日本，由九州的博多上岸，寓居在京都附近的嵯峨，由他刻印的書籍被稱爲「博多版」。據説，俞氏一面協助京都五山之天龍寺雕印典籍，一面自己刻印各種圖書，由於所刊雕書籍在日本多爲精品，所以被日本學者稱爲「俞良甫版」。

從建陽到汀州，福建不僅刊刻了精英文化中的儒家九經三傳、諸子百家以及文選、文獻通考、賈誼新書、唐律疏議之類的典籍，也刊刻了很多大衆文化讀本，諸如西廂記、花鳥争奇和話本小説。特别在明清兩代書籍流行的趨勢和作爲商品的書籍市場的影響下，蒙學、文範、詩選等教育讀物，風水、星相、類書等實用讀物，小説、戲曲等文藝讀物，在福建大量刊刻。如果我們不是從版本學家的角度，而是從區域文化史的角度去看，這種「易成而速售」（石林燕語卷八，第一一六頁）的書籍生産方式，使得各種文獻從福建走向全國甚至海外，特别是這些既有精英的、經典的，也有普及的、實用的各種知識的傳播，是否正是使得華夏文明逐漸趨向各地同一，同時也日益滲透到上下日常生活世界的一個重要因素呢？

五

八閩文庫的編纂，當然是爲福建保存鄉邦文獻，前面我們説到，保存鄉邦文獻，就是爲了留住歷史記憶。

這次編纂的八閩文庫，擬分爲三個部分。第一部分是「文獻集成」，計劃選擇與收録唐宋以來直到晚清民初的閩人各種著述，以及有關福建的文獻，共一千餘種，這部分採取影印方式，以保存文獻原貌。這是八閩文庫的基礎部分，按傳統的經史子集四部分類，這是爲了便於呈現傳統時代福建書籍面貌，因而數量最多；第二部分是「要籍選刊」，精選一百三十餘種最具代表性的閩人著述及相關文獻，以深度整理的方式點校出版，不僅爲了呈現歷代福建文獻中的精華，也爲了便於一般讀者閱讀；第三部分則爲「專題彙編」，初步擬定若干類，除了文獻總目之外，還將包括書目提要、碑傳集、宗教碑銘、官員奏折、契約文書、科舉文獻、名人尺牘、古地圖等，我們認爲，這是以現代觀念重新彙集與整理歷史資料的一個新方式，它將無法納入傳統的四部分類，卻是對理解福建文化與歷史至關重要的文獻，進行整理彙集，必將爲研究與理解福建，提供更多更系統的資料。

經歷幾年討論與幾年籌備，八閩文庫即將從二〇二〇年起陸續出版，力爭用十年時間，經過一番努力，打下一個比較完備的福建文獻的基礎。

當然，不能説八閩文庫編纂過後，對於福建文獻的發掘與整理就已完成。八閩文庫僅僅是我們這一兩代人的工作，還有更多或更深入的工作，在等待著未來的幾代人去努力。無論從舊材料中發現新問題，還是以新眼光發現新材料，都是建立在前人的基礎上，而又對前人的工作不斷修正完善的過程。還是朱熹寫給陸九齡的那句廣爲流傳的老話：「舊學商量加邃密，新知培養轉深沉。」用舊的傳統融會新的觀念，整理這些縱貫千年的歷史文獻，也就無論「人間有古今」了。

八閩文庫專題彙編出版説明

中國學術從傳統到現代的演變，與新史料的發現有較大關係。傳統的學術研究，主要依據官私所藏書籍及金石碑版等。近代以來，以安陽殷墟甲骨、敦煌遺書、漢晋木簡、内閣大庫檔案爲代表的史料發現與整理，使學術研究的視野和領域得到極大拓展。王國維最近二三十年中中國新發見之學問云：「古來新學問起，大都由於新發見。」傅斯年歷史語言研究所工作之旨趣稱：「凡一種學問，能擴張他研究的材料便進步，不能的便退步。」陳寅恪敦煌劫餘録序説：「一時代之學術，必有其新材料與新問題。取用此材料以研求問題，則爲此時代學術之新潮流。」這些觀點深刻影響了二十世紀以來的學術研究，發掘與訪求新史料也成爲現代學術的一項重要任務。直至今日，學界仍在不斷探尋史料、利用史料，如充分運用出土文獻、民間文書、司法檔案等，將學術研究持續推向新階段。

福建保存的歷史文獻類型較多、數量較大，亟待搜集整理與研究。如民間契約文書，早在二十世紀三十年代，與法國「年鑒學派」同時代的福建學者傅衣凌先生，就已利用民間契約文書研究歷史，爲中國社會經濟史研究開闢新境。福建多地至今仍保存大量原始狀態的民間契約文書，是研究中國傳統社會的重要史料。

又如石刻文獻，因其可與史傳相印證，或糾正、補充史傳記載的不足而備受重視。就福建而言，因宗教多元、民間信仰興盛且與海外聯繫密切，各地寺廟宫觀乃至鄉間宗祠，多有未經著録的碑銘遺存，爲中外交通史、思想文化史研究不可或缺。

再如福州船政，素稱近代海軍摇籃，培養的人才在近代中國政治、思想、文化、科技方面留下深刻印跡，所遺中外文史料則分藏各處。與之相關者，近代閩人翻譯作品衆多，除「譯才並世」的嚴復、林紓外，以文言翻譯西洋著作的尚有多家。

八閩文庫旨在系統搜集整理各類歷史文獻，爲研究福建的歷史文化以及與周邊地區乃至海外的關係，提供富有啓發性的史料。傳統的閩人經史子集四部著述，均已收入八閩文庫「文獻集成」部分。其他各類與福建有關的歷史文獻，諸如民間契約文書、散落各處的碑銘、宫廷舊藏的檔案、名人家譜、名家尺牘、歷代閩人傳狀、閩人篆刻印譜、中外人士所繪閩省地圖、明清科舉録與硃卷、西洋銅版畫、近代歷史照片、閩人文言翻譯作品、宋元以來相關域外文獻與涉外文獻、小説戲曲之類通俗文學作品以及各類文獻目録等，爲體現系統性、便於分類搜集整理，今以「專題彙編」的形式，初分二十餘種，陸續整理出版。

八閩文庫力求沿續傳統學術路徑、結合現代學術理念進行史料的搜集整理，「專題彙編」就是體現現代學術理念的一種嘗試。

二〇二二年八月

目次

史部

子部

集部

附録

福建文獻集成初編解題前言

福建文獻集成是搜集、整理、影印海内外所藏福建文獻之大型叢書，計劃收録一千餘種，尤其注重收録稿抄本、名家批校題跋本、海外所藏珍稀版本等，凡八百册，分四編出版。鑒於大型文獻叢書多典藏於圖書館，一般讀者較少購藏，僅通過簡單目録難以達到有效取用目的，故另外彙輯福建文獻集成解題，使讀者藉助解題與書影，嘗一臠而知全鼎，既可知曉内容大概，也能略睹版本形態。

此爲初編兩百册之解題與書影，著録唐代至民國間閩人著述及有關福建文獻二百一十七種，解題由全國四十餘家高校、科研、典藏機構近七十位專家撰寫，解題撰者於各篇之末注明。

本書編纂時，先將福建文獻集成初編各篇解題析出，仍依經史子集四部編次，計經部三十五篇、史部六十一篇、子部三十八篇、集部七十九篇（内睹棋山莊遺稿等五種併爲一篇）；復從各書中遴選書影一至二幀，或取卷端，或取序跋。彙編成册後，又對若干解題略事補充修正，除訂正已發現之訛誤外，編排也稍做技術處理，如收入著述兩種以上撰者之小傳，僅出現在第一處，他處則略去，以避重複。書末附録福建文獻集成初編出版説明及凡例，可供了解福建文獻集成之編纂理念與特色。又附以「書名筆畫索引」及「著者筆畫索引」，俾便檢索。

八閩文庫編輯部

二〇二一年十二月

經部

了齋易說一卷

［宋］沙縣陳瓘撰　中國國家圖書館藏清蔣氏別下齋抄本

陳瓘（一〇五七—一一二二），字瑩中，南劍州沙縣人。學者稱了齋先生。元祐二年（一〇八七）進士。調湖州掌書記，簽書越州判官，檄攝通判明州。紹聖初，召爲太學博士，遷校書郎，因觸章惇、蔡卞主紹述之論，爲權勢所軋，出通判滄州，知衛州。徽宗時爲右正言，遷左司諫，極論蔡京、蔡卞、章惇、安惇、邢恕之罪，後屢遭貶謫，卒於楚州。事詳宋史本傳。

是書爲了齋晚年所作，據此本卷末所存陳正同跋語可知。其子正同知常州，刊於官舍，時當紹興十二年（一一四二）十月。自跋語「先公」、「諸孤」云云，知正同係了齋之子，元胡一桂周易啓蒙翼傳説同，四庫總目謂「其孫」則非。宋馮椅厚齋易學云：「竊嘗從其孫大應見了翁有易全解，不止一卷也，多本卦變，與朱子發之説相類。」馮氏所見了齋易全解，今已佚。此書一卷，但解六十四卦卦爻辭及文言、彖、象，不録經文，或本爲劄記，裒而成書者。

是書解易，雖偶及内外象、消息、世應，實則摒絶象數，一以義理爲宗，尤於推闡彖象内理、排比經文異同二事，極見了齋窮索文辭之能。需九三：「需于泥，致寇至。」象曰：「需于泥，災在外也。自我致寇，敬慎不敗也。」注曰：「泥可陷，敬慎而不敗，則不陷矣。災在外，非我也。自我致寇，非人也。非我者，无妄之災。非人者，則敬慎在我。須其在我者，而靡恤其在外。君子所以敬慎而底乎成也。剛健之力，尤見于多凶之地。」象言「敬慎不敗」，則知「泥」之可致敗；「災在外」，則知「非我」之故；「自我致寇」，則知此寇之生，又非他人所致，實本於我之不能「敬慎」也。外災非我而敬慎在我，持以敬慎則災敗可去。了齋注於文辭之前後理路，頗能略獲作易者之心。此種論證，書中俯拾可見。貫穿經義而恝置卦象，蓋於熟玩文辭中來。然易辭簡約，或不免落入循環自證中。其解鼎六五「黄耳金鉉」云：「黄而金可知也，金而黄可知也。」無乃詞窮議詘乎？又此法既經推衍，輒常勾連文辭，會通旨趣。頤象注曰：「頤之時、大過之時、解之時、革之時，君子之行此四德者，乃能隨也，故曰隨時之義大矣哉。」此合論其辭同者；旅注曰：「坤之括，慎也。蹇之來，蠱之得，豐之來章，用括也。」此合解其意通者；家人卦辭注曰：「止而不入，故爲旅。旅，反家人。家人，内也。」此合説其旨異者。其所設論，鮮及卦象，但本文辭。龜山集引一説云「了翁説易，多以一字貫衆義。」可謂知言。漢易重象，至王輔嗣乃悉摒脱之，徒以義理作解，然王氏於義理之中，論卦時之臧否、析爻位之乘應，未嘗或闕。宋儒沿波，率遹厥緒。至了齋乃變本加厲，雖得妙想於辭之會通，終不免閡滯於象之稽索。陳振孫書録解題病其辭旨深晦，四庫總目謂其造語詰屈，蓋緣乎此。惜了齋全解已佚，不能知其卦變之説，詎其晚年獨措心於性理，而揄棄前之所學歟？然平生英悟，言天下治忽多驗，其所著易解，但存此一卷，闚玩辭之别逕，廣讀易之遐思，固不得以其語晦而廢其學也。

此本與文淵閣四庫全書本蓋有同出之底本，以其闕文多同也。此本雖有訛誤，如睽注「同者天也」至「見息而疑」重出臨注「亦命也」後，坎注「不盈虚弱而一也」至離注「上下相應不相與也」羼入咸注「皆以際也」下皆是。然以「從梅會里李氏校經廎明代舊本傳録」，仍偶存勝義。如四庫本屯注「動乎坎中」之「坎」此本作「險」，蒙「聖者大迷而終不悟也」之「聖」此本作「蒙」，遯注「時乎不正」上闕文處此本多存「者」字，離注「然後灰」上所奪一字此本作「熄」，解注「失其道也」之「失」此本作「矢」云云，是其勝四庫本者。此本曾經許光清校勘，許氏雖多以意訂之，然不無價值。如姤注「不中則不和用」之「和」，校言當作「利」；漸注「斷之九三」之「斷」，校言當作「漸」；兑注「商如」下校語云宜有「介如」字云云，或可爲校讎之資也。（蔡飛舟）

了齋易說

☰☰乾下乾上乾大也在人為元其大也離乎對矣而不无人也不見其人无咎　萬物資焉名之曰始　乃統天者乾乾也　雲行雨施乾之作也　曰乾曰坤曰元故曰品其為物也无不在不覩其形孰知其流　大明終始觀艮可知六位時成觀大畜可知　時成其位也時乘其變也初首元作潛亢在時不觀大畜何以畜其德乃統天者元也以御天者時也　變化者乾道也乾道精而非一其貞各而不雜往也而合命也而性故曰正合乎天地而不見其臭發而中節而其發不獨大然故无不利也无不貞也惟辟奉天其道如是　首出庶

五之光其暉在九二　有孚而養之可也首不可濡也濡其首有孚失是矣失是亦不知節也節而後信之信而後行之君子之行健而不息易之終始也

先公晚年益絕世念致一性命之理嘗著易說以遺諸孤正同謹以家藏刋于毗陵官舍庶幾流傳不没

先志紹興十二年十月日男右宣義郎權發遣常州軍州事陳正同謹題

此從梅會里李氏校經廎明代舊本傳錄惜尚有譌字因以意訂其一二知不免多所遺也庚子秋莽蕘邨許光清識

了齋易說

童溪王先生易傳三十卷

［宋］寧德王宗傳撰　寧波市天一閣博物院藏明抄本

王宗傳，字景孟，號童溪，寧德人。董真卿、馮椅、胡一桂以爲臨安人，非也，朱彝尊經義考已辨明之。宗傳居臨安太學二十一年，至淳熙八年（一一八一）以上舍免省試登進士第，終廣東韶州教授。學問該博，長於易。傳見寧德縣志。

是書又名童溪易傳，據卷二十七卷首小序可知，上下經六十四卦注成書於淳熙五年，而繫辭注之撰就，則在淳熙八年。林焞序云「既第之三年，教授曲江，越二年而書成」，則書之成稿，蓋在淳熙十三年也。其卷數，以現存版本視之，均爲三十卷。然宋馮椅厚齋易學、明朱睦㮮授經圖、清修續文獻通考則著録三十二卷。按，卷二十七宗傳自序云「歲在戊戌（淳熙五年），予著易傳，計三十卷。其於繫辭、序卦、雜卦未暇也。」據此，上下經注初嘗編作三十卷，意其全書卷帙必不少焉。又嘉靖寧德縣志引宗傳自贊云：「三十二卷易書，自謂無愧三聖。」三十二卷者，蓋當時别有編次，今未之見也。

四庫總目云：「宗傳之説，大概祧梁、孟而宗王弼，故其書惟憑心悟，力斥象數之弊，至譬於誤注本草之殺人。焞序述宗傳之論，有『性本無説，聖人本無言』之語，不免涉於異學，與楊簡慈湖易傳宗旨相同。蓋弼易祖尚玄虚以闡發義理，漢學至是而始變。宋儒掃除古法，實從是萌芽。然胡、程祖其義理而歸諸人事，故似淺近而醇實。宗傳及簡祖其玄虚而索諸性天，故似高深而幻窅。」又曰：「明萬曆以後，動以心學説易，流别於此二人。」此説影響甚鉅。審宗傳之書，多承程河南，且常以人事、史實作解，是以執館臣之言而遽論其不近人事者，固失之矣。至若其言「索諸性天」、「以心學説易」云云，後儒雖或置疑，然夷考是書，誠可略見其説之有據。困象注曰：「夫正者，在天則爲命；在人則爲性；而在事與物，則爲理。」又繫辭注曰：「易，性命之學也，而天地盡在是矣。」此其「索諸性天」者。繫辭注曰：「易即吾心也，吾心即易也」，義與慈湖「人心即道」相仿佛，此其「以心學説易」者。既云「易則性命之學」，又云「易即吾心」，則心、性之際，何以别乎？坤初六注曰：「夫陰陽天地之道，消長往來。爲晝夜，爲寒暑，爲古今，一息不停也。聖人何容心於其間，而有所愛、有所忌也哉？」其意蓋以愛、忌之情爲吾心之一端，是吾心之外儼然有一獨立之理存焉。若此，則其學近於伊川。繫辭注曰：「自然之理，其在天地者然也，聖人奚取焉？取其在人心者，與其在天地者本无以異也。」又曰：「易之爲易，乾坤是也；乾坤之爲乾坤，易簡是也；易簡之爲易簡，又吾心之所以自然者是也。知吾心之所以自然者，則乾之易、坤之簡在我而已。」揆其旨趣，聖人取人心而作易，以人心中可見自然之理故也。昭然以吾心爲本，則其學近於慈湖。學者争論宗傳學派歸屬多歧，蓋源於所言之「心」似性而非性也。要其大旨，宗傳之説出洛理而帶痕，求本心而未盡，雖不及慈湖之透快，實已開心學之端緒矣。

是書開禧元年由建安劉日新宅三桂堂始刻，今存二十八卷，闕第二十三、二十四卷，分藏於中國國家圖書館與遼寧省圖書館。此外，寧波市天一閣博物院藏有明抄本三十卷。清代則有通志堂本、四庫全書本、四庫薈要本等。宋本已非完帙，現存全本之最早者，即此天一閣所藏明抄本。（蔡飛舟）

童溪王先生易傳卷之一

迪功郎前韶州州學教授王宗傳景孟撰

發題易果何物耶聞諸夫子曰生生之謂易又曰易无體又曰其為道也屢遷又曰危者使平易者使傾其道甚大百物不廢懼以終始其要无咎此之謂易之道也蓋嘗即是数語而兼味之夫天下有生生不窮之理隨在隨有无所間斷在天地則為變化在事物則為消息在生民則為日用在聖賢則為德業在君子小人則為進退在晝夜則為晦明在古今則為往來新故之迭更也是理也相軋相推有當有否而吉凶以生聖人憫斯人之流轉於吉凶之域而莫知

是此主道所以日微君德所以日失天下日駸駸而入於暗乱之世矣此所謂後入于地失則也司馬温公曰其言失則者何國家之所以立者法也故為工者規矩繩墨不可去也為國者禮樂法度不可失也度差而機失綱絶而綱紊紀散而絲乱法壊而國家從之烏乎為君子者可不謹哉

童溪王先生易傳卷之十六

增訂易經存疑的稾十二卷 ［明］同安林希元撰　中國國家圖書館藏清康熙間仇兆鰲刻本

林希元（一四八一—一五六五），字懋貞，號次崖，同安人。正德十二年（一五一七）進士。授南京大理寺左評事，既而遷寺正。與堂官陳琳議獄事不合，降泗州判，後解官去。尋復起爲南京大理寺正，升任廣東按察司僉事。擢南大理寺右寺丞，後改北。因議遼東兵變事，極言姑息之弊，與權臣夏言意忤，謫知欽州。後起用爲廣東按察司僉事、分巡海北兼管珠池兵備，安南不貢，主必征之策。因朝議憚用兵，罷歸。居家二十餘年而卒。事見明蔡獻臣林次崖先生傳、雷禮國朝列卿紀、何喬遠閩書，清沈佳明儒言行録、張伯行道南源委、李清馥閩中理學淵源考等。

是書以朱子之學爲宗，多引蔡清蒙引，間及程子、楊誠齋、胡雲峰之説。楊時喬周易古今文全書謂「是書明白條暢，繼蒙引而作，微有異同」，大致得之。書以「存疑」名者，據書前洪朝選序：「存疑者，存諸子之疑，而羽翼程朱之傳、義也。」續文獻通考、經義考引同，而四庫總目引作「存朱子之疑」。考次崖書，或申明考亭，或匡正虚齋，或别述己見。其所存疑申論者，雖以本義爲主，然不獨本義一家，故當以「存諸子之疑」較是。且次崖重刻易經蒙引叙云：「易可象而不可言，可言而不可盡。聖人其猶病諸，況其下者乎？」改正經傳以垂世訓疏云：「夫義理無窮，非一人之言所能盡；亦天地所秘，未肯一時盡洩於人也。故宇宙數千年，聖賢迭興，各自立言，後聖有作，尚有可言者焉。」是書上繼本義、蒙引，旁涉他家，匡前儒之不及，申舊説之未盡，不主一家，可知之矣。

次崖自序言「束髮讀書即喜窮研經理」，又言「乃若捋精鬭巧，馳騁詞華，聖竅賢關，置而弗問，學士沿習，弊也久矣。前聖作經，我明造士，意豈若是？」是知先生頗鄙士之忽義理而尚詞華者，書固本爲研求經義而作。四庫總目謂「其書本爲科舉之學」，非是。然朱學既行於世，明史謂是書「爲舉業所宗」，則近其情。是書恪循程朱，匡補虛齋，亦紫峰淺説之類也。正嘉間，姚江大倡良知之學，復有龍溪、心齋踵行其説，影響甚熾。獨泉州蔡、陳、林三先生之易説，於壇坫中別立異幟，伉衡新學，儼成一派，洵朱子之功臣也。次崖解易，常繇經理而議及事功，如師九二象注云：「言九二在師旅之中而得吉者，以承天之寵任也。人臣非君寵任之，安得專征伐之權而有成功之吉？王者所以三錫命於九二者，蓋其心懷念萬邦之民陷於水火，寵任良將使誅暴鋤亂以安之也。」觀其所論，務實懇篤，固非空談性命者流所能比肩，宜乎蔡獻臣、陳臚聲俱稱其爲「有體有用」之儒也。

次崖遊宦倥傯，是書係嘉靖二十年（一五四一）歸里後删飾舊稿而成。據自序言，書初成於歸里次年。其後書林詹氏求刻，次崖又親爲校正付梓。今可考之較早刊本有清乾隆七年（一七四二）其裔孫林廷玣刻本，文淵閣四庫全書本本此。四庫總目云：「舊有王慎中、洪朝選二序，載朱彝尊經義考，廷玣删之。所言皆無大發明，今亦不復補録焉。」而此本王、洪二序俱在，可爲考索「存諸子之疑」異文之助。又此本次崖自序末附有萬曆二年（一五七四）次崖次子有梧跋，云存疑一書坊間翻刻訛句甚多，次崖雖取而增訂之，然未梓而終，書復經有梧及師友校定成。此跋不見四庫本，或可略補自序叙成書事之簡闕也。（蔡飛舟）

增訂易經存疑的藁卷之一

同安次崖林希元著　　浙水後學仇兆鰲滄柱
潘元懋友碩
萬　言貞一仝較

䷀ 乾下乾上

乾元亨利貞

一讀奇音⚋讀耦音○一是一畫⚋是二畫奇偶是一⚋之稱呼數是數目凡物屬乎陽者其質一而實數目便是一箇豈不是奇屬乎陰者其質二而虛數目便是兩箇豈不是偶如天物之大者其形包乎地之外其氣則行乎地之中只是渾淪一箇事物可見其奇地雖是一塊事物然其氣却虛能

本義云暉者光之散須看光是如何光之散又是如何大抵就其體統言則曰光就其散殊言則曰暉非有二也禮樂文章昭布乎宇宙皆暉之所在實光之散也

上九有孚于飲酒无咎濡其首有孚失是

上九居未濟之極其時將濟以剛明居之其才又足以濟故不待有所作為惟誠心自信飲酒自樂以俟天命之至則未濟以濟矣故无咎然當有節不可縱樂而忘反也若縱而不反如狐之涉水而濡其首則過於自信而失其義矣占者當以為戒也即本義自信自養觀之有孚于飲酒是二意

象曰飲酒濡首亦不知節也

所謂知和而和不以禮節之亦不可行也

卷八終

珍山陳庶子易説二十四卷

［清］晋江陳遷鶴撰　福建省圖書館藏清抄本

陳遷鶴（一六三六—一七一一），字聲士，號介石，祖安溪縣珍山村人，徙居晋江。康熙二十四年（一六八五）進士，累官左庶子。其於經學不盡守宋儒之説，博綜傳疏而融以心得，尤精於易。李光地爲館師時，嘗見其所作太極太虚論而驚歎之，引與之辯論，每至夜分不輟。傳見乾隆泉州府志、安溪縣志、晋江縣志。諸志俱載其著有論易十五卷。今福建省圖書館所藏抄本珍山陳庶子易説二十四卷，書名不同，卷數亦異，是否爲同一書，則不可知矣。

是書論易，祖尚程説而頗攄己見。審其風格，約有五端。一者，説宗程子，極闡義理。其論坤卦云：「乾、坤二象辭，程子言理，朱子言占。伏惟理明而後占可用也。愚之言易宗程子。」既宗程子，則論易或檃栝其文，或敷衍厥旨，篇中俯拾可見。又所作乾坤二卦説云：「聖人作易，以天地之道明人事也。」書中凡有所論，必歸之於人事，常錯綜儒理、史實，而極論其深切於易者。二者，尠及象數，不用卦變。彼論卦象，不過上下與陰陽。言卦變，斷不用虞翻、朱子等氏，而逕歸之於程子上下二體之説也。其論隨卦云：「程子以卦變言乾之上來坤之下。朱子曰自困卦九來居初、噬嗑九來居五。要而言之，不如王輔嗣、胡安定及程子不言卦變，直指二體之易簡也。」又論訟卦云「卦變以程子爲正」者是也。三者，兼取諸家，融以己見。論鼎卦引程子曰：「講經不妨異同，唯要處不可錯，苟大要不悖於聖人，或可反覆思之而立解歟。」又論繫辭上傳「辭也者，各指其所之」曰：「或問朱子以辭爲占，其説何如。曰通之則是，泥之則非。」介石所論，雖以程説爲主，然又未嘗泥之。其窮研經義，本諸儒理，大要必不悖於聖人，而細處未嘗固執於一家。是其解經，兼取諸家而不限於程子，如鼎初六「鼎顛趾」説主王輔嗣、胡安定；大過九四「吝」字之説宗東坡；離九三説宗蔡伯静云云。雖然，博而不雜，猶有一貫之理存焉。解大畜象「能止健」云：「六十四卦所言健皆天德之剛，不得於訟、大畜二卦獨以悍健取訓。此愚偏解，背於先儒，請俟君子。」又論噬嗑卦云：「初、上二爻，王輔嗣云受刑非治刑之人，胡安定而下皆宗之。夫易道貴陽賤陰，取陽剛而刑之，無是訓也。」夫介石極重扶陽抑陰之旨，甚而不依先儒之説者，篇中屢見及之。四者，專題設論，不泥章句。其解經次序，雖依王弼本，然不拘於章句之學，而頗重各卦卦旨之融會貫通，蓋一卦之理有數，則作數篇而分論之。究其大概，各卦往往卦辭、彖辭、大象合説，以總論一卦之藴；而六爻爻辭亦多合説者，雖在分述逐爻之意，然極揭櫫衆爻之共旨。至若彖、象別義，二卦殊趣，則必另立專論，所論長短不拘，要在盡意而已。繫辭以下雖用章句法，仍重各節之會通，如「乾以易知」三節合説是也。五者，其書中遺詞，多排比對偶，正反設喻。警句格言，時或有之。華實兼具，蔚然可觀。不免有制藝之嫌，然舉業之徒於經文立意別有宗尚，書中常批駁之。論繫辭上傳「天尊地卑」云：「程子曰：『一不獨立，二則爲文。』張子曰：『道無無對。』此陰陽之大原也。此古説甚是，然今舉業不可用。」陳氏之文雖多排偶之筆，然固不爲舉業而作可知，泉州府志稱其「不逐時藝俯仰」者是也。繇此觀之，介石之説，程學之流裔也。博涉義理諸家而折中閎論之，融以己意，鑄成雋語，亦可謂之覃思而有得者。（蔡飛舟）

乾坤二卦說一

渾沌之開。先有天乎。先有地乎。輕清者居先。何者、人與天地一理也。人先知後行。立天之道。先於立地。理固然耳。前聖立象畫意。畫奇象陽。天道舉矣。道無無對。有陽必有陰。有天必有地。有君必有臣。有夫必有婦。畫偶象陰。地配天矣。由一畫成三畫。而生震巽坎離艮兌。因而重之。生六十四卦。六十四卦。一乾坤也。

79129

敬明之基也敬然後七情得中黄離明之體用具是人生不能常明過情每在哀樂乍樂乍哀趨於昏矣三爻是繼之以怒昏之至矣四爻是人心明不可息欲去其昏惟有憂懼如中庸所云戒慎恐懼慎獨則可復其明體發皆中節故可出征正人之不正焉離卦之終言出征者國之大政慶賞刑威刑威易濫而不濫則慶賞可推而知也醫家以心屬火心火發於七情故自三爻而上皆言七情之事

古周易二經十傳闡註一卷

［清］閩縣陳懋侯撰　福建省圖書館藏稿本

陳懋侯（一八三七—一八九二），字伯雙，閩縣人。光緒二年（一八七六）進士，散館授編修。五年視學四川。十一年襄校順天鄉試。十四年主試湖南，十七年補授江南道監察御史，卒於官。傳見民國閩侯縣志。

是書初名註解，見外封及卷内首行，後於「註」上加「闡」而以墨點勾去「解」字改名也。原稿卷數未知，今僅存一册，是册或即一卷，亦未知也。此册首葉篇題云「周公經第二」，内爲乾至大有十四卦之爻辭註解。繇此可推知陳氏全書結構爲文王經第一、周公經第二、孔子傳第三，即所謂「二經十傳」者，説本陸德明經典釋文序録。唐宋學者復原古易，概以前三十卦與後三十四卦之卦爻辭分爲上下二經，十翼則各爲篇。陳氏卦辭與爻辭别卷，則異於古易諸家。其以三聖作經傳，故三聖各爲説。此種觀念，又見所著周易明報、知非齋易注，唯明報、易注經傳用王弼本，此則三聖别爲卷帙，因名曰「古周易」云。是書撰例，先列己説，後證以諸家易註。此册所引漢至明人易解凡三十餘家，以明來知德爲最多。書稿常經修訂，註文以朱筆删去者，改作多以浮籤重録，浮籤或佚去，假原稿亦得以見其大略。

陳氏易學，世傳周易明報、知非齋易注、知非齋易釋三書，尤以明報、易注二書，極見陳氏注易門徑。二書分别成書於光緒八年、十四年，文字多同，蓋經潤色别以書名行世。二書解易，純以第五爻之陰陽與位之關係立説，不論何卦何爻之辭，義均歸諸此爻此位。易注釋乾初九曰：「凡卦辭皆指五，六爻則發揮卦辭之意，亦皆指五位言之。」堪爲陳氏明報、易注二書之綱領。而闡註一書，以内外卦、中爻互體取象，用乘承比應爲説，則漢儒解易之屬也。源於此種解易理路之殊，是書與易注於卦爻辭之解釋絶異。如是書以陰陽二爻爲相應，而易注則以陽爻在陽位爲相應，同人九五注是也。又是書以陰爻在陽爻上爲乘剛，而易注則以陰爻在五位爲乘剛，屯六二象注是也。繇此可知，闡註循漢儒遺軌，説多徵實；而易注囿於五之一位，遂使六爻無别焉。

是書與明報、易注解易之法迥異，其是否出於一家，亦不可不辨。否九五「其亡其亡，繫于苞桑」，是書、易注俱以「苞桑」爲陰柔、叢生之木。是書取象以巽下之陰爲柔，巽體爲木，三陰爲叢生，無一不從象來。而易注但以五位之陽變而成陰，陰爲柔物，遂謂此陰爲苞桑，然注又言「桑爲柔木而又叢生」，除卻柔外，木、叢生於象則不可稽矣。是可推得，陳氏易注所以無端作此與象全然無干之詞，蓋承襲是書而來。「苞桑」訓詁之同，知二書出自一人；取象之異，知其學説前後頗有轉移也。是書之成，當在明報、易注、易釋之前。

周易明報自序云：「先君子同治辛未與弟建侯、毅侯講易安州，自是以後昕夕不輟，閲十二寒暑，始於小過象傳悟上下順逆之理，繼於繫辭上傳得進退變化之義，最後乃知吉凶失得與无咎補過之故，恍然於周易一書專爲五位而發，其上下各爻，唯二爲柔中閒或及之，餘則不置一辭。後世穿鑿支離，正坐逐爻求義耳。」此序作於光緒八年，知非齋易注刻於光緒十四年，陳氏卒於光緒十八年。則是書之作，蓋在光緒八年前，其陳氏與父兄論易安州之時歟？據是書可知陳氏治易，初宗前修，尤以内外、中爻爲説，解易信而有徵。至光緒八年得悟於小過象傳及繫辭進退之趣，其所積十二年之學，於焉丕變，遂盡棄前者逐爻尋象之説，而獨以五爻解易，此其由博而返約者。續修四庫全書總目提要於知非齋易釋頗譏陳氏乘剛、相應等説與易例不符之弊，殊不知陳氏初則恪守象學舊誼也。擺落漢學而成輔嗣，輔嗣雖不斷斷於繁瑣，詎非仍入逐爻尋義者流？唯陳氏於漢學與六爻悉皆不用，固不周於易之成例，意其視六爻之文，蓋猶太玄九贊之類也。夫潛研於象數之瑣碎，益知得一之難；既知得一之難，而仍黽勉以求者，陳氏有之。是故明報、易注、易釋三書之不作，不足以成陳氏之學；而是書殘册之不傳，則不足以知伯雙之學也。（蔡飛舟）

古周易二經十傳註解 闡

周公經第二 自乾至離爲上經 自咸至小濟爲下經

䷀ 乾下乾上 乾

初九潛龍勿用 曰九 在下爲潛 象爲龍

初卦始曰初 九陽爻 潛藏也 龍陽物也 初陽在下之剛 藏於下故曰潛龍

未得中不可施用 故曰潛龍勿用 ○孔氏仲達

曰陽爻稱九陰爻稱六 其說有二 一者乾體有三

畫坤體有六畫 陽得兼陰 故其數九陰不得

三山拙齋林先生尚書全解四十卷

〔宋〕侯官林之奇撰　中國國家圖書館藏清毛氏汲古閣抄本

林之奇（一一一二—一一七六），字少穎，號拙齋，侯官人。少受學於呂本中，紹興二十一年（一一五一）進士及第，授莆田主簿。二十六年試官職，授秘書省正字，後轉校書郎。二十九年以病請外放，提舉福建市舶。晚年歸里，以著述授徒爲業，一時門庭頗盛，號爲「三山學派」。撰有尚書全解、春秋論、周禮講義、孟子講義、通鑑論斷、兊齋録、揚子講義、道山記聞、拙齋集等，編有觀瀾文集。今惟尚書全解、拙齋文集、觀瀾文集傳世。

林氏長於經學，尤以治尚書名世。所撰尚書全解，爲晚年居鄉授徒講義。宋史藝文志等宋元書目著録之五十八卷本已散逸，淳祐十年（一二五〇）由其孫林畊蒐集重編，定爲四十卷。林畊序云：「是書初成，門人東萊呂祖謙伯恭取其全本以歸，諸生傳録，十無二三。書坊急於鋟梓，不復參訂，訛以傳訛，非一日矣。」

此書每篇前先釋書序，後解正文。解説多先據尚書正義列舉二孔觀點，再參他書論證；後亦多引宋人書解文字，折衷是非，所引以王安石、曾旼、蘇軾三家最多。其於漢唐注疏之謬，多所辨證，而漢人可據、宋人妄作新説者，亦往往篤守舊注，引古説以駁宋人。於上古聖賢大義，二帝三王之範，宣揚最力。其暢説經文義理，於主旨處往往層層闡發，反復申説。林氏反對妄改經文，空説比附，尤於王安石尚書新義穿鑿附會及爲新法張目處駁正頗多，然猶見繁複之失。統言之，林書爲宋代書學上乘之作。朱熹於宋人書解，稱舉王安石、蘇軾、林之奇、呂祖謙四家。四庫總目提要亦云：「辨析異同，貫串史事，覃思積悟，實卓然成一家言。」林書所引宋人書解之作約三十家，今多散佚，如引用王安石書義、曾旼尚書講義等尤多，惟藉林書可考王氏、曾氏書之大略，足見其保存文獻之功。又南宋人曾言此書洛誥以下諸篇爲僞。今通覽全書，知非虛言。其一，立政篇中釋「三宅三俊」存兩段文字，内容、援書皆近似，獨前者言王安石「所分不甚明白」，後者言「此説比諸家爲優」，且後段前有小字注云「又一説」。其二，南宋夏僎尚書詳解、黄倫尚書精義引林書數百則，洛誥以前文字多同，洛誥以後罕有相同。則今傳洛誥以後文字，或爲林畊當年搜集各家傳抄講義、坊刻俗本而成，已非原貌。

此書初刊或在淳熙間，淳祐初有建安書坊余氏刊本，題爲三山林少穎先生尚書全解。南宋時又另有林李二先生書解行於世。然宋元舊本皆已失傳，今所見最早之刻本爲清通志堂經解本。此本闕第三十四卷多方篇，四庫全書復自永樂大典中抄補完全，是爲四庫全書本。翁方綱復初齋文集有重刻三山林氏尚書解序，云：「今西川龍君志在補刻舊籍，問序於予，蓋欲補通志堂舊刻也。」則乾隆間似尚有此重刻本，然今未見。刻本以外今又存抄本四種。一爲明范氏天一閣抄本，存二十三卷，藏於上海圖書館。二爲明末清初毛氏汲古閣抄本，原闕第三十四卷，後經配抄補全，藏於中國國家圖書館。三爲清傳是樓抄本，存三十四卷，藏於華東師範大學圖書館。四爲清丁杰輯校跋本，殘存第三十四卷及附録，後有吴騫題跋，藏於上海圖書館。其中汲古閣抄本，以時代較早且憑據舊本，允稱善本。（朱學博）

三山拙齋林先生尚書全解序

左宣教郎秘書正字兼權中書舍人林　之奇　少頴撰

理義者人心之所同然也聖人之於經所以關百聖而不慙蔽天地而無恥者蓋出於人心之所同然而已苟不出於人心之所同然則異論曲說非吾聖人之所謂道也孔子曰君子之於天下也無適也無莫也義之與比竊謂學者之於經苟不知義之與比先立適莫於胷中或以甲之說爲可從以乙之說爲不可從以乙之說爲可從以甲之說爲不從如此則私議鋒起好惡鬨然將不勝其惑矣安能合人心之所同然哉苟欲合人心之所同然以義爲主無適無莫平心正氣博採諸儒之而去取

三山拙齋林先生尚書全解卷第一

三山拙齋林　之奇　少潁

虞書

堯典

昔在帝堯

昔在者篇首起語之辭書序自爲一篇故以昔在帝堯起於篇首如孔氏序云古者伏羲氏之王天下也鄭氏云昔在者使若無先之者唐孔氏云昔在者自下本上之辭言昔在者從上自下爲稱據代有先之而書無所先故云昔也此說未是書始於堯典云昔在帝堯謂書無所先堯典可也至冏命言在昔文武豈書亦無先之者乎五帝序云惟昔黄帝法天

毛詩名物解二十卷　［宋］仙遊蔡卞撰　上海圖書館藏明秦氏雁里草堂抄本

蔡卞（一〇四八—一一一七），字元度，仙遊人，熙寧三年（一〇七〇）進士。王安石愛其年少有才，妻以女，授所學。官至檢校少保。謚「文正」。與兄京同居要職，弄權害政，同列宋史奸佞傳。

此書陳振孫直齋書録解題著録，云：「詩學名物解二十卷，主於訓詁名物。」按，詩學名物解當是別名，馬端臨文獻通考亦沿用之，惟周中孚鄭堂讀書記以爲「蓋用字之誤」。此書歷代襃貶不一。貶之者如陳振孫，譏其「瑣碎穿鑿，於經無補也」。馬端臨文獻通考、朱彝尊經義考等均據陳氏説立論，清余集分纂四庫提要稿又謂其「大略規仿爾雅，主於訓詁名物，議論穿鑿，徵引瑣碎，多承介甫字説之謬。」襃之者如納蘭性德、四庫全書、劉師培、闕文瑛等。納蘭性德重刻蔡書序云：「卞爲人固不足道，然爲是書，貫穿經義，會通物理，頗有思致。」四庫總目提要云：「自王安石新義及字説行，而宋之士風變，其爲名物訓詁之學者，僅卞與陸佃二家。然其書雖王氏之學，而徵引發明，亦有出於孔穎達正義、陸璣草木蟲魚疏外者。寸有所長，不以人廢言也。且以邢昺之僉邪，而爾雅疏列在學官。則卞書亦安得竟棄乎？」劉師培經學教科書云：「若夫蔡卞毛詩名物解、王應麟詩地理考，博采古籍，爲宋代徵實之書。」闕文瑛通志堂經解提要尤稱中肯：「其書蓋摭取毛傳之解名物者而詳以證之，其内容自釋天至雜解凡十有一類，皆效爾雅、博雅、埤雅諸書之體，徵引發明，貫穿經義，往往有創獲心得，而發前人所未發者。」又云：「尤爲有裨於實學者，故論其功用，要與陸璣草木蟲魚疏相伯仲，不得謂於經無補也。惟時以王安石字説爲證，則不免朋黨之見矣。」

今合觀此書與陸佃埤雅，確有相同之處，然此書卷十六雜解之「天命帝命解」、「天説」、「舞」、

「小星北門解」、「佩玉解」，卷十七雜解之「草木總解」、「美刺總解」，卷十八雜解之「鳥獸總解」、「十五國風次序」，卷十九雜解之「衣服解」、「木瓜解」，卷二十雜解之「廟制」、「詩序統解」均陸書所無，恰是精義所在。其治詩經，雖不出宋人辨詩序、重訓詁、求詩旨之藩籬，然有自得之處，如「廟制」、「衣服解」均言之有據，融通經史，於萬斯同、陳壽祺等多所啓發，亦可窺北宋經學之一斑。至於蔡、陸兩書訓解相似之處，當皆取材王安石字説之故。字説已佚，藉二書可探其崖略也。

此書宋代即有刻本。傅增湘藏園群書經眼録著録宋刻本及舊抄本各一部。宋本行款與秦氏抄本一致，且「慎」、「真」、「構」等字皆缺筆，則知秦氏抄本當源自宋本。宋本今不知所蹤。傅氏著録之舊抄本，題「宋蔡元度著，後學會稽沈藎校刊」，有嘉靖七年戊子清明留齋沈藎序。後歸徐乾學傳是樓，即傳是樓書目所著録者。康熙間納蘭性德刻通志堂經解，或與徐氏舊藏抄本淵源匪淺。徐氏舊藏抄本後歸諸涵芬樓，蓋已毁於兵燹。故清代以前之版本，惟此抄本也。（金曉東）

毛詩名物解卷之一

宋蔡　元度　集解

釋天

月　星　電　斗　漢

月

說文曰太陰之精象形古文作月内象蟾桂之形故夕從月半見而林罕以爲象其未有蟾桂之狀也什名曰月闕也言滿則復缺也朔月初之名也朔蘇也月死後蘇生也晦月盡之名晦死也死爲灰月光盡似之也禮曰大明生於東月生於西蓋朔而月出西序夕見莫也故王者早見曰朝暮見曰夕義取諸此

毛詩名物解卷之二十

詩經合論六卷

［明］佚官曹學佺撰　上海圖書館藏明刻本

曹學佺（一五七四——一六四六），字能始，又字尊生，號雁澤，自號石倉居士、西峰居士，侯官人。萬曆二十三年（一五九五）進士，授户部主事。改調南京大理寺。三十年官四川右參政，三十九年升按察使。天啓二年（一六二二）任廣西右參政。崇禎初，起廣西副使，力辭不就。家居二十餘年，著書石倉園中，嘗謂「二氏有藏，吾儒何獨無」，乃欲修儒藏與佛、道二藏鼎立，功未及就，兩京繼覆。明亡，入山投繯而死，年七十三，謚「忠節」。曹氏博學多才，雅志著述，凡經學、史地、詩文，無不涉及，撰有周易可說、書傳會衷、詩經剖疑、春秋傳删、禮記明訓等，合稱五經困學；又有蜀中廣記、天下名勝志、石倉詩文集、石倉十二代詩選等，皆名於世。

曹氏五經困學自序云：「或問於余曰：『子之注釋五經也，何故？』曰：『余蓋欲修儒藏焉，以經先之也。擷四庫之菁華，與二氏爲鼎峙。予之志願畢矣。』問：『子之釋五經也，與漢宋諸儒異乎，同乎？』曰：『予固不敢立異於諸儒者，而亦不能以盡同也。予於易、詩、春秋沿習者，十不得三四，而書傳、戴記則用之已七八矣。』」知此書意在兼采漢宋諸儒之説，而以己意釋詩。書凡六卷，不列經文，依詩次第，自擬標題，論其大旨，共六十七則。書中頗見新説，如静女蝃蝀氓非淫奔篇：「朱子皆謂刺淫而作，愚以爲非也。無論静女之與淫奔義不相類，而其所貽者彤管，所歸者荑，亦恐非誨淫之具矣。蝃蝀，虹也，陽迫陰而成者，猶夫男之迫乎女也，又何父母兄弟之慮而昏姻之懷耶？其與無信而不知命，抑又遠矣。氓則無良媒也，以車來也。三歲爲婦，及爾偕老，亦皆非淫奔語也。」可謂獨探詩旨。故民國福建通志藝文志云：「是書漢宋說併采，亦多不從朱傳者，嚴氏詩緝之流亞也。」

據千頃堂書目、徐氏家藏書目、明史藝文志、乾隆福州府志藝文著録，曹氏有詩經質疑六卷，朱彝尊經義考卷一一五謂「曹氏學佺詩經質疑，一名合論，六卷，存」，知二書乃同書異名。（李冬梅）

詩經合論卷之一

閬中曹學佺能始撰

關雎求賢之喻

謹按關雎乃鄉飲酒之樂鄉較賢才之淵藪歌此詩者蓋祝賢才當爲世用而不終于岩穴也至小雅鹿鳴則賓興矣或問此詩爲文王求后妃而作相傳已久又云宮人想像后妃之美文王宜乎其未得有此寤寐之求既得有此鐘鼓之樂夫太史采風得諸民間委巷未聞取諸宮

悲也公歸無所公歸不復皆反詞所者在王之左右復者還公之相位也孔叢子曰于狼跋見周公之遠志處非常之變而日用之不愆此周公之志所以爲遠也舊說因以狼喻周公非是夫麒麟鳳凰喻聖人者而可以狼喻周公乎

或問遜其大美畢竟是如何曰大美即大功也遜者公之避而居東即所以遜其大美也又問德音不瑕有妨于用晦否曰肆不殄厥慍亦不殞厥聞文王也周公之德音與文王之令聞同一道也又奚疑

詩經考十八卷　［明］永福黄文煥撰　中國國家圖書館藏明末刻本

黄文煥（一五九八——一六六七），字維章，號坤五，又號觚庵，晚號恕齋，永福人。天啓五年（一六二五）進士，任番禺知縣，崇禎元年（一六二八）知海陽縣，七年知山陽縣。李自成軍起，因備辦軍糧有功，召御試，特擢翰林院編修，晋左春坊左中允，故家乘稱「太史公」、「中允公」。十一年，牽連黄道周案入詔獄。獄解，乞歸。後隱居南京鍾山，經略洪承疇欲薦之於朝，以老疾辭，不就，卒年六十九歲。撰有詩經嫏嬛、陶詩析義、楚辭聽直、四書嫏嬛、老子知常、杜詩掣碧等。

黄氏長於經學，「爲文淹博無涯涘」。此書專考詩經三百五篇中名物典故，凡例有六：一曰世系，二曰畿甸，三曰人物，四曰天時地利，五曰兵農禮樂，六曰動植。「因經文次序考訂」，以便稽核檢索。每條考釋，首列其目，下舉漢唐諸儒訓解與文獻記録，如關雎「周」條，先舉釋名「周，地在岐山之南，其山四周也」，以明其本義；次鄭玄詩譜解周、召分治故實；次博物志釋「宗周」緣起；次史記正義釋周族得名；次後漢書郡國志「美陽，有周城」；次大明一統志以明「古岐周」當明時州府道里；次鄭譜、一統志考周公遺跡，「周公故城在岐山縣北九里」。簡捷明快，較之王應麟詩地理考，繁簡更顯允當。需考證辨别者，則於引據之後復加按語論斷，如關雎「南」條，正文既引詩序「王化自北而南」之説，再引韓詩説「南在南郡、南陽之間」；西伯戡黎注「南兼荆、梁」；史記張晏注「自陝以東皆周南」；朱熹詩集傳説地當「今興元府、京西、湖北等路諸州」。復云「一説以南爲樂音，不主自北而南之説」，並引詩經鼓鐘「以雅以南」、左傳季札觀樂「舞南籥者」、禮記文王世子「胥鼓南」以證之，「則南之爲樂信矣」；再據禹娶塗山女，其妄歌「候人兮猗，實始爲南音」，以象徵「周世有賢内助，故詩人以后妃夫人之德，爲二南之首，蓋取效於塗山」，具見新意。又書中考證人物，「皆詳具始末，成一列傳」，如關雎「周文王」條，博引群籍，述文王世系、出生、作太子、繼位、修德、囚於羑里、巧計脱囚、得賢輔佐、三分天下有其二、奠定國基等，近三千字，較之别家詩注解説「文王」尤詳；「太姒」條凡六百餘字，亦較劉向古列女傳「周室三母太姒」條爲詳。書前有黄氏自序，謂詩經之學，「漢儒之箋疏，猶存三代法物；遞宋室之訓詁，殆失漢官威儀，第舉業功令恪遵，不敢取酌」，有識學者又「各有詳略，參訂或多異同」，恐未能盡契詩之原意云。按詩經之學，漢唐注疏兼顧訓詁名物，然限於體例，所釋制度掌故多未能深入，後世往往補其罅漏，以成詩經物事考證之書。以黄氏此書爲界，詩經考據之學或有粗疏與精審之别。明末清初之經學，已自宋向漢轉型，黄氏之撰作是書，亦此種風尚之所及者。

是書列入四庫全書存目，提要贊其「徵引頗爲繁富」而無「穿鑿」之弊，又傷其「愛博嗜奇，頗傷冗雜」，人物傳記「不著其所本，尤爲蔓衍」。雖有以今衡古、苛求前人之嫌，但所云實中其弊。梁章鉅退菴筆記卷十四亦謂其「包孕繁富，旁涉曼衍，其意欲與何元子抗衡一時，而分量未之逮也。」然黄氏當明清學術轉型之時，棄俗儒應聲朱子集傳之陋習，遵漢學考據之法，取求實務通之妙，雖考證時見未精，承上啓下之功自不可没。兹以中國國家圖書館藏明末刻本影印，缺葉以日本内閣文庫藏本配補。（舒大剛）

詩經考卷之一

長樂鄭振鐸西諦藏書

古閩　黄文煥　維章甫　輯著
溫陵　黄景昉　可遠甫　挍閱

國風周南

周

釋名云周地在岐山之南其山四周也○鄭譜云周召者禹貢雍州岐山之陽地名今屬右扶風美陽縣地形險阻而原田肥美○博物志云周自后稷至于文武皆都關中號爲宗周○史記正義大王居周原因號曰周○郡國志美陽有周城○一統志陝西鳳翔府岐山縣在府城東五十里古岐周地周原在岐山縣東北四十里詩曰周原膴膴卽此○鄭譜云文王受命作邑於豊乃分岐邦周召之地爲

民民中絶命民有不若德不聽罪天既孚命正厥德乃曰其如台嗚
呼王司敬民罔非天胤典祀無豐于昵高宗內反諸己以思王道三
祀蠻夷編髮重譯來朝者六國自是章服多用雉羽孔子曰吾於高
宗彤日見德有報之疾也苟由其道致其仁則遠方歸志而致其敬
焉三十二祀鬼方無道王師伐之次于荆三十四祀王師克鬼方氐
羌來賓高宗不敢荒寧嘉靖殷邦與滅國繼絶世舉逸民明養老天
下咸歡殷道復興五十九祀高宗崩子武丁踐位殷人嘉高宗之德
作殷武樂章以頌之

氐羌

地理志云隴西郡有氐道羌道○郡縣志夏桀之亂犬夷入居岐邠
之間成湯伐而攘之武王伐商羌髳會于牧野○括地志云隴右岷

詩玉尺二卷

［清］侯官林昌彝撰　上海圖書館藏清同治八年刻本

林昌彝（一八〇三—一八七六），字惠常，又字薌溪，號碄砐，晚號荼叟、五虎山人，侯官人。道光十九年（一八三九）舉人。咸豐三年（一八五三），以進呈三禮通釋得賜官，先後教諭建寧、邵武。同治五年（一八六六），任政和訓導，又嘗掌教廉州海門書院。後辭職還鄉，閉門著述，授徒自給。早歲師事陳壽祺，復從林一桂問學，又廣結魏源、朱琦、張際亮、何紹基、陳澧等，故其學有根柢，深於經學，兼通天文、地理、植物、醫學、數學、工藝。擅詩，所作沉雄蒼勁；論詩則主張本於性情，温柔敦厚，而必源本經史。著有三禮通釋二百三十卷、左傳杜注勘訛一卷、三傳異同考一卷、温經日記六卷、射鷹樓詩話二十四卷、海天琴思録八卷、小石渠閣文集六卷等。

是書兩卷，卷首有弁語，云：「毛詩無序，則西漢人説詩者無可授受矣。小雅篇次一亂，則幽王時詩變成厲王時詩矣。齊、魯、韓、毛四家詩，師承不辨，將以古文爲今文，以今文爲古文矣。鄭箋毛詩改字，視爲立異好奇，則不識古人之學矣。凡此皆讀詩者之憾也。三隅知反，可與言詩。」可見其著書之旨。上卷詩大小序、詩大小雅、詩古文今文，下卷鄭箋毛詩改字多本六經、鄭箋毛詩改字多本三家詩、程大昌徒詩不足據、戴埴泮宫五疑不足據、何楷詩世本不足據。舉證翔實，剖析細密，立論堅牢，迭出新意，治詩者所宜參考。昌彝篤信詩序，遍詆王質、朱熹、王柏、戴震諸家廢序之説，然所申言者，多取朱彝尊之説，並無發明。其言大小雅之次，亦一以詩序爲據，而援引劉始興詩益之説，别無深論。至其據序言詩之授受源流，實於衆家紛紜不可確考之論中取其一説，終難定讞。書中亦有可商榷之處，如證箋改緑衣篇「緑」爲「褖」，改碩人篇「説」爲「襚」之是，反彰顯鄭氏泥禮之失。是書成於同治元年，八年刻於廣州。（郭　齊）

詩玉尺卷上

侯官林昌彝

詩大小序

沈重據鄭譜謂詩大序是子夏作小序是子夏毛公合作不可援范氏後漢書衛宏作毛詩序一語爲左證廢序言詩自雪山王質詩總聞二十卷始旣而朱傳出盡芟詩序而鄭衛之風皆指爲淫奔之作自是魯齋作詩疑二卷遂芟去三十二篇且於二南芟野有死麕而退何彼穠矣甘棠於王風朱檢討彝尊謂孔子之所不敢變易者魯齋毅然削之移之噫亦甚

考工記協韻攷一卷

〔清〕閩縣葉大莊撰　福建省圖書館藏稿本

葉大莊（一八四四—一八九八），字臨恭，號損軒，又號遜父，閩縣人。同治十二年（一八七三）舉人，援例爲内閣中書，歷官署松江同知、邳州知州，卒於任，有政聲。負詩名，亦喜考據，治學宗高郵王氏。著述甚豐，已刻者有大戴禮記審議二卷、喪服經傳補疏二卷、退學録二卷、寫經齋初稿四卷續稿二卷文稿二卷、小玲瓏閣詞一卷，彙爲寫經齋全集；未刻者有閩中石刻記、閩碑考等。

是書前有葉氏自序，謂段氏六書音均表引考工記有韻數條，然尚不止此，復摘出凡七十一條，作考工記協韻攷。知爲增廣段氏之作。葉氏多承段氏之説，如：「軸有三理，一者以爲媺也，二者以爲久也，三者以爲利也。」案，理、媺、久、利，古音叶用。」「理」、「久」段歸一部，「媺」、「利」段歸十五部，葉氏以爲理、媺、久、利古音協韻，是採段氏「支、脂、之」三部分立之説。

是書稿本兩種，裝訂於同一帙内。前一稿本五十條，後一稿本增至七十一條，蓋錙銖積累之作，兩相比較，可見其成稿删改之痕跡。後一稿本天頭有批語數條，或補其未收之疏，或糾其韻例之失，頗稱精當，然不知出何人之手。曾爲沈祖牟舊藏，卷端鈐「沈氏祖牟藏書」朱文方印。（張　鉉）

考工記協韻攷

閩縣葉大莊學

六書音韻表引考工記有韻數條㮚氏量銘極國則梓人祭侯辭侯侯梓人祭侯辭所汝弓人下拊之弓二句弓與弓人惟幹強之六句強防党工人為柎而發四句發網網發然不止此余摘出凡五十條作考工記協韻攷

考工記多用韻橘踰淮而北為枳鸜鵒不踰濟貉踰汶則死

案枳濟死古音叶㞕

天有時以生有時以殺草木有時以生有時以死石有時以泐水有時以凝有時以澤泐澤此天時也

儒行集傳二卷

〔明〕漳浦黄道周輯　浙江圖書館藏明崇禎間刻本

黄道周（一五八五—一六四六），字幼玄，又字細遵、螭若、螭平，號石齋、石道人，漳浦銅山人。天啓二年（一六二二）進士。崇禎時，歷官翰林院編修、詹事府少詹事兼翰林院侍讀學士。南明弘光時，官至禮部尚書；隆武時，任吏部、兵部尚書，武英殿大學士。自請募師，北上抗清，兵敗被俘，不屈死。隆武帝謚以「忠烈」，贈「文明伯」；「清乾隆帝謚以「忠端」」。黄氏學識淵博，天文地理、經史百家無不兼綜條貫，尤精於易，又工書善畫。著述宏富，後人彙刻爲石齋先生經傳九種、黄漳浦全集等。

是書爲黄氏官少詹事時所進禮記注五篇之一。於崇禎十一年（一六三八）考證注解禮記月令、緇衣、儒行、表記、坊記各篇，輯成五書，前三種進呈崇禎帝，後二種進呈太子。黄氏復將儒行分立十七章，上卷凡八章：服行第一、自立第二、容貌第三、備豫第四、近人第五、特立第六、剛毅第七、又自立第八；下卷凡九章：儒仕第九、憂思第十、寬裕第十一、舉賢第十二、任舉第十三、特立獨行第十四、規爲第十五、交友第十六、尊讓第十七、命儒第十八，篇目之名皆其自擬，後雜引歷代史傳中有關自立、剛毅者以證之。其本旨乃在備後之天子循名考實，知人善任，爲天下得人也，故不主於解經，而在借解經以抒其忠憤之情。一年之中，遽成五書，故考證時或有疏。然明代禮學著述甚少，黄氏亦堪當一家之言。

是書有石齋先生經傳九種本、四庫全書本，道光四年（一八三四）凝遠堂刻本等。此明崇禎間刻本最早，題「臣黄道周輯，臣王繼廉閲，臣曹廣較」，内有清曹序批跋及手訂目次。序字射侯，崇德人，黄氏門生也，明清之際與兄弟廣、度並負時名。卷上末有清順治四年丁亥（一六四七）秋八月二十戊子日曹序手書讀儒行集傳跋，謂「宋仁宗嘗見禮經浩繁，特于其中取大學、中庸、儒行三篇，以賜釋褐之臣，于是學庸二篇程朱守之，著爲章句，昭代登之，冠于四書，而儒行無聞焉。先生爲宮僚時，搜採成傳，獻之烈皇」，又謂「使爲君者讀之，明于知人任使之道；爲學者讀之，明于立身趨嚮之方」云云，頗能道是書之主旨也。

書中有「臣序私印」、「字曰射侯」、「譙郡曹耒擁書」、「布衣臣耒」、「無衣道人」、「不手居」、「高氏吹萬樓所得善本書」等藏印，可見其遞藏源流。（金曉東）

孔穎達曰儒之言優也柔也能安人能服人又儒者濡也以先王之道能濡其身

儒行集傳卷上

臣黃道周輯
臣王繼廉閱
臣夏允彝較

服行章第一

古未有稱儒者魯之稱儒有道藝之臣伏而未仕者也其首行曰待聘待問待舉待取待者需也故儒之爲言需也易曰雲上於天需天下所待其膏雨也而失者以爲柔濡故天下無知儒

儒行集傳卷上　一百五

癸未春半句讀　丁亥八月廿一己丑日重讀

讀儒行集傳

宋仁宗嘗見礼經浩繁特于其中取大學中庸儒行三篇以賜釋褐之臣于是學庸二篇程朱守之著為章句

昭代登之冠于四書而儒行無聞焉先生為宮僚旹捜採成傳獻之

癸皇上下數千年間史非一乘儒非一流先生成誦在心借書于手如立一人之傳如出一家之言者條章既刋著述有宗不其然乎使為君者讀之明于知人任使之道為學者讀之明于立身趨嚮之方儒行一編不可不日奏而力行之也余于癸未春半得受此書郎于上巳卒業今丁亥秋半爰發故篋釐文析句不厭其詳於虖先生往矣星斗在天典刑猶昔能不勉旃

丁亥秋八月二十戊子日女陽門人曹序敬記于北郊之棲尋室

大戴禮記審議二卷

［清］閩縣葉大莊撰　福建省圖書館藏清光緒間刻本

兩漢之時，禮之大小戴記並行，至唐修五經正義，小戴記獨於一尊，大戴記遂少問津者。清代禮學大興，大戴記復爲學人所重，遍注者有王聘珍之解詁、孔廣森之補註等，又以王氏解詁最稱精審。此外從事校勘者有朱軾、盧文弨、戴震、汪中、王引之、孫詒讓諸家；箋注篇章者如莊述祖、洪震煊、王筠、程鴻詔、馬徵麐、宋書升之於夏小正，洪頤煊、顧宗伊之於孔子三朝記，阮元之於曾子十篇，均各有貢獻。葉氏於同治間承乾嘉之餘緒，以戴震、王念孫、段玉裁爲宗，注重字句條析，由形、音、義、句讀而上，構通經義，横連史漢，旁及諸子古注，審視前賢著述，以求精解。

是書雖非遍注大戴記者，然參考諸説，力求真諦，多思慮甚細、裁識甚精處。如王言「恭行忠信其心不買」條，王氏解詁以「買義未詳。或云買當爲置」，孔氏補註謂「置宋本訛買，從元本改」。此則取漢書地理志以「買」訓「悳」，檢王念孫廣雅疏證言「置，讀爲德」，是葉氏更進於高郵王氏者。五帝德「稱以上士」條，葉氏以孔氏補註稱「上德之士」非正解。史記作「稱以出」，索隱以爲「上文聲與身爲律度，則權衡亦出於其身」故云。史記乃别自爲義，不足訓經。「上士」當爲「上下」之訛，古文「上下」作「二二」，「二二」隸變爲「上」，「二二」訛爲「士」，遂不可通。稱以「上下」者，猶顧上文「聲爲律，身爲度」而言也。再如制言「吾不見孜孜而與來而改者矣」條，汪中大戴禮正誤引王念孫「與來」二字可疑，葉氏以王説爲是，並於汪、王二氏後，補言「來」當爲「求」，書呂刑「惟貨惟來」，釋文馬本作「求」，「來」、「求」蓋以形近而譌，「而改」之「而」當讀爲「能」，「而」、「能」古多通用，即盧注謂「擇爾雅曰：腹，厚也。善羔羊厚生之時也。」葉氏云：「王氏訓腹爲厚，非也。孔氏訓腹爲母於腹下乳之，亦未諦，記言腹不言乳也。腹當訓爲生，廣雅釋詁一：腹，生也。又訓懷抱，詩蓼莪『出入腹我』，箋：『腹，懷抱也。』蓋在人言之，爲初生時爲在懷抱時；在畜猶言隨母時也。」釋義可謂透徹無憾。

善而改者即求之」之義。書中又有論斷出於前人之上者，如夏小正「羔羊腹時也」條，王氏解詁：「爾雅曰：腹，厚也。善羔羊厚生之時也。」孔氏補註：「腹謂母於腹下乳之也。言腹時名羔，不腹時名羊。」

葉氏遍閱盧辯、杜預、孔穎達、戴震、汪中、段玉裁、王念孫、王聘珍、孔廣森注校，非集諸書而勾稽穿穴、考同訂異，往往櫛比字句之微，爬搔疏證，以發古人之覆，足爲先儒之諍友。（金曉東）

大戴禮記審議卷一

閩縣葉大莊

王言

今之君子惟士與大夫之言之閒也其至於君子之言者甚希矣

大莊案哀公問於孔子公曰今之君子胡莫之行也孔子曰今之君子好色無厭淫德不倦云云又云今之君子莫爲禮也與此記今之君子義同皆爲當今在位之通稱卽惟士與大夫也其至於君子之君子當爲有德君子之稱閒當訓爲私後漢書鄧禹傳因留宿閒語注獨行譙元傳閒竄歸家注閒私也此記

39038
66057

也
大莊案盧注訓機爲危依文讀之殊爲無義機幾古通書孔安國序撮其機要釋文機本作幾幾訓爲庶史記老莊申韓傳則幾矣索隱幾庶也淮南要略所以使學者孳孳以自幾也注幾庶幾也

夏小正通釋一卷

［清］長樂梁章鉅撰　上海圖書館藏清光緒間刻本

梁章鉅（一七七五—一八四九），字閎中，又字茝林、芷林、芷鄰，晚號退菴。祖籍長樂，清初徙居福州。嘉慶七年（一八〇二）進士，選翰林院庶吉士。曾主浦城南浦書院講席。歷官軍機章京，儀制司員外郎，湖北荆州知府，江南淮海河務兵備道，江蘇、山東、江西按察使，江蘇、甘肅布政使，廣西、江蘇巡撫。撰述頗豐，有論語集註旁證、三國志旁證、稱謂録、樞垣紀略、退菴隨筆、歸田瑣記、浪跡叢談、退菴詩存、退菴文存、楹聯叢話等數十種。

夏小正乃大戴禮記之一篇，載十二月中之物候、氣象、天文及對應月份行事，如漁獵、農耕、蠶桑、製衣、養馬等。至隋書經籍志始於大戴記外别出夏小正一卷，注曰：「戴德撰。」四庫全書總目經部禮類三夏小正戴氏傳提要曰：「戴德爲之作傳别行，遂自爲一卷，故隋志分著於録。後盧辯作大戴禮記注，始采其傳編入書中，故唐志遂不著録耳。」是書乃通釋夏小正者，其義例嚴謹，每條之下首經文；次戴氏傳文，標以「傳曰」；次通釋，標以「釋曰」。凡辨正諸本文字異同者，皆於注下辨析傳本、别本及所引類書如初學記、白氏六帖、太平御覽作某，指出其訛、衍情形等。通釋部分，徵引諸家之説，以「金氏履祥曰」、「顧氏問曰」、「孔氏廣森曰」區分，凡有己見，皆標以「章鉅按」，去取亦皆有理致。

梁氏尊崇舊説而不盲從，初昏參中斗柄縣在下條引孫星衍曰：「小正正月昏參中與月令同，可見古今中星不異，無所謂歲差。」通釋駁之云：「歲差之法，後世始精。古人言天，初不求諸度分之細。唐開元術推夏時正月昏東井二度中，是參已過中。此云『參中』，蓋舉大體言之，不必因求合歲差之度，遂決古今之無歲差也。」甚確。又初昏大火中條，論古今太陽與恒星距度有差，至晉虞喜始立歲差之法。曆法運算後出者多有其長，梁氏謂「今新法殫精推測，定恒星每歲東行五十一秒，約七十年有餘而行一度。此所差之數，在古法爲黄道西移之度，在新法爲恒星東行之度，徵之天象，恒星原有動移，則新法之理長也」。夫晚明以來，西學東漸，天算之學亦因以革新，梁氏汲取西學爲傳統天文之用，益見其頗具卓識也。書中亦善於總結義例，如滎茎條曰：「先言滎而後言茎者，見滎而後知其茎也。此小正記卉之例。」要之，誠治夏小正之津梁也。此上海圖書館藏光緒間刻本，有佚名批校。（張道鋒）

雁坊本作鴈非是說文雁鳥也鴈鵝也

夏小正通釋

福州梁章鉅輯

正月啓蟄

傳曰言始發蟄也

釋曰今二月始驚蟄漢始尚以驚蟄爲正月中周書時訓立春之日東風解凍又五日蟄蟲振月令孟春蟄蟲始振仲春蟄蟲咸動啟戶始出孔氏穎達曰蟄蟲得陽氣初始振動二月乃大驚而出又曰蟄蟲早者正月已出晚者二月乃出此云啓蟄故傳以始發爲言

雁北鄉去聲

孚字从爪从子、象雞伏卵也、雞孚者、雞卵也、雞卵生伏卵十八日而出、月令作雞乳、入季冬、非是、雞乳、孚也、雞孚粥義同堯典鳥獸孳尾、春令而非冬令也、徐氏駁曰、雞之言稽也、能稽時也、春秋題辭曰、雞者積陽所生、南方之畜、故曰將出應之鳴、以類感也、粜王者教民樹畜雞豚狗彘、毋失其時、正月三陽、雞卵育之時也、

右記正月之候、補堯典之孟春也、以祭耒服田爲一篇之大旨、凡小正紀月條皆爲農事也、以啓蟄爲一月之大旨、凡紀正月皆紀啓蟄也、雁北雉雊鷹化雞粥春陽之來、啓蟄之本也、魚陟鼠出梯稊某縈芸、啓蟄之效也、風俊雪澤鞠見參中、啓蟄之時也、見韭采芸、啓蟄之時物也、凡此類皆以攷驗均田服田之蹟也、小正云云、詳於下

二月者、夏之春二月也、堯典之仲春也、是月也、斗建卯、四陽長、於卦爲大壯豳風曰四之日、爾雅曰如月、尚書大傳曰仲春星鳥、主春者張、昏中可以種穀、月令正義曰、日中星鳥、可以種稷、小正二月耰黍、蓋種黍也、耰也者、播種而耰之也、禪曰於是月盡播種之事、不敢惰也、此即堯典之東作也、張爾岐曰、耰黍者可以禾禪亦通、

傳曰粥也者相粥之時也或曰桴樞伏也粥養也相粥之時也句別本作相粥粥呼也

釋曰說文孚卵孚也方言雞伏卵而未孚始化謂之涅鳥之孚卵皆如期不失信也月令季冬雞乳與此異易通卦驗立春之日雞乳與此同

小正詳春令歲之始也尤詳於正月春之始也

二月往耰黍禪別本黍作柔禪又或作殫孫氏星衍以禪字另爲一節

傳曰禪單也別本作殫盡也蓋謂耰黍之事於此畢恐非

釋曰往往于田也耰覆種也說文摩田器布種後以此器摩之使土間發處復合黍卽高粱也今高粱布種南方在三四月北方則早者二月遲者不過五月尚書大

夏小正校注四卷

［清］侯官魏本唐撰　中國國家圖書館藏清道光間刻本

魏本唐（一七九一—一八五七），字又瓶，一字富春，又字燮馨，侯官人。嘉慶二十四年（一八一九）舉人。大挑直隸知縣，後歷任永安縣、臺灣縣、上杭縣、晋江縣、汀州府教職。參校福建通志，於沿革、山川、古蹟悉多補訂，又編訂海防、洋市諸篇。撰有愛卓齋文集、讀經劄記等。

是書凡四卷，卷首有魏氏自序，以「夏小正乃羲和遺跡。顧維此書文字渾古，舊與明堂、月令同在禮家，實爲天文律術導源」，乃述歷代注釋夏小正之源流，評騭宋之韓元吉、傅崧卿，元之金履祥，清之戴震、任兆麟諸家優劣得失等。復薈萃前賢注疏之精華，「求之經典，旁及他書，因合諸家異文異解，時出己見，爲之校訂，而注其義，仍依傅本十二篇爲四卷，删其所增經文及春、夏、秋、冬等字」。卷末有夏小正校注題後，叙是書撰述之緣起及成書之經過。夏小正流傳既久，文字訛脱，屢改舊觀，魏氏乃懲於逸周書時訓解、吕氏春秋月令等「各準時制，其有不合固宜」者，遂加考訂，「取其協於理而得古意者從之」，以成是書。其體例，先考訂文字音訓，再疏解文字辭義，首列經文，傳次之，己意附於後，旁徵博引，考證頗詳，於字詞、名物、典章制度、職官、史地沿革，皆有所措意焉。惟好用古字，凡「以」作「㠯」、「春」作「萅」、「柳」作「桺」、「魚」作「𩵋」、「熙」作「煕」、「其」作「丌」、「雅」作「疋」、「然」作「𤋮」、「爾」作「介」、「食」作「𠊊」者，不勝枚舉，蓋佞古所致者。終以校注用力甚勤，句意解説亦多超出前人，宜爲治此學者所參稽也。（張道鋒）

夏小正校注卷之一

候官魏本唐學

夏小正夏胡雅切正陸德明經典釋文出各經注引竝音征陳第毛詩古音攷云古悉此音

史記曰孔子正夏時學者多傳夏小正云大戴禮篇次第四十七隋書經籍志別爲一卷古授時書黃帝顓頊尚矣虞夏之正建亏孟蔔禮運述孔子得夏時亏杞鄭元注曰爲得夏四時之

禘祫攷一卷

［清］閩縣龔景瀚撰　福建省圖書館藏清抄本

龔景瀚（一七四七—一八〇二），字海峰，閩縣人。乾隆三十六年（一七七一）進士，歷任甘肅靖遠知縣，陜西邠州知州、慶陽知府，甘肅蘭州知府。所至皆有政聲。以幼承家學，復從遊大興朱珪，學有根柢，擅經學、古文辭，撰有澹静齋文鈔、離騷箋等。

卷首有乾隆五十九年（一七九四）龔氏自序，言「柳湖書院課士以『禘』字命題，諸生有來問者。爲略舉大義應之。然諸生方習科舉之文，功令遵朱，慮其無所適從也。秦氏五禮通考其言禘祫確守趙、朱之説者，以周禮爲據，較若可信，因删其繁辭，條其要於篇，使諸生易曉，不雜衆説，懼其惑也」云云，知係執教平涼柳湖書院時作。林昌彝射鷹樓詩話卷十九謂是書「屬稿而未成書」。

説文云：禘，諦祭也，从示帝聲。祫，大合祭先祖親疏遠近也，从示合。推跡語原，禘之字从帝，本祭天之名；祫爲合食祖廟，固宗廟合祭之稱。古之王者，禮陟配天，故禘義下通人鬼；祫惟局于宗廟，此其異也。宗廟禘祫之制，經無正文，故諸家之説，通俗不同，學者競傳其聞，自劉歆、韋玄成訖晋宋間異義二十一家，靡有同者。漢儒説禘祫者，惟鄭玄爲完具。鄭氏據緯文，推魯禮，牽合傳記，文致春秋所書以爲佐證，自是一家之書懼不與舊制應。龔氏則持孔穎達「祫即禘，禘即祫」之論，分禮經言禘祫、傳記言祫、經傳禘祫正義、經傳論禘祫諸章，首列經文，如周禮春官「大宗伯以肆獻祼享先王」等句，次則儀禮、禮記、大戴禮、春秋四傳、爾雅解經之説，彙劉歆、鄭衆、韋昭、蔡邕古注，後及孔穎達、朱熹、張載，末下斷語。龔氏之撰意在課士，堅守趙、朱之説，引書取五禮通考，解釋依欽定周官義疏爲旨歸，可知乾隆時科舉爲文之道。（金曉東）

禘祫攷

議禮之家千古聚訟而禘祫之說尤紛鄭康成註爲後儒抵擊幾無完膚然攷商頌長發大雅生民之詩使契稷果爲帝嚳之子以子孫追述先世豈復有所遺漏乃沾沾於有娀姜嫄爲受命發祥之始稱其母不稱其父是史遷世系不足信也孔子言禹稷躬稼而有天下是其初皆起於側微無父而生世固有之

國朝之興亦相傳云天女吞朱果所生天之所命未易以常理測度者其曰有娀方將帝立子生商曰履帝武敏歆非指感生之帝乎鄭氏之說未可厚非也特寔之以緯書靈威仰等名爲不可訓耳至於三年五年之辨大小之別余獨取孔穎達祫即禘禘即祫之說爲得之蓋

説祼一卷

［清］閩縣龔景瀚撰　福建省圖書館藏清抄本

周禮之法，廟饗先求諸陰，故祭莫重於祼。馬融有「祭祀之盛，莫過初盥（灌）降神」之論。祼禮非獨立禮典，經傳中祼禮均爲某禮典之組成部分，故多散見各禮中。清惠棟禮説還原祼禮儀節爲三步，曰肆、獻、祼，學者頗病其簡略。龔氏以爲祼禮雖佚，未盡失也，檢諸經傳，涉祭祀、賓客之祼禮極多，可考而知也。龔氏熟稔三禮，參酌推敲，檢尋旁稽歷代師儒經傳，分爲釋義、儀節、彝器諸節，後附禮器圖，合聶崇義、劉績、陳祥道、欽定周官義疏等圖形而辨之，核以經傳，自繪彝器圖形二十五幅，另附解説，於前人禮圖，頗有修繕。龔氏以爲祼禮有朝禮祼、饗禮祼之别，剔抉碎語，復原儀節，提出天地不祼、以莫爲灌等説，足成一家言，視惠棟、江永、秦蕙田諸人，亦不遑多讓。此書後收入澹静齋文鈔，有刻本，知龔氏自視爲傳世之作。（金曉東）

秬香黍

說裸

裸與灌通。說文、課、灌祭也。徐氏鍇曰、周礼多借作果字。古裸果聲相近也。周礼春官大宗伯注、裸之言灌也。疏、裸是古之裸字、取神示之義、故從示。鄭鍇從灌者、以鬯鬱灌地降神。取澆灌之義、故从水。按灌、裸古今字之别。周禮、毛詩皆作裸、禮記、論語作灌。周礼亦有作果者、文之省、或脱其半也。

灌地以降神也。用鬱鬯。鬯者、秬鬯也。釀秬為酒、兼用秠。詩、生民、誕降嘉種。惟秬惟秠。爾雅、釋艸、秬、黑黍。秠、一稃二米。生民疏、李巡曰、黑黍、一名秬。郭璞曰、秠亦黑黍、但中米異耳。則秬、是黑黍之大名。秠是黑黍之中有二米者。别名為秠。春官、鬯人注、云釀秬為酒。秬如黑黍一秠二米。言如者。以黑黍一米者多。秬為正稱。二米則秬中之異。故言如。以明秬有二等也。秬有二等。則一米亦可為酒。鬯人注必言二米者。以宗廟之祭、惟裸為重。二米嘉異之物。鬯酒宜當用之。故以二米解鬯。稃、秠文不同者。鄭志答張逸云、秠即皮、稃亦皮也。

謂之鬯者。芬香條暢也。陳氏禮書、秬一稃二米、土地至和之氣所生、謂之鬯、以言和氣之流鬯也。按鬯與暢通、故雜記即以鬯為暢。

鬯人掌之。周禮、春官鬯人掌共秬鬯而飾之。注、秬鬯不和鬱者飾之設巾。疏、凡尊皆有巾冪。明秬鬯之酒尊。亦設巾可知。

謂鬱者、鬱金香艸也。詩、江漢、疏、孫毓云、鬱是草名、今之鬱金。按李氏時珍、謂鬱金有二。鬱金香是用花、此是用根。其苗如薑。其根大小如指頭、長者寸許。然古所稱香草、皆以葉言。鄭司農云、十葉為貫。則所用者葉、非花也、亦非根也。

亦曰鬯草。周礼、春官鬱人疏、王度記云、天子以鬯、諸侯以薰、大夫以蘭芝、士以蕭、庶人以艾。此等皆以和酒。諸侯以薰、謂未得圭瓚之賜、得賜則以鬱

群經冠服圖考五卷

［清］閩縣黄世發撰　福建省圖書館藏清抄本

黄世發，字弱中，一字時揚，又字耦賓，閩縣人。乾隆四十八年（一七八三）舉人，大挑廣西平南知縣。撰有漢司隸校尉地理考、春臺贅筆、越巫鷄卜等。

三禮之學，必先明宫室、冠服之制，然後若網在綱，有條不紊，故宋李如圭有儀禮釋宫之作，而冠服則未暇也。黄氏乃據群經注疏，以類相比，仿李書之意作大類五，曰元服、曰衷服、曰雜服、曰内服、曰凶服，小類二十。元服者，曰冕、弁、冠凡三；衷服者，曰衣章、朝服玄端服、深衣、長衣中衣、裘物凡五；雜服者，曰裳、韍韠、帶、佩、笏、舄、幅、裼襲、衣物、服采凡十；内服者有總考一；凶服者有總考一；每類之後可圖者圖之。然卷三雜服者實爲七類，並無「幅」、「衣物」、「服采」等類。黄氏自謂客居無書，注疏外僅據江永禮書綱目、林喬蔭三禮陳數求義二書而已，故徵引稍隘，辨證亦間有未諦，固未及後來諸儒精密之作。然其潛心覃思，綱舉目張，展卷而冠服之制粲然在目，治禮者不可不讀之也。

書成於乾隆間。近人冒廣生云，黄氏「其生也，與儀徵、寶應、高郵、嘉定無一介之往來，其没也寂寂，修方志者無餼廪稱事之心，又自封於孤陋，不復爲網羅散佚」。然能自出機杼，自顯儒林。如先秦服章之數，有五章、六章、九章、十二章諸説，禮家争訟不已。黄氏引林喬蔭之説，以爲天子十二章皆具於考工記：土以黄，其象方；火以圜，山以章，水以龍，鳥、獸、蛇，此七者上衣之章，以物之形象爲之。文、章、黼、黻、繡，此五者下裳之章，以色之相間者爲之。十二章皆畫繢爲之，無刺繡者。黄氏以爲此説甚精闢，然猶拘於鄭氏冕服相配之意，而以衮冕之服畫龍、鷩冕之服畫鳥云云，故爲之略事修正云：五冕之名，自有義意，不取於衣。考工記之龍、鳥、獸、蛇，蓋即青龍、朱鳥、白虎、玄武，分繪於衣之左、右、前、後；土、火、山則到處皆有，錯居四者之間。又謂天子而下服章升降之等，惟用賈疏「小章」之説，自有等差，不必去其大章。此皆前人所未道及，可備一説。然所繪「十二章圖」、「九章圖」，則仍沿依鄭義，用示不敢竟廢舊説云爾。

是書清代未刊，傳本罕見，民國間趙詒琛、王大隆以吴興劉氏嘉業堂藏抄本爲底本排印，收入戊寅叢編，又延吴承仕、徐恕校核文字，頗有可取，然僅前三卷，未爲全本。此清抄本五卷全帙，較三卷本多内服、凶服二卷，内容完備，與戊寅叢編本吴、徐二先生校語合觀，必多發現。書爲王道徵、楊用霖、郭白陽等遞藏。（金曉東）

羣經冠服圖考

元服第一　元首也士冠禮稱始加元服有爵弁皮弁緇布冠是元服即首服也　晉安　黃世發　弱中

冕　弁　冠

冕禮冠也

論語註文疏冠者首服之大名冕者冠中之別號

以木爲體

冕體諸經無文叔孫通作漢禮器制度取法於周其制以木爲體註疏家皆從之

覆以緇布曰延

右衰裳圖其齊斬之別唯縗不緝異餘俱同

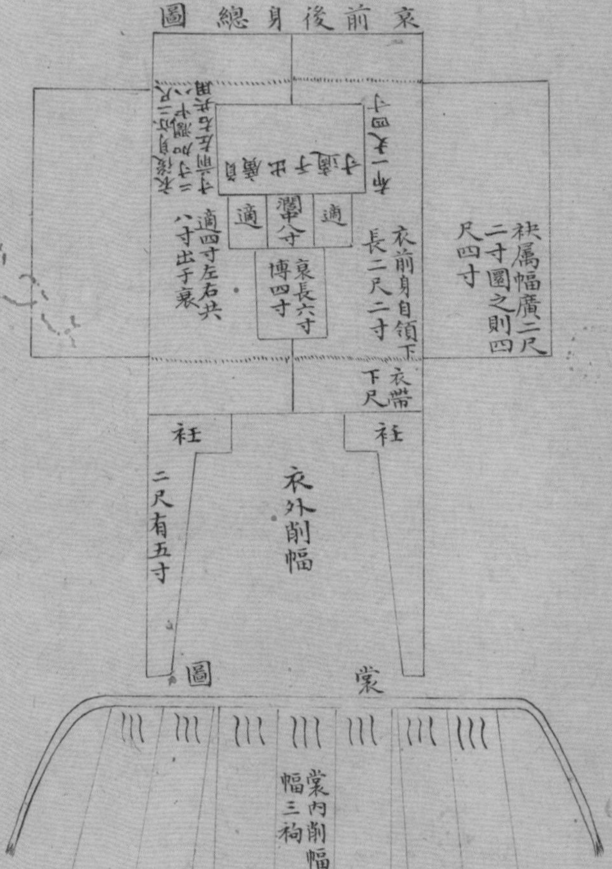

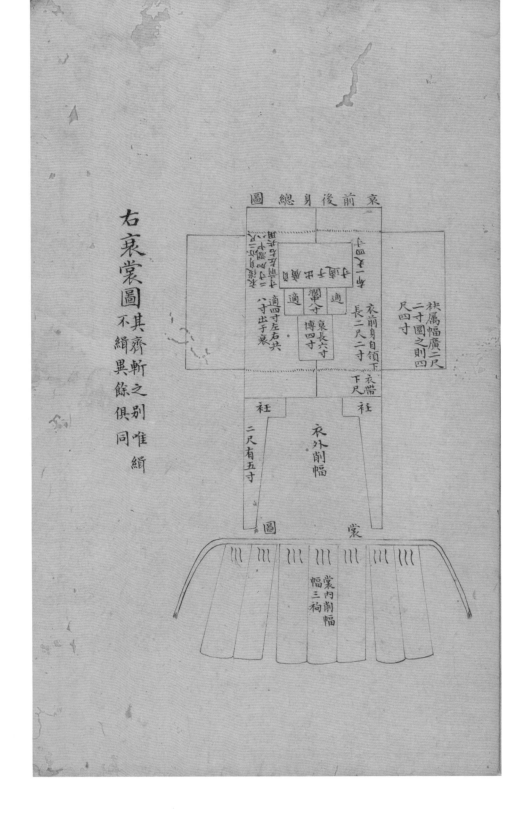

三禮備覽四卷

〔清〕侯官林楓撰　福建省圖書館藏稿本

林楓（一七九八—一八六四），字芾庭，號退村居士，侯官人。道光二十年（一八四〇）舉人。通禮學，精醫術，工詩，喜訪古跡，搜求掌故文獻甚勤。著有聽秋山館詩鈔、榕城考古略三卷、醫學匯參十卷等。

國家禮典，肇自兩漢；至晋新禮，乃製禮經爲本、五禮爲體之禮典；唐開元禮，又集其大成。中古門第以家禮相標榜，士人以吉凶書儀爲行禮範本，故私家儀注之書得以流傳。清代製作大備，乾隆間頒大清會典，道光間增輯爲大清通禮；後將民間應用服飾、婚喪儀制，查照會典，刊爲簡明規條，務使家喻户曉，民有所率循。然條教之式，或久而輒忘；通禮全書，或讀而未明，故有吴榮光吾學録初編、林氏三禮備覽之作。

此書所謂三禮，乃昏、祭、喪三禮儀。分昏禮（附冠禮、笄禮）、祭禮、喪禮、喪禮服制（附葬禮、聞訃奔喪之禮、扶櫬返葬禮、速葬、遲葬、諸家論説），將大清通禮規定百姓日常禮事之程式、器用、陳設及服裝標準等，分段列出，再詳細講解。每一禮儀，均先言品官禮儀，再言庶人、庶士之禮。如品官昏禮，分爲議昏、納采、納幣、請期等，末下按語「昏禮，嘉禮也。古禮有六，朱子家禮存其三，今通禮增請期一節」云云，後附大清律文。再如祭禮之墓祭，云「按雍正元年定例，凡公以下，有頂帶官員以上，周年百日及上墳常祭，祭筵羊隻，各照定例減半」，後附詔書文。其書依照大清通禮，又多截取吾學録初編之説，甚便官民日常婚喪嫁娶祭祀之考求也。

古之論禮者，如元鄭泳家儀，明宋纁四禮初稿、呂維祺四禮約言皆雜采禮書，以意爲之，混爲一説，閲者茫然於其人爲何代之人，禮爲何代之禮；而唐吴兢貞觀政要、張九齡六典，宋彭百川太平治迹統類、元人典章前集、明馮應京經世實用編，所紀又皆國典大事，無關民用。此書以清代人記清代之禮，詳參朱熹、徐乾學、吴榮光所撰，以釋大清通禮，源流清晰，層次亦稱分明。且今人撰禮制史，於清代冠禮多苦無足徵，或僅取郭嵩燾日記之隻言片語，而是書記清人冠禮尤詳，宜珍視之也。其書未刻，僅此稿本四卷與謝氏賭棋山莊抄本三卷存世。（金曉東）

三禮備覽卷之一

侯官林 楓芾庭輯本 男世仁校字 孫灝頤希孟圖謹刊

品官昏禮 庶士庶人附

議昏 品官七品以上男年十六以上女年十四以上俱可議昏但身及主昏者無期以上服乃可行 庶士庶人同

納采 既議昏諏日納采主人具書 書辭隨宜 請女為誰氏出並問生年月日別具婚者生年月日附子書

三禮備覽卷之二

侯官林楓芾庭輯本　男世仁校字　孫灝希孟圖頤謹刊

品官喪禮　庶士庶人互見

有疾居正寢

女居內寢　按唐開元禮宋政和禮皆云有疾居於正寢司馬書儀朱子家禮皆云疾病遷居正寢寢即令人所居之正室也古者惟諸侯所居有三寢故莊公薨於路寢公羊以為正寢僖公薨於小寢穀梁以為非正大夫士則一寢而已士喪禮云死於嫡室注云正寢之室正寢內寢原無分別特以男女異稱亦以別於側室耳正室為婦人所在故曰男子不死於婦人之手以別嫌疑也檀弓曰晝居於內問其疾可也

樂素齋藏本

春秋三傳釋地一卷

［清］閩縣龔景瀚撰　福建省圖書館藏稿本

春秋有一地數名者，有數地同名者，每多混淆。劉昭云稱號糾紛，沈約謂巧曆莫能算，皆言其沿革之難詳也。三傳之於春秋地理考辨，以左氏最翔實，三傳諸注又以杜預集解最周備。故四庫提要云：「春秋以左傳爲根本，左傳以杜解爲門徑。其用心周密，後人無以復加，非公穀二家穿鑿日月者比也。」雖然，杜預亦自言春秋地名大凡一千二百一十二，其五百五十九闕，足知地名考釋之難。清代樸學漸興，方志流通，掘地考古，物證昭彰，裨助釋地。程廷祚春秋地名辨異、高士奇春秋地名考略、江永春秋地理考實、顧棟高春秋大事表，皆著先鞭；龔氏踵武於後，撰爲此書。其旨有三，一曰地名今釋，考春秋地名當清何地；二曰地名辨疑，如鄭伯克段於鄢之「鄢」究竟何處；三曰三傳地名異説之考辨，如僖公十七年經書「夏，滅項」，滅項者，左傳以爲魯師，公羊、穀梁以爲齊桓公，顧棟高春秋列國疆域表亦依左氏之説。龔氏則采擷經傳，不依左氏、杜解、顧表，以爲「項非魯所滅，左氏不足信。公穀謂齊滅之，是也。魯所兼者止八國之地耳。」又別撰滅項説，載其文集。

此書按魯公年份地名出現次序，先列國名，再明疆域，再列國都，再某公某年云云，釐清某地興衰擴併之始末。有待考證者，以「瀚按」下斷語；若某國、某地經傳僅書其名而無考者，則付之闕如。所引漢地理志溝洫志、世本、括地志、元和郡縣志、太平寰宇記、詩譜、通志、水經注、齊乘、大清一統志等，均考究異同，砭正疏舛，頗爲精核。尤究意於春秋之一名數地者，如防地凡十五見，鄢與鄢陵有別，均廣求群書以證之，又皆以載諸經籍及史籍者爲度，不僅限於春秋三傳也。考辨之精覈，有後世徐壽基春秋釋地韻編、程發軔春秋左氏傳地名圖考所不及者。惟未及完稿，僅存一卷。（金曉東）

春秋三傳釋地

龔景瀚海峯初稿

隱公

魯國

疆域　顧氏棟高春秋大事表伯禽初封曲阜漢書地里志成王以少皥之墟曲阜封周公子伯禽為魯侯今為山東兖州府曲阜縣後益封奄高江村云後漢志謂魯国即奄國而杜預不主是說其意以奄君為三監與四国流言或遂散在魯皆令即屬魯為桑之書大序云成王東伐淮夷遂踐奄因以封周公夫周公已封于武王時成王乃以奄地益之其非一地明矣孔穎達亦云奄東方之国近魯之地或言奄城在曲阜縣東二里

隱二年入極杜註附庸小國今兖州府魚臺縣西有極亭案公羊以為疾始滅穀梁以為滅同姓則是以入為滅矣而先儒以為入與滅不同極蓋未滅也案極自此後不見經而魚臺縣近魯棠地則極為魯有可知且莒人入向而宣四年魯伐莒取向則是向入之後而為莒邑秦人入滑秦雖不能有而滑則已滅地歸于晉安得謂入非滅乎

隱十年敗宋師于菅辛未取郜在今兖州府城武縣東南案北為北郜本宋邑今鄭取之以歸于我也城武有南郜城北郜城僖二十年郜

孝經集傳四卷

［明］漳浦黄道周撰　福建省圖書館藏明崇禎間刻本

孝經既入十三經，朱熹作孝經刊誤，又欲廣輯群書論孝之語而附益之，惜未及成。崇禎十三年（一六四〇）冬，黄氏以極諫直言忤旨，廷杖下獄。獄中撰成孝經集傳、孝經本贊等書。其弟子林有柏題識云：「師行止坐臥，只是一部孝經。庚、辛兩載，師在請室，手書一百餘部，比蒙聖恩賜環歸家，成帙九萬餘言。」

是書以孝經原文爲經，以各經文字可互證者爲傳，再注解、疏説經文、傳文。自揭體例云：「凡傳皆以釋經，必有旁引出入之言。孝經皆曾子所受夫子本語，不得自分經、傳。而游、夏諸儒所記，曾子、孟子所傳，實爲此經羽翼，故復備採之，以溯淵源云。」傳分兩類，其採自兩戴記等書中孔子、孔門弟子，下逮孟子等論孝之語，分别部居，是稱大傳；黄氏解釋經旨及大傳之語，則稱小傳。書中孝經原文皆頂格，所輯大傳退一格，所撰小傳退二格，小字雙行，以示謙謹。眉目清楚，秩序井然，故陳允元題識曰：「今觀大、小傳，繁簡損益，各有權度，後有達者，當有悟於斯文矣。」鄭開極亦曰：「黄公考注經、傳，其功甚偉，而孝經集傳一書，尤稱醇正。」

除廣輯文獻、通釋孝經外，是書亦深究於孝經之義理、體例，歸納「五微義」、「十二著義」等。自序云：「微義五者，因性明教，一也；追文反質，二也；貴道德而賤兵刑，三也；定辟異端，四也；韋布而享祀，五也。此五者，皆先聖所未著而夫子獨著之，其文甚微。十二著者，郊廟、明堂、釋奠、齒胄、養老、耕藉、冠、昏、朝聘、喪、祭、鄉飲酒是也。」皆前人所未道者。故近人馬一浮於孝經讀本少所許可，惟重唐玄宗御注、吴澄章句及黄氏此書，謂「唯黄石齋作集傳，取二戴記以發揮義趣，立五微義、十二顯義之説，爲能得其旨。」

是本刻於明崇禎十六年，題「經筵日講官、詹事府少詹事協理府事，兼翰林院侍讀學士，臣黄道周謹輯」。傳本甚稀，僅見福建省圖書館、美國哈佛大學哈佛燕京圖書館二家之藏。（舒大剛）

孝經集傳卷之一

經筵日講官詹事府少詹事協理府事兼翰林院侍讀學士臣黄道周謹輯

開宗明義章第一

仲尼居曾子侍子曰先王有至德要道以順天下民用和睦上下無怨女知之乎

順天下者順其心而巳天下之心順則天下皆順矣因心而立教謂之德得其本則曰至德因心而成治則曰道得其本則曰要道道德之本皆生於天因天所命以誘其民非有强於民也夫子見世之立教者不反其本將以天治之故發端於此焉

曾子避席曰參不敏何足以知之

外痛疾在心故口不甘味身不安美三日而斂動尸舉柩哭踊無數謂其已斂而不可復生也

記曰三日而后斂俟其生也三日不生孝子之志亦衰矣又曰計其可成矣親戚可至矣故以三日斷之夫孝子之志何衰之有謂其欲生之意漸然衰矣故衰之衰者變哀者也然則乙丑至癸酉九日矣乃治材斂几道揚未命何也曰已斂矣已舉矣未成服而先揚命揚命而後正終正終而後正始正始而後成服所以教喪之有主也是爲天下主者也其事益大其禮益重若夫括袒哭踊悲哀則庶人之達於天子一也然則入自南門之外而循之奔喪者與曰異宮也將即位而賓之萬物之始相

四書題説二卷

［清］將樂梁彣撰　福建省圖書館藏清道光間刻本

梁彣（一七七八—一八四五），字維韜，號月山，將樂人。嘉慶間諸生。曾在鼇峰書院師事陳壽祺。以爲學不止制藝科名，當爲制行之準。日以閉門讀書、設塾教人爲事。生平服膺朱子，而無門户之見，時人比之鄉賢楊時，稱「城裏有龜山，鄉下有月山」。著有四書題説、正念齋語、近思齋答問、近思齋書牘、近思齋雜著等。

是書係授課之講義，原以講説年月編排，刊刻時改依四書序次，故今本先列論語五十六題，次屬大學二題，次爲中庸二題，末則孟子五題。梁氏借時文之教，摘取四書文句爲題，「借談藝引人於爲正學之途」。其説以道學爲本，立言中正，論證切實，語言亦平易，指示於日用切近處，使學者脚踏實地，有階級可循。如開篇摘論語學而「子曰學」爲題，謂「學也者，學做人也。始則學做好人，進而學做賢人，又進而學做聖人」。以爲學者雖皆中人之質，尚不敢自信爲好人，然立志不可不高，以俗語「取法乎上得乎中」證之，庶免淪入下等人之厄。又引程子語，以爲時文、身心皆可求好，但宜有本末之分，當以身心先之。

時講道學者排斥時文，謀舉業者諱言道學，彣則合而一之，借教時文以闡道學，使學者於聖賢、科名之路俱不偏廢，而有以得聖賢立言本旨。因俗設教，尤難能可貴。此書爲研究科舉及八股學史之特殊材料，不可以一般課藝視之，亦不可以一般道學著作視之。言道學者必及程朱，言程朱者不離四書，是故四書學爲道學之核心，清代四書著作三千四百餘種，以反身實踐而著者如李顒之四書反身録，猶有空闊之語，不若是書之切於身心日用，且無歧晦之憂。至觀其修己之嚴，誨人之切，有功於人心世教，宜乎時人謂之人生必讀之書，可比諸呂坤呻吟語者。

是書有道光二十八年二樂堂刻月山遺書本。二樂堂爲甌寧丁汝恭室名，丁氏與迻相識於鼇峰書院，及迻卒後，乃合輯迻著述五種爲月山遺書，刊刻行世，是即二樂堂家塾刻本。卷端有丁氏撰勸助刻梁月山先生遺書啓、梁月山先生傳。（楊勝祥）

將樂梁　彣學

四書題說上

予迺來名心淡泊於先輩傳文荒廢久矣諸子謬尊予函席其何以慰諸子望乎念士君子首德行而次文章敢以學問本原曩聞諸師友者以相告課日因題為之說庶幾有以勵諸子亦藉以自勵云爾道光丁亥二月上澣鏞西梁彣識

子曰學

者又所以集義以是二者俛焉日有孳孳私欲浄而天理全浩然之氣自日充日盛何剛者之不可學而能哉

敏而好學

敏不可恃也惟好學為足貴敏孰敏於聖人而猶好學至於發憤忘食下此者豈可恃乎觀聖門傳道乃在質魯之曾子可知資質魯鈍非學者之不幸自暴自棄而不好學乃真不幸也今世為己之學罕覯矣即以俗學論往往有少時聰明而長大無成者無他不好學故也又有少時魯鈍而聲名卒著無他好學

李氏樂書四種九卷

〔明〕平和李文察撰　上海圖書館藏清抄本

李文察，字廷謨，平和人。善審聲候氣，洞悉音律，手製樂器，八音互動。嘉靖十七年官遼州同知時，表進李氏樂書於朝，詔授太常寺典簿。所撰古樂筌蹄九卷、律呂新書補註一卷、青宮樂調三卷、興樂要論三卷、樂記補説二卷、四聖圖解二卷，共二十卷，合稱李氏樂書六種。此清抄本存四種九卷。

樂記補説二卷。樂記乃先秦音樂集大成之作，其言聲、音、樂之本源曰：「凡音之起，由人心生也。人心之動，物使之然也。感於物而動，故形於聲。聲相應，故生變，變成方，謂之音。」「樂者，音之所由生也，其本在人心之感於物也。」且於聲、音、樂三者有明確界定：「樂者，通倫理者也。是故知聲而不知音者，禽獸是也。知音而不知樂者，衆庶是也。惟君子爲能知樂。」即合乎儒家之説者方能稱樂。李氏乃將樂之本源歸爲理氣，曰：「音生於心者，合氣相軋而爲聲；理爲氣主；心者也，理之會也。」「孟子曰『萬物皆備於我』，理備則氣備，以氣召氣，渾然一體，是故動者，理之一也。」據陳澔禮記集説而明其義、通章句、見藴奥，撰爲補説三十章。

律呂新書補註一卷。律呂新書爲宋蔡元定所撰。據李氏自序，其以學夏禹洛書圖而悟作樂之理，遂逐章依洛書之理配之，並附以意釋，且不失蔡氏之初意。

興樂要論三卷。李氏自序云：「時人有謂樂學失傳，樂器無存而古樂終不可復。」「樂學雖不傳，可因經而傳；樂器雖不存，可因歌而得。截管候氣可也，必習之有得，而後其氣可候。協律飛灰妙矣，必奏以宣風，而後其妙可協。」首卷追溯周之禮樂，以承先德，立中和之樂本，協律、製器、審音，定樂舞、正樂功，以興樂學，以和邦國，以諧萬民。卷二辯論時人言樂之非，即可通樂學禮義之妙，故興樂制度可立。卷三以五音進退之法、隔八相生之法推演六十調圖，並依圖更定候氣管。

皇明青宮樂調三卷。皇太子乃冑子之首，東宮之樂當以養德爲先。「東方之氣屬木，木色青，其德仁，以青爲宮者，以仁明之德期望乎皇太子也」，故曰青宮。明青宮樂調，一取用於周之九奏九歌調；二取用於虞之奏太簇七音左旋之法，用虞歌應鐘五音右轉之法，用虞十二奏十二歌調之法；三合用虞、周八音之樂器焉。

是書合律呂、樂調、樂舞、樂器、用樂、論樂於一，以其探律呂、立樂本、承先德、興樂學，爲後世所稱道。故朱載堉樂律全書曰：「李文察謂律呂乃樂之筌蹄，而永乃聲氣之元。其論益精，其說益明，要之皆爲有見者也。」（吴浩瓊）

皇明青宮樂調卷一

太常寺典簿臣李文察謹撰

青宮樂調總論

皇太子之位居東東方之氣屬木木色青其德仁以青為宮者以仁明之德期望乎

皇太子也蓋乾坤始交而得震震居東方為長子

皇太子之位在東故謂之東宮爲太簇寅律寅為東首故樂調取諸太簇爲太簇以應鍾為羽為起聲南呂為次奏羽水音也以南呂為徵徵火音也應鍾為起聲羽水生寅木南呂為次奏木

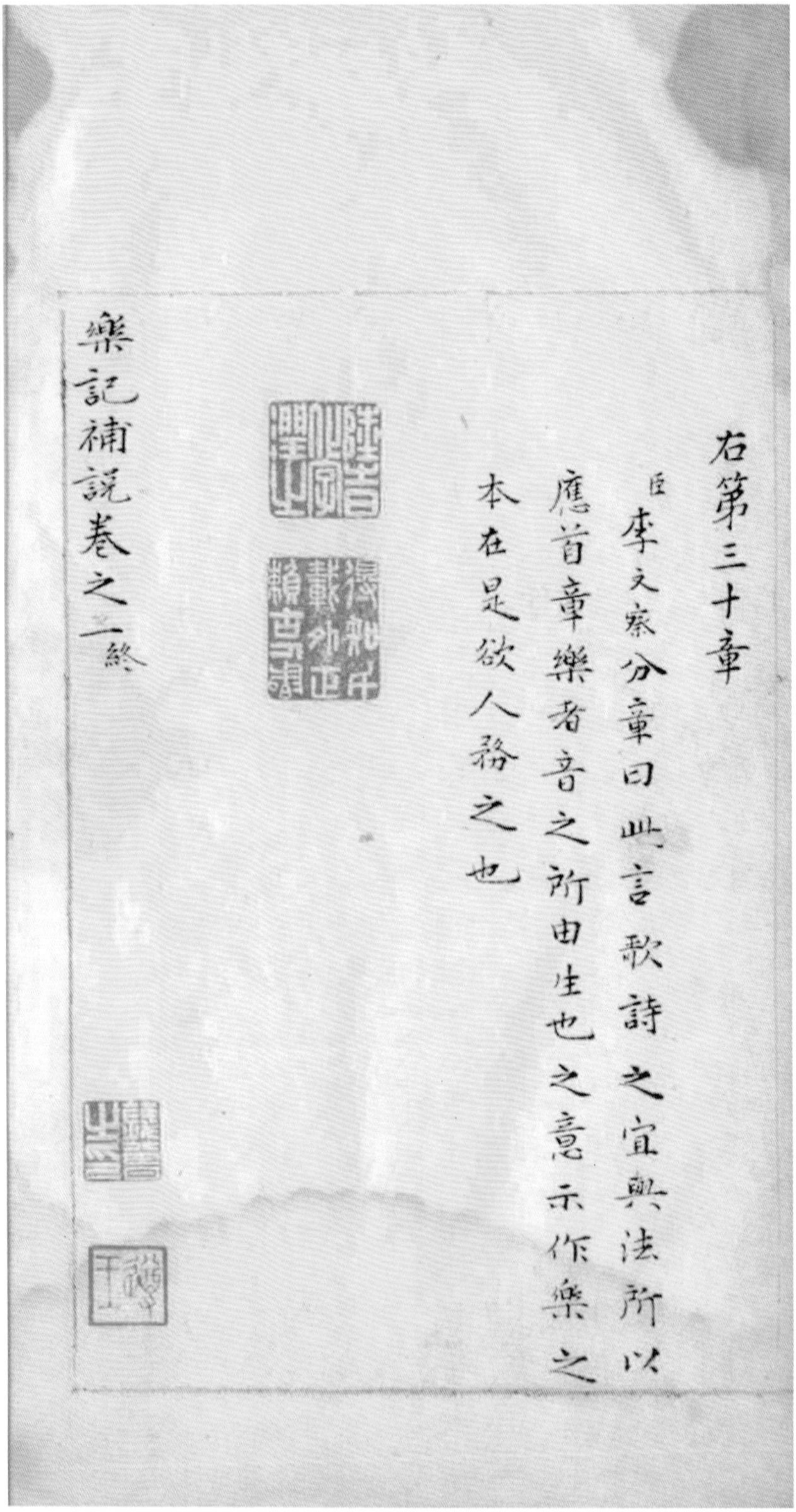
右第三十章

臣李文察分章曰此言歌詩之宜與法所以應首章樂者音之所由生也之意示作樂之本在是欲人務之也

樂記補說卷之二終

正學堂五經通解不分卷

［清］福清張甄陶撰　中國國家圖書館藏稿本

張甄陶（一七一三——一七八〇），字希周，一字惕庵，福清人。乾隆元年（一七三六）舉博學鴻詞科，以補試不合格報罷。九年應順天府鄉試，明年舉進士，改庶吉士，授翰林院編修，歷官廣東、雲南諸縣邑。嘗從方苞受業，先後主講於昆明五華書院、貴州貴山書院、福建鼇峰書院。撰有四書翼注論文、杜詩詳注集成、松翠堂文集等。

是書乃講學五華書院時所作，親訂於貴山書院正學堂。五經各有定名，惟周易以首册缺佚，題名未知。據道光重纂福建通志經籍志著録，周易當題作周易傳義拾遺，十五卷。餘則尚書蔡傳拾遺十二卷、詩經朱傳拾遺十八卷、禮記陳氏集説删補四十七卷、春秋三傳定説五十卷，共計一百四十二卷。現存周易傳義拾遺五册、尚書蔡傳拾遺六册、詩經朱傳拾遺八册、禮記陳氏集説删補十六册、春秋三傳定説二十二册，凡五十七册。易、書、詩、禮皆就科舉範本發論，重在補正。大致易補以程傳，救通行本獨申朱子本義之弊。書尊蔡傳，佐以二孔、朱子之言，又不止於調和衆説，如論「今文古文無真僞」、「書序未必夫子之手定，亦孔氏之遺書」等等，偶有武斷之嫌，然皆自得之見。詩以毛傳、鄭箋補益朱子詩傳，又重視詩經古韻，謂「國朝最精於古韻者，顧絳、毛奇齡二家」，採用毛氏七音分韻，以其更爲簡明易曉，書末附詩本音七音爲均圖。禮記則因陳澔集説「詳所不必詳」「略所不宜略」，欲别求善本而不得，故仿朱軾修訂吴澄禮記纂言之體例，先列陳氏本書，删其繁冗，補其缺略，以便初學之研讀。春秋則以胡傳後出，且内容冗雜而不用，兼舉左傳、公羊、穀梁，謂「以春秋爲史，則必以左傳爲史之長編。以春秋爲經，亦必以公穀爲經之集解」。

首列春秋，次列三傳，再附以諸儒之説。三傳之中，其説最確者上列「定説」二字。總體而言，五經通解撰於講學期間，經解之中時見一問一答之體式，有師生教學之跡象，然非一般課徒舉業之作。全書援引豐富，漢宋兼採，紬繹群言，定爲一説。其中尤以春秋、書、詩三種最見功力。

全書皆不分卷，僅稿本存世。鈐「李作梅」「向穠守之」兩朱文方印。是書前題「某某校」「某某覆校」，書中天頭、行間多有批校，旨在訂正文字、完善文本。如詩經朱傳拾遺卷首浮籤云：「惕庵先生説經通達，記誦賅博，然往往不案原書，肊爲增減改竄，學者倅難辨識，今悉更定。」甄陶晚年主福建鼇峰書院講席，卒後祀於書院。參校是書者如何則賢、孟曾穀、林仰東、劉家鎮、王景賢、王廷俊、葉雲滋、林昌彝、葉旬卿等，皆嘉道間書院士子。陳壽祺掌書院時，得見張氏遺稿，嘗嘆「惕庵著經解甚富，其後莫有繼者」（孟氏八録跋），故命諸子校定此書，擬付刊行，不知何故中輟。咸同間原稿歸閩縣李作梅，其孫李宗言（向穠）守之，民國間尚存閩中故家。一九五六年經北京隆福寺文淵閣書肆入藏北京圖書館。（杜澤遜　王篤堃）

網絲有誤似當作繩

纁裹衣當作纁裏

祭字首宜從夕不從夂下同

禮記集說刪補

陳澔集說

玉藻第十三

此篇記天子諸侯服冕笏佩諸制及行禮之容節

刪補 范氏鍾曰玉藻一篇巨細兼舉自冕冠衣服推之齊明盛服致精明之德於內垂紳正笏固肌膚之會筋骸之束於外君有君之威儀臣有臣之威儀至飲食起居之纖悉文若不類然錯綜觀之固雜而不越委曲繁密與少儀曲禮相似而較闊深

天子玉藻十有二旒前後邃延龍卷以祭

玉冕前後垂旒之玉也藻雜采絲網之貫玉者也以藻穿玉以玉飾藻故曰玉藻邃深也延冕上覆也元表而纁裏前後邃延者言前後各有十二旒垂而深邃延在其上也龍袞畫龍於袞衣也祭祭宗廟也餘見曲禮

腰跨當作腰胯

鵲橋道家醫家謂舌也則舌也二字當作小注 成方切用云下於鵲橋也舌亦作小註

疑是湧字之訛

所補諸字悉据日知錄元文至于改易之處亦依而改正之

殺矣也之下孔子惡果敢而窒者非獨處事也爲學亦然告子不動心之學至於不得於言勿求於心而孟子以爲必將如蹶趨者之反動其心艮其限列其夤之說也

限為腰跨上下體之限也膂為脊膂血氣循是以為升降者也人身任督二脉相為循環下起足之湧泉穴上循腰脊會於腦海下鵲橋也由胸而下丹田氣海僂蹻而下於湧泉是不可止者止則為疾故曰艮其限列其膂血不止循則腰膂不能屈伸而心為之困憊矣艮之三即震之四皆一陽限於二陰彼曰泥此曰厲其義一也顧氏奕曰學者病乎執一而不化及施之於事杆格而不通則忿懥生而五情亂與衆人之滑性而焚和者相去蓋無幾也君子廓然其大公物來而順應若決江河安有薰心之厲哉

沛然莫禦而無

温經日記六卷

［清］侯官林昌彝撰　中國國家圖書館藏稿本

夫八閩學術，自楊時、朱熹至於李光地、官獻瑶輩，莫不以理學鳴，流風所及，學者皆尚性理。及陳壽祺見錢大昕、段玉裁、王念孫、程瑶田諸先生，乃事許、鄭之學，一洗空疏之習。林昌彝既爲壽祺弟子，博學多通，由禮以及諸經，撰三禮通釋、小石渠閣經説及此書等。

此書卷首列總目，總目前有何紹基序。卷一至卷五説群經，卷六説爾雅、小爾雅、國語、吕覽、離騷、白虎通、説文，凡一百二十四條。大略制度、訓詁、校勘、地理、辨僞，並有所及，而文皆考據，所謂實學也。卷二野有蔓草非男女相會之詩條言經大意，謂鄭風野有蔓草爲朋友期會之詩，出三證以明之，亦非空談義理者。所言各事，如日月爲易條，謂日月爲易非論六書，乃日月交會之象；二闑之間謂之中門條，力主門有二闑説；獻米者操量鼓條，以鼓爲衡名，非量名；春夏乘龍秋冬乘馬條，以爲古實有龍；天圓地圓條，謂地爲圓，西法不可盡廢；離騷經女嬃條，以女嬃爲女巫，或述他人，或出己意，不必皆定論，然有據依。所引宋以來書人凡數十家，其考核之勤，於此可見。昌彝重師友，故多述陳壽祺、王廷俊説。至以魏伯陽爲西漢人，直改彖象之「彖」作「象」，則勇於自信，專輒之過也。（駱瑞鶴）

温經日記卷一

侯官林昌彝惠常學

日月爲易

說文易蜥易蝘蜓守宮也象形句祕書說曰日月爲易象侌昜也段茂堂說文注云謂上从日象陽下从月象陰緯書說字多言形而非其義此雖近理要非六書之本然下體亦非月也昌彝按說文所引祕書說乃參同契坎離二用章文也陸德明經典釋文引虞翻注參同契云字从日下月段氏謂日月爲易非六書之本不知參同契所云日月爲易剛柔相當者

治經隨筆一卷

［清］侯官魏秀仁撰　福建省圖書館藏稿本

魏秀仁（一八一八—一八七三），字子安，又字子敦，號眠鶴主人，侯官人，本唐長子。道光二十六年（一八四六）舉人，屢赴禮闈不第。曾先後主講渭南象峰書院、成都芙蓉書院、南平道南書院。事跡具謝章鋌賭棋山莊文集卷五魏子安墓誌銘、林家溱魏子安先生年譜。秀仁著述約四十餘種，多石經研究與辭章之學，以傳世經典爲治學基礎，故生平重之。

此爲讀春秋左氏傳筆記，凡十三條，曰鄭忽辭婚、管仲請囚、仇牧稱名、内蛇外蛇、鬻拳愛君、男女同贄、投蓋稷門、齊仲孫來、鄭棄其師、間於兩社、齊桓公召陵服楚、穆陵無棣、包茅縮酒，至僖四年而止，其目則以小字書於各條之末。各條所及，多説有歧出者，如閔元年經：「冬，齊仲孫來。」左傳以爲齊大夫仲孫湫，公、穀以爲魯公子慶父，故秀仁特記之，用識解經自古有别。書中不事訓詁，而專注經義、制度、地理，其説多用諸家，亦自有議論。用諸家者，如鄭棄其師條，閔二年，大略抄胡安國春秋傳；穆陵無棣條，僖四年，棣當作棣，襲顧祖禹讀史方輿紀要、高士奇春秋地名考略。自爲議論者，並有裁斷，而旨趣明晰，如首條議鄭忽辭婚，謂婚不可恃，以晉董叔「求援則援，求繫則繫」，魯昭、哀爲例，其説有本，他並如是。

此或秀仁温經時參考各家，信手書之而成。若仇牧稱名條引莊十二年經「宋萬弑其君」，君下失「捷」字，按，公羊作「接」。投蓋稷門條引顧炎武説，誤爲顧棟高。則所謂隨筆，未經覆覈者也。此十三條後附抄滇事紀略、新書各一卷。紀略不題撰者名氏，記清咸豐間雲南礦争民亂始末。新書題漢諸葛武侯，其爲宋人依託，四庫總目言之明矣。（駱瑞鶴）

治經隨筆

春秋　子敬歎氏著

詩序有女同車刺忽也鄭人刺忽之辭婚卒以無大國之助至於見逐嗟呼求援則援求繫則繫婚子女乎昔昭公娶於吳哀公娶於越交於大國甚然而二公卒以客死為天下笑鄭忽辭婚有管仲之才可以請因無管仲之才不能死之有能者之知可以請因以能者之不能不能逃也　管仲請因

莊十二年經宋萬弒其君捷及其大夫仇牧穀胡氏傳以賢仇牧

詁經叢話四卷

［清］閩縣葉大莊撰　福建省圖書館藏稿本

此係稿本，行、草、真書相雜，亦多塗抹。書凡四卷，卷首書「詁經叢話卷之一」，卷一末書「以上可編爲兩卷，以廿頁爲一卷」。次卷書「詁經叢話卷之叁」，末卷書「詁經叢話卷之四」。蓋未及編定者。全書記所見乾隆以來各家詁經故實與著述，亦及於金石、地理等，如平定張石洲條言石洲地形之學；戰國策釋地條但記張琦戰國策釋地、素問釋義。各條體例，則先述其人爵里，而後記其著作，或自爲叙述，或引他書所載。於著作則多録其序文，或篇名、目録，可資考證。其中或有評語，如焦君子廷琥字虎玉條，言廷琥鄭氏讀説作禨辨諸文「皆考核精審」，可稱中肯。考養一齋洪孟慈遺書序條言及伯潛侍郎陳寶琛爲代刊青埵山人詩事，吴縣朱記榮影刻平津館叢書條録王懿榮光緒十年奏，知此書始撰於光緒九年。是年其父滋森卒，蓋大莊丁憂無事，乃博覽本朝諸家，筆録聞見，而成是書也。（駱瑞鶴）

詁經叢談卷之一

閩縣葉大莊編

包慎伯世臣撰碑文暨傳均碑謂吳越兼儁晧備者斯所偁者陽湖黃乙生小仲通鄭氏禮武進劉逢祿申受通何氏春秋虞氏易江都淩曙曉樓治何氏春秋鄭氏禮涇胡世琦玉樵墨守鄭氏有徵實補缺之勤嘉定潘鴻諳望之紀錯綜許鄭以適大義丹徒柳興宗賓叔治詩禮史詳贍依雅訓以擇俗說寶應劉寶楠楚楨其上世皆崇漢學獨不囿其家法儀徵汪穀小城學精許鄭尤長於輿地發源俞正燮理初通鄭氏禮杜氏春秋數十萬言烏程凌堃厚堂兼綜漢宋說易學春秋與理而并長於推算今諸君書皆行世然潘氏汪氏之著錄今則未見也黃少仲[illegible]未得書介恨

爾雅比類便讀三卷存一卷

［清］閩縣周嘉璧撰　福建省圖書館藏清光緒間抄本

周嘉璧，字蒼士，閩縣人。嘉慶十二年（一八〇七）舉人。博學多才，工制義，爲嘉慶、道光間閩中名師，官家世族子弟多投其門下。曾與林元英、柯龍章等結瀛社。爲人尚氣好義，林則徐目爲古君子。道光四年（一八二四）任政和縣訓導，五年任詔安縣訓導。精熟左傳，著有評左卮言、禘祫説、經義雜説、享帚編詩草等。

此書前有嘉璧叙言，言其撰作之旨，以爾雅雖粗有分類，如釋天、釋地之爲類，然一類之中則雜釋而不復分類，而釋詁、釋言、釋草、釋木諸篇尤錯出不以類從，嘉璧以其不便蒙學記憶，遂於課徒之餘，爲比類舉要，標節分附，依注疏之旨詁釋之，有當考訂處，亦旁採諸家言，以求舉業易讀易用。據其例言，冣以其書，大旨於經文但有節縮，不作附益，於注疏家言則採擷精英而有所點竄。雖爲節本，然於經文之釋詁、釋言、釋草、釋木節其弱半，於蟲、鳥、魚、獸十僅一二，於宫、器則百僅一二。其釋義多取材於邵晉涵爾雅正義。又自以此書爲治四書者作饋貧糧，故雅義有關四書者必詳辨而廣證之，甚而有據四書而立類者，如釋言篇以茅綯爲一類。今檢全册，其卷端題爾雅比類便讀上卷，但有釋詁、釋言、釋訓、釋親、釋宫、釋器、釋樂七篇，校以爾雅篇幅，則其書原或有上中下三卷。考其例言既稱「釋草篇菉竹爲一類」云云，則似其書業已編完，惜今本僅存其上而已。此編於初讀爾雅者不無裨益。（季忠平）

爾雅比類便讀上卷

釋詁第一

詁音古義亦古也古今異言故釋之使人知此篇相承以為周公作但其文有周公後事故先儒疑焉或曰孔子子夏所增足也

初哉古文作才緣同 首基肇祖元胎俶落權輿始也

此釋初哉以下皆為始之義餘倣此 釋始凡十二字義書[illegible]

福建省立圖書館

讀説文解字小箋不分卷

［清］長樂梁運昌撰　復旦大學圖書館藏稿本

梁運昌（一七七一—一八二七），初名雷，登進士後改今名，字春中，一字曼雲，又字曼叔，晚號江田田父，長樂人。嘉慶四年（一七九九）進士，選庶吉士，散館授編修。後以丁母憂去職，不復出。工書法、篆刻、繪畫、音樂，嗜杜詩，著有杜園説杜二十卷、秋竹齋詩存九卷等。

梁氏自云嘉慶七年從同科進士嘉定陳蓮夫得錢大昕讀説文法一編，遂推闡其意，著爲二十篇，至道光四年（一八二四），歷二十餘年始定稿。謝章鋌課餘續録謂梁氏遊吴，得嘉定錢竹汀大昕閲本，推廣其緒論，成讀説文解字小箋二十篇，條理分明，語有歸宿，足爲初學治許書之導師者。王欣夫蛾術軒篋存善本書録云梁氏能得錢書大略，僅謂其足爲初學導師，猶淺量是書也。

卷首有目録：許書通例第一，變隸失真第二，聲畫會元第三，文字刊誤第四，文義異同第五，音讀尊訓第六，簡末疑字第七，小字拾遺第八，偏旁異讀第九，篆隸連文第十，脱遺議補第十一，新附指歸第十二，徐書糾謬第十三，群言清溷第十四，古文重出第十五，古籀或文第十六，引經異文第十七，經典孳文第十八，方語摭遺第十九，别部檢字第二十。然書中未必皆依目録爲次，變隸失真篇以聲畫會元畫中多有此説，引經異文篇因兩字對舉已具於文義異同中，故不别録，惟缺古籀或文篇。其於明許書體例、考本字、求音義、辨方音處均有所發明，然不免迴護許君之譏，指摘二徐亦有失偏頗。

清代説文之學，首推金壇段氏、曲阜桂氏、安丘王氏、元和朱氏，嘉定錢氏於説文雖無專書，然其緒論之見於答問及養新録者，其發明亦不在段玉裁之下。以是書多承錢氏之説，可藉窺錢氏説文學之一斑云。此以二萬錢購得此本。復恐孤本不可恃，爲之録副，又費六千餘錢。以此爲説文入門之書，事半功倍。梁君之爲惠大矣。寶之。光緒壬寅裝畢，章鋌敬記。」謝氏抄録之副本，今尚存福建省圖書館。（陳　敏）

本有光緒二十八年壬寅（一九〇二）謝章鋌跋，云：「梁君既歿，著述盡散。其家綑而賣之，予適見之，以梁君既殁，著述在散，其家綑而賣之，予適見之，以六萬錢購得此本，後恐孤本不傳，特爲之錄副，又費六千餘錢。以此爲說文入門之書，事半功倍，梁君之爲惠大矣，寶之。光緒壬寅張畢[illegible]藏記

讀說文解字小箋　　秋竹山齋纂本

總目

許書通例第一

總讀說文之大法使初學識許君義例

變隸失真第二（聲畫會元畫中多有此說故不別錄又竹汀先生本有篆與楷異一篇頗詳無庸別撰）

讀說文先在識字而變隸之體有與篆文大相違繆者則無以識作字之意今悉錄出使讀者一覽目焉

聲畫會元第三

六書之要形聲二者賅之然象形諧聲之訓又所易曉惟形聲參互之文頗難驟悉茲按聲畫

秋竹齋

説文分均再稟五卷

［清］侯官劉家鎮撰　福建省圖書館藏稿本

劉家鎮（一七八九—一八四四），字奐爲，侯官人。嘉慶二十三年（一八一八）舉於鄉，嘗選南安縣學訓導，稱病不赴。篤嗜訓詁、音韻之學，纂有五朝切韻萃編、皇朝華韻合聲譜、切韻指南闡説、五音字韻彙編、掀均尻小學書經眼録等。

此書迄未刊行，僅存稿本一種。書前有自序，釋書名之義，明獨創義例，記版本依據，叙編纂方法。全書不依説文部居次第，而據廣韻二百六韻編次，始「東」終「乏」，釐爲五卷。各卷以牙、舌、唇、齒、喉、半舌、半齒音之序譜説文所收各韻之字，古文、籀文則施以朱色，天頭或欄内朱字標注聲紐且皆加朱色方框，聲紐下墨字標注等第。各紐首字之下，雙行小字先出反切，切下標注同切字數以計下文所譜之字，數字皆加朱圈以識之，數字下酌摘説文訓解，訓解下標明所譜之字在汲古閣本説文中之卷數、部居及葉數，同切字下不出反切、不標數字，餘項皆同各紐首字。説文新附字，亦依聲紐次序譜入文中，字前標注加框「新坿」二字以明之。各韻之末，皆仿説文體例，以大字標注所譜字數、重文字數、新附字數、共計字數。其後或記段本説文所改、所補、所删之篆及所改反切，或記説文所闕之字。

書中浮籤三種，一楷書，一朱底楷書，一行書。楷書浮籤當是撰者所爲，多標注開齊合撮四呼，偶記全書體例；朱底楷書浮籤亦出撰者之手，多記日後當檢核、補充之内容；行書浮籤則爲他人審讀時所黏，提示撰者當注意之事項。

此書依今音譜説文諸字，不涉先秦古音，意在糾舊切之誤、辨字之韻部、明字之等呼。如「瞢」字，徐鉉據孫緬唐韻音木空切，此書卷一東韻微紐下列「瞢」字，右上角標一加圈「改」字，按語辨舊切之誤云：「瞢」字孫氏木空切，當列本韻明母，今以説文夢从夢聲，夢从瞢省聲，孫氏皆以三等爲切，瞢字亦宜從同，故依玉篇、廣韻改作莫中切，列於此母。夢字條徐鉉音莫忠切又亡貢切，莫中與莫忠音同，二切與亡貢切同爲一音而僅有平去之分。東韻分二類，合口一等以東、公、紅爲切，合口三等以宮、弓、戎、中、終、融爲切。其意以爲夢字既从瞢聲，則瞢當與夢字同屬合口三等，不當以合口一等之空字爲切。敦煌斯二〇五五號箋注本切韻殘卷云：瞢，目不開，莫中反。切韻亡而存於唐韻，唐韻亡而存於廣韻，切韻、廣韻皆言瞢字莫中切，乃見唐韻用韻之疏。徐鉉不辨是非，遂依唐韻音瞢木空切。此書改之爲莫中切，既糾徐鉉之誤，亦見撰者之精於音學。

此書博採歷代韻書，兼録諸家精義，考辨是非之論，屢見其中，既關乎音學，亦涉及字形，較之徐鍇説文篆韻譜、李燾重刊許氏説文解字五音韻譜等，可稱轉精之作也。書中鈐「大通樓藏書印」、「龔少文收藏書畫印」朱文方印。（賈海生）

合 見一 溪一 端一 透一

說文分均再稾 壬寅夏月卷一

上平聲 猳均凥編說

一東

公 古紅切三 平分也 二上八北 工 巧飾也 五上部首 弖 古文工从彡 重一 功 以勞定國也 十三下力凶 蚣 今音古紅切一 十三上虫阫

攻 古洪切一 擊也 三下攴阫

按蚣字乃蜙之重文或省許訓蜙蝑孫音息恭切大徐等曰今俗作古紅切以爲蜈蚣蟲名○正音見鍾韵

空 苦紅切一 竅也 七下穴𠃊 涳 哭工切一 直流也 十一上水廿

東 得紅切二 動也 六上部首 涷 水出發鳩山 十一上水十

通 他紅切四 達也 二下辵三 㑘 痛也 八上人卅 侗 大皃 八上人三 恫 痛也一曰呻吟也 十下心凶

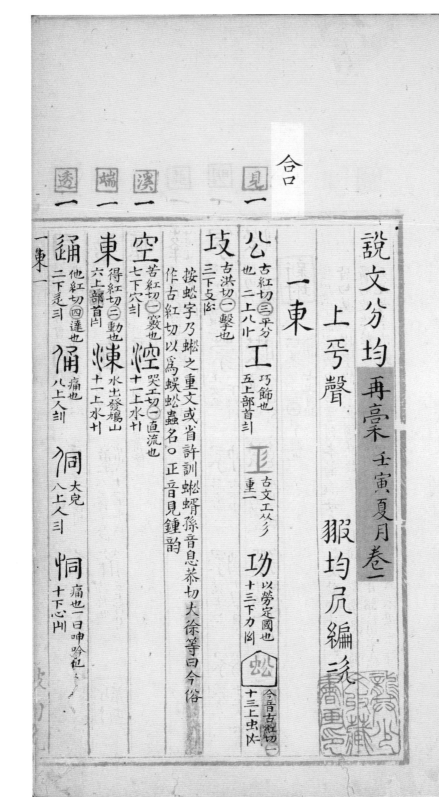

一東一

呂書以前或有已分開合成編者當改據日月燈以前之書

滂三

丕 敷悲切⑦大也 一上二卜　伾 有力也 八上人訓　秠 一稃二米 七上禾㕙　駓 黃馬白毛也 十上馬卄　魾 大鱯也 十一下魚刈

邳 仲虺所封國 六下邑凶　䫠 短須髮皃 九上須廾

明三

眉 武悲切⑧目上毛也 四上部首廾　瑂 石之似玉者 一上玉十丶　湄 水艸交爲湄 十一上水冃　楣 秦名屋櫋聯也 六上木刈　郿 右扶風縣 六下邑十二

麋 鹿屬 十上鹿川　灊 健也 三下鬲火　黴 中久雨青黑 十上黑廿丶

按灊字止據孫氏武悲切爲本音編此錢氏段氏皆有改音而所改不同詳見燭韵照母

按悲眉二紐依呂維祺日月燈列於合口而丕字呂氏本列開口今因孫氏以敷悲爲切悲字既列合口丕字亦當隨之況眉切武悲帷切洧悲又可比例乎。又按呂氏眉切忙悲列合口鄙切莫悲列開口同用悲字爲切腳而開合異列似未安

精四

嶉 醉綏切①一危高也 九下山卄

心四

綏 息遺切④車中靶也 十三上糸卄　雖 似蜥易而大 十三上虫月　奞 鳥張毛羽自奮也 四上部首冃　葰 薑屬可以香口 一下艸刈

説文引經異文集證八卷

［清］閩縣吴种撰　福建省圖書館藏清抄本

吴种，字少阮，侯官人。道光間諸生。少時與弟种（少慈）同受業於王廷俊，未冠通十三經，後受知於福建學政李嘉端，補縣學生。家不中資，而刻苦志學，首治説文，著説文引經異文集證，同里林則徐、佘潛士皆嘗親訪种於委巷。同治間福建巡撫王凱泰創致用堂，聘爲講席，种手書「研經精舍」額其齋，群從子弟皆濡家風，通解經義。

吴氏取説文所引十三經與通行本有異者，參稽衆書，詳加辨證，裒爲此書。雖以十三經爲序，然無穀梁傳。每條首列説文所引經文，下以雙行小字注通行本之異文，次作按語。其按語考十三經各本、史記、漢書、經典釋文、集韻諸書，並舉段玉裁説文解字注、鈕樹玉説文新附考、桂馥説文義證、朱駿聲説文通訓定聲、吴照説文字原考略等書以爲證。引證雖多，然其先作者如吴玉、陳瑑諸家書，並未稱引。陳衍石遺室書録謂其專從許書，凡今本與許書異文者，皆以爲誤，有墨守許書之嫌。然其精者如易説卦之「莫暵于離」，書盤庚之「有粤櫱」、「予亦炪謀」，酒誥之「盡執抲」，論語之「陳伉」，孝經之「哭不悠」之類，皆依據甚碻。

是書未刻，傳世者又有王欣夫舊藏抄稿本一種，僅存前二卷易一册三十八則、書一册九十三則，有咸豐四年（一八五四）吴氏自序。此全本八卷，首有王慶雲、何秋濤來書，同治四年（一八六五）孫壽銘序，同治十二年王凱泰題語，同治十三年自序，同治十三年林壽圖序。（張　鉉）

說文引經異文集證

侯官吴　种學

易

乾

夕惕若夤今夤作厲第七篇夕部云夤敬惕也从夕寅聲易曰夕惕若夤

种案夤字訓爲敬與寅相通書堯典寅賓出日史記作敬道日出無逸篇云嚴恭寅畏逸周書祭公解云我則不寅哉寅哉寅通作夤漢書叙傳云夤亮天功鄧展注云夤敬也本爾雅釋詁文爾雅夤敬也今本作寅蓋

循陔書

説文大小徐本録異一卷

［清］長樂謝章鋌撰　中國國家圖書館藏稿本

謝章鋌（一八二〇—一九〇三），字枚如，號藥階退叟，長樂人。光緒二年（一八七六）進士。曾任内閣中書，後專事著書講學，任廬山白鹿洞書院主講、福州致用書院山長。撰有賭棋山莊文集、賭棋山莊詩集、賭棋山莊詞話等。

是書之作也，賭棋山莊文續集卷一答張玉珊云：「夫説文真本既不得見，大小徐俱治説文，似不宜有所軒輊。況大徐學不及小徐，其定本多從小徐之説，而有時反失其意。故欲於二本參稽同異，庶可窺説文之真於萬一。否則繁徵博引，雖於小學未嘗無補，毋亦見千里而不見眉睫乎？」乃知其意在參稽大小徐本説文之異同，以探求許慎説文原文之真。其體例，每條首先録大小徐本有差異之字，大徐本文字以大字書寫，接以小字列出小徐本差異處，時有謝氏或所録張鳴珂按語。除文字異同外，尚論及大小徐本分卷、所用反切之不同。清代對校二徐差異之書，又有朱士端説文校定本、田吴炤説文二徐箋異等，是書雖不無小疵，然審辨二徐得失，考求許書原貌，當與二書並稱焉。

此手稿本一卷，或即答張玉珊所稱「草創已就，約有二十卷，成書八卷，困於文字之役，鹿鹿不得暇。惟首卷稍謄清，敢以求教」者，自「一部」至「茻部」，即大徐本前七卷，小徐本前十四卷。（張　鉉）

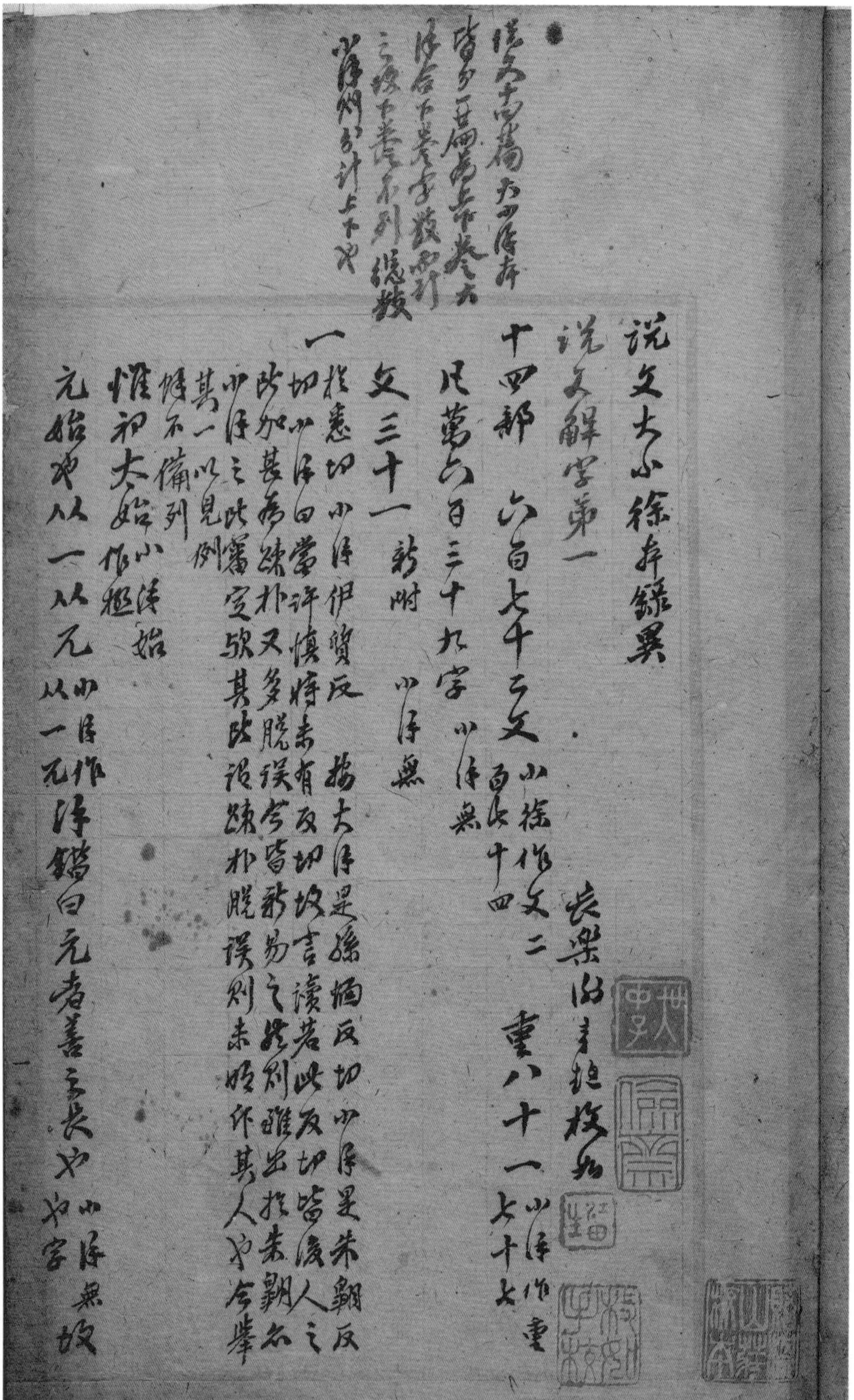

說文大小徐本錄異

說文解字弟一　長樂謝章鋌校録

十四部　六百七十二文　小徐作文二百七十四　重八十一　小徐作重七十七

凡萬六百三十九字　小徐無

文三十一　新附　小徐無

一　於悉切　小徐伊質反　按大徐是孫愐反切，小徐是朱翱反切。小徐曰：當許慎時未有反切，故言讀若，此反切皆後人之所加，甚爲疎朴，又多脫誤，今皆新易之。然則雖出於朱翱，亦小徐之改竄。定號其改作疎朴脫誤，則未始非其人也。今舉其一以見例，餘不備列。

惟初太始　小徐作極始

元　始也　从一从兀　小徐作从一兀　徐鍇曰：元者善之長也　也字小徐無　故

説文閩音通一卷附録一卷

［清］長樂謝章鋌撰　中國國家圖書館藏稿本

是書撰成於光緒二十八年（一九〇三），自序略云：以中書供奉内閣時，新得祁壽陽相國翻刻朱笥河説文繫傳本，攜以入值。職事清簡，日輒盡一卷，見其中字音多與閩人仿佛。乃據繫傳作準，録其音義近似於閩者爲一卷，並採雜説以申明之，爲附卷云云。謝氏參照説文繫傳審視閩音，摘舉詞語兩百六十一，所記反切多取自繫傳，偶有取大徐本説文或其自創者。其體例：先舉某字，屬某部；次闡釋字義；次書證，所引繫傳爲多；末按語，釋閩語中此字音義。書中所舉閩語詞，如「凡人任氣作事，謂之『粤命』，或曰『盡力粤』」，「凡人心巧言詐者謂之『狡獪』」；以反切、讀若、直音之法所記閩音，如「俗猶呼藏爲伉，音苦浪切」，「夿字讀若瓠」，「閩語呼柚若抛」等，多能徵諸載籍、證諸方音者。亦多考閩語詞之本字，如「娢」字，「閩語凡人行止不檢，謂之『痞子』，應作此娢字」。附録採毛西河越語肯綮録、梁山舟直語補證若干例，皆浙人方言而可證閩語者；又翟晴江通俗編，僅録其可證六書者；又舉黄肖巖閩方言古音考、劉芑川操風瑣録數十則，以二書未梓行，録而存其梗概。間則闡發閩語古音之特色，如「天下方音，五音咸備，獨闕純鼻之音。惟吾閩尚行此音，乃千古一綫，元音之僅留於偏隅者」云。

此稿本卷端鈐「賭棋山莊校本」印，乃經謝氏手定者。（方　挺）

說文閩音通

丙子纂於都門古憫忠寺

長樂謝章鋌眉儒

薅　蓐部　披田草也呼毛切　茠　薅或從休詩曰既茠荼蓼

按閩語耘田謂之薅艸從休聲讀如咻

尐　小部　少也姊薛反

按閩語物少謂之褻應作此尐

必　八部　分極也畢聿反徐鍇曰分別之極也

按閩語物將裂未裂謂之必蓋亦言其分別也

嚳　告部　急告之甚也開毒反

按閩語以言急促告人謂之鷽突鷽音若學當作此嚳

清書略二卷　［清］閩縣林春溥撰　福建省圖書館藏稿本

林春溥（一七七五—一八六一），字立源，號鑑塘，閩縣人。嘉慶七年（一八〇二）進士，改庶吉士，散館授編修。旋丁内艱歸，主講玉屏書院。二十二年派修國史。道光元年（一八二一），充文淵閣校理。歷南浦、鵝湖、鼇峰書院講席。撰有竹柏山房十五種等。

林氏於經學、詩文而外，有滿洲語文撰述五種，曰清文十二字頭一卷、清文鑑二卷、清文新話一卷、清文虚字一卷、翻譯清文草書一卷。清文十二字頭未知何年編纂，餘均是嘉慶九年稿本，蓋其時正在翰林院分習滿洲語文。國語略即清文鑑，係手書稿本，封底各另寫書名清書略。清室原操滿語，入關後稱滿文爲清書，故書名應以「清書略」爲是。是書滿漢詞語分類對照，目録先漢後滿，正文先滿後漢（滿文書頁行序與漢文木刻本相反，本書當逆序翻閲）。卷上卷下各弁目録，詞語編排分五類。卷上天文類、地輿類、人類一至三，目録後有程頤視箴滿漢合璧全文，視箴别無滿語譯文，此處應爲林氏翻譯；卷下人類四至五、事類一至三、物類一至三。清人滿語及滿漢諸語合璧字書，分類排纂者多遵藝文類聚萬物分類，林氏此書乃依章潢圖書編末卷「學詩多識」所分五類，惟子目稍有不同，如章書「人類」以君臣父母經始，林氏則以身體、生産、生育、老少、福祉經始；人類第四方爲人倫、君、旨意、臣宰、考選、擢用、父子、兄弟、夫婦諸目。

書中偶或隨文注明動詞詞法、虚字與尤應注意之語彙用法，及諸多成語之滿文譯語。葉眉時見批注，亦多溢出本類内容之旁注，顯爲便於研習所施者，如天文類「abkai buten 天涯」，buten 旁注「山根」，左下方注「(bute)-rembi 沿山根走」；「fosoko 日光照着，日將出」左下方注「(foso)-mbi 水濺」；「elden 光」旁注「(elde) hen 雜卦」，左下方注「(elde)-ri usiha 瑶光」；「usiha 星」右下方注「usiha-ngga 靈性人」；「usiha fisin 星密」旁注「穩重老實人」。「dulefun 度」詞下接寫字形有關而語義無關之天文詞語若干及其語義：dule, dulembuhe, aname dulembuhe, dulemšeme tuwambi, dulemšembi, dabašakū dulemšeku, šuburi。書中引及三種字書，彙書應即清文彙書，補彙即清文補彙，大鑑應即御製增訂清文鑑。然所引多見差異，如均賑類「salame bumbi 賑之」。彙書有 salabumbi 無 salambi」，核以清文彙書卷四，二字均有。捶打類「hūbdambi 掙跳，魚翻身跳」。彙書作 hūbadambi」，按，清文彙書無此二字。其引大鑑，亦多與御製增訂清文鑑不合。

清代滿語之研習，需字書（字典）、詞法書（虚字、動詞變化）、會話書（話條、語録）彼此配合。林氏此書無序跋，諦審其清書稿本數種，知此爲字書，正需相互配合乃堪實用。順治十年至道光二十年（一六五三—一八四〇），新選翰林院庶吉士多需分習清書與漢書，然其教學考核情形並無紀録，林氏滿洲語文稿本乃僅見者，可窺見翰林院庶吉士清書教學之情況。（李勤璞）

天文

天

通宵 大明了 待旦 大亮了 甫田之甫 曉地 亮

平旦用此 黎明

晨光 晨光現出

辨明之前 蒲柰

天肅 秋色慘淡

蒼天 穹蒼

清天

昊天 上天 昊天上帝 皇天上帝

天

天文類

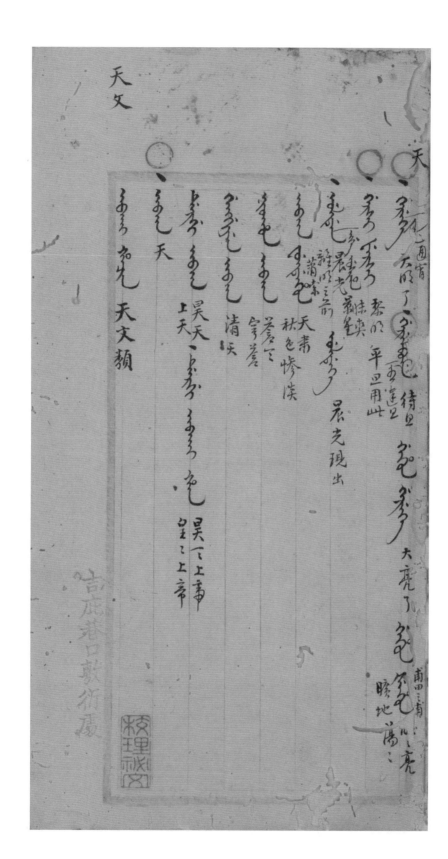

校理祕文

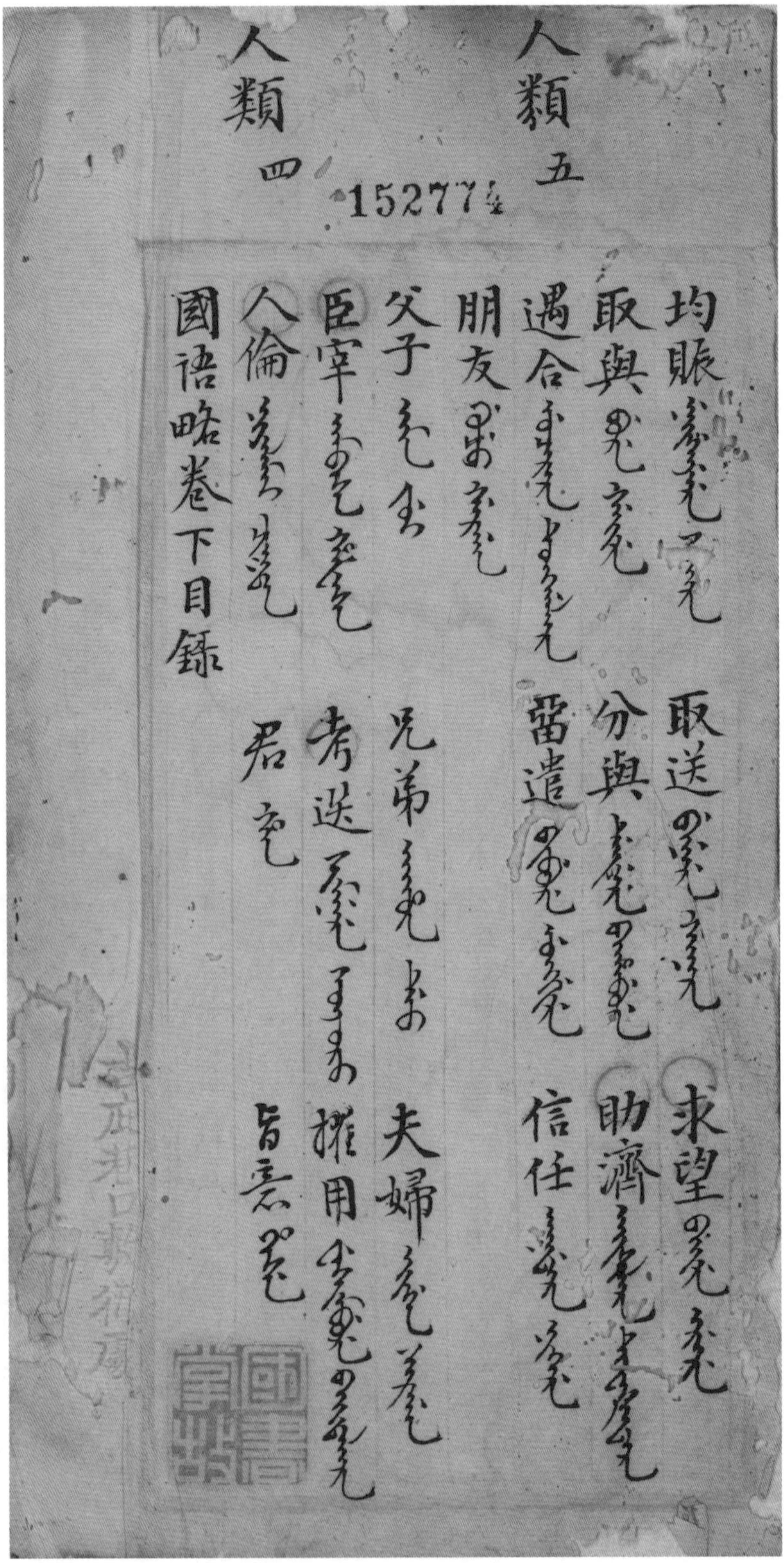

人類五

人類四

15277

均賑 取送 求望

取與 分與 助濟

遇合 留遺 信任

朋友

父子 兄弟 夫婦

臣宰 考選 推用

人倫 君 旨意

國語略卷下目錄

切音易解一卷　［清］侯官龔履中撰　福建省圖書館藏清光緒間黃氏抄本

龔履中，字依極，一字禹疇，號雨樓，侯官人。同治十年（一八七一）進士，選庶吉士，授翰林院編修，累官至御史、工部右侍郎。書法見稱於時。

首有咸豐三年（一八五三）龔氏自序，謂「學者苟能讀韻圖及一切門法，則舉經史百家所應讀之音皆莫逃於反切之下，良甚便也」，「用是不揣固陋，將韻圖及門法中之委曲繁重者，以意變通，力求易解，使學之者不至於苦而難成」。序後有審定等韻新圖說、字母每字一行說、開合分上下等說、按韻分圖說、韻以先後天爲序說、簡明門法說、憑切門說、憑韻門說、類隔門說、開合門說十篇，略叙其說，以爲凡例。是書以元劉鑒撰經史正音切韻指南之等韻圖爲藍本，「將原圖加以梳櫛，務令眉目一清」。韻圖横列三十六字母，不使重疊，每母管轄四等，每等再分四聲。劉氏原圖稍有等、韻合併者，計二十四圖，龔氏均予拆分，按韻分圖，計三十九圖。韻圖又以「先後天」爲序，先天韻不配入聲列前半，後天韻配入聲列後半。按，龔氏所謂先天韻即陰聲韻，後天韻即陽聲韻，中古音韻多以陽聲配入聲，先後天韻之說並無發明，止改一名耳。是書蓋意在釐清韻圖，爲便初學而作，盡如黃謙光跋所謂「因將古人之韻圖、門法離者合之，雜者分之，曲者伸之，繁者減之，力求變通，使歸簡易」也。

是書僅存光緒二年（一八七六）黃謙光抄本一種，黃氏跋云：「光緒丙子冬十一月，温陵黃謙光益齋甫借録於都門南柳邑館之喜聞過齋，即以移贈冠悔堂主人，時同客春明。」黃謙光，晋江人，諸生，官興化府學訓導、宜蘭教諭。冠悔堂主人楊浚（一八三〇—一八九〇），字雪滄，號冠悔道人，侯官人。所著冠悔堂文集有龔禹疇太史切音易解序，然不見於此本，序中謂是書考據簡明，能折中南北方音云。（張　鉉）

切音易解自序

讀書必先識字識字必先識音識音必先明反切明反切必熟讀字母等攝不可宋王洙所謂學者不知切音終為不識字人也漢人於難字訓釋但曰讀若某其間輕重清濁有內言外言急氣緩氣開口籠口諸法今人難以形容魏孫叔然注經始用反音厥後訓詁家踵而為之而斯秘大啟雖然某某反者一家之言也以此兩字已有古今南北之不同安能使所切之音悉與作者吻合嗣是韻家輩出博考前人音切折衷列國之殊系酌古今之變而排比成書四聲韻譜創於齊周彥倫而分部為二百六則定於隋陸法言之切韻其後唐之唐韻廣唐韻宋之廣韻集韻

史部

史記拾遺不分卷

［清］閩縣林茂春撰　中國國家圖書館藏稿本

林茂春，字崇達，號邕園，閩縣人。乾隆四十二年（一七七七）拔貢，廷試第一，官教諭。乾隆五十一年（一七八六）舉人。官終漳州府學教授。樸拙不交當路，耽於治學，尤專於左傳及史記、漢書。弟子梁章鉅自言作文選旁證所述師説爲多。著有左傳補注、漢書拾遺、後漢書拾遺、林邕園詩鈔等。

史記拾遺稿本凡七册，各册書衣題寫書名，兼以小注標明各册内容。首附史漢刊誤補注引用書目。第一、二册考證殿本史記，並以毛本校正異文。第二册後半題史記考證，注云：「從四庫館本録出，以南監本作底。」此兩册所涉内容與殿本所附考證及杭世駿、陳仁錫諸考皆不相合，當别有所本。首列附書目中有題紀昀四庫館考證，所據或即此篇。第三册爲研讀何焯、顧炎武二家著述之札記：貨殖列傳以上何焯義門讀書記，商君傳以下顧炎武日知録。第四册雜録盧文弨史記惠景間侯者年表校補及方以智、方婺如、方苞、梅文鼎等人注文。第五册摘録倪思班馬異同評、劉青芝史記紀疑、全祖望經史問答、張浦山通鑑綱目釋地糾繆補注等。第六册摘録陳仁錫史記考、陳子龍史記評本、凌稚隆史記評林。第七册摘録錢大昕廿二史考異。

此書採摭極富，博涉諸家，僅篇首所載史漢刊誤補注引用書目已二百又二種，而書中徵引又多超出者。林氏之作重在正誤，於史記本文前後牴牾及後世傳刻訛誤處，均加考訂。其論史記先秦部分多言司馬遷立説之是非，尤擅以經傳證史記之誤。如周本紀「襄王後母曰惠后，生叔帶」，林氏云：「按左傳曰：『母弟俱是惠后所生。』正義曰：『史記謬也。』」又如燕召公世家引尚書正義駁司馬遷謂周公因召公之疑而作君奭。或以史記本書互校以見牴牾，如大戊，殷本紀爲太甲孫，而三代世表爲太甲子；鄭世家宣王庶弟，年表云宣王母弟，復引詩正義證二者之乖異。或考史記傳本之誤，如樂書言神馬生渥窪水中，公孫弘對汲黯語之批評，皆與史實不合。梁玉繩史記志疑雖有所論，然拾遺詳勘武帝獲天馬時間，公孫弘與汲黯在官年歲，以推定樂書爲僞作，其考訂又精於志疑。或循文法考錯簡處，如淮南王安傳，「愚按，『王坐東宮』以下十三字，尋其文義，當在『部署兵所從入』句下，蓋錯簡也。下『王曰』二字亦非衍文，蓋少間復言，故複用以別之。如張耳陳餘傳『泄公曰然。泄公曰上多足下，故赦足下』，連用兩『泄公曰』。史記每有此文法。」或尋文獻史源，如燕召公世家「孟軻謂齊王伐燕，此文武之時，不可失也」，注云：「此本國策。」或駁正前人之考證，如張釋之馮唐列傳「及郡國車士」，殿本張照考證曰「車疑騎字之誤」。林氏注云：「衛綰傳：『臣從車士幸得以功次遷爲中郎將。』是車士之證，非騎字之誤。」林氏雖多引前人舊説，然有所發明，多以「愚按」標出。如扁鵲傳下：「愚按，周禮釋文引史記『姓秦名少齊越人』，今史無『少齊』二字。據此，則『越人』當非名字。但上云渤海郡鄚人，則非越人矣。下又云『越人非能生死人也，此當自生者，越人能使之起耳』，非自稱其名而何？戰國策載扁鵲有醫秦武王一事，史公未入採録。」其文獻考訂、史實追索頗見功力，所下案斷亦切中肯綮。

此書未見其他傳本，據第二册暢園居士跋語，知出林氏手訂。書中有「萬卷山房珍藏」、「曾藏丁福保家」、「説劍齋」、「雲賞秘笈」等藏印，知其流傳有緒。惟編次未能謹遵史記原書次序，蓋隨讀隨記者，以致今人翻檢多有不便。然據首册「改名纂補正誤」籤題，林氏當有再事整比之意而未逮也。（張宗品）

史記拾遺

閩中　林茂春　暢園

史記一百三十卷

陳振孫書録解題云漢太史令夏陽司馬遷撰宋南中郎參軍河東裴駰集註班固云遷據左氏國語采世本戰國策述楚漢春秋接其後事迄於大漢斯以勤矣十篇缺有録無書張晏曰遷沒之後亡景武紀禮樂兵書漢興將相年表三王世家日者龜策傳靳歙傅寬傳列元成之間褚先生補作武紀三王世家日者龜策傳言辭鄙陋非遷本意也顏師古曰本無兵書張說非也今案此十篇者皆具在褚所補武紀全寫封禪書三王世家但述封拜策書二列傳皆猥釀不足進而其餘六篇景紀冣疏略禮樂書謄荀子論禮河間王樂記

史記舊有集解索隱正義三注明監本所刻猥襍混并且其文十删四五非善本也殿本正義三十卷舊自單行不與正文相附至明震澤王氏所刻皆散入正文句內舊本之卷帙次第遂無可考然尚本原宋刻於常熟毛氏稱之至索隱亦係單行小司馬以之注史云者原附全書之後不以入注毛氏照宋校重翻條理井然勝明震澤王氏原刻本遠甚爰簽錄庫本考證附識及此時乙卯臘月十有六日暢園居士跋

漢書拾遺不分卷

［清］閩縣林茂春撰　上海圖書館藏稿本

第一册前有謝章鋌所抄林暢園詩鈔小傳及題識。第二册、第八册末皆有茂春識語。名曰「拾遺」，蓋意在補正顔師古注之缺失。注重校釋文字，考訂名物。今觀其書，多是抄纂諸家之説而成，隨手札録，不依漢書篇目次第。引前人之説，或稱書名，或稱人名，亦有未加注明者，前後參差，略無定式。蓋本爲纂録之稿，不拘體例也。採輯之書，共數十種。引述較多者，有顔師古匡謬正俗、李善文選注、劉知幾史通、程大昌演繁露、洪邁容齋隨筆、王楙野客叢書、王觀國學林、吴仁傑兩漢刊誤補遺、王應麟困學紀聞、于慎行穀山筆麈、方以智通雅、顧炎武日知録、李光地榕村語録、何焯義門讀書記、徐文靖管城碩記、齊召南漢書考證等。於時人著述，亦加意搜採，如全祖望經史問答、錢大昕潛研堂文集、洪亮吉卷施閣集等。而於盧文弨群書拾補、王鳴盛十七史商榷剌取尤多。於其同鄉社友龔景瀚所著漢書百官公卿表補注，亦加引用。又借録友人黄世發手校前漢書，以其本過録何焯、盧文弨校勘之語，甚爲精審。捃摭既博，難免複重。作者有所發覺，則於後加小字注「複删」，以俟寫定時斟酌。

雖多録舊説，然擇别甚嚴。披沙簡金，精華畢出。言無浮雜，義得明暢。如據魏書所載高允之説，謂五星聚於東井在三月，不在十月。引徐文靖之説，謂金日磾卒於昭帝始元元年，非二年。據容齋隨筆引六韜、野客叢書引韓非子，以補顔師古注之缺。引李調元雋林冗筆，謂鬼谷子一書出於蘇秦。引趙翼陔餘叢考，謂顔師古注諸羌「恐中國汎怒，不信其心，而納嚮之」爲迂曲。引陳善捫虱新話，謂范武子即士會，而判定古今人表置士會於中上，列武子於上中，顯係舛誤。引李光地説，謂揚雄解嘲「炎炎者滅」至「鬼瞰其室」

一段，是全釋豐卦義。凡此之類，或補闕，或糾謬，洞悉微旨，冰釋積疑。書中偶下己意，則以「愚按」別之。如「周亞夫傳八歲爲將相，持國秉」條下，先節引王楙野客叢書之説，因史記蔡澤傳「百日之内，持國秉政」，而疑此「持國秉」下脱一「政」字。下加按語云：「愚按毛詩『君子秉心』，傳云『秉，執也』，只合作上聲讀。王楙謂落一『政』字，理當然也。」「儒林傳小戴授梁人橋仁」條下云：「愚按後書橋元傳七世祖仁著禮記章句四十九篇，號曰橋君學。」引證精確，頗見卓識。此書雖爲稿本，尚未寫定，而引據詳洽，足爲考證之資。（李士彪）

漢書拾遺

閩中　林茂春　迍邅　學

按隋書經籍志漢書集解音義二十四卷太山太守應劭撰漢書音訓一卷服虔撰漢書音義七卷韋昭撰漢書音二卷梁潯陽太守劉顯撰漢書音二卷夏侯詠撰漢書音義十二卷國子博士蕭該撰漢書音十二卷廢太子勇命包愷撰漢書集注十三卷晉灼撰漢書注一卷齊光禄大夫陸澄撰漢書續訓三卷梁韋稜撰漢書訓纂三十卷陳吏部尚書姚察撰漢書集解一卷姚察撰漢書叙傳五卷項岱撰論前漢事一卷諸葛亮撰漢書駁議二卷晉安北將軍劉寶撰定漢書疑二卷姚察撰漢疏四卷凡十四家無攷者一家

按唐書藝文志孟康音義九卷崔浩漢書音義二卷孔文祥

幽園先生著述甚富，後多零落，或爲郭象之徒篡爲己有，如文選、三國志諸種。近日浙見刊本此書，蓋亦三國志之類，雖廣采博錄，尚未及編訂成書，然亦可謂勤矣。因爲裝帙藏之，并錄退谷文集此篇以傳，使讀者有此攷焉。余所見林樾亭、趙文炳諸著頗多，皆不刊刻，惜閩省無書局，年遠漸湮，令亡畢經頭苦功，良付厥叔，其可哀痛也。辛巳夏日裝畢，藥階退叟□□手記

後漢書考證一卷

［清］閩縣林茂春撰　上海圖書館稿藏本

是書書後有林茂春自跋，謂乃乾隆五十八年（一七九三）繙閲武英殿本後漢書考證時摘抄而成，自以爲可與其所著史漢拾遺互相稽考。所録各篇殿本考證，或以篇名綴首條下，如「徙江陵王恭爲六安王」條下注「章帝紀」；或以篇名冠首條上，如「追至私渠北鞮海」條前冠「和帝紀」。核以殿本考證原文，知其所摘，前半自光武紀至烏桓鮮卑傳之「湯伐鬼方」條，略依殿本後漢書諸篇次序；後半自袁安傳「洛陽令」條始，復有所録，其紀傳次序不復悉遵殿本范書，殆非一次摘録者。所録殿本考證諸家，大多書其姓氏；亦有否者，如光武本紀「焉爲左翊公」條，實爲齊召南所按，此則不記姓氏。殿本考證原文有一條並列數家之説者，則多擇要改寫。如光武本紀「宛人朱福」條，原文並列齊召南、陳浩兩家之説，此則僅以兩「按」標録大概而略去姓氏。

是書摘録殿本考證外，尚録有其他學者所治後漢書者若干，如前半志、傳之間，插入吴仁傑兩漢刊誤補遺涉禮儀志及朱儁、杜詩、楊震諸傳數條。荀淑傳「有子八人」條，録錢大昕廿二史考異所論。卷末所列律志至天文志之考證，則全録自盧文弨群書拾補。又循吏傳注「濟水王莽末旱固（當爲「因」訛）枯涸但入河内」條所論，標以「愚按」；袁紹傳「將作大匠吴循」條既録考證「魏志作吴脩」，復以雙行小字作注「按獻帝紀初平元年亦作吴脩」，凡此殆皆茂春所考者。（季忠平）

後漢書攷證

光武帝紀

陳浩曰按班固傳固與陳宗尹敏孟異共成世祖本紀則此紀本固等所撰今攷三國志注載漢晋陽秋等書所引記中語有今書不載者是為范史所更定也

與其師王鳳陳收

齊召南曰陳收應作陳牧劉元傳平林人陳牧又以牧為大司徒封陰平王

更始元年

陳浩曰按張衡傳衡條上司馬遷班固所叙與典籍不合者十餘事又言更始居位人無異望光武初為其將然後即真

後漢書拾遺一卷

［清］閩縣林茂春撰　中國國家圖書館藏稿本

據是書卷末附鄭有美寄書，可知所作旨在補前人之未備。然觀全書，則可知大率以輯録他人考論後漢書之説爲主。所輯諸説，多著其姓氏或書名，計有北周甄鸞五經算術，唐李善文選注，宋王觀國學林、蔡元定律呂新書、王楙野客叢書、吴仁傑兩漢刊誤補遺、魏了翁經外雜鈔、葉大慶考古質疑、王應麟困學紀聞，元李冶敬齋古今黈，明楊慎丹鉛録、章潢圖書編、于慎行筆麈、顧起元説略、李日華紫桃軒雜綴、張自烈正字通、黄宗羲南雷文定、方以智通雅，清顧炎武日知録、趙振芳易原、徐文靖管城碩記、姚之駰後漢書補逸、徐昂發畏壘筆記、李光地古樂經傳與榕村集、何焯義門讀書記、陳景雲通鑑胡注舉正、惠棟九經古義、武英殿本後漢書考證、盛百二柚堂筆談、王鳴盛十七史商榷、戴震五經算術考證、錢大昕廿二史考異與三史拾遺等，其中尤以録何焯之説爲多。卷末並附有杭世駿、朱彝尊所撰説緯各一篇。

是書於標明何人何書之諸説外，復有但冠以「愚按」或「按」字而不著姓氏書名者。其間或有茂春自爲考證者，如「靈帝紀詔諸儒正五經文字刻石於太學門外」條，引宋敏求洛陽記及水經注後，有「愚按范書紀熹平蓋經始之歲，其告成時實如水經注所云」，以下並引趙明誠金石録、洪适隸續諸説，此似爲茂春自考。而「明帝紀永平五年詔有不滿者以實除之」條，所考但冠以「按」字，不著撰人及書名，然本條目下有小字注「無此詔誤」，書出一手，當是茂春注他人立目之失，則可推知此條或亦爲他人之説。據此則凡冠以「按」字者，雖不著撰人，亦未必爲茂春所作也。（李忠平）

後漢書拾遺

閩中　林茂春　暢園　學

唐章懷太子注

陳振孫曰賢高宗太子招集諸儒庶子張大安洗馬劉訥言等共為之注賢坐明宗儼得罪武后廢故大安訥言亦流貶

贊曰

匡謬正俗曰司馬子長撰史記其自叙一卷揔歷自道作書本意篇别皆别有引辭云為此書事作某本紀為此事作某年表為此事作某書為此事作某世家為此事作某列傳子長此意盖欲比擬尚書序耳即孔安國所云書序序所以為作者之意也揚子雲著法言其本傳亦傳法言之目篇篇皆引辭云撰某篇亦其義也及班孟堅為漢書亦傚其意於序傳

後漢書校語不分卷

［清］閩縣林茂春撰　中國國家圖書館藏稿本

書後自跋稱是書乃作後漢書拾遺之暇，取後漢諸逸書甄録之，以補章懷注所未備。故是書名爲「校語」，實則文字校勘外，尚多史實考補。

其校勘文字，或以版本相校。所用版本，觀其劉寬傳「『華陰人也』注『隅，角也』」條，曰「當作『角，隅也』。監本誤倒」，檢明南監本作「隅，角也」，則似以監本爲底本；而延篤傳「其爲人之本與」條，曰「此據葛氏本」，或爲明崇禎間葛鼎本。又丁鴻傳「『顯宗甚賢之』注『續漢書載晋書』」條，曰「愚按『晋』當作『駿』」，今檢監本、汲古閣本、武英殿本皆作「駿」，未審林氏所據何本；樊準傳「爲光禄勳其年卒」條，曰「俗本『其年卒』作『五年卒』，此從明周采所刊閩本改正」，此以明嘉靖福建按察司刊本相校，而檢監本、武英殿本諸本皆作「五年卒」，合此數條，則林氏之校，其底本或不主一本。又或以是書前後相校。如清河孝王傳「甘陵威王理」條，曰「按本紀『理』作『恢』，是『理』爲『悝』之誤」。又或以他書相校。如馬融傳「施養諸生」條，曰「『施』，東觀記作『教』」。又或不言所據，逕稱某當作某。如劉盆子傳「屬右校卒史劉俠卿」條，但曰「按『卒吏』當作『卒史』」，檢此已見劉攽説。

其考證史事，或考異同，或補未備。所徵引後漢史籍，遍及東觀漢記及謝承、薛瑩、華嶠、司馬彪諸家，以至裴松之注三國志所引諸書。諸家論説，則自顔之推顔氏家訓、李匡乂資暇録、歐陽修集古録以及劉攽兩漢刊誤、吴仁傑兩漢刊誤補遺，至楊慎、方以智、顧炎武及乾嘉諸家，多所引述。其中尤以姚之駰後漢書補逸、王鳴盛十七史商榷、錢大昕廿二史考異、錢大昭兩漢書辨疑等家爲多。其自作考證，則大抵標以

「按」或「愚按」。

其書間有塗改，如黨錮傳論「唯趙典名見而已」條，多有增删。又岑彭傳「兩城若下」條，曰「『兩』當作『西』，俟校」；陳忠傳「『後位至太尉』注『與之餉餞』」條，曰「按『餞』當作『錢』，俟校」，如此者不止一二，則殆未完之稿。觀其校勘與考證，不乏人所未道者，於治范書不無裨益。（季忠平）

光武帝紀

按東觀記曰帝生濟陽時先是有鳳凰集濟陽故宮中皆畫鳳凰聖瑞始於此

飲食言笑如平常

按東觀記此句下更有獨居輒不御酒肉枕席有涕泣處二語

至饒陽

東觀記曰上聞王郎兵至後驚去至南宫天大雨上引車入道旁舍空舍竈中有火馮異抱薪鄧禹吹火上對竈炙衣

比高祖兄仲

國立中央圖書館藏

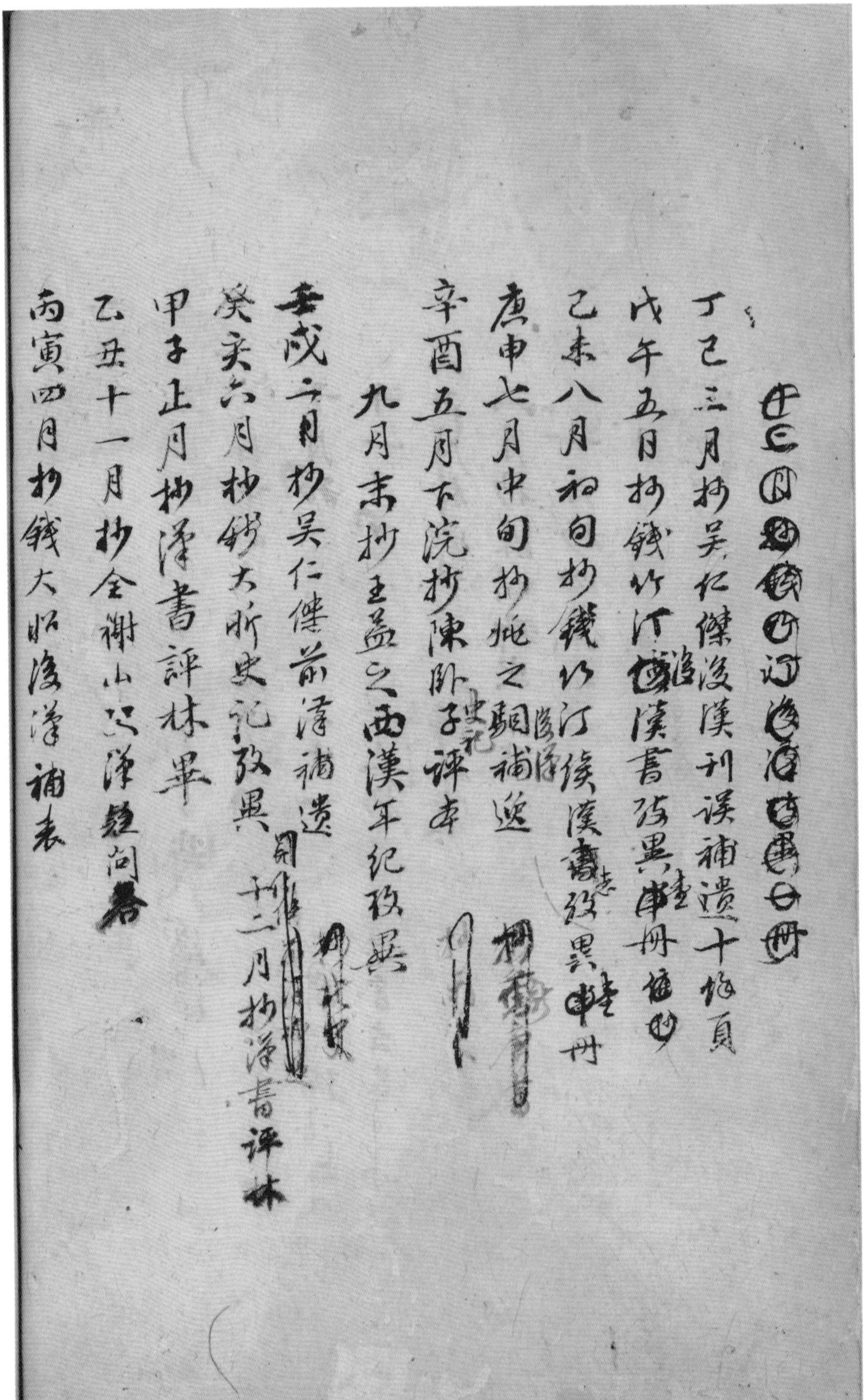
丁巳四月抄錢竹汀後漢書考異廿冊
丁巳三月抄吳仁傑後漢刊誤補遺十餘頁
戊午五月抄錢竹汀後漢書考異廿冊
己未八月初旬抄錢竹汀續漢書考異廿冊
庚申七月中旬抄姚之駰補逸
辛酉五月下浣抄陳卧子評本
九月末抄王益之西漢年紀考異
壬戌二月抄吳仁傑前漢補遺
癸亥六月抄錢大昕史記考異　十二月抄漢書評林
甲子正月抄漢書評林畢
乙丑十一月抄全謝山之漢疑問卷
丙寅四月抄錢大昭後漢補表

晋書補表二十五卷

［清］侯官趙在翰撰　福建省圖書館藏清抄本

趙在翰，字光亨，又字子羽，號鹿園，侯官人。道光五年（一八二五）舉人。富藏書，室名小積石山房。撰有七緯等。

晋書無表，志亦多闕。清初萬斯同補晋表十六卷，素稱宏富，其後補晋書表志者漸多，今二十五史補編、二十四史訂補所收二十餘家、五十餘種，各家率有專攻，如宗室、百官、地理、藝文，惟趙氏補表計十七種二十五卷，較萬氏爲多。

趙氏補表徵引之書，正史則兼該晋唐諸史與紀、傳、志、表，共相釐正。隨文所注者，又別有世説、通典、太平寰宇記、太平御覽、初學記等。續修四庫提要云「雖雜史、載記、石刻之類，闕有未及，而致力已深」，諒非虚語。

表中於史事之繫年與異辭之裁定，具見功力。史事繫年者，如殷融爲太常，本無紀年，趙氏繫於穆帝永和元年，云「按褚太后傳，融爲太常議記，與征西將軍庾翼、南中郎將謝尚合，二人正在此時均是職，又當后臨朝時」。裁定異辭者，如劉道憐由中軍將軍轉驃騎將軍，趙氏繫於義熙十一年，云「按宋書在十二年，今從通鑑」。

史記漢興以來將相名臣年表有「倒書」，或以爲寓褒貶，或以爲無深意，或以爲簡背文字，聚訟未已，要爲作表之補充辦法。趙氏補表，於正書、倒書之外，更有左書、右書，四向皆備，各有措意。檢方鎮表上，正書之外，泰始八年豫州條「王渾，監豫州諸軍事、假節、領豫州刺史，鎮許昌」爲倒書，蓋其年已無考，姑繫於此以志疑。泰始七年平州條「始置州」爲左書，蓋以別詳建置。泰始六年豫州條「王渾，東中郎將、督淮北諸軍，鎮許昌」爲右書，蓋晋初豫州都督區外，尚別有淮北都督區，上承魏制以防吴，其地亦豫州之一部，故權繫之以相別。此四書之法，不必别施朱墨而各各分明，洵爲良法。

班馬作表，得披覽累代文牘於金匱、東觀，此補表者抉擿幽隱之莫能及。又補表之作，譬如積薪，兩百年新見之兩晋十六國金石簡紙，固趙氏平生所未睹。故是書之缺漏訛奪，亦復不少。如方鎮表泰始四年兗州條司馬伷「二月入爲尚書左僕射」，按武帝紀，時羊祜爲左僕射，伷實爲右僕射。萬斯同晋方鎮年表泰始元年有梁州刺史解修，而是書竟闕。在翰之兄在田好蓄碑版，而是書於石刻一無所及，即金石録所著録者，亦若罔聞，故續修四庫提要譏其「缺漏太多」。

是書未刻，其稿本著録於孫殿起販書偶記，云版心有「晋書補表卷、小積石山房」十字，無卷數、葉數，每册首尾各鈐「柯逢時印」、「息園」二印。續修四庫提要所據當爲北平人文科學研究所舊藏本，稱傳抄本，無序跋。小積石山房稿本已影印入二十四史訂補。此清廣雅書局抄本，各册首葉版心下有「廣雅書局校抄本」字樣，每葉欄外計本葉字數。全書悉照小積石山房本抄就，即换行、空格處，亦不爽分毫。惟間有脱葉，如卷二一第一、二葉，訂補所影小積石山房本舊有脱字，亦無卷題，續修四庫提要云該卷爲元帝諸國年表，頗疑此抄本或闕以待補也。是本亦無序跋，卷首鈐「陳懋復」朱文方印。懋復，陳寶琛之子也。（汪華龍）

晋書補表卷第一

侯官趙在翰學

魏晋之際月表

文叔子讀三國志晋書綜治亂究運歷作魏晋之際月表喟然歎曰曹操竊執天衡剥亂六合以傾漢室孫氏因之乘時裂據昭烈本帝室之胄舊土龍興再王漢地四十三年掃夷群醜否而未泰嗣君繼體天棄其德金行握鏡始刈吳魏而平之自三代以來大一統之事未有若此之難也昔秦皇奄平區宇鞭笞八極廿有六年克享天位築長城而處之誅鋤豪俊以為天下已治已安四海之内莫予毒也一失其道群雄響應項籍無尺土地乘勢起隴畝三年而除秦族提劍啞咤天下翕然二者今

竟陵縣公劉道憐

以義勳初封義熙三年封
新興縣五等入宋為宗室
侯九年以廣王
固功定封

南昌縣穆侯劉穆之

以平桓元功義熙初封十侯慮之嗣後
初封西華縣三年十一月為宋功臣
五等子薨後辛未薨
劉裕表請加
謚邑一千五
百戶

宜陽縣侯

以平桓元初義熙初封後
封邑邱縣侯為宋功臣
食邑五百戶
以平盧循并

共二百二十一字

江夏縣

豫章縣

宏農縣

七

唐書直筆新例四卷新例須知一卷

［宋］晋江呂夏卿撰　中國國家圖書館藏清抄本

呂夏卿，字縉叔，晋江人。慶曆二年（一〇四二）進士，歷史館檢討、同修起居注、知制誥。曾與修新唐書。

自春秋紀事講求屬辭比事，以寓微言大義，後世乃紬繹其書法、義例，以爲修史之準則，宋人尤重之，故歐、宋所修新書，亦以書法謹嚴而著稱。宋史本傳謂夏卿學長於史，與修之時，貫穿唐事，博採傳記雜説數百家，折衷整比。又通譜學，創爲世系諸表，於新書最爲有功，清四庫館臣稱其編摩之力不在歐、宋之下。是書爲修新書之義例，頗成系統，當撰成於修史之時，郡齋讀書志、四庫全書總目等稱新書於直筆多所採納。然錢大昕潛研堂文集卷二八跋唐書直筆新例對勘新書，謂書母、書即位、書内禪、書立皇太子、書立皇后、書宰相拜復、書命將征伐諸條，以本紀考之，無一同者，則知其未採者尚多。

是書現存版本較多，抄本如明影宋抄本、明抄本、清抄顧錫麒校跋本、沈樹鏞舊藏清抄本等，印本如武英殿聚珍本、擇是居叢書本。聚珍本雖號稱精校，然諱改較多，如「夷狄」或改「外國」，或徑删去；「范曄」改「范蔚宗」，近人張鈞衡謂幾至文理茫昧，又分並卷第，已迴殊原書。明影宋抄本、明抄本、清抄顧氏校跋本、沈氏舊藏清抄本均藏於中國國家圖書館，與擇是居叢書本同屬一版本系統。此清抄顧氏校跋本，乃據聚珍本校影宋抄本，跋謂「今借善本細爲勘校，其中稍有删節則遵借本之舊」，勾畫塗描，班班可稽，執一本而得兩本之長。

是書又名「唐書直筆」，版心亦題曰「唐書新例」，子目爲帝紀第一、列傳第二、志第三、摘繁文闕誤第四，新例須知附於後。因新例須知與前文差異較大，郡齋讀書志著録作「唐書直筆四卷」、「唐書新例須知一卷」；聚珍本印行時，視新例須知爲附録，又題曰「唐書直筆」，故書名多用簡省者也。（王　東）

唐書直筆新例

呂夏卿撰

影宋本

帝紀第一

帝諱

王者帝天下名所以事宗廟礼天地也其餘接見臣下從謙稱則
名無所通焉帝諱之例始于范曄陳壽古今之通制也史記漢書
不載帝諱失於簡略也
漢高祖以劉季稱光武以文叔稱然則帝之有字尚矣唐高祖
字叔德劉昫之書不載史之闕文也

書母

禮家貴嫡示天下之本也非嫡則不書母母以子貴子以母貴子
然後書所以生於母傳正也
代宗紀書曰母章恭吳皇后餘則不書所生母如元獻楊太后
傳中載生肅宗故略於此

按新書庚抱在賀
德仁傳鄭世翼附
崔信明傳楊盧駱
附王勃傳冨嘉謨
附尹元凱傳

按新書許胤宗
文仲附甄權傳張
憬藏乙弗弘礼金
梁鳳附方技傳葉
法善附薛頤傳尚
獻甫自有傳

按李晦是河間王
孝恭之子傳書本
有惟李知柔主五
豐郡王海傳不
載而新書詳其
事修改從字

成三朗

忠義　薛愿　袁光庭　邵真

文苑　王君操　孔紹安　庚抱　鄭世翼　張蘊古

盧照隣　楊烱　駱賓王　鄭玄挺　喬知之　冨嘉謨

李極

方技　許胤宗　乙弗弘礼　張憬藏　張文仲　尚獻甫

金梁鳳　葉法善　僧玄奘　神秀　一行

新添傳　三百三十一

后妃　鄭貴妃　王賢妃

宗室　李晦　李之方　李知柔

諸帝　公主

列傳　姜寶誼　段成式　温佶（温庭皓）　高重　杜求仁

杜咸　石仲覽　趙來章　趙元　裴積

裴均　史太奈　馮子猷　契苾明　泉男生

王君操　薛愿　袁光庭　邵真　尹元真

袁光庭新書
附程千里傳薛
愿附顔杲卿傳

盧照隣韋
三字

按新書所添
者郭淑妃王
賢妃王太后君郭
貴妃王賢妃傳
李原有非添也

段成式同書在文昌
傳中

唐書新例　三十五

唐書詮要不分卷

［清］閩縣林茂春撰　中國國家圖書館藏稿本

林氏專精史、漢，於新唐書亦多心得。是書未刊刻，所存稿本一種，不分卷，鈐「臣茂春印」、「鬯園」等印，卷端署「閩中暢園氏輯」。有嘉慶五年（一八〇〇）自序，曰：「宋子京長於文章，新唐一書，其高者精悍謹嚴、廉利峭健，上擬孟堅，實爲嫡派，蔚宗、延壽以下弗及也。己未杪秋，齋署寥闃，因抽帙翻閱，遇叙□議論、筆法絶上者録出，以爲古文模範。其或故典事實、勝語韻概，足供漁獵者，鱗編薈輯，以備駢體取材。至若單詞隻字，新奇僻澀，子京爲後人所集矢者，袪其玷而掇其瑜，亦略爲摘採，以資博識。卷中所鈔，此其大概也。尠取隘收，誠知於本書多所挂漏，但易於尋檢，姑以當紺珠之記事云。庚申花朝後五日，暢園識於平川學署之聽濤軒。」可知作於任武平教諭時。

據自序云，是書自新唐書依次録出，然亦有取資舊唐書與通鑑者。本紀摘録十九則，跋曰：「録唐書帝紀，當用通鑑，如本傳重見，則删去；若然，則本紀可讀，不至若斷爛朝報也。」其中出自舊書本紀者九則，新書本紀二則，新書卷二一五上突厥傳一則，通鑑五則，哀宗紀前半部分出自舊書卷二〇下，後半部分出自通鑑卷二六五，僖宗紀則見於天中紀卷三八引洛中紀異。列傳則多出自新書，偶有例外者，如巢王元吉、杜甫兩條，均爲新、舊書本傳之拼合；太和、昇平公主兩條，出自通鑑卷二四六、二二四。新、舊書與通鑑外，偶見他書，如僖宗紀條出自洛中紀異，書後題識云：「癸亥夏五晦日，閱宋名臣言行録，節録一則。」知在庚申書成後有所增補。又如和思皇后條，一則出新書卷七六本傳，一則出新書卷一九九彭景直傳，彭傳蓋補録者。

是書撮録而成，往往檃栝其文，以求連貫。如竇建德傳條，「秦王按甲而日中」、「白士讓獲而斬之」，均爲概括之語。而撮録新書時，亦參以他書，如重俊中宗子條「率李多祚等矯詔發羽林兵三百餘人，殺三思、崇訓於其第」，「三百餘人」、「於其第」乃據舊書卷一八三武三思傳補入。抄撮亦偶見錯謬，如劉武周條「上谷賊宋金剛」上脱「初」字，文意遂變。然小疵終不足掩大醇也。（王　東）

唐書詮要

閩中　暢園氏輯

太宗紀　方四歲有書生相曰龍鳳之姿天日之表其年幾冠必能濟世安民書生已辭去高祖懼其語泄使人追殺之而不知其所往因以爲神乃採其語名曰世民

世充求援於建德洛嬰城以待建德兵至酸棗諸將言腹背受敵恐非萬全請退師穀州以爲後圖又請解圍就險以俟其變王皆不許曰世充糧盡內外離心我當不勞攻擊坐收其斃建德新破孟海公將驕卒惰今吾據虎牢扼其襟要賊若冒險爭鋒取之必矣如其不戰旬日之間亦當自潰

宋孫甫著唐史七十五卷，蘇內翰、李廌方叔語錄云：孫之翰唐論，僕不識之翰，今見此書，凜凜許與，為人主論諫篤良。不諱劉洎、太子瑛之廢由張說，張巡之敗由房琯，李光弼不滿圖史思明，宣宗有小善而無人君大略者，舊史不及也。

癸亥夏五晦日閱宋名臣言行錄，節錄一則。

黃山谷讀宋子京唐書，草率而文益進，蓋子京好藏字文，以簡為事，故於此可悟作文之法。

南唐近事二卷

［宋］寧化鄭文寶撰　中國國家圖書館藏清抄本

鄭文寶（九五三—一〇一三），字仲賢，寧化人。初事南唐國主李煜，爲煜子清源郡公仲寓掌書籍，後遷校書郎。宋定江南，於太平興國八年（九八三）登進士第。後歷任主簿、通判、縣令及陝西轉運副使等。真宗時復任陝西轉運使。大中祥符間卒於襄城縣。宋史本傳謂文寶有文集二十卷、談苑二十卷、江表志三卷，未及南唐近事。然衢州本郡齋讀書志卷七僞史類、直齋書録解題卷五僞史類等皆著録南唐近事。文寶太平興國二年歲次丁丑夏五月一日自序謂南唐「起天福丁酉之春，終開寶乙亥之冬」，則其書當撰於開寶乙亥（九七五）至太平興國丁丑（九七七）之間。時文寶未登進士，故四庫全書總目提要以爲未仕宋時所作。

是書專記南唐史事，郡齋讀書志謂其「紀李氏三主四十年間雜事」，直齋書録解題謂之「泛記雜事，實小説傳記之類耳」。蓋南唐未滅時文寶尚爲青年，入宋後因立身之慮兼以亡國之悲，於南唐史事，或無史家辨析去取之自覺。四庫提要雖謂「宋人固不廢其説」，而細考史實，則多有出入。如卷一首條謂南唐烈祖李昪輔佐吴國之初，「當時同立功如朱瑾、李德誠、朱延壽、劉信等皆握强兵」云云，實爲李昪以定朱瑾之亂方得佐吴，朱延壽在楊行密時即已身亡，故不當同列之。諸如此類，或文寶無從核實所致。蔡絛鐵圍山叢談云文寶曾師事南唐入宋名臣徐鉉，鉉有稽神録之作，則南唐近事中神怪之事，當受鉉影響。其可取者，乃如四庫提要所云：「雖浮詞不免，而實録終存。故馬令、陸游南唐書採用此書幾十之五六。」

郡齋讀書志、直齋書録解題皆著録此書爲二卷，然宋本今已無存。存世者有明萬曆刻寶顔堂秘笈本，即陳繼儒訂正者一卷；萬曆四十八年（一六二〇）黄槐開刻本一卷。四庫全書所收亦爲一卷。又有明、清抄本若干種。是本分上中下三卷，末題「嘉慶乙亥夏四月望日古歡堂借本鈔」，卷上首葉有「古歡堂鈔書」白文印。古歡堂爲吴翌鳳（一七四二—一八一九）堂號，知從他本抄出。以吴氏抄本校四庫本，亦頗有勝義，如卷一首條，吴氏抄本作「柴再用」者，四庫本作「柴載用」，當以吴本爲是。以其名源於柴氏微時犯事，得蒙軍將「再用汝」之恩，故爲改名也。（胡耀飛）

南唐近事卷之上

南唐烈祖元宗後主三世共四十年起天福丁酉之春終開寶乙亥之冬君臣用舍朝廷典章兵火之餘史籍蕩盡惜夫前事十不存一余匪鴻儒頗常嗜學耳目所及志乎縑緗聊資抵掌之談敢望獲麟之譽好事君子無或陋焉太平興國二年歲次丁丑夏五月一日江表鄭文寶序

烈祖輔吳之初未踰強仕元勳碩望足以鎮時請亂跓當時同立功如朱瑾李德誠朱延壽劉信張崇輩再用

南唐近事上　　一

鸞膠續斷絃是何年明日後主設宴穀詞色如前乃命
弱蘭歌此詞勸酒穀大沮即日北歸
韓熙載此人仕江南致位通顯不防閑婢妾有北齊徐
之才風侍兒往往私賓客賦詩有最是五更留不住向
人枕畔著衣裳之句熙載亦不介意

嘉慶乙亥夏四月望日古歡堂借本鈔

南唐近事卷之下

小宋圖書館藏

建炎進退志四卷

［宋］邵武李綱撰　中國國家圖書館藏明抄本

李綱（一〇八三—一一四〇），字伯紀，邵武人。政和二年（一一一二）進士，靖康間官尚書右丞。高宗即位，拜尚書右僕射兼中書侍郎，七十五日而罷。紹興十年逝於福州，後贈少師，謚「忠定」，世稱梁谿先生。事跡見宋史本傳及弟綸所撰行狀。有梁谿先生文集傳世。

是書乃建炎二年（一一二八）罷相後所作，具載爲相七十五日本末，尤詳於朝廷決策籌劃、内部政争、對金策略等，所記皆其親歷，故爲史家所重。書末自叙云：「因取進退之大概，次第而總叙之，與夫制誥、詔命、書疏、表劄編纂附著，合爲十卷，目之曰建炎進退志。」則原爲十卷，前有「總叙」以述「進退之大概」，後附制詔疏劄等原始資料以爲參證。又郡齋讀書志、玉海藝文皆著録「建炎進退志總叙四卷」，則宋時即有捨去制詔疏劄之前四卷本流傳。建炎以來繫年要録多引是書文字，有今本所無之内容，或宋本與今本有異者。

是本外署「建炎進退志」，内題「建炎進退志總叙」，釐作上上、上下、下上、下下四部分，比之所見明清以來四卷各本，及收諸文集、選集之四卷本，其卷次釐分、文字並無大異。是本卷首鈐滿漢朱文「翰林院印」、朱文「常熟翁同龢藏本」等印，或見其遞藏情形，然以無序跋，欲詳考其源流，似不可得。

（胡　坤）

建炎進退志總叙

宋 李綱

靖康元年秋余罷知樞密院事河北河東路宣撫使除觀文殿學士知揚州以言者落職提舉杭州洞霄宮責授保静軍節度副使建昌軍要置尋移雲安二年春行次長沙蒙恩復舊官除資政殿大學士領開封府事時金寇再犯闕都城圍閉道路阻絶久之聞命即率湖南勤王之師入援王室以四月初啓行自巴陵乘舟泛江五月初次繁昌得元帥府檄方留都城破二聖播遷號慟幾絶次太平州覩今上登寶位赦書改元建炎悲喜交集是時金陵爲叛

燕史三十六卷存三十四卷

［明］福清郭造卿撰　福建省圖書館藏清抄本

郭造卿（一五三二—一五九三），字建初，號玉融山人、海嶽，福清人。太學生。萬曆八年（一五八〇），入薊州總兵官戚繼光幕，爲之編纂薊略。造卿「憤大明二百載，莫爲神都志者」，決定先修燕史以紀明以前之北京歷史。十八年（一五九〇），燕史、薊略草創粗就，以戚繼光辭世，且卷帙浩繁，無人爲之刻梓，造卿遂攜稿南歸，卒於里。子應寵輯其遺稿，刻爲海嶽山房存稿、別稿，收入燕史篇叙、辨、史論凡一百四十五篇，以存梗概。

燕史又名燕山古史、古燕史、燕志。全書卷數不詳。黄虞稷千頃堂書目著録百二十卷，葉夢熊永平府志序云「成卷六百有奇」，葉向高海嶽山房存稿序曰「多至數百卷」，均不知所據。實則燕史並未最終定稿，編次凌亂，亦闕全書總序、凡例與篇叙若干，故郭氏父子於卷數亦語焉不詳。是書分八體，凡五十五篇。其中記二十七篇，上起周初，下至元末，以朝代、政權劃分，各記又據内容分卷，卷中則分年隸事；纂一篇，紀歷代天文星占之變化；表一篇，紀歷代地理區劃之沿革；譜二篇，紀曆法與音律；考六篇，考事件、人物、民族、制度之有疑者；録二篇，輯録有關記載與詩文；列傳一篇，紀北京重要歷史人物；編十五篇，紀禮儀、車服、交聘、朝貢、游幸、玉璽、物産、農商、漕運、風俗、語言、宗教等。各篇前有小序，篇下依内容分卷，各卷前後有「郭造卿曰」，結構可稱嚴整。主要取材自史記以迄元史等歷代正史與資治通鑑，重新分類編次，尤詳於政治演變、制度沿革、軍事征伐、文化風俗等，於歷代政論及前人史論，亦多留意。

清代燕史原稿逐漸殘佚。道光間，興泉永道劉喜海在厦門舊紳家得見燕史殘稿，借抄後釐爲八册，倩高錫蕃、周其懿校訂，二家皆有跋語。此本後爲黄彭年所得。然稿本與劉氏抄校本，今皆不明下落，僅存清抄本三部，分别藏於福建省圖書館、首都圖書館、北京大學圖書館。此三本内容大致相同，皆爲十記：燕政記前後（東漢）、燕統記上中下（西漢）、燕雄記一至二（蜀漢）、燕鎮記一至十（唐諸藩鎮）、燕敵記前後（劉漢、石趙、苻秦）、燕督記一至六（晋、宋、齊、梁、陳）、燕道記一二（唐，别本分作三記）、燕繫記上中下（北魏、東魏、西魏）、燕裔記上下（新莽、更始）、燕朔記三至四（前燕，一二原缺），存三十四卷。較之原稿八體五十五篇，已殘佚泰半。幸存十記，始自西漢，止於唐末，尚能上下貫通，可藉知諸記内容與編纂結構。然十記中僅有七記大致完備，朔記闕記叙、卷一、卷二；道記僅存二卷，各卷首尾不相銜接，殘佚較多；鎮記亦闕記叙與「郭造卿曰」四篇。此外，十記排序紊亂，且三本皆同。

此福建省圖書館藏本不避玄、丘、弘等諱，傳抄錯訛較少，且無高、周二跋，當是抄録時間較早、非出劉氏校本之傳抄本。然此本較首圖、北大藏本缺燕政記叙；燕道記二因缺失首尾，誤入燕政記與燕統記之間，目録亦缺載。此次影印時據首圖、北大藏本予以調整，將燕道記二移入卷二六後，以復原貌。（邱居里）

燕政記前

郭造卿曰王政散於春秋其傳則從于經不為人而立立之自司馬例五而傳居一焉史法于是乎雜矣乃有以類從者吏又別而二之罷侯政所自出惟上承而下宣任有久速率閱為傳含事有是非處沿為輒迹豈封建統于世家有年月可表乎哉小者不勝書大

以擾山後而沙陀得山前劉氏父子亡亦不
能守之平盧失之於契丹由是瓦橋爲重戍
日确确乎幽燕矣噫唐在而弃之尚不絕乎
羈縻乃取之于唐亡爲羈縻其可復得哉馬
牛二公言皆有不可废者當於其時勢隨宜
財擇可也

皇元聖武親征録一卷

［清］光澤何秋濤校正　寧波市天一閣博物院藏清抄本

何秋濤（一八二四—一八六二），字願船，光澤人。道光二十四年（一八四四）進士，官至刑部員外郎。著有朔方備乘、王會篇箋釋、一鐙精舍甲部稿等。

是書載元太祖鐵木真、元太宗窩闊台兩朝史事，以元太祖謚「聖武皇帝」，故名。元太祖、元太宗實録多取材是書，後又爲元史採用。自錢大昕揭櫫其價值，翁方綱、鄭杰、徐松、張穆、何秋濤、李文田、沈曾植、文廷式、王國維等，抄藏、校訂，各有貢獻。何氏校訂者成書較早，且有廓清之功。是本卷首有欽定四庫全書提要一則，次張穆序，次道光二十九年（一八四九）何氏自序，次正文，次錢大昕十駕齋養新録一則，次同治三年（一八六四）莊賡熙跋。是書體式，以原文頂格書寫，何氏注文低一格，冠以「秋濤案」，或先引他人校語，後加「秋濤案」。何氏注多以元史、元秘史校是書，列其異文。又多引張穆校語，稱「石州校」云云，如第八葉「版朱思之野亦乞」，注云：「原作『迄』，石州校改。」

何氏校注本流傳廣泛，經多次傳抄、刊印。光緒間小漚巢刻本卷末姚士達跋云：「元聖武親征録何願船比部校本，係黄先生彭年得之比部之子芳稼，繇是都下士大夫頗傳鈔，續有校勘。刊誤者順德李文田仲約，嘉興沈曾植子培，曾桐子封，萍鄉文廷式雲閣，花縣朱珩楚白。」可知何校本之來源。同治三年，莊賡熙在張叔平處見此書，抄録一部，遂有莊賡熙抄本。是本當屬莊氏抄本系統，然又於天頭過録「田案」校語，馮貞群跋疑爲李文田校語，今與知服齋叢書本元親征録之李文田校語比較，可確定即李氏校。李氏得見是書在光緒十三年（一八八七），其批語當在此後，此過録本當更在後。

莊賡熙跋云：「原本有平定張穆、旌德呂賢基兩序，今所存爲張序，張即石州先生。呂序無當於校正之義，殆可删也。」「原本」當指張叔平藏本，「今所存」即莊氏抄本。是本出自莊本，無呂序。小漚巢刻本亦無呂序，應同屬莊本系列。知服齋叢書本則有呂序，當出自張叔平抄本系統。

是本書衣有馮貞群手書題名「皇元聖武親征録一卷寫本」，並有題跋：「甲戌三月，錢太希自慈城以重價訪得，見歸。眉端有『田案』者，疑出李文田。此書有刻本。裝成記之。馮貞群。」甲戌爲民國二十三年（一九三四），錢太希即錢罕，慈城指慈溪，則是本由錢罕爲馮貞群購得，藏諸馮氏伏跗室，今由天一閣博物院保管。（李開升）

皇元聖武親征録

光澤何秋濤願船校

烈祖神元帝諱也速該

秋濤案亦作也速該可汗亦作葉速該拔都元秘史作也速該

把阿禿兒把阿禿兒即拔都也

初征塔塔兒部獲其部長帖木真斡怯忽魯不花輩

秋濤案帖元史作鐵又案秘史云與塔塔兒厮殺時也速該把阿禿兒將他鐵木真兀格豁里不花等擄來太祖生時因擄將帖木真兀格來時生故就名帖木真孜秘史所云是帖木真兀格爲一人名即此帖木真斡怯也斡當作斡與兀音近豁里不

六

田業惕即特字之對音今時稱土默特唐古特額魯特皆指種類而言之泰赤兀惕即泰赤烏特又即泰赤烏氏之稱也元人稱官名則云赤如云都赤及貴由赤今改為齊字與惕不同何混惕為齊則誤矣

花為一人即此忽魯不花也然此錄下文云獲帖木真乃以帖
木真為一人元史亦云獲其部長鐵木真未詳孰是
還駐軍跌里温盤陀山
秋濤案祕史作迭里温孛勒荅里山
時我太祖聖武皇帝生右手握凝血長而神異以獲帖木真故命為
上名初族人泰赤烏部長別林
秋濤案泰赤烏祕史作泰亦赤兀惕蒙古語稱人曰齊惕即齊
也祕史於諸部多稱惕皆此類
舊無怨於我後因其主阿丹可汗二子塔兒不台
秋濤案祕史作塔兒忽台

福州團練紀事一卷

［清］惠安陳金城撰　福建省圖書館藏稿本

陳金城（一八〇二—一八五二），字念庭，號殿臣，惠安人。道光十二年（一八三二）舉人，曾任古田教諭、内閣中書、刑部雲南司主事。

道光二十二年，英人再犯福州，金城撰籌守福州議，呈之閩浙總督怡良。時閩縣陳振聲出資一萬兩，與林紱、林鴻年、陳經、郭彬圖、鄭元璧、翁玉琳等興辦團練，囑金城招募泉州神銃師來省城，又招募鄉勇，練兵金牌口、琅琦里。金城經歷其事，以「昔人謂禮失而求諸野，請再增一語曰兵失而練在民」，因彙爲此編。

是書前有道光二十三年（一八四三）癸卯十月自序。首平夷論上、下篇。上篇總論「馭夷之法，必能戰而後能守，必能戰能守而後可言和」；下篇備述「海上截殺」之戰術要點，謂「禦寇之策，未至則防守爲先，將至則瞭望爲要，既至則策應爲重」，「一在固之於海岸，一在禦之於洋面」。次籌守福州議，謂「福州以五虎江爲門户，能得戰船禦之五虎江外，所謂海上截殺爲上策也；至守金牌爲中策；守林浦則爲下策矣。」次籌守泉州大隊議，謂大隊之於泉州，即金牌之於福州。然守大隊尤易於守金牌，「其民善鳧水，知水戰，若團練得其法，則萬里之金湯。」次閩浙總督怡良頒予金城雇募泉州銃師之給護牌，附銃師十二人名單。次銃師教習章程，爲教習神銃師射擊之用，本之西洋槍法，復參以漳泉技法。次論辦團練之關鍵，曰慎選擇、嚴賞犒、重合操、急策應、樂捐輸。末抄道光二十一年辛丑春三月所測金牌水文情形。

除此稿本外，僅福建師範大學圖書館藏一九六四年抄本一種。（林益莉）

平夷論上

天下之患。莫大乎外若無事。而其中實多不測之憂。今日之夷務是也。今日之夷務。皆曰一和可以太平矣。然自古馭夷之法。必能戰而後能守。必能戰而能守。而後可言和。未有不能戰。不能守而能長保其和者也。獨是言戰守於有事之秋作難。言戰守於無事之秋則尤又難。馬兵水兵。皆平時所宜訓練者也。而營規不整。動以

讜論集五卷

［宋］仙遊陳次升撰　上海圖書館藏清顧氏藝海樓抄本

陳次升（一〇四四—一一一九），字當時，仙遊人。爲太學生時，即斥王安石字説爲秦學，坐是擯棄。熙寧六年（一〇七三）進士，知安丘縣，薦爲監察御史，提點淮南河東刑獄，入爲殿中侍御史，進左司諫，貶安南軍監酒税。徽宗立，召還，爲右諫議大夫，復除名，入元祐黨籍，編管循州。政和中，復舊職。

原書係次升侄安國所編，凡二十卷，收録奏疏二百零七篇，久佚不傳。清乾隆間，四庫館臣自永樂大典中輯録散落之什，得八十六篇；又從歷代名臣奏議中增補三十篇，釐爲五卷，收入四庫全書。此既爲清人重輯，已非原書全本，編次亦未必與原本盡合，然篇目十得其五六，實屬不易。今各疏標題下，間有小字按斷，乃館臣考訂之語，或推定上疏時間，或標明出處，或勘定異同。如上徽宗論豫戒六事，體道、稽古、修身、用人輯自永樂大典，仁民、崇儉採自歷代名臣奏議，並於仁民標題下注明，足資參證。惟此後通行本僅四庫全書一源，七閣之本容有字句異同，外間流行者皆從四庫出則明甚。此本前有四庫提要，是否徑從南三閣本抄出，已難確定。書前原有宋紹興五年（一一三五）五月望日陳安國序，末附元至元二年（一二六四）鄭稑寶文待制陳公讜論跋、泰定元年（一三二四）夏五陳士壯待制陳公行實，述次升生平尤詳。

據安國序言，此書名讜論集，「蓋取哲宗皇帝聖語也」。然此五卷，並非僅録哲宗一朝所上奏疏，卷一爲神宗、哲宗兩朝，卷二以下四卷皆徽宗朝。計神宗朝元豐七年一篇，哲宗朝二十九篇，徽宗朝八十六篇，其大者言國計民生各篇，如論治道、知人用人、理財、牧馬、選舉、役法、西戎，小者如諫哲宗幸金明池不乘船、不靡費造龍船等，無論巨細，凡有裨治政者皆言之。徽宗朝八十餘篇，彈章居其半，足見次升於朝廷用人一道尤嚴苛者。其中，乞罷編元祐章疏奏一篇，可見次升於元祐黨禍之立場，「以史院修神宗實録多用王安石家日録，頗失事實」，先後四上上徽宗論修神宗實録疏，乃不直安石。又九奏劾曾布、三狀彈蔡京，其後遭讒毁，名列黨籍，編管循州，非無由也。

此本以緑格稿紙抄寫，每半葉八行，行二十一字，小字雙行同，四周雙邊，版心下方鐫「藝海樓」三字。顧氏名沅，精鑒别，收藏金石書畫之富，甲於三吴，所抄之書，向稱善本云。（李　軍）

讜論集

卷一

宋　陳次升　撰

上神宗論轉運使選用責任考課三法狀 案此元豐七年

次升初為御史時所奏

臣伏以生民休戚繫郡縣之得失今天下州三百縣一千二百其治否朝廷固不得周知付之十八路轉運使而與選者三司副使省府判官提點刑獄或以叙進才

悚惶懼之至

上徽宗乞致齋日不作樂劄子

臣伏見今月十五日迺致齋之日其日聖駕遊幸寺觀雖曰燒香為民祈福緣歸必作樂登樓觀燈與民同樂其於昭事上帝齋莊嚴潔恐未足以盡志且如今月五日亦係祠事致齋之日御宴遂移於六日於禮為宜上元遊幸恐當如之臣之管見如此不敢緘默伏望聖慈詳酌施行取進止

王文勤公奏稿二十四卷

［清］閩縣王慶雲撰　福建省圖書館藏稿本

王慶雲（一七九八—一八六二），字家鐶，又字賢闕，初號樂一，又號雁汀，閩縣人。道光九年（一八二九）進士，累遷至左都御史、工部尚書，均以病罷。同治元年三月卒於汾州，謚「文勤」。著有熙朝紀政、石渠餘紀、石延壽館文集、荆花館遺詩、荆花館日記等。

是書按時間先後編次，各卷以所歷之官名之。卷一曰貴州存稿、京堂存稿，卷二曰順天府存稿，卷三至卷十曰户部存稿，卷十一至卷十三曰陝西存稿，卷十四至卷十九曰山西存稿，卷二十至卷二十三曰四川存稿，卷二十四旅寓存稿則收録解任四川總督後所上奏疏、遺摺。凡二百三十餘封，起自道光十七年，訖於同治元年，涉及鴉片戰争、太平天国、捻軍等重要史事。所奏鈔法、鹽務、河工、漕務、餉需、捐輸等事，均有主張，所論亦切中時弊。如任官户部，疏陳時務四條，請通言路、省例案、寬民力、重國計，又力陳節流、清釐江南撥款。調任山西巡撫，請簡精兵、汰冗官、創鐵錢、舉保甲、修堡塞，不爲成法所囿。川督任内，則整頓茶課鹽釐，推廣屯墾。所上奏議，於山西、閩浙、廣東、陝西鹽務，新疆南北路軍費，東河、南河修防經費等皆有措置，清廷多所採納。慶雲爲晚清名臣，膺任督撫，歷仕多地，頗有聲績，尤以熟悉時事、善治財政著稱，故此奏稿足爲徵考晚清政治、經濟、軍事等之資。

是本六册二十四卷，半葉十一行，行二十三字，白口，單魚尾，每册書衣題「王文勤公奏稿」。前十四卷爲朱印本，後十卷爲寫樣稿本。各卷均有校改痕跡。按是書通行者爲民國三十一年（一九四二）排印八卷本，有慶雲曾孫孝綺跋，云「奏稿凡二十四卷，先祖嘗付諸手民，刻至十卷，因事中止，版亦散佚。於今蓋八十年矣。壬申七月，彦和四兄自閩入都，賚先曾祖奏稿已刊未刊者全部」，「爰於甲戌十月商同述勤、彦功兩兄，彙付金陵刻經處刊刻，刊至十四卷，事復中輟。轉瞬又逾六年」。又卷十五至卷二十三末有刊語云：「同治二年癸亥季夏月男傳璨編次於汾陽苦次，仁堪、仁熟、仁東校字；後七十九年庚辰季夏月，曾孫孝緝、繼曾、孝縉、孝縝、孝絪、孝總、孝緗、孝綺、孝紓校刊。」合而觀之，則知是書爲慶雲之子傳璨編定於同治二年（一八六三），當時僅刻成十卷，民國二十三年甲戌又續刻至卷十四；民國二十九年庚辰再經校勘，擬刻竟全書而未果，故後十卷僅存寫樣稿本。前十四卷雖嘗付剞劂，然亦未見其他傳本。（項　旋）

王文勤公奏稿卷一

恭報貴州學政到任日期摺

奏爲恭報徵臣接印到任日期叩謝 天恩仰祈 聖鑒事竊

臣荷蒙 恩命簡放貴州學政跪聆 訓誨後卽束裝就道

馳抵貴陽於十一月初九日准前任學政臣賈克愼委貴陽

府學教授王文炳賫送貴州學政關防及文卷書籍到臣臣

隨恭設香案望 闕謝 恩祗領任事伏念臣海濱下士學

淺才庸道光十四年蒙 派典試粤西茲復渥荷 鴻慈俾

令來黔視學竊思貴州地處邊陬學政職司訓士必先端其

品學乃克進於秀良臣惟有勉竭愚誠恪遵 恩誨認眞考

校嚴密關防矢愼矢公以期仰副我 皇上興學育材之至

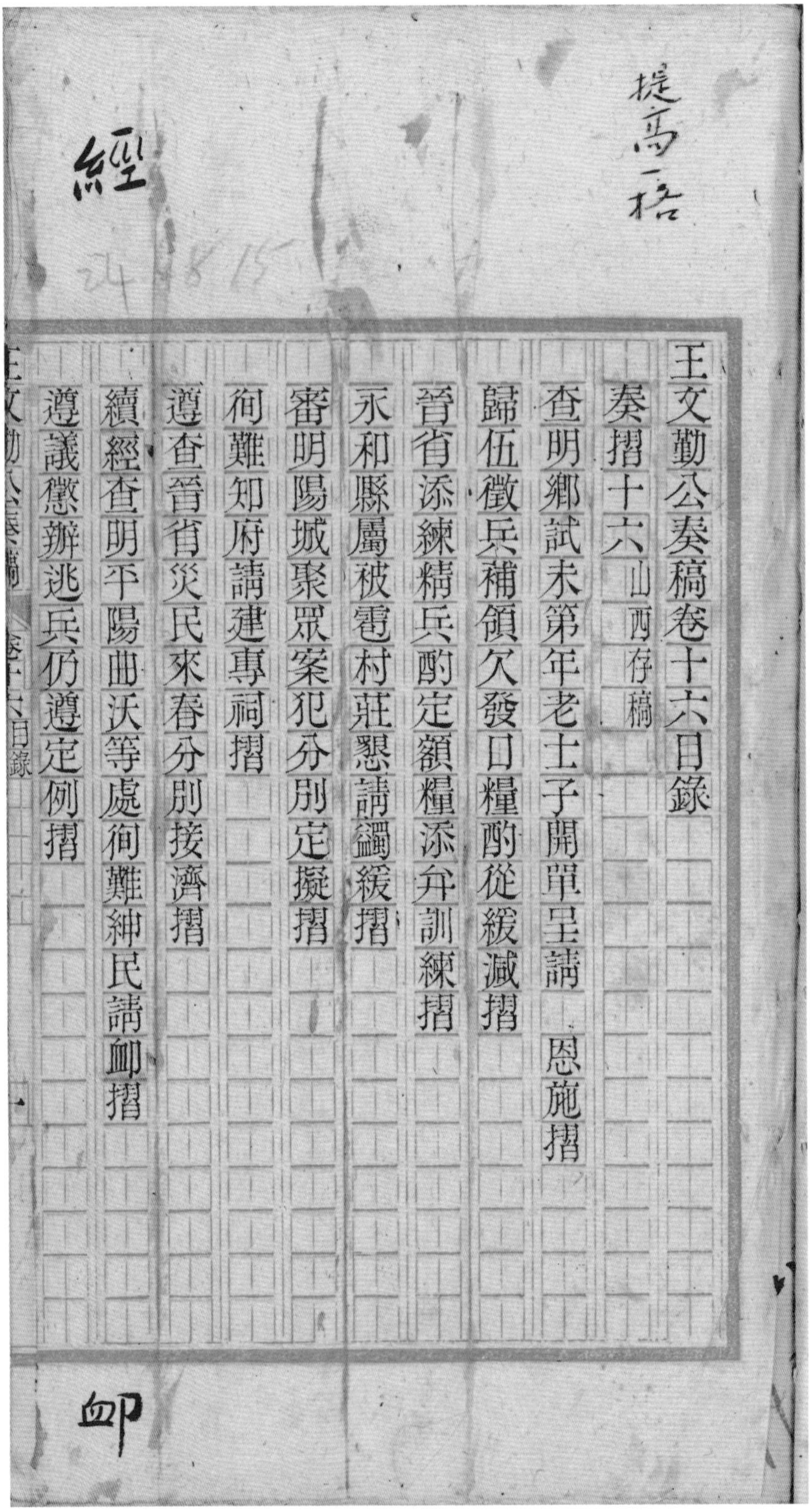
王文勤公奏稿卷十六目錄

奏摺十六 山西存稿

查明鄉試未第年老士子開單呈請 恩施摺

歸伍徵兵補領欠發口糧酌從緩減摺

晉省添練精兵酌定額糧添弁訓練摺

永和縣屬被雹村莊懇請蠲緩摺

審明陽城聚眾案犯分別定擬摺

徇難知府請建專祠摺

遵查晉省災民來春分別接濟摺

續經查明平陽曲沃等處徇難紳民請卹摺

遵議懲辦逃兵仍遵定例摺

陳文忠公奏議二卷

閩縣陳寶琛撰　上海圖書館藏民國二十九年螺江陳氏刻本

陳寶琛（一八四八—一九三五），字伯潛，號弢庵，閩縣人。清同治七年（一八六八）進士，授翰林院編修，擢侍講，充日講起居注官，累遷至内閣學士，兩充順天鄉試同考官，任甘肅、江西鄉試正考官。光緒十年（一八八四）被黜，投閑二十五年。宣統帝即位，起復原官，授帝讀書，官至弼德院顧問大臣。辛亥後，以遺老自居。有滄趣樓詩集、聽水齋詞、滄趣樓文存等。

此書前有陳文忠公遺照一幀、陳三立撰墓志銘、民國二十五年（一九三六）丙子十二月楊鍾羲序；後有民國二十八年其子懋復跋。據跋，陳氏去世後，其子據篋存奏稿整理彙録，以年月先後爲次，編成兩卷。卷上三十一篇，自光緒六年（一八八〇）二月典試甘肅假滿回京覆命起，迄於八年典試江西以前；卷下六十五篇，始使贛謝摺，迄壬申（一九三二）秘摺，兩卷合計九十六篇。每篇標題下附注時間，代筆、合奏之作，亦一一注明。

陳氏弱冠釋褐，少歷華要，以澄清自任，乃感激發憤，爲諫官數年，言章數十上，所論列多防邊禦侮、進退大臣、安危根本，言雖無多，多人所不敢言者。時與寶廷、張佩綸、張之洞並以直諫有聲天下，號爲清流。此書所録雖非奏稿之全部，然已略可窺其言論之大概。第書非陳氏生前親手編訂，内存覆命、謝恩各摺，固多陳辭，未從删汰，然據以可見其履歷變遷。九十六篇中，光緒初年居官五載，存稿六十餘，視宣統以後所上摺不啻倍蓰。至宣統初復出，三年内尚有危亡在即披瀝直陳一摺，辛亥以後二十一年間，除壬申秘摺外，所上各摺皆謝恩而已，藉知國事之不可爲矣。楊鍾羲謂其師能審時度勢，信然。今縱覽全書，以光緒間各摺最足重視，彼時主幼祚衰，列强環伺，日俄尤爲大患，清流倡言自强，講求洋務，力圖保全家國，惜無補於事。卷上條陳講求洋務六事摺，立論懇切，爲人稱道，遂有陳侍講條陳辦理洋務六端抄本單册流傳於外。其論球案不宜遽結倭約不宜輕改摺謂「俄强國也，倭弱國也。馭俄人宜剛柔互用，而倭則可剛不可柔」，乃建議籌造鐵路以自强，又謂日本以彈丸小國，藐視中國，是猶未以日本爲患。旋上書論東三省、臺灣宜慎簡賢能，講求洋務，兼防日俄，以求兩全。外敵固不可輕視，内政又已糜爛將不可救，如請申明門禁摺明責神武門護軍毆打太監，暗刺太監口稱奉懿旨肆行無忌，寓明貶實褒之義，蓋同日又有密請懿旨特寬午門兵丁罪名片，爲其力證。時在光緒七年（一八八一），慈安太后崩後，慈禧太后垂簾臨朝，帝權日衰，國勢益危。護軍毆打太監雖細末之事，卻已開日後皇帝、太后之争端。論此事者往往左右爲難，陳氏則步步爲營，人服其智。四十餘年後，壬申秘摺能直諫溥儀，不一味逢迎，是暮年而無老態，其勇未少衰也。

此本爲陳氏家刻，據跋尾後有「歲在庚辰舊京文楷齋寫鎸」一行，知係民國二十九年（一九四〇）由北平名肆文楷齋承辦，並用觶齋紙精印。戰時物力維艱，然其書刻印俱佳，殊爲難得。（李　軍）

陳文忠公奏議

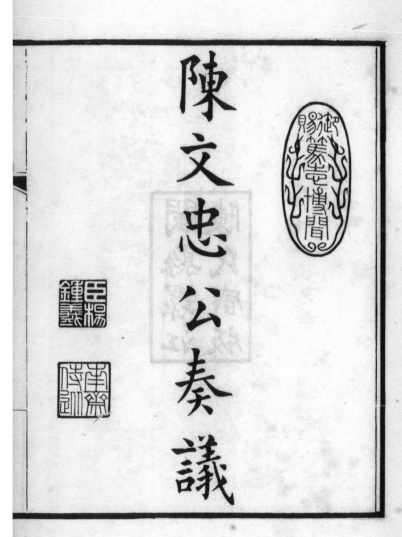

臣楊鍾羲

陳文忠公奏議卷上

典試甘肅差竣假滿覆命摺光緒六年二月二十八日

奏爲恭覆

恩命仰祈

聖鑒事竊臣上年奉

命典試甘肅差竣由督臣左宗棠代奏請假兩月回籍

省親仰蒙

俞允現已假滿由福建航海回京理合繕摺趨赴

宮門恭覆

恩命伏乞

皇太后

皇明名臣言行録四卷

［明］晋江李廷機撰　寧波市天一閣博物院藏明刻本

李廷機（一五四二—一六一六），字爾張，號九我，晋江人。隆慶四年（一五七〇）順天鄉試第一，張居正延之課子，辭不就。萬曆十一年（一五八三）以榜眼及第，授編修，歷官國子監祭酒、禮部左侍郎、禮部尚書兼東閣大學士，入參機務。四十年乞歸，卒謚「文節」。撰有易經纂注、四書臆説、春秋講章、漢唐宋名臣録、宋賢事彙等。

名臣言行録之作，始自宋朱熹八朝名臣言行録，專取人物紀傳言行之有裨於世教者，多傳主平生關涉國家治亂興衰之要事，而不條緒生平仕履等。如是書劉基傳全文七百餘字，僅載其從明太祖建國、治國若干事，其餘悉不録。是書四卷，卷首有目録，後有佚名跋三葉，末有缺葉。跋云：「相國（李廷機）是編，蓋衷楊月湖、徐海濱録而裒益之，裒者什之三，益者一二而已。」則知多取材楊廉輯皇明名臣言行録、徐咸續輯新刊皇明名臣言行録二書。所録名臣始自明初劉基，終於嘉靖時張岳，共計八十一人，前三卷每卷二十人，惟卷四爲二十一人，以張岳爲惠安人，與李氏同鄉，恐係後補入者。又卷末跋云：「侍御温陵徐公刻其鄉相國所輯皇明名臣言行録四卷。」「温陵徐公」即徐縉芳，字奕開，晋江人，萬曆四十年至四十一年任兩淮巡鹽御史，故是書當在此期間刻於駐地揚州。

中國國家圖書館藏有是書同版一部，每卷卷端作：「明資善大夫禮部尚書兼東閣大學士李廷機著。欽差巡按兩淮鹽法兼管監兑監察御史徐縉芳校。兩淮都轉運使司署司事運同陳國紀、運判劉曰淑仝校。揚州府庠生朱紱來、江都縣庠生何士傑校訂。」天一閣藏本結銜均改作籍貫：「晋江九我李廷機纂。同邑後學徐縉芳校。會稽陳國紀、豫章劉曰淑仝校。江都朱紱來、何士傑校訂。」蓋入清後避嫌所改者。天一閣本每卷首葉均經重刻，第二葉以下與國圖本同版。可知國圖本當刷印於明代，天一閣本則刷印於清代。對比二本版面，天一閣本斷口稍寬。從事校訂刊刻之五人，有兩淮巡鹽御史一，兩淮都轉運使司二，揚州庠生二，亦是書刻於揚州之又一佐證。

卷末跋云是書「自序頗與有志者共此」云云，可知原有李廷機自序。然兩種傳本俱無之。天一閣本疑因入清後序言有違礙之處而撤去；國圖本則前後均有破損，雖經修復，然缺者不復見，卷首僅存目録，卷尾則卷四正文缺第五十八至六十葉，而跋文全失。李廷機李文節集亦未收。目録首葉及首卷卷端鈐「朱鼎煦印」、「別宥齋」等印，原爲朱鼎煦別宥齋藏書，後捐入天一閣。（李開升）

皇明名臣言行録卷之一

晋江九我李廷機　纂

同邑後學徐縉芳　校

會稽陳國紀

豫章劉日淑　仝校

江都朱紱來

何士傑　校訂

○劉基字伯温浙江青田人元進士棄官歸隱

國初以聘起仕至御史中丞封誠意伯正

皇明名臣言行錄跋

侍御温陵徐公刻其鄉相國

所輯

皇明名臣言行錄四卷相國是編蓋裒楊月湖徐海濱錄而裒益之裒者什之三益者一

八閩人物志不分卷

［清］莆田吳鳳舉撰　上海圖書館藏稿本

吳鳳舉，生卒仕履未詳。是書孝子門載鳳舉祖豪、父左傳，云左字台甫，號能弼，曾補莆邑弟子員，知爲莆田人。又有莆田吳興傳，云「鳳舉之從世祖也」，亦可佐證。書中方儀小傳附吳鳳舉論曰：「予於莆之書院重有感焉。近因截界，平海衛文廟，予友戴叔子改建於府城射圃。己未秋，朱雪崖先生候選北行，過三山相訪。」檢乾隆興化府莆田縣志，知平海衛學建於康熙三年，由諸生戴冀等呈請鼎建。戴叔子即戴冀，己未即康熙十八年。考朱雪崖名翰春，康熙六年進士，可知鳳舉乃清初順治、康熙間人。又吳儀傳附吳鳳舉論曰「丙寅春二日，家孟相尋予踏青」云云，知康熙二十五年（一六八六）尚在世。張經、吳興、吳儀傳後附有吳鳳舉詩三首，知能詩。書中每論及理學、儒林人物，多所發揮，蓋潛心於性理之學者。祖豪傳中述及祖上有東溪公者，曾任新城令。其生平、交遊大略如此。

是書爲殘稿，謄清稿、草稿及纂輯所資諸文獻相混淆，缺序跋、凡例，目録不全，内文又多錯簡，全書原貌不明，僅能略窺義例。據現存稿，分名臣、理學、文苑、儒林、孝子、忠烈、鄉行諸目，每目若干卷，採輯閩省人物傳記，自唐迄明，録存六百餘人，或得全書十之六七。書存總論一篇，泛論閩省人物。另存名臣、理學總論，知每目前皆當冠以總論。傳後各有論次，作「吳鳳舉曰」，一人一論，或數人一論，間有不勉强結撰者，皆倣史例。鳳舉之纂此書，採摭繁富，編次明晰。書中夾有鳳舉所輯燕詒堂學規，按語有「鳳舉因修閩志，繙閲群書」云云，通覽全書，知於方志、專志、家乘、筆記及諸家詩文所載行狀、誌銘等，汲汲焉採之不遺。書中所夾文獻如録萬曆福州府志人物論贊、佚名八閩人才考、林垐八閩理學、葉向高林季公傳、黃仲昭承直郎户部主事陳君墓誌銘、董應舉楊岳傳等，可探其取資之源。原書草稿塗乙縱橫，謄清稿亦時有增易，多可互參，如楊榮傳擬有三稿，纂輯之不苟如此。書稿在鳳舉生前大抵規模粗具，尚未定稿，惟以年久頗有散佚。

小傳後所繫之論，是纂者致力所在，蓋綜之群典，參之前賢論斷，持議頗正。於前人之異議，兼採不相掩，頗便後之知人論世者有所稽考。如論朱熹，引李禿翁贄詆朱熹語「正心誠意之學，直爲内侍一人而設，顧不在夫外患（原作「夷狄」）中國之强弱也」，辨之不避其鋒，亦不偏頗。按，是語出李贄藏書趙汝愚傳，鳳舉纂此書時，李贄著述在禁毁之列，因將「夷狄」二字改作「外患」，點竄之跡尚可辨。論建寧楊榮，採李賢「愛錢」之譏，鳳舉曰：「諸將問遺，固不忍拒，然亦酌其匱者而悉酬之，與餽稱。厚周族黨，恤士之窮，惟恐不及，愛錢者能如是乎？」論張經，引前人議其「不講遠害之術」，遂遭殺身。鳳舉曰：「夫委質爲臣，禍患之來，誠非閉門塞竇所能遠也。」所論能設身以處之。且傳中記張經於嚴嵩前婉言紓救同科進士張岳事，裁擇史料，去取之間具見微意。又如黃道周列於孝子而不列名臣，皆别自有見。惟不注明引書，故難盡窺所取資。書入公藏後分裝三十册，中有七八册爲纂輯所資之文獻，皆有待董理也。（連天雄）

楊榮傳

楊榮字得仁建安人第建文庚辰授翰林院編修壬午夏靖難兵至城下榮迎見馬前請文皇先謁陵而後入從之已而諭曰微若言幾誤矣榮後扈(往)征伐贊畫機宜摠裁實錄其知遇文皇實(由)基此尋陞修撰初名子榮特旨改今名秋上開文淵閣遴(選)儒臣典機務榮與解縉黃淮胡廣楊士奇金幼孜胡儼七人先後被命日侍左右榮最少最警悟一日晚寧夏被圍急上召閣臣皆已出惟榮赴命示以奏報曰若後進言

上海圖書館藏

吳鳳舉曰八閩孝子於格天之外又有若而人焉其處乎孝之變則有如救父殺虎者有如數千里尋母者有如代祖父母父母兄弟受刑者其處乎孝之常則有如辭職孝養者有廬墓扶櫬者有如數世不分異者有如為親嘗糞滌溺器者有如侍甘旨湯藥數十年不替者孔門諸賢曾閔稱孝曾子則處乎孝之常閔子則處乎變然而曾閔雖處有常變無不合於道之中道之庸八閩孝子其亦中庸歟至於晉安之陳譽昭武之上官超

孝子許　二十

閩漳先賢列傳四卷

［清］海澄高維檜撰　中國國家圖書館藏清康熙間刻本

高維檜，字西懷，一字西崖，海澄人。祖父克正，明萬曆進士；父元洙，太學生。維檜性坦率，嗜書，無所不讀。順治六年（一六四九）入龍溪學，八年領鄉薦。約康熙初，吏部考授推官。七年（一六六八），改選東莞令，吏治安民。後因忤顯仕者而降調。十五年，補和平知縣。適變起，匿名姓授徒羅浮山。亂後補博羅知縣。時維檜絶意仕進，遂促裝歸，以賣文自給。善於詩，多與屈翁山、董蒼水輩往還唱和。著述甚豐，志載有廣惠草堂集、經史詩文四部序行於世。今見存者有全史紀要二卷、稗乘新語四卷、南圃行業二卷、北塘漫録二卷、東籬存草二卷、西崖藏稿二卷等。

是書維檜自刻於東莞任上。書前漳賢列傳序（有脱葉，不知作者）云：「侯閥閲名家，縹緗世業。其以司李改授吾莞也，簿書之暇，手不釋卷，梓無停鋟。自初刻以至六刻，凡經傳子史、序論詩文，與夫稗官小説，罔不蒐羅。」此爲第七刻。東莞舊名寶安，自唐始改今名，故内封鎸「寶安署齋第七刻」云。目録後鎸「寶山第七刻」，版心下鎸「寶山堂」，是爲高氏堂號。又據雍正東莞縣志職官志載，康熙十四年（一六七五）張法齡繼維檜後任東莞令，則是書當刻於康熙七年至十四年間。

是書又名漳賢列傳，收録漳州一郡所轄漳浦、龍溪、海澄、長泰、平和、詔安、南靖、漳平諸邑及鎮海衛有明一代先賢六十九人：劉宗道、林弼、陳汶輝、林瑜、唐泰、黄文史、李貞南、王昇、王源、汪凱、林震、謝璉、陳亹、潘榮、周宣、王玭、張寬（以上卷一），林雍、郭舒、林同、吴原、陳宏、沈源、陳真晟、陳惠、周瑛、吴環、魏富、黄熒、陳奐、張綽、陳和、林魁、洪異（以上卷二），戴時宗、楊表、吴石應岳、盧維楨、林士章、王應顯、朱天球、蔡文、謝彬、盧岐嶷、呂旻、曾汝檀、林功懋、林偕春、善、蔣時黄曰謹、陳一洙、林纘振、張廷榜、陳九叙、蔡時鼎、吴顯、張佐治、韓濟、唐堯欽（以上卷三），馨、胡士鰲、柯挺、林士弘、劉庭蘭、黄一龍、蔡杲、吴宗熹、高克正、鄭懷魁（以上卷四）。人各一傳，多則近千言，少則百餘言。各傳雖未能一一注明史源，然當皆有所本，足資考鏡。又所收録各家或以德業顯，或以事功著，均可爲世範，其有助於世道人心者非尠矣。（陳旭東）

六七九位

漳賢列傳

寶安署齋

第七刻

閩漳先賢列傳卷之一

同郡後學高維檜西懷甫撰

左都御史劉公

劉宗道名駟以字行龍溪人少往三山從趙彥進遊修程氏之學洪武十年以秀才應召壬戌廷試八十餘人宗道對策居第一上命直學士詹徽密察諸儒中特異者徽以宗道居德行科上賜宴內殿與同時越肅申甫皆以布衣侍坐共論治道尋拜都察院左都御史時有狂人入座詔求直言宗道條上格君心澤民物二十事上嘉納焉自是每侍食華蓋殿議大

國朝臣工言行記二十六卷　［清］長樂梁章鉅輯　上海圖書館藏清抄本

是書向無刊本，抄本亦鮮流傳。此本二十六卷，分裝八册，每册前各有目録。書前有民國二十九年（一九四〇）庚辰季春江寧吴廷燮擬臣工言行記序，並有浮籤批校。臺灣傅斯年圖書館有清抄本一種，係東方事業總委員會舊藏，用方格稿紙，行款與是本同，已影印入清代傳記叢刊。傅斯年圖書館藏本無吴序，訛字未改，且無批注，則與是本小異。按，書目答問史部從政觀法録三十卷下附注：「梁章鉅國朝臣工言行記十二卷，未刊。」支偉成清代樸學大師列傳襲其誤，恐皆據同治長樂縣志，僅耳其名，實未見原書，以訛傳訛，遂誤作十二卷。

全書收録清順治至嘉慶五朝名人事跡，自范文程以下，迄於梁氏同時之吕璜，凡二百又四人，蓋非止於古人，亦兼録今人也。以人立目，姓名下附注字號、籍貫、科名、履歷，大率以時爲次。各家事跡，摘録史志、年譜、筆記、别集等所述，綴合成文，每段末小字注出處，以便稽核。吴廷燮曾考其所據之書，凡八十餘種。另據吴氏言，其序乃應梁鴻志之囑而作。鴻志（一八八二—一九四六），字仲毅，梁章鉅曾孫。以此抄本乞序並加校定董理，殆欲爲先人刊刻著述，惜事不果行。人多以書中批校出吴廷燮手，實非。縱覽全書，僅擬臣工言行記序最末署名一行係吴廷燮親筆，序文並非手書。取其署名比勘校記，字跡頗不相類，當出於近人李佩秋之手。李洣（一八八四—一九五三），原名萃蘭，字佩秋，湖南衡陽人，撰有書林清話校補。吴、李二氏與梁鴻志俱有交情，梁氏請李佩秋任校字，自非難事。李氏校記多以浮籤黏於天頭，大抵取清史稿、清國史列傳、八旗通志、盛京通志、文獻徵存録、碑傳集、耆獻類徵等，然亦有理校處，幸未塗抹於原書之上，矜慎可取，於梁氏之稿亦不無小補。

馮爾康清史史料學以傅斯年圖書館藏本爲「孤本書」，殆不知上海圖書館有此梁鴻志舊藏、吴廷燮序、李佩秋校本，版本且優於前者。（李　軍）

忠之嚴禁鴉片力拒英人也則立論毋主持平而頗存操心慮患之深於琦文勤之粵東隳防奏報匪實也則覆疏皆為披露而不蹈模稜彌縫之習今讀是書知

公之經驗弘而決擇審矣

爰居閣主人承公遺教所以調輯内外潤澤人民者不競不絿必期有以化干戈為玉帛登易水火而衽席則益知疏澤之孔長而是書之不朽也

庚辰季春江寧吳廷燮謹識

國朝臣工言行記卷之一

福州梁章鉅輯

范文程

字憲斗漢軍鑲黃旗人祕書院大學士世襲一等子

晉太傅謚文肅

順治元年睿親王統兵伐明公上議曰明之流寇倡亂其君若臣不能相保雖天數使然良由我　國家憂勤肇造諸王大臣夾輔　沖主忠格蒼穹之所致也竊惟承丕業以垂休萬禩者此時失機會而貽悔將來者亦此時何以

本朝名家詩鈔小傳二卷

［清］建安鄭方坤撰　上海圖書館藏清乾隆間杞菊軒刻本

鄭方坤，字則厚，號荔鄉，建安人。雍正元年（一七二三）進士，五年補直隸邯鄲知縣，九年擢景州知州。乾隆三年（一七三八）調河間府同知，再遷山東登州知府，七年調武定，十三年轉兖州，所歷皆有善政。方坤自少受學庭幃，博聞强識，長於詩文，又好網羅文獻。撰有經稗六卷、本朝名家詩鈔小傳二卷、蔗尾詩集十五卷、蔗尾文集二卷、五代詩話十卷、全閩詩話十二卷等，輯有嶺海文編五十卷、嶺海叢編四十卷等。

是書又名國朝名家詩鈔小傳，上卷自錢謙益至朱昆田，凡五十三傳；下卷自唐孫華至鄭方城，凡五十七傳，殿以聯句合鈔小序，共録一百十家。所録大體網羅順、康、雍三朝名家，兼及乾隆初之顯名詩壇者。小傳視每家取材，篇幅不等，長近千言，短則二三百字。因詩繫人，論人兼以論詩。論人，略述功業行誼，尤詳其遺聞軼事；論詩，則析其源流而第其高下。又所録諸家中，於遺民義士如錢秉鐙、邢昉、顧炎武、杜濬、紀映鍾、方文、閻爾梅、惲壽平、周篔、申涵光、徐夜等，多辭氣慷慨，飽富深情；於錢謙益，則譏其「出處本末與南宋方萬里大致略同，不但日暮途遠，倒行而逆施也」，因知不惟「持論公允，吐辭雅飭」，其尊崇氣節之意尤深也。書中各傳廣徵舊籍，皆有所本，足資考鏡。

其成書、付梓之時間，據全閩詩話乾隆十九年（一七五四）刻本之例言，「詩鈔小傳爲鄙人自著，問世已久」，當不晚於是年。又五代詩話自序末題「乾隆十三年歲在著雍執徐皋月既望，晋安鄭方坤書於棣州官署之杞菊軒」，棣州即武定，知是書當爲守武定時自刻。檢清代官員履歷檔案全編、山東通志職官表，方坤於乾隆七年至十三年守武定，十三年五月猶在任，七月方調兖州，故是書之付梓應在乾隆七年至十三年間。

杞菊軒本有初印、後印之别，初印本係足本，以語涉違礙，傳世極少。最通行者爲龍威祕書本，後又有木石居本，藝苑捃華本，初印、增訂之萬木草堂本，掃葉山房石印本等。杞菊軒本外，各本均有不同程度之删節改易，稍失原本面貌。（劉　繁）

本朝名家詩鈔小傳總目

閩　鄭方坤　荔鄉　撰

下卷

東澗詩鈔小傳

錢謙益字受之號牧齋常熟人爲明萬曆庚戌科進士以名與甲迴翔禁林聲華烜赫莫與爲比俄而巨璫用事誅鋤正人畧盡牧齋以東林眉目削籍歸里崇禎改元召起田間不數月洊登學士掌內制駸駸且大用會枚卜議起僉壬力齮齕之竟罷去已而當軸者修前隙必欲置之死地復羅織前科場事以奏刊章急徵鋃鐺被體身塡牢戶命如懸絲終以事無左證又衆口羣白其寃逾年而獄始解既得釋則築室拂水之隈建絳雲樓其上積圖書萬卷擁豔姬柳如是焚香瀹茗校勘賡酬修趙德甫李易安故事當是時虞山之名滿天下王

鄭大司農蔡中郎年譜合表一卷

［清］閩縣林春溥撰　福建省圖書館藏稿本

東漢鄭玄以一人之力遍注群經，清代以來，爲作年譜者衆，先有陳鱣鄭君紀年，繼有孫星衍鄭司農年譜，再有沈可培、洪頤煊二家之鄭康成年譜。相較之下，爲蔡邕作年譜者，林氏以前僅見王昶蔡中郎年表一種。鄭、蔡二氏，同朝爲臣，行事或有交集，然各自成譜，難與參照。林氏合表之作，正可補此缺憾。

前有林氏自序，云：「嘉興沈可培曾輯鄭康成年譜，以後漢書本傳爲主，而附以他書，徵引稍繁，次第間有陵亂，余既略爲訂正，而青浦王昶亦有蔡邕年表之作。邕之石經，與經神功堪伯仲，及邕死非命，康成深爲歎惜，蓋相契深矣。今彙而編之，爲年譜合表云。道光二十四年歲在甲辰九月三日。」

是表横分三格，上格紀時事，中格紀鄭，下格紀蔡，二君行事，與時事有關涉者，可互相參照，如獻帝初平三年，蔡邕枉死獄中，鄭玄聞而歎曰：「漢世之事，誰與正之。」覈以沈、王所作譜、表，是表於沈譜訂正處有二，一「建寧二年己酉年」，沈作四十二歲，是表正爲四十三歲；二「光和元年戊午年」，沈作五十三歲，是表正爲五十二歲。於鄭玄則僅著其行事，而删其徵引。於王表，僅删按語，其餘則因襲之，後附王昶跋文及高士奇有關「蔡邕無子」之考證。

稿本之外，尚有光緒九年（一八八三）侯官楊氏冠悔堂刊本，光緒十五年蔡學蘇刻三餘書屋叢書本。

（劉　繁）

鄭大司農蔡中郎年譜合表

嘉興沈可培曾輯鄭康成年譜以後漢書本傳為主而附以他書徵引稍繁次第間有陵亂余既略為訂正而青浦王昶亦有蔡邕年表之作邕之石經與經神功堪伯仲及邕死非命康成深為歎惜蓋相契深矣今彙而編之為年譜合表云道光二十四年歲在甲辰九月三日三山林春溥識

漢順帝永建二年丁卯

七月甲戌朔日有食之

鄭元字康成北海高密人以永建二年七月戊寅生 見太平寰宇記 戊寅七月五日也

一歲

三年

交舊録不分卷

［清］建寧張際亮撰　福建省圖書館藏民國間抄本

張際亮（一七九九—一八四三），字亨甫，號松寥山人、華胥大夫，建寧人。道光十五年（一八三五）舉人。肄業福州鼇峰書院，山長陳壽祺頗器重之。曾與修福建通志。雖有經世之才，然科場蹭蹬，終生未仕，遊歷燕、趙、齊、楚、吴、越、粤，諗其風土，發之於吟詠。其詩俊逸豪宕，多紀道光間事。與姚瑩交最厚。有張亨甫全集、思伯子堂集等。

是書篇中多「張際亮曰」，自稱「余」，知爲際亮所撰無疑。據書後附録，吴蘭修、陸我嵩、劉斯眉等均卒於道光十八年戊戌（一八三八），二十三年際亮卒，則當在道光十八年至二十三年間撰成。

前有目録，曰「交舊録傳二十九篇」：謝金鑾、鄭兼才、錢金粟、陳蘭祥、朱方增、阮應侯、高惺然、趙慎畛、方履籛、葛垂簡、王輝祖、游紹曾、葉世倬、吴嘉言、何青芝、李古山、董浩、孫經世、謝鵬飛、游光繹、管同、陳庚煥、何夢彪、吴賢湘（下注「勿刻」）、潘挹奎、宋湘、何鳳起、孫爾準（下注「此篇勿刻」）、曾燠（下注「此篇藏之勿露，亦實録也，然太露」）。後有抄者識語，云：「此二篇作者自云大有關係，請留後來以待識者。」核以正文，宋湘後又有何長詔傳，實三十篇。傳後附録楊懌曾、汪守和、那清安等五十四人之籍貫、履歷與卒年。

際亮固不得志於科場，然旅居京師，放浪山水，一時交遊者衆。三十人中，閩人居大半。各傳皆記其名位里貫，略述生平功業行誼，而詳其遺聞軼事，篇末以「論曰」或「張際亮曰」申抒感慨。中多有關際亮交遊行實者，如朱方增傳，道光六年際亮因朱鳳森以詩求其論定而結識方增；管同傳，道光六年同與姚瑩訪際亮於京師寓邸，九年管、張再晤京師，十一年聞同返鄉途次病逝漕河舟上。凡此皆際亮耳目所晋接者，可補史闕者尤多。如嘉慶二十二年（一八一七），福建布政使李賡芸不堪受辱而自經，史志但記其事，多不詳緣由，吴賢湘傳則云賡芸任按察使時，寧化有積盜某，當坐法，盜與賢湘子相善，時賢湘適在汪志伊幕，遂要脅賢湘子祈父援解，賢湘不得已而言之志伊，志伊以言於賡芸而遭拒，遂生嫌隙。後賡芸受屬吏誣陷，志伊乘機嘱手下羅織罪名而摧辱之，遂有賡芸自經事。他如謝鵬飛傳論清福建學政多以貪墨聞，孫爾準傳載閩地民謡「翁典試闘節私通商賈，心存何地；孫監臨科名分送鄉紳，爾準不平」，不惟當時科場逸聞，亦可與翁心存試差事宜之高自標舉相對照也。

是書迄無刻本，正文版框右側有鉛印「抑快軒文鈔」字樣，書中逢「國家」、「國朝」、「俞旨」等處，均不提行或空格，當抄於民國間。（劉　繁）

抑快軒文鈔

謝金鑾傳

君名金鑾别字退谷晚改名灝福州侯官舉人歷任教官晚得風痺疾卒於家年六十四卒後五年從祀鄉賢君少即志宋儒程朱之學家貧甚刻苦自勵生平以家庭孝友愷悌人無間言在官爲其士所愛其以疾去安溪也士再三請留之守道君不可乃得歸其卒也台灣之士爲醵金卹其喪贍其家皆舊教諭學也其任邵武南平士之賢者皆歸之没既久而舊弟子至福州者多就君子弟如家人其爲士所思慕如此君嘗念士首四民士習漓人心乃益薄於是著教諭語以教士泉漳民好鬭其來久矣其初皆愚民爭細故至聚族千萬

張紳怡亭建寧人壬辰秋卒五十

胡贻惠桐城人捐納縣令甲午冬卒四十

何春元乾生閩縣人道光辛卯舉人壬辰春卒

何長敦禮門光澤人庚申舉人博野縣令丙申春卒

鄭開禧雲麓龍溪人戊辰 甲戌中書山東都轉丙申冬卒戀州

李彥章蘭卿侯官人嘉慶戊辰舉人辛未進士中書山東都轉丙申夏五月四日卒

李彥彬蘭房侯官人京師嘉慶庚午舉人癸未庶常改刑部丁酉春卒

朱瓘雅懷甲午秋卒年三十五

顧蒓南雅吳縣人嘉慶壬戌翰林通副壬辰夏卒

陳壽祺恭甫閩縣人嘉慶己未翰林記名御史甲午春卒年六十四

陳鄉賢鼇峰載筆圖紀事輯録一卷

［清］長樂謝章鋌輯　福建省圖書館藏稿本

陳鄉賢即陳壽祺，嘉道間閩中大儒。其與梁章鉅構隙，主纂之道光福建通志後被删毁事，爲閩省一大公案。鼇峰載筆圖係道光十四年（一八三四）壽祺殁後其子喬樅請周凱所繪，寫總纂通志之情形。題詠者有姚瑩、吴榮光、沈維鐈、陳官俊、何紹基、張祥河、湯金釗、戴絅孫、吴鍾駿、陳慶鏞、阮元、林則徐、嚴杰、張際亮、鄭祖琛、王文璋、謝章鋌、馬其昶十八家，原件今藏福建博物院。

此謝氏賭棋山莊稿本，乃據其圖，參稽他書所記有關毁志之事輯成。凡六篇，首高澍然與鄭方伯王觀察論通志兼辭總纂書，次林昌彝射鷹樓詩話卷三載駁正梁氏之説，三何則賢藍水書塾筆記論福建新通志經籍一條，四林則徐題鼇峰載筆圖詩及跋，五張際亮題鼇峰載筆圖七古詩，末劉存仁有詢余通志稿者感賦六首。按，梁、陳失和及删毁通志事，當時外間多不詳。惟高澍然及陳氏弟子張際亮、林昌彝、劉存仁等曾與修通志者周知原委，其中又以張際亮題鼇峰載筆圖詩所記最詳，然思伯子堂集中未載。原詩復有夾注，一一備述詳情，然圖中僅存詩而無注，惟見諸謝氏所録者。注略述從遊陳氏、纂修通志始末，如謂「先是有同鄉今任中丞者，時以方伯家居，於甲午歲先生卒後，要同鄉宦七人於督撫、學使、方伯處具呈詞，力詆師所修通志闕失，其言至狼戾。諸憲寢其詞。時制府歙人程祖洛亦與師不合，會奉上查方伯家居何狀，乃助其入奏，言師原稿辨理未善，方請某方伯訂正。方伯旋起用巡撫，攜其稿之半之桂林，半留閩中，屬前編修魏敬中删削。魏，其長子師也。又時時分散於七鄉宦之手，任意塗抹，至今無成書。幸其中如高雨農、陳扶雅、王懷佩諸稿皆各有抄本，將來孰得孰失，必有能辨之者」，俱他書所未道。張際亮又有交舊録，正可與此詩合觀。

謝氏之輯録是書也，以服膺陳氏之經術文章，且與陳氏弟子劉家謀、劉存仁等交極厚，故跋鼇峰載筆圖云：「建寧張亨甫孝廉之七古，序述尤悉，句下夾注詳而碻。圖外尚有録本，讀其詩，考其注，於兹事瞭然矣。」（王　靖　駱生詠）

與鄭方伯王觀察論通志兼辭總纂書

頃聞省中數巨公條舉通志稿不善五事愬於列憲曰儒林混入孝義濫收藝文無志道學無傳山川太繁請發稿公勘者諸公是舉因故太史陳恭甫先生入儒林傳托志稿發難而釋憾於先生也果諸公留意鄉國文獻欲善其書以垂永久澍然方接辦總纂事何不可商確必形諸公牘乎澍然義不容嘿請得而疏辨之

國朝諸傳衆以嫌不敢主筆仁和陳君扶雅自浙來孫文靖公特委重焉以地處無私可以喑衆口也而扶雅於恭甫先生之存已不如初懽及既没當補傳向其家索節略其家匿不肯出

此所謂七紳也笠川曾備
舉其姓名及公呈槩語

昆

富貴人微時亦是門庭賓生無一語能匡諌死有千言恣怨嗔
強將遺稿紛删定蒼頡夜泣誰堪聽先是有同鄉今任中丞者時以方伯家居於甲午歲先生卒後要同鄉宦七人於督撫學使方伯處具呈詞力詆師所修通志闕失其言至狼戾諸憲寢其詞時制府歙人程祖洛亦與師不合會奉上查方伯家居何狀乃助其入奏言師原稿辨理未善方請某方伯訂正方伯旋起用巡撫攜其稿之半之桂林半留閩中屬前編修魏敬中刪削魏其長子師也又時時分散於七鄉宦之手任意塗抹至今無成書幸其中如高雨農陳扶雅王懷佩諸稿皆各有抄本將來孰得孰失必有能辨之者中丞先為江蘇方伯稱量不滿程時為中丞稱程咬金故二人極得也
相不貪鷄肋頗知幾庚寅歲三月余以受當事聘在甬纂修至十月即謝去但戀鱸
鄉真託興先是師力辭總纂文靖以延昆陵李申耆明府不至乃再三強以屬之師其後知師非無先見而李亦脩然矣
遠孤峰未改舊時青過客淒涼上鑑亭巧宦兒曹爭顯赫多
才子弟半凋零池上荷花心亦苦甲午師卒之歲書院鑑亭舊種荷無一花[illegible]者綠玉

若其山莊

秋坪老人日記不分卷

［清］閩縣陳登龍撰　福建省圖書館藏稿本

陳登龍（一七四九—一八二三），字壽朋，號秋坪，閩縣人。乾隆五十二年（一七八七）大挑一等，歷任四川墊江縣丞、射洪知縣、天全知州、青神知縣、裡塘糧務、雅安知縣，建昌府同知等職。嘉慶十二年（一八〇七）丁内艱，返鄉守制，不復出。工詩善畫，撰有秋坪詩存、天全見聞録、四時對雪樓雜録、蜀水考、裡塘志略等。

是本用藍格賬簿紙，前兩册版心上方有「黄金萬兩」字樣，第三册有「百事順遂」字樣。紀事始嘉慶元年（一七九五）八月十四日，迄十二年（一八〇七）五月初五日，内缺八年至十年三載，當有缺册。六年（一八〇一）七月初八日入京引見以前，皆官四川時事；九月抵京至次年八月初十日出都，皆留京時事；七年十月抵建昌府，此後皆官江西日記。陳氏生平事跡甚疏略，日記所載，正可詳其所略，四年（一七九九）六月二十二日所附保題知照，開列陳氏自乾隆三十九年（一七七四）以後三十餘年間履歷，明確無疑，可資參考。

原稿已重新襯裝，原書衣題「秋坪老人日記」及册數，第三册書腦有「十三」二字，似原有十餘册之多，今殘存四册，雖非全帙，然其中頗有可與秋坪詩存、裡塘志略相發明者。如六年三月初八日，抄録李元陳秋坪詩集序，刊載秋坪詩存卷首，後附李氏一札，詩存失載。詩存卷四裡塘正副土官少年喜事多不相能駕馭失其方恒致鬭攘作此示營中同事一詩，日記中有調解正土司索木諾根登、副土司羅藏策登二人關係之説，正爲此詩注脚。同卷又有長青春科兒寺大喇嘛堪布住錫處藏經板在寺中建堂貯之曰貯經堂爲作歌，日記則有應堪布之遨游觀長青春科兒寺，適逢挂大佛像，即今俗之「展大佛」。日記中抄録詩稿，更有詩存所未收者。如第一册浣花修褉圖成記二截句於册末，詩存所佚，前有題記云：「嘉慶元年暮春，竺山與其友張船山（問陶）太史、彭田橋（蕙支）明經修褉於成都浣花溪畔，作詩繪圖以誌盛事。五年，竺山移居漢嘉，余令是邑，過竺山居索觀，則有詩無圖，乃爲補之，聊備佳話，工拙所不計也。」足見陳氏曾爲陳一沺（竺山）繪浣花修褉圖，記張問陶等雅集事，惜圖不知流落何所，幸二絶句尚在日記中，浣花修褉之佳話借此以傳。是書殘本之可貴，此爲一端。（李　軍）

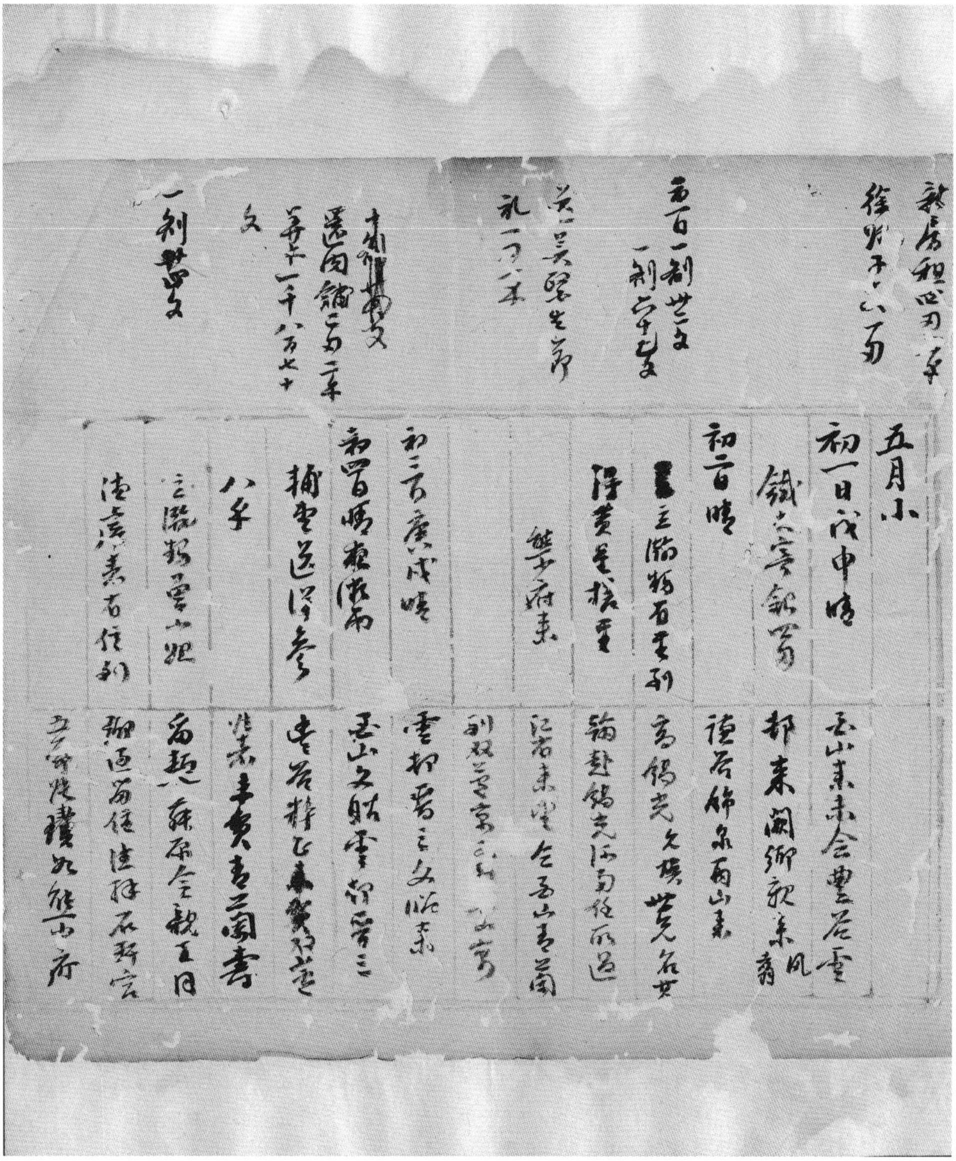

五月小

初一日戊申晴

初二日晴

初三日庚戌晴

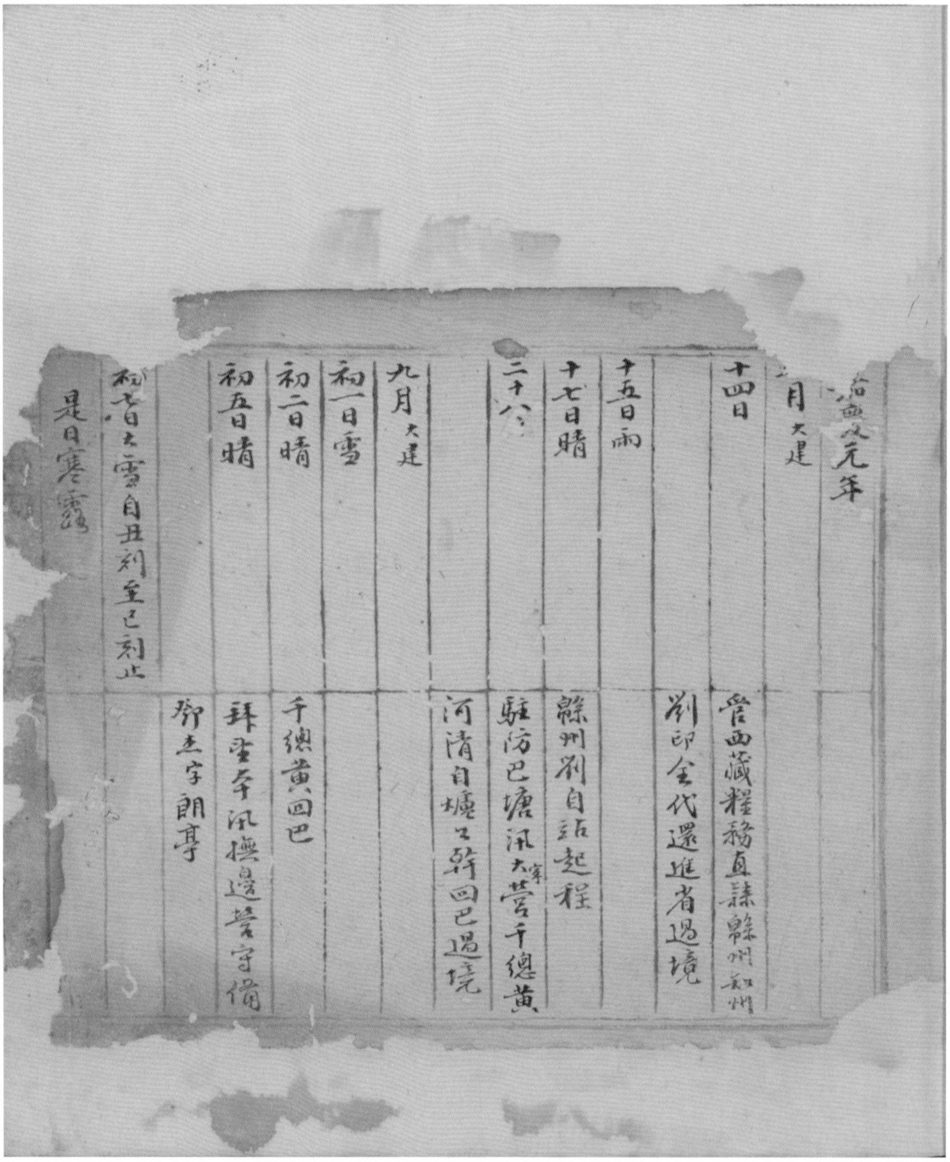

[illegible]治元年

[illegible]月大建

十四日　曾西藏糧務直隷解州知州

劉印全代還進省過境

十五日雨

十七日晴　解州劉自話起程

二十八　駐防巴塘汛大寧營千總黃

河清自塘々轄回巴過境

九月大建

初一日雪

初二日晴　千總黃回巴

初五日晴　拜聖舉汛撫邊營守備

鄧杰字朗亭

初八日大雪自丑刻至巳刻止

是日寒露

王慶雲日記不分卷

［清］閩縣王慶雲撰　中國國家圖書館藏稿本

荆花館日記，又名王文勤公日記。朱絲欄稿本，半葉九行。所記始道光二十六年閏五月，迄咸豐十一年十月。其後病篤，未記日記。咸豐十一年十月以後另有其子傳璨追記大事數條，至同治元年二月止。全稿共三十七册，今藏中國國家圖書館。福建省圖書館另有王文勤日記鈔注十六册，乃裔孫王孝綺鈔注，江蘇廣陵古籍刻印社曾據以影印。中國社會科學院近代史研究所藏有一謄抄本，係據稿本抄録，整理本荆花館日記即據此抄本整理出版。

王氏日有恒業，每日公務私事，皆記於册。早年入翰林院纂修國史，日記多記翰林院編纂日常。如道光二十六年八月廿九日，「進館，校現進志四卷，冬季頭單傳四篇」。九月初三日，「進館，校進呈傳四篇，修改（初九仍看一遍）。吴退旃師傳一篇」。其間檢閲實録，編纂校改傳稿，皆詳加記録。道光二十七年翰詹大考名列一等，五月十六日受道光皇帝召見，日記詳録君臣問答，極爲寫實。日記中並可見生平交遊人物，王氏與林則徐、何紹基等往來甚密，早年常與何紹基賞碑論藝，如道光二十六年十月十二日，「午後，候子貞，見張府君黑女碑」。二十七年三月初九日，「午後，候岵齡、子貞談，重觀子貞所藏黄庭」。六月廿四日，「觀子貞所藏東坡雪浪盆銘」。朝臣之中，與曾國藩最爲相知，日記所見二人交往始於道光二十七年九月十三日，自此引爲知己，常相過從。太平天国興起後，曾國藩組織湘軍前往鎮壓，王氏則轉任陝西、山西等地督撫，協籌軍餉，日記中謂「長江數百里，滌生以孤軍深入，以後解餉難於今日」，又謂「吾輩爲國家典守財賦，遇此得力之兵，而不絡繹餉饋，可云辜負」（咸豐四年九月二十九日）。遂移地方軍餉支援前線，二人公私厚誼，由是可窺。

清末財政支絀，漸起行鈔、鑄大錢之議。王氏時任户部侍郎，反對此法。咸豐三年九月五日，「閲王侍御條奏行鈔疏草。茲事之不可行，不待問而知」。至咸豐四年五月十四日，「京中空鈔日賤」，王氏乃謂「古人行鈔之初，無不准米准絹，何嘗但行空紙」（咸豐四年五月十四日），所論皆切中時弊。日記所記時人議論，亦可爲研究清末財政之參考史料。

任職翰林院期間，悠遊廠肆，常購圖書。「公每偕計，必載善本書籍歸里」（年譜）。日記所得各書，有阿文成公年譜、二希堂集、會典、熊忠愍集、河工防奏議、續三通、畿輔通志、歸震川文集、水道提綱、海塘擥要、乾隆會典、漢魏百三家集等，多爲經世濟用之書。隨後公事鞅掌，勤於政務，訪書之記録減少。而讀書心得，仍時見於日記。王氏尤重新學書籍，如謂徐繼畬瀛環志略「頗善叙事，而於立言之禮甚多違礙，未免爲之惋惜」（道光二十九年七月廿七日）；謂魏源海國圖志「裒集新聞，比之海客談瀛洲，然尚知所裁抑，不至如瀛寰志略之偏聽也」（咸豐九年己未六月十五日）。身處晚清時局中，憂時之論，經世之心，頻頻形諸文字。

王氏日記實爲晚清時局之重要史料，今雖已有據抄本整理刊行之本，而稿本存其原貌，猶不可廢。稿本多載其所作詩文，抄本則加節録。如道光二十七年正月初五，「送蛤蚧與何子敬刺史，繫詩二百六十言」。稿本下備録全詩，而抄本略去。又如同年二月初七日，「題黄忠端小園寒菜圖（用莔翁年伯韻）」（整理本誤「菜」作「葉」），原稿附有原詩：「滋蔓何緣絶禍根，塞塗荆棘事難論。一畦寒菜聊歸隱，蕭瑟蘭成賦小園（用莔翁年伯韻）。」如此種種，抄本多節略之。又如日記所記收發友朋函件，多以朱圍冠其上，又批一朱圍者，有兩朱圍者，殆重要程度不同。又如稿本删改之處、天頭批校文字，抄本亦不能呈現，整理本更無痕跡。如道光二十七年九月十六日所記榜單，原稿所録次序與整理本不同，稿本先列名單，後統計各類總數。原稿名單並有雙色批，又云：「未見者名下用紅圈，送紀效新書者墨圈。」抄本、整理本已無此信息。皆可見王氏日記之抄本、整理本皆非完本，惟此稿本存其全貌。（林振岳）

咸豐元年歲次辛亥春正月戊子朔旦侍
太和殿朝賀班 寅正朝服趨朝偕琦文甫昌英
彥甫瑞朱久香侯於殿檐下卯正三刻行禮講
官班左○殿內西第三檻前近門
至府學謁 仍朝服
聖又偕同官王朗倫望拜
牌畢回署將巳初矣 口占元年元日物華新
金殿西頭近紫宸青有御香攜滿袖朝

碩甫公日記不分卷

［清］侯官謝宗本撰　福建省圖書館藏稿本

謝宗本，號碩甫，侯官人。金鑾次子。道光十七年（一八三七）舉人。咸豐初，曾任山東鉅野縣知縣。撰有果堂詩文雜存。

是書第一册書衣墨筆題「外祖碩甫公日記。菉藏」，護葉又題「碩甫公日記二本。道光丁酉、庚子、辛丑」。另有小字「乙丑秋，次孫叔元修訂」一行，並鈐「謝叔元印」、「希安」二印。第二册卷端題「先祖鉅野公日記。公諱宗本，號碩甫。乙丑秋，孫叔元修訂」，則同出於宗本嗣孫叔元（一八六六—一九三八）之手，時在民國十四年（一九二五）。

是書現存道光、咸豐日記各一册，另附公車用費日記，有「碩甫手記」字樣，實爲道光十七年丁酉十二月及次年正月、二月宗本應考用賬清單。道光一册所記含三段：道光二十年（一八四〇）七月初一日至十一月二十一日、十二月十二日至次年二月初六日、閏三月十五日至七月廿二日。第一段正逢鴉片戰争尾聲，宗本在本省巡撫衙門作幕賓，雖參機要，惜未詳記其事，如九月廿四日記「鄧制軍回省，奉到九月初四日上諭，著來京聽候部議，閩浙總督着顔伯燾補授」，次日「酉刻，中丞接護督印並鹽政印信」，記鄧廷楨從閩浙總督離任，是其一斑。第二段赴梅亭展墓，並有杭州之行，沿途拜親訪友。第三段自北通州南下，由陸路歸閩，是爲出京日記。據此逆推，前一段赴杭日記當爲入京應試日記之前半。咸豐一册始於元年（一八五一）十二月初六日，止於二年三月十一日，離閩赴杭，中途折往寧波，再到杭州，日記曾云「自閩抵杭，雨雪載途，舟輿濡滯，計閲五十日，所費逾百金，客囊爲之一罄，欲應禮部試則程期已迫，欲赴山左需次，則斧資不繼」，是亦入京應試，半程到杭州中轉也。由此觀之，所存大抵以應試爲主，猶可略窺道咸間閩浙兩地旅次風物。（李　軍）

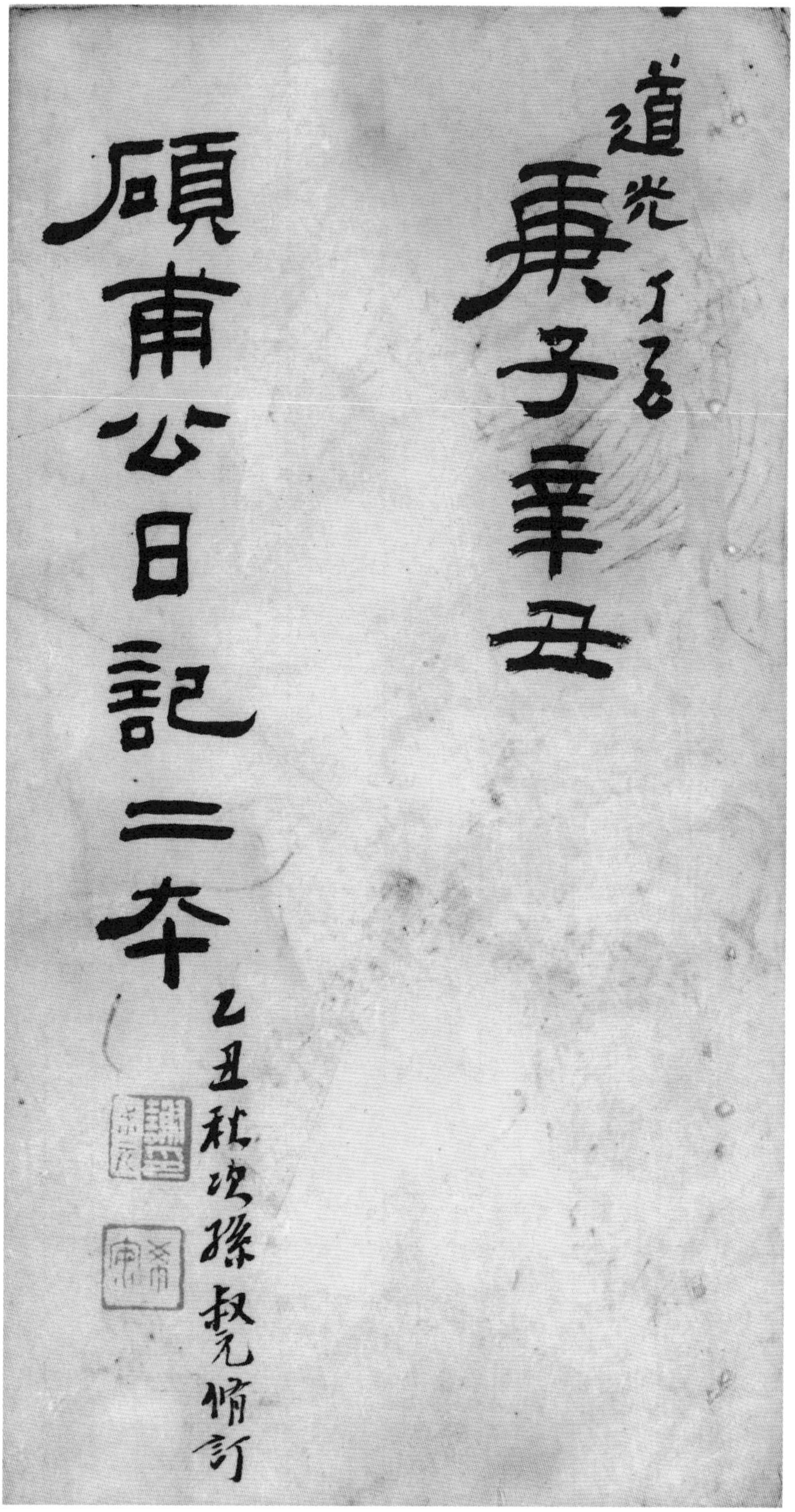
道光庚子辛丑
碩甫公日記二本
乙丑秋玄孫叔堯脩訂

先祖鉅野公日記公諱宗本字碩甫　乙丑秋孫叔元悄訂

咸豐紀元歲在辛亥季冬六日辭家出山偕鄭竹溪四兄銘勲蘇玉庭五兄寶林及家敏兄克堅大兒於洪山橋登舟是日諸親友送行者錢秋波父子鄭梅峯蘇日暄倪泗賓兆小秋徐敷化池廷標及家弟宗實德綱孝維合提偕昌鄭春城七兄皆與焉是夕諸君設錢未解纜入夜就舟中抵足

初七日開船諸君執别多眷眷廷標孝維猶

歲時日記一卷

［清］閩縣林春溥撰　福建省圖書館藏稿本

林氏手稿未刊者甚夥，此其一也。書前裝有工楷抄録梁昭明太子十二月啓，用「學院前森春館」紅方格稿紙，卷首鈐「林春溥印」白文方印。十二月啓又名錦帶書，四庫全書總目以爲非蕭統作，係宋人僞託者。是書正文行字不一，字裏行間多有朱、墨筆批抹。書前有序，原題「百家月令」，後用朱筆改作「歲時日記序」，末署「咸豐四年歲在甲寅八月朔後二日，鑑塘老人序」，並鈐「訥溪」朱文方印。書後録唐真人孫思邈福壽論，尾鈐「觀我道人」、「重燕鹿鳴」二白文方印。咸豐四年（一八五四）林氏已年近八旬，猶能作密行小字，足證其神明不衰，老而彌健。

據林氏自序，月令之書代有作者，至清康熙間李光地編欽定月令輯要，堪稱全備，嗣江都秦嘉謨又有月令粹編之纂，然意在詞章，與錦帶書頗類，而益形雜煩，無補實用。林氏遂改其篇第，按月相從，删煩補缺，歷有年所，寫定成稿，凡有稱引，皆以小字附注出處，「日有專屬，雖道書農諺，亦所不遺」，以便居家日常之用。全書首爲歲總，總論與定名也。其次分春、夏、秋、冬四季，季下按月，月下按節（二十四節氣），節後按日，分别論列。（李　軍）

百家月令

歲時日記序

天道運於上，人事興於下，王者朝廷以典下，而民生日用不能違晦明寒暑以為功。此小正、豳風、時訓、月令之所為作也。後人揚其波者，如荊楚歲時、齊民要術、四民月令、四時纂要、紀麗，詳乎歲華，類傳筆撰日記，而究莫備于唐韓鄂作歲華紀麗，元費著作歲華紀麗譜。欽定月令輯要一書。近江都秦氏有月令粹編之作，體例多仿乎此，但三之詞章無補實用，類次先後雜出為煩，又每日所採多古事，偶值非有常期，即或引用難為實典，而凡記載之有定日者反缺焉。余乃改其篇第，按月相從，從者刪之，略者補之，月有縱播，雖道書農諺亦所不遺。由是每歲按籍以稽，月有所程，日有所課，晴雨則考之占候，樹藝則譜之群芳，俯仰古今，優游歲月，即以為居家之月令可也。進上行之為令，下述之為記，因名之曰歲時日記云。歲明四年，歲在甲寅，朔後二日，鑑壞老人序。

陳元靚歲時廣記四卷（南宋人。分四時為四卷，凡諸書之有涉于節序者搜討旁稀）　韓鄂（唐人）歲華紀麗七卷（有宋刻本）

費著歲華紀麗譜補一卷（元人。記成都歲時遊遨之事）　見錢曾讀書敏求記

重纂福建通志議一卷

佚名撰　福建省圖書館藏清抄本

是書不題撰人。朱絲欄寫本，共計二十一條。版心上有「莊敬堂」字樣，下有「和發」字樣。半葉八行，行二十四字。共十六葉。卷首題「重纂福建通志議」，次即議論各條，首行頂格提行。按，此即清道光間陳壽祺主持重纂福建通志之義例，議中有謂「臺灣噶嗎蘭嘉慶末新入版圖，道光初始定營制，今並補」，知此志修於道光以降，且名曰「重纂」，與陳氏重纂福建通志名同。復與同治十年（一八七一）刊本重纂福建通志書前凡例比勘，有數條與此議相近，而此議所論更詳，則此書爲道光間開局修志之倡議，殆無可疑。

按閩省通志，清代數次修纂，如康熙二十三年（一六八四）鄭開極所纂福建通志；雍正七年（一七二九）謝道承所纂福建通志，乾隆二年（一七三七）書成；乾隆二十九年（一七六四）沈廷芳所纂福建續志。道光間，陳壽祺、高澍然等又開局修重纂福建通志。始於道光九年（一八二九），十四年（一八三四）陳氏下世，由高氏續任總纂，其完稿四百卷，未及刊刻。梁章鉅乃聯合士紳，嗚之於官，力陳陳志之弊有五，曰儒林混入、孝義濫收、藝文無志、道學無傳、山川太繁，請發稿公勘。高氏作與鄭方伯王觀察論通志兼辭總纂書駁之，憤而辭職，志局解散，書稿散落。道光十五年，魏敬中任總校，刪補志稿爲二百七十八卷，恰逢太平天国之亂，至同治十年始刊畢，然已不復道光志之面貌。

此重纂福建通志議二十一條，議論舊志門類之優劣，義例之長短。如首論國史、方志之同異，謂「國史總天下圖書記載，宜約而賅。方志録一邦之故實，記載宜周而要」。所論修志門類，參酌古今，臚列閩省舊志體例優劣所在，擇善而從，尤重山川地理形勢，分圖、表、略、傳、載記、雜録各體。重金石碑刻，專設金石一門，存者載其全文，亡者録其目。所議通志門類，共分圖三：郡邑之圖、山川之圖、海防之圖；表四：州郡沿革表、封爵表、職官表（宦績附各表後）、選舉表；略五：輿地略、建置略、政事略、經籍略、金石略；傳二：列傳、雜傳；末爲載記、雜録。各體之下又分子目。所論多有理據，實精於史乘者。

陳氏重纂福建通志爲梁氏所攻最甚者，爲「藝文無志」、「道學無傳」兩處，實則此議中皆有釋説。如不設藝文一門，議謂「舊志藝文多登詩賦，殊乖史體」，乃用建康志、三山志之例，題詠附山川，文賦擇有關政俗者散入各門，而於諸家著述，僅列其目於經籍，於書名下注撰人姓氏、爵里及著述大旨。至於詩賦不録全文，亦有説焉。陳氏以爲地方藝文，本有專書，不必全文録入省志。「人物藝文古不入地志，故益都耆舊、汝南先賢、會稽掇英、吴郡文粹，各有自爲書」，故僅取其「苟有裨實用」者，散附各門。且陳氏所纂乃一省通志，若詳録詩文，卷帙繁多，反不得其體。高澍然與鄭方伯王觀察論通志兼辭總纂書即辯之曰：「閩中自唐以來，作者輩出。今經籍志止載書目，已苦浩博，更益以詩文，當增數百卷，成何體制。」至於道學傳併入儒林傳，亦非陳氏專斷。按宋以來理學昌盛，宋史於儒林之外又立道學，乃爲孤例。清乾嘉以降，學風由宋轉漢，於「道學」單列一傳，清人争之劇甚，如焦循國史儒林文苑傳議云：「宋之儒林，不外道學，分之實無可分也。」此議中即謂「道外無儒，儒外無道」，故依續通志例，道學併入儒林，不復單列。陳氏左海文集有答陳石士閣學書，專論列傳不分「道學」之由。至於梁氏「山川太繁」之譏，此議已論之曰：「地志以輿地爲主，輿地以形勢爲主，形勢則以山關川關海防水利其鉅也。」是其書特重山川形勢之由。

陳氏重纂福建通志義例嚴明，考訂精詳，後人多贊同其説，如謝章鋌聾峰載筆圖跋云：「職官表綜核可參六典，經籍志派别可尋家法，方言攷通轉可悟小學，餘類此者尚多。」惜其身後，書稿散落，全書不傳。今

存此重纂福建通志議一卷，可窺其全稿體例。陳氏集中另有檄閩省郡邑採訪通志事實（代）諸篇，覽者可並觀焉。（林振岳）

重纂福建通志議

方志與國史相為表裏義例不可不嚴紀述亦不可不備蓋國史総天下之圖書記載宜約而賅方志録一邦之故實記載宜周而要自来言邑乘者推武功朝邑最為高簡顧此惟縣志之體事實少者可遵耳且武功列女上遡姜嫄亦不足以稱簡要若全省之志區宇道里山川要害户口貢賦民物土俗賢貞士女金石藝文靡不具悉乃稱體制否則一代之史既多所刊裁一方之書又弗能條列則是百司令甲之文羣士善惡之迹闕而

閩大記存二卷

〔明〕侯官王應山纂　福建省圖書館藏清抄本

王應山，字懋宣，號静軒，别號石林野史，侯官人。諸生。明正德、萬曆間，曾於福州、建寧教授春秋，四方從學者甚衆。後執教南京禮部尚書林燫家塾，於林燫纂修之福州府志，多所裁定。壯年遊歷閩省諸郡，收集各地人物事蹟逸聞、山川形勢要隘、風土民情物産等。撰有閩大記、閩都記、經術源流、世錦王氏譜要等。

閩省通志初創於明成化間，至弘治二年纂成。萬曆初，龐尚鵬巡撫福建，「以通志曠逸，雅意纂修」（卷一總序），聘林燫總裁其事。後以從事各人遷轉，迄未修成，應山遂獨任之。至九年（一五八一）夏纂成五十五卷，名閩大記。書成後雖已付刻，然今僅存據萬曆刻本抄本殘卷數種，藏於中國國家圖書館、上海圖書館、中央黨校圖書館等處。福建省圖書館、福建博物院、福建師範大學圖書館等處所藏抄本殘帙二十八卷，皆二十世紀六十年代遞抄自中央黨校圖書館藏本。

此福建省圖書館藏清抄本卷四十八武功、卷五十列女殘帙二卷及各序、目録等，當係清道光間修福建通志時所抄，曾經楊浚等遞藏。半葉十行，行二十二字，雙行小字同，白口，無版框。書内有佚名題識二則，其一云：「是册係大記第卷四十八、卷五十兩卷，皆係全卷。觀目録便知雪滄題爲摘抄，誤也。」然檢全册，並無楊浚題識，蓋已佚去。又謂「此册爲閩縣陳恭甫太史壽祺手抄本，當亦從明抄本出也」，題識其二謂「此本係太史從各書抄出閩大記之文，以補明抄所缺」，則知此本源出明抄本，道光間陳壽祺主纂福建通志時亦未見萬曆原刻本。二篇題識均稱「武功一卷及序、目係恭甫親筆。五十一卷列女非恭甫所書」，然所見各處公私收藏壽祺手跡，與此本序、目、卷四十八似不相類，疑出道光間志局抄胥之手，後人以自陳家散出，即以爲壽祺手抄也。

此本王應鍾序後有應山小傳，録自萬曆福州府志，爲其他抄本所無。又卷中常見「按此通志此傳太略，宜從閩大記」、「按此傳通志無」等按語，所云通志即乾隆福建通志，覈以其書，無不相吻。又多以二書同異參互比較，如列女张氏傳後按語謂「按此志通志太略，且脱去『難不違親』一節」；二陳傳後按語云：「按此傳通志不甚詳。據此則蘭女獲旌，而通志於鏡女傳書巡按聶豹奏旌之，則次女獲旌而長女不及，疑皆有誤。閩大記於蘭女傳『未娶而招得溺死』，則蘭女固未婿妻也。二女節孝相同，當作俱獲旌爲是。二女宜連書，而通志於中間插入楊源繼室王氏事，不如閩大記遠矣。」皆道光修志時采摭舊志、考訂異同之遺跡。道光通志已毀，據此殘卷尚可窺其修纂之一斑云。（方　挺　駱生詠）

閩大記序

往予聞閩有全志學士大夫言其記載猥瑣評隲失當無足采者墜廢曠逸五十載於兹矣兩臺諸公叶議纂修迺山禅室冠履雲集以大宗伯林貞恒總其事吾郡福唐志成他郡縣方欲以次經理宗伯倏尔告逝余弟懋宣被命館局辱與宗伯共事感歲月之云徂傷哲人之莫贖編摩未就墜典無成網羅舊聞自萬歷戊寅薦更裘葛以宗伯所條貫擴摭揚扢為閩全閩記著其大者間出肵余曰君子得其時則駕不得其時則蓬累而行山與時違茂以樹尺寸幸與盛典惟虛糜廩餼是懼竊不自揆踵成此書其有

武功傳序

野史氏曰越甲驍雄昔談尚之予稽無諸搖率閩人從番君佐漢祖成大業豈惟治之劍會稽之竹箭能貫餘勇要其義有足多者六千君子斯非遺胄耶時士數名將率右燕趙謂閩脆弱虛無人嘉靖季戎夷內訌疆埸多事聖天子奮武衛謀元帥寤（此下疑脫寐字）雄畧勇敢之士以潔（傑）外侮即罝兔屠狗釣東城居負郭者往往敵愾策勳建大將旗鼓（字闕）一無人不然哉采先輩魁傑者著於篇

陳有定其先福清人幼孤流落清流明溪鎮傭橘州羅翁

福州府志存一卷

［清］徐景熹修，魯曾煜、施廷樞纂　福建省圖書館藏稿本

徐景熹，字驂兩，號樸齋，浙江錢塘人，乾隆四年（一七三九）進士，除翰林院編修，十四年任福州知府。魯曾煜，字啓人，號秋塍，浙江會稽人，康熙六十年（一七二一）進士，乾隆十七年（一七五二）主講鼇峰書院，有秋塍文鈔存世。施廷樞（一七一四—一七五八），字北亭，號慎甫，浙江錢塘人，監生。「嘗之閩修福州府志，之楚修荆州府志」，著有十駕齋集。魯、施二人應景熹之聘，以淳熙三山志，正德、萬曆福州府志及前代福建通志爲依據，「廷樞職其詳，曾煜職其要」，合力纂成。其志不分綱目，立三十二門。初刊於乾隆十九年（一七五四），其後又有乾隆二十一年（一七五六）李拔補刊本、乾隆四十三年（一七七八）補刊本、乾隆四十四年（一七七九）補刊本、道光十九年（一八三九）己亥校補重刊本，傳本尚多。

此殘存之稿本一册，未標明卷數，與乾隆刻本相較，可知爲第宅園亭門卷二十一至二十二之内容，即凡例所云：「名人第宅，志乘類載，而園亭多從缺如，兹併志之，俾昔賢著作之所、遊賞之地，雖鞠爲荒墟，或轉屬他氏，猶得考其舊云。」殘稿第一條目宿猿洞，當刻本卷二十一第宅園亭一，前缺閩縣梁虞公菴、唐邵校書楚萇宅、青巖、方山隱處、幽軒、宋陳幕府簡能宅、蔡司農伯俙宅、李知州俯宅、湛郎中俞宅諸條。殘稿末一條字跡殘損，比勘刻本卷二十二第宅園亭二，當爲林琦宅。

此稿書衣題「福州府志清稿」。左右雙邊，單黑魚尾，版心無大小字數。間有多家朱文批校，亦見以墨筆書浮籤上者。眉批或辨事有可疑者，如碧巖亭條下有雙行小字「李綱訪許將碧寒亭」，眉批云：「李伯紀與將不同時，似不得言訪。」正文即用朱筆將「訪」字改作「過」字。或明文有可删者，如丁戊山房條有眉批

「二詩可以不存」，覈以刻本，二詩確已删削。但亦有眉批注删，刻本未删者，如平章池條眉批「傅汝舟詩删」，刻本仍保留。正文中多用朱筆批校徑行删改。浮籤偶見誤黏處，如第宅園林小序誤黏於榕菴條中；養静齋條目當黏於鱗次山房條後；「謝汝韶泊臺紀成（下有缺字）」籤條當黏於泊臺條中。

此稿同一縣條目數有較刻本多出者，如詹觀察洪基宅後有陳良鼎宅一條，刻本無之。同一縣條目數有較刻本少者，如各縣未録「國朝」内容，刻本閩縣則有「國朝」部分六條，即塔影樓、芥舟、余府丞甸宅、周府丞紹龍宅、吴御史文煥宅、井上草堂；侯官縣有「國朝」部分十六條，即陳忠毅丹赤宅、鄭諭德開極宅、余副都正健宅、萬卷樓、林太守文英宅、李中丞馥宅、米友堂、西園、樸學齋、瓣香堂、北阡草廬、謝閣學道承宅、二梅亭、一枝山房、二隱堂、金峰山等。侯官縣部分刻本唐陳副使去疾宅、劉員外若虚宅各一條，亦稿本所無；鄭太師性之宅後較稿本多拱極樓一條。稿中亦有與刻本條目相同然卷次不同者，如三桂堂見於稿本卷二十一，而刻本見於卷二十二。

稿中雙行小字較刻本多者，文中皆用朱筆删改。如緑玉齋條中，曹學佺人日興公宛羽樓小集與陳薦夫重過惟和緑玉齋感賦間，原有中秋日仝王東里陳昌基集徐興公宛羽樓、丙子元旦集徐興公宅二詩，以朱筆删之，刻本即照此删去。

福州府所轄屏南縣，雍正十三年自古田析置，稿本於「古田縣」下有「屏南二縣」朱文四字，另有浮籤予以説明：「古田今分屏南，第宅園亭有屬屏南者，考明注於下方，注『今屬屏南』四小字。宜照分縣，不宜合一，已注明古蹟。前『古田縣』三字當書『古田、屏南二縣』。」即如凡例所言遵照大清會典及皇輿表，「屏南爲古田分縣，亦列閩清前」。其間材料去取騰挪，具見纂修之用心。（林益莉）

宿猿洞三召不起元給事絳名旌隱坊

宿猿洞在郡南刿頭山湛俞隱處筆精烏石山宿猿洞怪石森聳昔有老翁畜一猿每夜輒宿洞中唐季大築城垣隔此洞于城外宋熙寧中湛郎中俞棄官歸隱於此程大卿師孟篆書宿猿洞三字於石徑尺許洞前舊有荔枝樹極佳名曰洞中紅古靈陳襄贈詩此去蓬萊峯頂月夢魂應到荔枝園明廢為叢塚荔樹已無存矣崁有詩怪石高于雉堞昔人曾此卜幽棲白楊滿地髑髏出蒼蘚上崖名姓迷夜雨徒聞山鬼哭秋風不見野猿啼荔枝樹死洞門塞行到此中生慘悽壁上諸名公題刻具存無人修復良可慨也宋陳襄宿猿洞詩幾年營此草堂棲旋餙名園百卉齊曾學子真耕谷口今容摩什老山西龍臺日午千峯出雁塔雲生一逕迷知有嶺猿猶在否使君高卧莫教啼曾鞏和程大卿書宿猿洞聞說山光是舊山衣

亭坐自溫竹光環翠霧石暖擁香雲已喜暮年靜亦知
吾道尊青山對青眼相見每欣欣（山樓新成）懶性衰遲
戀故山小樓新築擬投閒歲寒結侶松筠在日暮招羣
從今滿漱

鄭侍郎湜宅在郡南城門山鼇頂峯東朱子避偽學禁主其家湜居屋後有石
橫跨澗上名自成橋有朱子題刻湜南渡時宰相兄弟子姪前後七人皆登政府故有
七丞相之稱

來愁已空湜想
河上翁青山對高枕吾意附冥鴻何處藉踈窈孤亭入
暮秋江山無盡藏天地本同流久與漁樵
狎不妨麋鹿遊從兹看世務已是泛虛舟

（尚書）張經宅在郡西洪塘半洲（舊）後移居文儒坊有大司徒西坊坊（互見）

九畹堂在郡南太守袁達所居（袁達九畹堂成（自題））草堂自笑
踈懶便梧竹冬深蒼翠鮮

閩雜記補遺六卷

〔清〕施鴻保撰　福建省圖書館藏民國間抄本

施鴻保（一八〇四—一八七一），字可齋，浙江錢塘人。少穎異，長博極群書，精考證。先後十四應鄉舉不售，遂遊幕江西、福建等地，而遊閩尤久。撰有可齋集、春秋左傳注疏五案、炳燭紀聞、閩雜記等。

施氏撰閩雜記十二卷，光緒四年（一八七八）會稽朱壎據王華齋藏稿本排印，由上海申報館印行。據朱序，謂僅「摘録十之三四」，知非完本。又有小方壺齋輿地叢鈔本，更爲節略。此本乃近人郭白陽所録，郭氏於民國二十九年得閩南鈍漢氏抄本，與申報館本相較，多出百餘條，名曰「補遺」，即補申報館本所遺者。卷首題「閩雜記補遺卷一」，次行、三行下署「錢塘施鴻保輯、福州郭白陽録」，次正文，卷五後一卷題「閩雜記補遺卷」，未填寫卷數，蓋分六卷。其中卷五、六中多僅録其篇題，未録全文，末亦匆匆收結，蓋倉促未及録完。書中所記皆閩中見聞，凡山川名勝、物候風俗、方言俗語、奇談怪聞，無所不及。卷一天文氣候，卷二節日風俗，卷三地理州名，卷四山川湖泊，卷五廟宇民俗，卷六雜聞藝文。如考「福建」之稱始於唐大曆六年「福州」、「建州」，又記閩中西湖有十七處、天后媽祖之出處等，皆可補史乘之闕，足增見聞。（林振岳）

閩雜記補遺卷一

錢塘施鴻保輯

福州郭白陽録

日出異説

建甯徐昨作閒居偶録言。嘗登福州鼓山屴崱峯觀日初出。如一星大球以海中湧出。三沉三躍。方離于海。其形極大。漸上漸小。至天乃如常見之日矣。始悟陽氣至此方凝聚而爲日今日之日非即昨日之日也予　日入地中明矣邵康節云日入地　精之象後人遂謂日晝行天上夜行地中惟元人郎長春曰輕清者上騰爲天重濁者下凝

閩瑣紀一卷

［清］彭光斗撰　福建省圖書館藏抄本

彭光斗，字文樞，一字賁園，號退菴，江蘇溧陽人。乾隆二十四年（一七五九）舉人，歷任福建建安、永定知縣。撰有檀弓序本三卷、三國志校本一卷、瀨上遺聞四卷、月桂軒初稿一卷、越遊草一卷。

此書乃光斗入閩之見聞筆記，效周亮工閩小記而作，共六十餘條。據其自序，謂「爰摭見聞所及，截寸紙書之，積久遂得三卷，投敝簏中，家人嗔曰『是瑣瑣者薄宦歸裝邪』」，是書名「瑣紀」之由來。書中記閩地風土、名流軼事。如記閩中茶事，尤溪野叟地爐活火烹武夷茗、連江縣産茶細如針等，皆可爲史料。又記閩中之酒，家中多自釀土酒，市沽則有紅酒、木瓜酒、蕃藷酒，又有洋燒，最爲酒聖，另有橙燒，係香橙所浸，來自廣東潮州云。又記「黄令某縣，有硯癖，所蓄佳硯甚多，自號十硯老人」，即黄任莘田事。彭氏往訪時其年已八十餘，膝下無子，藏硯散失略盡。又記閩地民風之悍，好械鬥，「輕生好鬥，漳泉一帶尤甚」。又謂閩婦女最勤苦，鄉間耕種、擔糞、斫柴等事，悉婦女爲之。又記「俗有可笑事三」之一爲「祭孫大聖」，福州猴王廟甚多，宋洪邁撰有福州猴王神記，閩人稱爲丹霞大聖云。書中並記當時鴉片流行，謂「浮浪者喜服之，雖嚴禁不能止」。所記種種，皆有裨見聞。自叙謂三卷，今抄本存一册。（林振岳）

閩瑣紀

昔周櫟園先生以鴻才碩望旬宣閩疆所至覽其風土名流遺文軼事下逮蟲魚草木筆成小紀用待采風斯誠數政之外編大雅之餘韻也謭劣如余于先生無能為役計捧檄以來未及三年旋被議去其中驚心案牘鞅掌風塵方奔命之不暇遑問筆墨乎哉既自念投閒置散拙者之效可知何敢一無事作還謫無聊狀爰摭見聞所及截寸紙書之積久遂得三

一

閩雜紀二卷

〔清〕黄錫蕃撰　上海圖書館藏稿本

黄錫蕃（一七六一—一八五一），字晋康，號椒升，浙江海鹽人。少饒於貲，遍購求金石文字，日事參考。故精鑒賞，工八分。後家中落，以布政司都事需次福建。諳熟閩中掌故，因喜仙遊楓亭荔枝，曾構一軒，取杜甫「輕紅擘荔支」句以名之曰擘荔軒。復署上杭縣典史，辭疾歸。家居從事丹鉛，與鄉老爲詩酒之會，年九十一以壽終。撰有醉經樓存稿、金石考、海上竹枝詞等。

是書爲黄椒升遺書之二。别二種閩中書畫録十六卷、閩中録異二卷，所録皆關閩人閩事。此本原爲閩縣李宣龔故物，有「李宣龔印」、「碩果亭」諸印。

全書卷分上下，上卷三十四則，下卷三十五則。前有嘉慶十二年（一八〇七）自序，云：「余在閩中凡八載，遇有裨於世道人心者，即紀其始末。或以事可傳，或以人足重，方物土産，亦足以廣見聞。」所録多其耳聞目見者，故鮮載出處。書中直引他書者僅山堂肆考、臺灣志略、閩小紀、臺灣使槎録、臨海異物志、漳平縣志、學圃雜疏等數種。又云「名曰『雜紀』，以其無倫次也」，舉凡奇聞瑣異、名流韻事、名勝古蹟、方物土産等，雜然編次，確爲小瑕。又言「若謂采風問俗，吏之責也，則吾豈敢」，則謙辭也。不僅可廣見聞、資考證，亦可以觀民情、覽風俗焉。（陳旭東）

閩雜紀卷上

海鹽黄錫蕃叔升著

文文山琴

福州李明經大玢家藏書甚富法書名畫鐘鼎彝器羅列齋中無不古香襲人藏文山琴一後刻有詩云松風一榻雨瀟瀟萬里封疆不寂寥獨坐瑶琴遺世慮君恩猶恐壯懷消旹景炎元年蒙恩遣問召入夜宿青原寺感懷之作譜于琴中識之款文山二字下刻天祥宋瑞之章六字印中刻仁至

榕城景物録三卷補遺二卷

［清］侯官陳學夔輯　福建省圖書館藏清抄本

陳學夔，字解庵，侯官人。康熙八年（一六六九）舉人，曾任山東寧陽知縣、兵部主事、粤海督關等職。撰有性理全書、杜詩注解、倦庵録等。

此書爲抄本，訂爲四册，首尾俱有殘缺。每卷端有梁章鉅「古瓦研齋」及郭白陽「莫等閒齋」印記。卷首有作者序，殘存下半篇，署康熙三十七年（一六九八）。觀序中「鱓」字旁以相同字體注「音尋」，及序後注釋序文「覆瓿」之典，似非作者手稿。序稱「甲戌（一六九四）冬以還葬歸里」，「搜壁間塵跡，而景物録三卷猶未盡飽蠹鱓」，「姑加編摩增補，繼以補遺上下二卷，合爲五卷」，則知此書編纂，多歷年所。榕城謂福州也。書中所記，分爲「會城内」、「城外西北界」、「城外東南界」三卷。第三卷後有題爲「補遺上下」者，實未見上、下之分，但存十一葉，自九葉起有殘損失字者，十一葉僅剩其半。所録福州景物，遍及山川城池、園坊宅巷、寺廟庵院、宫殿軒堂、亭臺樓閣、門橋井塔、墓冢碑銘、岡塢洞泉，舉凡當地古跡名勝，罔不畢載。每記一處，皆明處所、考史實、探淵源，其有前人吟詠，則必載作者、詩句。故此編不唯記録榕城景物之勝，亦可考見福州藝文之盛。

學夔記榕城景物之作，乾隆福建通志卷六八記作榕城景物略，而乾隆福州府志卷七二記爲榕城景物考略，揆之以序，則似作者初以榕城景物録爲其名也。（季忠平）

榕城景物録卷之一 會城内

榕城

榕城福州會城也附郭縣三曰閩曰侯曰懷安後改懷安隷侯地產榕宋英宗治平間張伯玉守福州編戶植榕神宗熙寧后綠蔭滿城暑不張蓋故号榕城程師孟守是郡臨去詩三樓相望枕城隅臨去猶栽萬木株試問国人遊息處不知曽憶使君無○福州之名昉于唐開元福建之名昉于唐上元其始爲禹貢楊州之域後隷會稽秦置閩中郡攷伯益山海經曰閩在海中今人穿井鬬地多浔螺蚌殼及敗槎之類足信洪荒之世山盡在海中後代乃填築為民居也漢鄭康成曰閩者蠻之别也國語史伯曰芊蠻芊氏蠻姓乃楚之熊繹熊渠之後閩即蛮字賈公彥曰不作蛮者乃後人轉寫之誤閩原爲百粤地班固曰漢書以粤爲越是閩越與粤皆通義按周礼職方氏辨邦

榕海舊聞不分卷

［清］侯官林正青輯　中國國家圖書館、復旦大學圖書館藏清抄本

林正青（一六八〇—一七五六），字洙雲，號蒼巖，侯官人。祖直隸開州知府遜，父内閣中書佶。正青康熙間貢生。雍正六年（一七二八）應薦辟任刑部山西司學習行走，善決疑案。十二年出爲泰州小海場大使，清課餉，興學校，十餘年歸。以少承家學，受知於張伯行、蔡世遠，讀書立品，皆有根柢。擅詩文，亦工書，能得其父之楷法。平生留心邦獻，纂小海場新志十卷，輯有榕海舊聞、榕海詩話若干卷，以博雅稱；自著詩文曰瓣香堂集，皆未刊行。

是書向無刻本，僅以抄本流傳。乾隆福建續志、道光福建通志、民國福建通志著録，均未記卷數，恐未睹原書，沿襲成説而已。閩人戴成芬蕉窗隨筆稱：「林正青輯榕海舊聞五十卷，搜羅賅備，錢塘施世樞贈詩云：『鄉郡圖經久放紛，榕陰點筆續遺聞。百年舊事憑收拾，應比淳熙用力勤。』然此書僅有寫本，傳世多不全。友人姚蘭坡藏六册，亦非全帙。」郭白陽竹間續話卷四抄録此條略同，僅删去姚賓銘藏六册一句。所謂五十卷之説，未知何據。今國内各館所藏，國家圖書館有十二册、浙江圖書館有六册、復旦大學圖書館有三册，皆非全本，無從質證。

是本用藍格抄録，首册前有殘目，存風俗、土産兩門。首有題詞、引用書目。題詞云：「癸卯夏，先大人歸里，每談先正遺事，輒思旁搜博採，輯爲榕海舊聞一書。曰閉户著書，吾職也，但苦炎蒸，秋以爲期。不意南中秋而先大人棄世。」是此書首倡於佶，稿成於正青之手。又稱「爲綱者五，爲目者六十有五」，是全書凡五門，下分六十五類。是本今標明建置、人物、風俗、物業四門，尚有形勝、古跡之屬，下接風俗總

論，未入四門中。書中鈐有「閩中郭蒹秋藝文金石記」朱文長方印、「臣郭柏蒼」白文方印、「湖山過客」白文方印、「肖嵒圖書」朱文方印、「莒農讀過」白文方印、「長樂鄭振鐸西諦藏書」朱文方印、「長樂鄭氏藏書之印」朱文長方印等。按，西諦書目著録不分卷之清抄本十二册即此種，係清黄宗彝（肖嵒）舊藏，原裝六册，殆黄氏鈐記原在每册首尾，今一前一後散於兩册，鄭振鐸藏印則十二册首尾均有之，是歸鄭氏前已經改裝。第一、三、五、七、九、十一各册首葉右下有墨筆編號，亦舊裝時所記。六册之中，僅形勝、古跡一册首尾有郭柏蒼朱記，郭氏一印鈐於字間，當係黄氏舊物而後轉歸郭氏者，郭白陽竹間續話未言此，蓋未見先人藏本。

浙江圖書館藏本爲鄭氏注韓居、劉氏嘉業堂遞藏，嘉業堂藏書志繆荃孫稿誤作鄭杰撰，嘉業堂鈔校本目録卷二著録「榕海舊聞不分卷，缺名，舊鈔本，六册」，則周子美已辨其非。所存内容與國圖藏本略同。復旦大學圖書館藏本存人物一門，首册前有總目，收録唐、五代、宋閩人傳記，核之正文，似尾已殘缺不全。此本字跡工草不一，天頭、行間頗多批改塗抹處，似爲草稿。此三册内容，適與國圖藏本所存明人傳記合璧，補其所缺也。（李　軍）

遊宿猿洞記

出寧越門西折不里許小阜半截城中巨石昂然爲顧俗所謂豹頭山也其地在仁王寺之趾有洞焉三山志稱其旋石森聳藤蘿幽翳昔隱者畜一猿其中故名宿猿洞云宋熙寧中湛郎中仲謨辭官歸隱於此有二十五咏羅源林迥詩所謂荔枝影裡安吟榻菡萏香中繫釣舟者是也是時郡守程公闢運使張伯常等重其高尚往還無間賡和諸什勒、、乙上石三面俱有題刻南面篆宿猿洞三大字及會宿四絕句西面刻公闢贈湛一絕句及湛倡酬三律而末者姓名與詩半刓不可辨北面刻錢仲謨及功德院

榕海舊聞

人物

五代

鄭郁字文正（候官人）以文策干王審知。補仙遊釋簿。遷本縣令。峭直不容人過。守正奉法。以風縣吏。畏憚之。延鈞建號。閩郁治才。令典舊邑。改福清令。名為御史中丞。閩書

林鼎字渙文、（候官人）好讀書。殘編蠹餘。悉手抄綴。初謁錢鏐。以為觀察押衙。尋以為其子元瓘幕府。元瓘襲國。署鎮海軍掌書記、節度判官、掌國教令。拜丞相。恒極言政事之不逮。卒、謚忠憲貞憲獻。閩書

閩越叢談三卷

［清］沈可培撰　上海圖書館藏稿本

沈可培（一七三七—一七九九），字養源，一字蒙泉，號向齋，浙江嘉興人。乾隆三十七年（一七七二）進士。歷知江西上高，直隸安肅、寶坻等縣，以丁母憂歸，不復出。後主潞河、濼源、雲門諸書院講席，晚年入浙江布政使幕。撰有濼源問答、沈可培雜著十三種、稱名紀麗、濼源隨筆、沈向齋時文、向齋雜稿等。

是本三卷六册，用官府公文紅方格稿紙正反面書寫。書前裝有錢樾撰皇清賜同進士出身文林郎直隸安肅縣知縣向齋沈公墓志銘、嘉興縣志本傳印本單葉。卷一首有沈氏小序，知其乾隆五十九年（一七九四）入浙江布政使田鳳儀（碧坡）幕，次年四月十六日以田氏移官閩藩而隨行，因得縱覽閩省風物，舉凡稗史所傳、賓朋所述，筆之於册，置諸篋中，本擬歸鄉後纂次成書，恐未及整齊而身故，後人爲之裝訂成册。

卷一、卷二記入閩見聞，隨得隨記，前後實有相呼應者，如蔡襄、萬安橋、搨碑各條是也。書中載沈氏紀行，或繫以時日，如卷一蟋蟀條云「乙卯五月朔入閩」，早稻條云「乙卯五月六日，過江山縣」，荔枝附螺子灘條云「乙卯五月十二，余與陳樹園先生從浦城坐船南下」，緑竹筍條云「乙卯六月朔，至黃田驛，食筍」，即目條云「六月十四日，余作福州即目詩」，是沈氏自浙到閩，耗時一月半。其後聽琴條云「沈泳之名灝。碧坡方伯調閩藩，延掌書記。乙卯六月二十二日，爲余彈一曲。七月六日，送錢五筠友（松）歸浙江」，卷二鵁浴池條云「乙卯八月二十二日，余同孫廬江先生、田藴真世講、家泳之老弟從范忠貞公祠左，盤迴而上」，黃石齋條云「八月二十八日，同尹齋觀榕城書肆，得明黃石齋先生儒行集傳上下二卷」，趙泰巖條云「乙卯八月下浣，余與尹齋同在閩藩幕」。可見其同幕諸友多爲浙人。更由此推之，前二卷稿成或在乾隆六十年四月至八、九月間。卷二尾抄録唐宋人詠閩詩，全無按斷，似未成稿。卷三書衣上舊籤有「此卷專談硯」字樣，記自藏及友人所蓄硯石，並摘録宋至清筆記、詩文若蘇易簡文房四友譜、邵博聞見後録、魏泰東軒筆録、張世南游宧紀聞、趙希鵠洞天清録、胡仔苕溪漁隱叢話、潘永因宋稗類鈔、王世貞宛委餘編及朱彝尊、屈大均諸家詩，品硯論石，頗見彙聚之功。

是書以歷史沿革、地理、人物、物産、古跡、藝文等分類，列條目於天頭，並有朱、墨二筆塗抹，頗似方志體例，惜失倫次，各條亦似隨手記録，有待董理。（李　軍）

閩越叢談

檇李沈可培養元氏手輯

福建與我浙毗連。溫州曰東甌，建寧曰西甌，皆閩越曰南甌

冶氏鑄劍得名。秦時騶搖、騶無諸舉兵屬吳芮，助漢功成，漢高

封無諸為閩越王。漢惠帝封騶搖于東甌，為東海王。皆越裔也。

自唐末王審知子王曦〻亂。錢忠獻王據俶福、州、而、有、之。其。地

後。於。吳。越。久矣。一切貨材花果由閩航海風和。一晝夜抵乍浦。

閩

云來浙○經何

何物移子牡考工記云。橘。踰。淮。為。枳。鴝。鵒。不。逾。濟。物。固。有。遷。

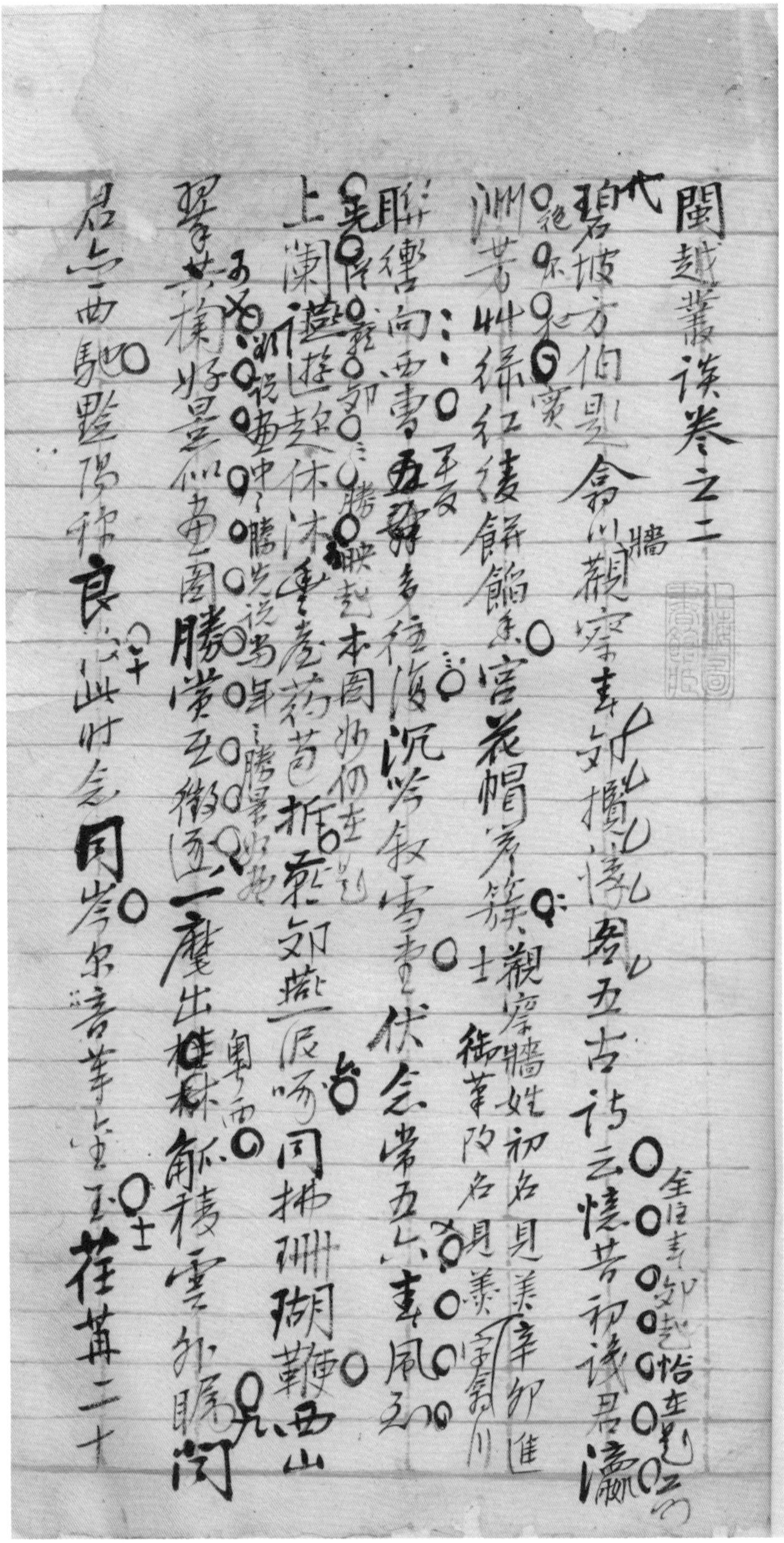
閩越叢談卷之二

榕城要纂一卷

［清］閩縣林春溥撰　福建省圖書館藏稿本

榕城要纂又名閩都紀勝，僅存稿本一種。無界欄，朱筆圈點，卷端右下鈐「竹柏山房藏本」、「春溥字立源」、「心泉林印」諸印。福州别稱榕城，是書依方志體例，分封爵、建置沿革、疆域、城池、山川、津梁、古跡、公署、第宅園亭、風俗、物産、碑碣、寺觀十三門類，以紀福州及所轄長樂、連江、羅源等縣名勝。目録中漏略寺觀一門，正文亦偶有缺葉。

林氏素喜藏書，又曾與修大清一統志，故徵引歷代史志雜記頗多，稽考甚詳。書中有小字夾注，或釋舊稱，或補舊説，如建置沿革「周爲七閩地」注：「職方氏註『閩』：子孫分爲七種，故曰七閩，閩者，蠻也」；疆域引閩都記所謂「三峰」、「二絶」，注三峰爲「烏石、九仙、越王」，二絶爲「左鼓右旗」。雜志之書，常採輯名人題詠以增興味，是書亦然。其山川總括諸勝景致，有越山四十三景、烏山六十八景、九仙山三十二景、長樂山十二景等，每處均録名家詩作。如「烏山」條後有蔡襄幽幽亭、李彌遜飲鴉浴池、薩天錫天章臺石上晚酌等二十餘首。然如物産紀鷗、鷹、燕、螢等，時録杜甫詠物詩，杜氏未嘗至閩，則甚無謂也。（張美鶯）

榕城要覽

封爵

漢

閩越王騶無諸及越東海王揺者皆勾踐之後也姓騶氏秦已并天下皆廢為君長及諸侯畔秦無諸與揺從諸侯滅秦佐漢擊楚有功漢五年無諸復立為閩越王都東治揺亦立為東海王都東甌無諸卒郢繼立

閩越王郢建元六年擊南越擅發兵其弟餘善殺之乃立丑以奉閩越先祭祀

越繇王丑無諸孫別封繇君建元六年郢誅乃立為王

東越王餘善餘善已殺郢威行於國國民多屬自立為王繇王不能制上因立餘善為東越王與繇王并處後反繇王居股殺之降閩越國除

越繇王居股以故東越繇王斬餘善降元封元年改封東城侯萬戶封二十年

封爵

東越沿革表不分卷

［清］侯官魏本唐撰　福建省圖書館藏稿本

前有咸豐二年（一八五二）自序，稱今福建地在周曰東越，先秦曰東冶，漢立冶縣，後漢更名東侯官，吴立建安郡，晋分立晋安郡，梁分立南安郡，而東越名稱爲最古。今福建地古無「閩」稱，周禮職方之七閩、秦之閩中、漢之閩越皆非僅指福建之地。至陳置閩州、隋置閩縣始以「閩」稱今福建之地。自續漢書郡國志以降，諸史地志載東越故地郡縣沿革，多有失實紕繆之處。

是書撰於道光二十七年（一八四七），此年本唐參校福建通志，以舊有沿革表未爲完備，遂重加考訂，撰成此表。福建通志初稿纂成於道光十四年（一八三四），其中沿革表爲王捷南所撰，中經曲折，稿成而未刻，後由魏敬中、魏本唐等據舊稿重加修纂，於同治十年（一八七一）刊行。以同治刻道光福建通志之沿革表與是書相校，二本文字互有異同。

書中叙福建省府州縣沿革，一仍通志原例，先叙省境歷代建置沿革，後叙各府州沿革（依序爲福州府、興化府、泉州府、漳州府、延平府、建寧府、福寧府、臺灣府、永春州、龍巖州），各府州下又分叙屬縣沿革，甚有條理。其中多引各正史地理志、歷代地理總志及閩省宋、明志書，覆按史籍，詳加考證，更定舊文，頗有所得。福建開發較晚，唐以前之沿革史載未詳，其郡縣之置廢、治所之遷徙、境域之盈縮等，多可疑處，亦是書尤著意考辨處。本唐爬梳文獻，審辨舊説，能解史籍之齟齬，指成説之未覈。其考訂頗審慎，如遇記載牴牾處，多以當時人之記當時事爲準，又以正史地理志縣目排序爲據而闡發之。如以唐初顔師古注漢書時載「侯官縣」，質疑元和郡縣志等書所載侯官縣於唐初廢置之事，及故城在冶城西北之説爲誤，理據分明，可備一説。（黄學超）

東越沿革表序

地志表沿革所以稽諸古也古無稱今福建為閩者今福建之稱自唐開元始焉在周曰東越先秦曰東冶漢立冶縣後漢更名東候官吳立建安郡晉分立晉安郡梁分立南安郡而東越名稱為最古志福建者曰閩大記曰八閩通志曰閩書輒以閩標目牽搪周禮職方七閩而云然然鄭康成注職方特引國語閩芈以證正

海防芻論一卷

［清］閩縣龔易圖撰　福建省圖書館藏稿本

龔易圖（一八三六—一八九三），字少文，號藹仁、含晶、谷盈子，閩縣人。咸豐九年（一八五九）進士，由庶吉士改雲南知縣。歷官濟南知府，登萊青兵備道兼東海關監督，江蘇、廣東按察使，雲南、廣東、湖南布政使。富藏書，建烏石山房、大通樓以儲之。撰有烏石山房詩存、谷盈子、參同契注等。

是本書衣題「海防芻論八篇 山東福建海防條議」，扉葉題「藹仁公遺稿」。目録首題「海防芻論八策」，下書「上李中堂，同治十三年十一月」。李中堂即李鴻章。無序跋，正文每半葉八行二十五字。所謂「八策」，依次爲定謀、審敵、形勝、軍實、器械、餉需、合併、持久。論定謀望秉政者力持防海定見；論審敵主張效法英、法、美、俄、德諸强國之「長技」；論形勢倡議沿海分立直奉東（直隸、奉天、山東）、江浙、閩臺及粤省四大鎮，各駐水師；論軍實陳兵制之弊；論器械述西洋强國「船堅砲利，器具精良」，宜於沿海開廠造械；論餉需計算興辦軍工所需費用，提出積餉之策；論合併指出當時沿海各省分而不合之弊，當合而共佈海防。論持久謂海防之策，皆非一蹴可幾，任事者要堅苦貞固之心，以爲任重道遠之計。

後附光緒二年八月上東撫丁中丞論東省海防書、光緒三年九月上何小宋制軍論閩省海防書。光緒初，易圖官登萊青兵備道，奉命赴山東沿海察看形勢，籌議防海之法，時丁寶楨巡撫山東，故作上東撫丁中丞論東省海防書。以煙臺、威海衛、登州府城三地爲山東海防要區，並依次條陳籌防之練將、設機器局、購行營槍炮、練兵、購船炮等策，籌算海防所需銀兩及獲取之道。光緒三年（一八七七），易圖自山東返福州，因閩浙總督何璟詢以福建海防事，遂作上何小宋制軍論閩省海防書。詳述閩江口地理險要及攻守之勢，謂有三與清重險，宜佈三處之防，並提出佈防上、中、下三策。

是書撰於同光之際，正值清廷籌議海防之時，其上書李鴻章之海防八策，如提議建四大鎮水師等，與清末所創北洋水師、南洋水師、福建水師、廣東水師暗合。所論時局、兵制、軍費等詳情，均可資考究清末興辦洋務、籌措海防之史事。其版本除稿本外，尚有民國間董執誼抄本，題曰海防條陳。清謝家福輯柔遠全書，亦收録龔氏「八策」，題曰防海芻論。（魏俊傑）

藹仁公遺稿

海防芻論六篇

附山東福建海防條議

論定謀一

今夫人狃於耳目之小不足與言域外之觀也習於尋常之說不足與謀創見之事也今天下之言敵情者有曰我惟固我之民心修我之政事率由舊章以求自強凡彼人之情偽強弱無足置議此文士因循之見王衍所以名石勒之禍也有曰彼惟海上自雄倘登我陸地聚兵即可殲之此武夫徼倖之情樊噲欲以十萬衆横行匈奴之論也充文士之說禍變猝乘茫無以策積弱之弊周之東遷可鑑也充武夫之說一至決裂轍爲厲階輕舉之弊宋之

福建運司誌三卷存二卷

［明］林大有撰　中國國家圖書館藏明嘉靖間刻本

林大有，字端時，號東廬，廣東潮陽人。嘉靖十七年（一五三八）進士，官户部主事，奉詔督河南、山東、江西漕運，後改福建鹽運司同知。爲政恤商便民，閩人立生祠於水口祀之。

是書爲較早之福建鹽法專志，萬曆間江大鯤修福建運司誌據爲參考，天啓間周昌晋編福建鹾政全書，亦多所取資。書分三卷，今存二、三兩卷。卷一官制、公署、里至、户口，卷二奏疏、鹽政、陳議、通制、鹽禁，卷三題名、宦蹟、藝苑。原有兵部尚書張經序，是本已不存，見正德福州府志。又有時任都轉鹽運使童蒙正後序、林大有跋。

是書「採擇時宜，按事定志，依次核實」，重國朝之議，察當道之實，經大有之編撰，運司諸人之核實，御史曾佩之增補方成書，所存一手史料較多。如卷二巡按福建監察御史之奏疏，都轉運鹽使司之議呈，可見較爲完整之文書傳遞流程。書中頗涉稽查鹽引、關所驗放、追繳退引等鹽務環節，於嘉靖朝私鹽出没現象尤爲關注。所指胥吏貪賄、奸商牟利、民户舞弊、無賴成匪等宿弊已久，亟需釐革，均深中肯綮。又水口、黄崎鎮、南臺三分司各有政記，以林氏爲水口分司運同，故該分區鹽務資料最詳。

是書雖能補福建鹽政闕典，但於今昔沿革利弊未能詳考。如名臣奏疏，僅朱文公一記；憲臺鹽政，只録正德、嘉靖兩朝三御史之議；名宦行蹟多爲前朝人物，自江萬里至王居安，卻未以時序之。書以轉運司爲名，鹽務、政體無所不包，有體制不一之嫌。如臺臣奏疏與憲臺鹽政實屬同類，卻分兩章。該司陳略本質亦爲奏疏，但由於運司官低於臺臣，故繫於卷之二第三，實則人物事項互有交錯。再則將水口等分司政記繫於鹽禁律例之下，雖以政之廢弛論律例嚴明之要，於體例仍有所乖違。（姚惠青）

福建運司誌卷之二

目録中

國立中央圖書館考藏

館閣舊事二卷附録一卷

［明］晋江黄景昉撰　中國國家圖書館藏清抄本

黄景昉（一五九六—一六六二），字可遠，又字太穉，號東崖（一作東厓），晋江人。天啓五年（一六二五）進士，選庶吉士。崇禎元年（一六二八）授編修，與纂熹宗實録。十五年升禮部尚書、東閣大學士。明年，加太子少保，改户部尚書、文淵閣大學士，致仕。唐王朱聿鍵即位福州，召入直，以原官入閣。未幾，復告歸。家居十數年，日以著述爲事。有湘隱堂文集四十卷詩集三十卷、讀史唯疑十六卷、古今明堂記六卷、甌安館制草十卷、御覽備邊略十卷、宦遊録四卷、屏居十二課一卷等。

明清兩代，稱翰林院爲「館閣」。是書以之名集，然所載不止翰林院事，亦多關文淵閣即内閣掌故，故書分上下，各繫一卷。所謂「舊」者，蓋書成於明亡後，追述前朝往事之謂也。景昉初以進士及第選庶吉士，後授編修，復以詹事執掌翰林院，後又入内閣，崇禎朝館閣之事多其耳聞目見者，故舉凡建置規制之常、宣召奏對之事、起居進退之儀，隨筆載録，乃不可多得之史材，至於瑣聞遺事之摭録，亦多可資談助。書後附玉堂三攷（閩鼎甲攷、閩詞林攷、崇禎十七年閣臣攷）、桐郡四徵（端揆徵、節惠徵、文苑徵、耆碩徵），並録追舊十志之館僚志，砭俗八鍼之戒援上、重稱師、鑒通譜、勸惇書、訂訛韻五條。

是本有朱筆句讀，行間眉欄偶有佚名批注。下卷首葉鈐「國樞」朱文方印等。（陳旭東）

館閣舊事卷上

閩晉江黄景昉太穉著

庶吉士素服繫青花帶既散館授職始得具繡補服用黑扇交牀前引以呵殿人鮮下驢馬者然途遇各衙門與抗禮雖冢宰弗避例庶常惟於六部正卿通晩生帖授職後俱用侍生

朝内遇科道部屬徑站上手不作環揖或與推遜焉非是

考庶吉士及每春秋閣試公一文一詩工拙有何難辨須憑公道取斷得真才易耳患當今人牽情面交請托最下以

進根荄混雜致爲異議厭薄[illegible]口[illegible]昔云[illegible]

道光閩政彙編不分卷

佚名編　中國國家圖書館藏清抄本

分道光閩政彙編、福建省道光年爲政詳稟選抄、福建各府縣爲政詳稟選抄、道光年閩省民情諸奏札四種，收道光間閩省各府州縣及臺灣府行政文書，凡一百二十五篇，可分五類：一下行札件、勸諭、飭文；一上行申文、稟帖；一閩浙總督、福建巡撫所上奏章；一上諭檔；一牒文。歷乾隆、嘉慶、道光三朝事，廣涉土地、賦税、米價、水利、賞刑、兵防、治安、災荒、倉儲、當鋪、監獄、學校、祭祀、官員任免、胥吏衙役等項。内有涉江蘇政務者十一篇，不知何以摻入。

首道光閩政彙編四十二篇，有目無類，所涉頗雜，以漳州府南靖縣縣令彭嘉恕虧缺倉庫一案爲最詳，可窺其時財賦弊政。今人研究清代監獄、當鋪，限於史料，多論其典章制度，據是書所收查議獄囚棉衣、當鋪被竊議賠、當鋪失火分别賠償等文，則可考其細節。次福建省道光年爲政詳稟選抄二十九篇，編有子目，以事由分爲公銀發放、盜匪緝捕、糧米供給三類。按，有清一代，閩省米糧難以自足，厦門缺糧尤爲嚴重，書中所載，可見一斑。又次福建各府縣爲政詳稟選抄二十七篇，編有子目，彙集興修事宜，最爲系統，所述興修理由、經費來源、所需工料、興工日期、竣工日期等甚詳。末道光年閩省民情諸奏札二十七篇，無子目，以事件分類，所記臺民許尚、楊良斌變亂案及蘇省高家堰決堤事，可資參證；延平府確立民墳勘丈標準事、監犯自殺及逃脱事、佐雜人員薪資發放事、尤溪鹽幫事等基層社會史料，均稱稀見。

是書所收福建地方府縣公文，頗涉清道光間閩臺地方社會之資料，尤爲翔實可參。除政務管理、賦税徵收、基層組織、胥吏紳衿、水利興修、賑災、治安、米糧、海禁、軍備防衛、食鹽運銷等地方吏治概況外，

所載當鋪、監獄等項細節，亦極易爲人忽視。然公文常有欺瞞不實之語，上行文書尤是如此，故用時需謹慎之。（王丹丹）

正副倉斛比較鉄斛短少請着歷任各員賠補詳

汀州府為據由轉詳事。竊据前署上杭縣知縣陳昉稟称。竊卑職於道光十年正月廿九日。

案准現署縣張維甲移奉

藩憲批。據張令具詳縣貯正副木斛。仝府頒鉄斛較準短谷實数逓加折補緣由奉批。縣貯倉斛。既已不堪行用。則從前各任盤收支放倉谷。何以並不詳明赴司請換。迨至此時交代。始行發覺。各前任同斗級丁胥。顯有扶同輕放情弊。現際交代。既據赴府借領鉄斛。仰即依限赶緊盤收結報短少若干。據實詳辦。一面速備料價赴司請製。並將不符軽斛一併送司驗銷等因。並准移令卑職按照鉄斛折筭。以此次盤倉。仍係縣貯正副兩木斛。一齊并用。致欲強令卑職按現盤谷一石之內。尚須扣除谷一升四合二勺。僅准作收實谷九斗八升五合八勺。所有餘短谷石。剋速補交清款等由。弟查卑縣盤收倉谷。即就近時而

正副倉斛比較鉄斛短少請着歷任分攤詳

殊恩。
黌宮重地。相應仰体
國家崇儒設學之盛典。竭立永修。庶幾事有專司。告成亦可稍速。遵照原工料底冊。將啓
聖祠大成殿以及內外門墻牌坊甬道泮池東西兩廡名臣鄉賢等祠。尊經閣敬一亭明倫
堂齋膳房東豐庫等處。逐一脩整。以完善舉。行見明德馨香。登降肅雍之度。蒸嘗敬
恪。駿馬分在泮之榮。格饗昭誠。懷亦慰矣。為此敬陳下悃。伏乞俯賜裁示。容俟春融鳩工
庀材。以便舉行等情。查前項工程。估價約值千金。卑職數載縈心。一籌莫展。乃該紳昆
季。慨然仔肩。崇文尚義。誠為
盛世循良。樂善捐金。堪作膠庠典則。事関捐輸。理宜據情轉請。俯賜察核。其作何奬勵以
彰善行之處。卑職未便擅專。伏乞　憲台批示飭遵。

閩政會要不分卷

佚名編　上海圖書館藏清孔氏嶽雪樓抄本

是書未題何人編纂，編纂時間亦不詳。惟書前凡例有云：「福建通志所載甚詳，惟卷帙繁多，未易便覽。茲所著者僅就全省疆域、職官、賦稅、鄉都、驛傳、關口、物産、營制、兵餉數條有關吏治政事者，悉遵時制，按十府二州屬臚列編次，以備參考。」可知是將福建通志中與吏治政事緊要相關之條目，依照時制額定，按全省、十府（福州、興化、泉州、漳州、延平、建寧、邵武、汀州、福寧、臺灣）、二州（永春、龍巖）及各屬廳縣行政區劃輯録而成。今所存者臺灣府及以下各縣缺帙。

書中所載款項：疆域，詳著府州縣四至里數，明其界址；職官，於府州廳縣及佐雜等官員下悉注其缺之繁簡、職司何事、額編俸廉、駐紮處所，專爲學校而設之教授、學正、教諭、訓導四項附入省總；賦稅，各府縣詳載以今奏報考定督經額徵丁耗、糧米、倉穀、起運、留存、支銷數目，暨鹽課、關稅、當雜稅等款，其年無定額者亦予注明；鄉都，按式分注東西南北；驛傳，按驛載明各縣交接里數、額設驛夫、應需工食，地僻無驛則從略；關口，詳明關津要隘、海口要衝；物産，惟採各縣有關政事之布帛、磺鐵、茶菓、楮墨、油鹽及所産最佳者，餘則不録；營制，緑旗兼設，分營防駐，亦如文職詳注員下何缺題推、駐紮處所等，撥汛、巡防並依序載之；兵餉，次第載明各營額設兵馬、歲需餉米草乾以及戍兵眷口各數目，各兵月支銀米折色價值附末。

按，清代福建省志之修纂凡四：一爲康熙志，一爲雍正志，一爲乾隆續志，一爲道光志。道光志係道光九年（一八二九）至十一年十月總督孫爾準、巡撫韓克均、學政陳用光修，十一年十一月至十五年夏總督程祖洛，巡撫魏元烺，學政張鱗、吴孝銘承修，道光九年至十四年二月，陳壽祺初纂，十四年五月至十五年夏高澍然承纂。主纂陳壽祺殁後，志稿爲梁章鉅等所删毁，魏敬中、魏本唐等據舊稿重加修纂，道光十九年脱稿，同治十年刊竣，已非陳、高主纂之面貌。是書中載漳浦縣「雲霄同知分徵賦税」情形，「雲霄同知」係嘉慶三年（一七九八）置雲霄撫民廳時始駐同知，可知凡例所言當爲道光志。檢同治刊道光志卷五十二田賦：内地九府二州（未包括臺灣府）應徵丁口田地正雜附屯，截至道光十年，分奏銷止總共額徵銀一百二十三萬四千一百五十七兩七釐，臺灣府徵銀一萬四千一百一十九兩七錢七分四釐，與本書全省額徵各款所載内地九府二州屬額徵地丁銀一百二十三萬六千七百九十三兩二錢三分二釐，臺灣府一萬四千三十六兩九錢三分，均較接近。然是書「悉遵時制」，而非採用道光十年之統計，故有此差異。書中鈐「總制閩越」朱文方印、「孫印爾準」白文方印、「孔氏嶽雪樓影鈔本」朱文長方印、「南海康有爲更生珍藏」朱文方印、「餘姚謝氏永耀樓藏書」朱文方印。孫爾準於道光五年由閩撫升任閩浙總督，十一年十月病假離任。「總制閩越」者，即指此間事。道光志修纂期間，孫氏前後在任三年，「時制」當道光九年或十一年，則是書或存陳、高主纂道光志之遺痕也。（陳旭東）

閩政會要

凡例

一福建通誌所載甚詳惟卷帙繁多未易便覽茲所著者僅就全省疆域職官賦税鄉都驛傳關口物産营制兵餉數條有關吏治政事者悉遵時制按十府二州屬臚列編次以備叅考

一疆域立政之始先畫經界是編以府州縣轄廣袤四至里數詳細分著界址既明則全省形勢附焉

一職官設官分職各有專司故自府州廳縣以及佐雜等官按其缺之繁簡

孔氏嶽雪樓影鈔本

省總

形勢疆域

福建省地居天下之東南距京師六千一百三十二里内地枕山面海形勢斜迤狀如絃月東南環海西北依山方四千里東抵海岸一百九十里西聯江西建昌府新城縣界八百一十里南接廣東潮州府海洋縣界一千九百里北交浙江温州府平陽縣界七百四十五里東西廣九百二十五里南北袤一千七百一十三里臺灣在福建之東南孤懸海外康熙二十二年間歸入版圖離福州省城一千二百六十里形勢延

閩政領要三卷

［清］德福輯　上海圖書館藏清光緒間刻本

德福，滿洲鑲紅旗人，監生。乾隆二十一至二十八年（一七五六—一七六三）任福建布政使。

是書於乾隆二十二年纂成，爲德福到任之次年，或爲布政使到任之初清查藩庫及各屬存貯銀兩，造册上報督撫之成果。乾隆三十一年（一七六六），經時任福建布政使顔希深删訂增補刊成。

凡三卷十九章，自形勢扼要至兵糈本折爲上卷，採辦顔料至民風好尚爲中卷，世職根源爲下卷。按清廷向以布政使之奏銷册及户部解協款制度，支控各省財政。是書所載地方收支，亦是國家系統運行之基礎。是書遵照「以官統事，以事隸官」之編纂體例，上卷以制度爲子目，分水陸營制、催科章程、錢糧起存、積貯倉穀、鼓鑄錢交、支放兵餉各類；因其特殊海關位置，又增各營戰船、商漁船隻、外藩進貢、臺郡情形四門。閩省處海疆劇地，賦重事繁，故開篇即明其關口控制、海路交通以衛民，改錢糧税制以便民，開爐鼓鑄以利民，究世職根源、養廉俸銀以廉官，考各府文職員缺、世職根源以肅政。中卷歷舉各屬物産民生，並記進貢之物産、民間之生計、臨屬之貿易，及官府承辦之顔料與戰船兩項。閩省沿海居民多借探海謀生，至有力各户則以販洋爲業，全賴漁船貿易。清初各處效順投誠之戰船，分撥各營管駕，以資海洋巡哨及渡載班兵過臺並載運臺餉之用。又謂通省風氣，民性刁而悍，俗信鬼神，崇尚師巫，然各地稍有不同，福、泉文風興盛，汀、漳二郡競事武藝，壹灣多漳、泉、惠、潮之移民，性尤喜鬥云云。於其宗族人口、鄉里風俗叙述甚詳，可窺見晚清閩地社會風氣之一斑。

閩省與海外交流亦甚頻繁，見諸文獻者以琉球最多。琉球、蘇禄二國朝貢多經由閩省，其時進京之情形，安頓貢使居住之所及回國搭船事宜，均有記載。如乾隆四十八年福建布政使徐嗣曾上奏摺，將琉球國進接貢官伴米等應給口糧、行糧銀數上報，是爲乾隆四十七年福建省常例之外動支存公銀兩之大支出，允稱閩省政事之領要。至如臺郡情形一章，則多叙臺灣府之風土人情。（梅依潔）

形勢扼要

十閩枕山面海地險天然通省形勢斜迤狀如弦月東南環海西北皆山西聯江西粵東北接浙江此四至之大槩也第內地海口夷險情形不一內地如建甯府屬之浦城縣係通京驛路由浦城一站至楓嶺即閩浙交界爲入閩門戶最爲緊要設有楓嶺專營駐劄念八都控制斯地由楓嶺而北即浙之仙霞嶺也漳州府屬之詔安縣係通廣東驛路距縣治四十里名爲分水嶺即廣東潮州府饒平縣界設有詔安專營駐劄詔安縣控制陸路邵武府屬之光澤縣係

以需索之費增入故耳至臺北一路出產米穀泉漳地方終歲民食仰賴于彼艀仔各船赴北路販運但各口岸兵役又藉名海港官吏同聲慫恿嚴禁其實比比偷運不一而足而守口官吏胥役亦樂於若輩之偷運得以遂其借名索詐泉漳小民仍多食貴之虞是使小民之脂膏塡若輩無窮之慾壑調劑民食革除陋習是所望于　仁人君子焉

福省款項事宜六卷

佚名編　中國國家圖書館藏清抄本

中國國家圖書館據第二册、第三册書衣所題，著録爲福省政事録六卷，然細審「福省政事録」字體，與目録和正文明顯不同，顯係後人所題。目録首行題「福省款項事宜目録」，且全書多爲福建錢財款項等相關事宜規章條例，故書名當據目録定爲福省款項事宜。

全書六卷，每卷内分條編排。卷一文職官員事例五十二條，卷二正雜錢糧事例二十七條、米穀事例十二條，卷三武職官兵事例三十六條，卷四製造修理事例二十二條、採辦運解事例十條，卷五部科飯食事例十七條、支用事例二十八條，卷六臺灣事例二十三條。前五卷主要記福建省内陸九府二州錢財款項事宜，兼及臺灣府，文中時有「内地」、「内地九府二州」之言；末卷專記臺灣府，兼及沿海島嶼。

所記事項之年代，據卷五萬壽經費條，「嘉慶十四年及二十四年兩次恭逢仁宗睿皇帝五旬六旬萬壽，又道光五年恭逢皇太后五旬聖壽，每次派捐銀八百五十一兩四分，以爲經壇僧人飯食燭枝等項之用」，均爲嘉道時福建用於皇帝、皇太后之經費支出；又據書中時有「嘉慶十二年正月間奉准」、「嘉慶二十四年間經明陞司議准」、「内地九府二州屬嘉慶二十五年底察盤册報」、「奏准自道光四年夏季起」、「道光九年七月二十日奉准户部咨議」等文可知，則爲嘉道間錢財款項收支事宜。

是書卷一截取進士舉人條云，「截取進士舉人給咨赴選，進士截取至嘉慶二十四年己卯科，舉人現截取至乾隆六十年乙卯科」；文後空若干行，條款之外又有「道光十年止」字樣。道光十年（一八三〇）是書中所見最晚時間，故應修於道光十年後。道光二十二年（一八四二），中英簽訂江寧條約，福州、厦門辟爲對外通商口岸，然是書未見相關條款。據此，應成書於道光二十二年前。

是書所載錢財款項規章條例，多有資研究鴉片戰爭前夕福建經濟狀況和當地經濟法規。如由卷二地丁條例，可知各府州縣廳每年分徵地丁銀兩具體數額。由當税、税契、海關税、七關商税、牛豬雜税、漁税、鐵爐課税、入官租穀租米租税、牙帖雜税等條，可見福建税收大致情形及相關規定。又據卷三武職官兵事例，可知兵餉開支數額之巨大。而書中所涉文武官名、府州廳名、製造修理等，於研究當時職官制度、政區地理、工礦產業等，亦頗具價值。（魏俊傑）

閩省文職各官缺額

一內地道員五員督粮道塩法道興泉永道汀漳龍道四缺請

旨簡用延建邵道歸

部銓選知府九缺福州泉州漳州汀州四缺請

旨簡用餘歸

部選直隸州知州二缺永春州在外調補龍巖州歸

部選用同知七缺福防廳厦防廳二缺在外調補餘歸

部選通判六缺馬巷一缺在外調補餘歸

題豁並未報

部者咨明原省辦理又在閩服官人員遇有陞遷事故亦

照案咨回原省至于閩省詳咨外省着追者一奉咨嚴追

完即于季撥冊內作正劃回分別歸補司縣各庫或買谷

還倉

國立中央圖書館收藏

閩鹺外記五卷存三卷

［清］戴賡颺撰　福建省圖書館藏清抄本

戴賡颺，生平不詳，檢光緒朝硃批奏摺，曾於清光緒間任閩省候補鹽大使。是書僅見抄本，如西北大學圖書館藏話蘭室抄本、旅順博物館藏清末抄本、中國國家圖書館藏光緒二十二年抄本。此福建省圖書館藏抄本，僅存卷三西路官運局關表、卷四課釐局表、卷五商販表，卷一庫藏表、卷二場關官員表缺。

西路官運局關表分源流、經界、事例、公費四欄，詳著道光二十九年（一八四九）開辦官運後，各官運局、關之建制沿革、人員配置、官署位置及屬地、職權範圍、管理措施、公費開支等項。行文中穿插按語，揭露弊政，主張「緝私疏銷」與「節用」。課釐局表先述同治四年（一八六五）改行票運後創設之課釐局，及此後釐、課並徵之情形，仍分爲源流、經界、事例、公費四欄，詳記諸課釐局之創置經過、位置及徵釐範圍、徵收辦法、公費開支等項。於課釐局評價較低，謂其設立乃當時「鹽道獨斷」之結果，並將種種弊端歸諸創設者「謀之不臧」，因而提出部分官運局與課釐局「急宜裁併」。商販表著意於閩省改行票運後，官運外之鹽商、販及稅户，分各商販主名、引地經界、認引額徵、完欠實數四項，以西路商販、縣澳販及道稅户爲主。主張限制稅費，以免民户承受加派之苦。

總覽全書，其編撰之意，異於官修之鹽法志，僅在梳理閩鹺事例，以助主政官員通曉閩鹺概貌，故多鹽政部章外之行事，堪稱閩省改行票運後，各鹽政關隘與課釐局沿革、各大商販經營狀況之重要史料。然詳於介紹、羅列，而輕於比較、總結，亦未提出統一、詳盡之改革計劃，蓋其意本不在此。（戎宗柳）

西路官運局關表第三

閩省行鹽引地居上游者自古田縣黃田埠迄於延平建寗邵武三府之屬曰西路延平府屬南平順昌將樂沙縣尤溪永安六邑建寗府屬建安甌寗建陽崇安浦城五邑邵武府屬邵武光澤建寗泰寗四邑始乾隆七年僉商請引無所謂官運也其鹽一引以千有十二斤八兩為額徵課銀二兩八錢三分有奇視東南路下游諸縣潟大相徑庭福寗府屬福安寗德壽寗建寗府屬松溪政和福州府屬古田屏南合七邑為東路福州府屬閩縣侯官閩清三邑為南路福州府屬平潭閩縣之壺江埠長樂福清連江永福羅源福寗府屬霞浦福鼎興化府屬莆田

石塔碑刻記一卷附考一卷

［清］侯官林喬蔭撰　［清］閩縣龔景瀚撰　福建省圖書館藏清抄本

林喬蔭（一七四四—一八〇五），字育萬，一字樾亭，號瓶城居士，侯官人。乾隆三十年（一七六五）舉人，曾任四川江津知縣。嘉慶七年（一八〇二）任駐藏糧員，卒於任。家世風雅，博洽多聞，通曉史事，善詩文詞，著述甚夥。撰有三禮陳數求義三十卷、西藏見聞録一卷、炳燭録二卷、榕鄉風味一卷、樾亭雜纂二卷、樾亭詩稿不分卷等。龔景瀚（一七四七—一八〇二），字海峰，閩縣人。乾隆三十六年（一七七一）進士，歷任甘肅靖遠知縣，陝西邠州知州、慶陽知府，甘肅蘭州知府。所至皆有政聲。撰有澹静齋全集六種等。

福州城内烏石山麓石塔，原名無垢浄光塔，唐貞元十五年（七九九）觀察使柳冕始建，庾承宣爲記；五代後晋天福六年（九四一）閩王王延曦重建，名崇妙保聖堅牢塔，即今俗呼「烏塔」者。塔上石刻最古者唐庾承宣撰無垢浄光塔碑，又有五代林同穎撰崇妙保聖堅牢塔記，皆爲錢大昕潛研堂金石跋尾、王昶金石萃編等著録且考證也。然此塔七層，每層造像旁皆有五代王氏據閩時石刻題記，向爲治金石者所忽，且五代之書傳世者尠，歐史、通鑑等多詳於正統而略割據，清人朱彝尊撰五代史補註、吴任臣撰十國春秋雖博考金石遺文以補前史，猶未得見。乾隆四十一年（一七七六）林開瓊、龔景瀚以登眺之暇，乃就其旁録寫，付林喬蔭據史書辨正之，成石塔碑刻記一卷。林氏考訂未盡者，龔氏乃詳稽諸書，條繫其後，成附考一卷。

林氏據題塔名、書塔記二碑，考通鑑載朱文進弑王延曦自立，所謚曦曰「睿文廣武明聖元德隆道大孝皇帝」，乃曦生時之尊號，僅稍加移易，改「光」爲「元」耳。又謂曦子見於史者僅一亞澄，據此塔則知尚有繼潛、繼源也；曦嘗嫁女，杖朝士之不賀者，所嫁蓋即福清公主云云。龔氏又據碑補考其未盡處，尤詳於閩之職官典制，如考軍制，謂「史、鑑皆不詳載。三山志云陳巖置九龍軍，王氏繼之，竊立龍虎、天霸等六軍，及拱宸、控鶴、宸衛三都以自衛。迄于五季，有曰全勝、百勝、横衝、海路、捉生、護閩營壘，故號班班猶在。今按此刻中有左龍虎統軍、右龍虎統軍、左神武統軍、左龍武統軍、右神武統軍，已有五軍。當又有右龍武統軍，則六軍矣。然雖分左右，實三軍也」。復引通鑑載有羽林軍，合之志所稱天霸軍爲五軍，其一軍之名不可考云。又據碑文所列官職，補十國春秋百官表之所缺者四十餘，補已見史、鑑而吴表失採者二十。皆史載之未備者。是經林、龔二氏之考證，雖一塔之石刻，而猶閩國之史乘也。

是書有乾隆刻本，此清抄本，係龔氏後人禮逸於民國二十二年（一九三三）捐贈者。（張美鶯）

石塔碑刻記

石塔在福州城西南初名貞元無垢淨光塔爲唐德宗朝觀察柳冕所建庾承宣記之不知壞於何時承宣之記遂不可見然徐興公榕陰新檢言寺廢已久碑猶存闤闠間文字古雅下半折俱已剝蝕嘗偕陳伯孺曹能始往讀猶可以意會之則是明萬歷間此石尚存第今莫知其處耳若今塔則五代王氏據閩時重建者凡七層層八面每面中皆嵌石鐫佛相表以佛號旁列閩王以下及諸臣銜名又有碑二通一題塔名一書塔記其文字悉班班可見間有

37392
98806

臣也官名訛所列二十餘人皆他族無一王氏厠其間亞澄繼源繼潛三豎子耳何能為是在内大僚無一宗臣也朱連作亂延喜等五十餘人駢首就戮不能少抗文進遂敢奸大位由其無所顧忌也當王昶死時朱連立延羲于瓦礫中呼萬歲彼豈有所愛于延羲哉其時王氏之族猶盛故也不然文進之篡當在通文之季矣歷代以來猜忌宗室孤立于上未有不亡者固不獨一王氏夫使我一家子弟族姓得之不猶愈于他人得之乎計不出此嗚呼愚矣時中和節後一日海峯又書

水經注碑録一卷

［清］寧化伊秉綬輯　上海圖書館藏清徐康抄本

伊秉綬（一七五四—一八一五），字組似，號墨卿、默庵，寧化人。乾隆五十四年（一七八九）進士，官終兩淮鹽運使，以書法名世。

此藍格抄本，半葉十一行，版心以墨筆記葉數。外封題「長洲徐子晋鈔本，張氏崇素堂藏」。徐子晋即徐康，吴郡人，博雅好古，精於金石書畫。前有嘉慶十一年（一八〇六）八月伊氏自序「今夏休沐郡齋，閒取水經注中涉碑碣者，每條簽出，命小胥重録一通，無文者仍之，皆取酈氏原文。適王惕甫來，見之云宜取歐、趙、洪、陳以及元、明、國朝諸家編纂者分注存碑于各條下，庶爲盡善。余心竊是之，而卒卒未暇」云云。伊氏自序作於邗上郡齋，時任揚州知府。

是本應係徐康親筆抄録並添補條目，但所補内容多與碑録原文重複，且序次不合水經注卷次，如魏雍州刺史郭淮碑前補廣野君酈食其碑、太公廟碑，均爲原録後文已有，徐康所據爲何種文本，今不可考。

水經注雖非著録石刻文獻之專書，仍記載六朝以前碑刻三百餘種，附以相關史料，爲現存最早碑刻記録之一。此後原碑一再毁泐，後世考金石碑版者，必徵諸酈氏所記碑名、位置及引文。歷代輯録水經注碑碣之著述，除宋洪适隸釋、明楊慎水經注碑目外，尚有清人輯本若干種，然多已佚失。是書雖非經心結撰之作，然輯録碑目二百餘種，已過原著述及者三分之二，足資參考。卷端鈐「子晋」、「淮陽張氏崇素堂藏書」印。前者爲徐康所用印。崇素堂主人張凱，字次柳，道光時曾任軍職，藏書甚富，刻書多種，與徐康交好。

（王　亮）

水經注碑錄

寧化伊秉綬輯

阿育王塔石柱銘　卷一

題曰阿育王以閻浮提布施四方僧還以錢贖塔

師子柱　同上

有銘記作泥犁因緣及年數日月

魏高祖講武碑　卷三

太和十八年中書郎高聰撰

廣德殿碑

魏太平真君三年刻石樹碑勒宣時事碑頌云肅清

帝道振懾四荒有蠻有戎自彼氏羌無思不服重

蘭話堂後金石紀存一卷　［清］侯官馮縉撰　福建省圖書館藏民國間抄本

馮縉，字光敦，號笏軿，侯官人。嘉慶三年（一七九八）舉人。篤嗜圖籍，以書自娱，聚書萬卷。撰有陶舫棗窗拾慧、唐昭陵陪葬名氏考等。

馮氏有金石之好，考索所藏碑版，積十餘年成蘭話堂後金石紀存二十卷，過録全文，釋讀篆隸，疏證各碑年代月日與地名職官，然未見傳本及各家著録。此本爲民國間福建通志局紅格抄本，係當時開局修志之參考書，卷端右下裝訂處注有「閬校」二字，即志局分校高閬川之筆迹。是書不標書名卷數，入藏後，編目時代擬爲閩中金石記，近人王鐵藩定爲蘭話堂後金石紀存殘卷。沈祖牟舊藏，有「耑齋所藏」印。

是書存佛頂尊勝陁羅尼經、王審知德政碑、石塔碑記、陳觀察墓誌銘、福州重修忠懿王廟碑、萬安橋記、劉奕碑七碑，每條皆記題名、碑石形狀、刻立地點，並全録碑文、舊跋等，馮氏題跋附後。馮跋多記與碑版相關之史事，如陳觀察墓誌銘，據林侗來齋金石刻考略記康熙間諸生陳祈廣等保護陳巖之塚，與有司數屈辱於公庭事，又叙道光五年（一八二五）閩人醵資新治祠宇事，足增見聞。跋文兼論碑主事功，如王審知德政碑跋之論審知「德政與民者甚厚」，「東治之民，獨有樂土、樂郊氣象」；陳觀察墓誌銘之論陳巖「保境息民，陳公之功德及人甚鉅」；劉奕碑之論劉氏「其人之文章節義可知」。跋中多引同里林喬蔭、龔景瀚、孟超然之説，間下己意。然如王昶據王審知德政碑以糾十國春秋之誤，馮氏不詳此碑乃哀帝李柷賜立於審知宅前者，其時宅未改祠，自與祠祀無關，以碑在祠内，反譏王氏爲不知，則已經王鐵藩指出。（張美鶯）

福州重修忠懿王廟碑

碑連額高一丈四尺七寸廣七尺一寸四十七行行八十四字
正書額題重修忠懿王廟碑銘八字篆書在福州府

重修故威武軍節度福建管内觀察處置兼三司發運等使開府
儀同三司撿校太師守中書令福州大都督府長史上柱國閩王
食邑一萬五千戶食實封一千戶謚忠懿王廟碑

福州刺史彭城錢昱撰

若夫非常之人必有非常之事者衆所聞矣其或功及於國道濟
于民生居土茅沒饗廟食者求諸前史罕有其倫是以黃石立祠
蓋曰遺跡汾陽致祭實表舊功故聖人之制也法施於民則祀之

收

閲校

閩中金石志十四卷

［清］馮登府撰　南京圖書館藏稿本

馮登府（一七八三—一八四一），字雲伯，號柳東，又號勺園。浙江嘉興人。嘉慶二十五年（一八二〇）進士，選庶吉士，充武英殿協修官，適丁憂去職。道光三年（一八二三）二月服闋，補試散館，改福建將樂知縣，以母病乞休回鄉，後任寧波府學教授。撰有三家詩異文疏證六卷、三家詩遺説八卷、爾雅古義補不分卷、論語異文考證十卷、十三經詁答問十卷、石經考異十二卷、金石綜例四卷、金屑録四卷、石餘録四卷、浙江磚録一卷、梵雅一卷、酌史巖摭譚一卷、石經閣文集續集詩略五卷、拜竹詩堪詩存六卷、種芸仙館詞五卷等。已刻、未刻之稿本、抄本甚多，今存上海圖書館、中國國家圖書館等處。

登府道光八年應閩浙總督孫爾準之邀來閩，先修福建鹽法志，書成適逢開局修福建通志，陳壽祺膺總纂。登府素嗜金石，遂任金石門分纂，其間蒐集甚勤，數易其稿，離閩時尚未寫定。道光福建通志因總纂陳壽祺卒後，他人發難而毀棄，雖經魏敬中、魏本唐等據舊稿重加修纂，同治十年刊竣，已非陳氏總纂之原貌。其中分纂部分別本單行者，有王捷南閩中沿革表、陳善福建通志列傳補編及登府是書。

此南京圖書館藏道光九年稿本十四卷，書衣題「己丑九月弟二稿」，卷末有登府題識，云：「道光屠維赤奮若小春弟二稿成，共十卷四册，立冬日雲記。越五日重校補，定爲十四卷。」書中輯録閩中所見漢至元代之金石碑刻，以時爲序。此第二稿之分卷，乃逕於前稿上施以墨筆、籤注，頗可見修改之情形。卷一漢至唐天祐間；卷二至四唐天祐至後梁貞明間及唐無年月者；卷五後梁乾化至後唐長興間，所記無年月者，用墨筆補注唐、五代具體紀年；卷六至十宋有紀年者；卷十一至十二宋無年月者；卷十三元；卷十四舊刻未詳年代姓名者。所録唐以前金石僅數種，又不録明清兩代，故唐宋石刻爲最多。每種石刻均記其遺存情況、形制尺寸、前人著録、所涉興廢沿革等，甚便蒐檢考徵。

是書清代未刻，此本外今尚存稿本數種，如上海圖書館藏三卷本、湖北省圖書館藏不分卷本等。民國間吴興劉承幹得稿本一種，刻入嘉業堂金石叢書，流布遂廣。刻本前有劉氏序，頗病是書之疏略，如所收「虢叔鐘」，雖藏汀州伊氏，而初非閩物。他若梁鼎、唐鐘、宋之銅牌鐵券等，僅據輿地碑目、三山志、名勝志、閩書載其名，且梁鼎、宋牌全爲讖語，真贋尚不可知，何如逕題石刻録而附載閩爐、宋井之爲得乎」云云。取校是本，乃知虢叔鐘一條係後增入者，亦求備之未醇也。然此本又有刻本所未詳者，如卷一聖泉院記注曰「元和八年」，刻本無此四字。書中鈐有「雲伯審定」、「東越修書」、「雲伯手書」、「馮登府印」諸印，又有「憶盦」、「紆一居士」、「潭月山房書印」諸印，曾爲沈曾植海日樓舊藏。（王慶衛）

關中金石志卷一

漢

甘泉宮瓦 侯官林侗所藏

林侗來齋金石考瓦頭篆長生未央四字按三輔黄圖甘泉宮一曰雲陽宮史記秦始皇二十七年作甘泉宮及前殿築甬道自咸陽屬之宮周圍十餘里漢武帝建元中增

閩中金石志卷五

五代

招慶寺長老僧惠稜碑　後梁乾化四年

見三山志

按十國春秋慧稜杭州鹽官人姓孫天祐三年太祖從子延彬守泉州請住招慶院後又同長慶院號超覺大師長興三年卒惠宗為建塔碑云乾化四年十一月以福建觀察使王審知奏乞褒師勅賜真悟大師以碑為詳

中丞伍公墓志　後梁貞明元年

王象之輿地碑目　貞明元年舍人張策撰在汀州府治

按十國春秋伍昌時汀州寧化人以太祖時為偏將軍夢授事太祖官左僕射殆夢授之碑也

琅琊郡王王審知神道碑　後唐同光四年

按前史張策字少逸燉煌人未弱冠落髮為僧十餘年返初服出為廣文博士改秘書郎天祐中梁季典主書幣來聘太祖即奏為掌記天祐初相識方郎中未幾還中書舍人太祖受禪改工部侍郎加道名碑列銜舍人當在天祐初貞明為後梁末帝之年似書舍人名亦合

冠悔堂訪碑記一卷

［清］侯官楊浚撰　福建省圖書館藏稿本

楊浚（一八三〇—一八九〇），字雪滄，一字健公，號觀頮道人、冠悔道人，晋江人，後改籍侯官。咸豐二年（一八五二）舉人。援例爲内閣中書，充國史、方略兩館校對。後入左宗棠幕。先後主漳州、丹霞、紫陽、涪江書院講席。雅好金石文字，富藏書，勤於著述。撰有冠悔堂文鈔、詩鈔、詞鈔、駢體文、金石題跋、筆記、楹語，島居隨録、續録、三録、四録，世德録，示兒録，易義針度補，金筴颺言，小演雅，閩南唐賦，淡水廳志等。刻有閏竹居叢書。

此書是楊氏訪碑之實録，書衣原題「冠悔訪碑記」，與正文首葉同，「堂」字蓋後增者。題名下端有「未終稿」字樣。楊氏既嗜金石，其於搜尋也弗殆，每有所得，則隨手記之，書中所録各碑，皆清代閩縣、侯官境内宋代遺存，僅七條。其著録體例，除宋東嶽蓮盆銘僅録碑名外，其餘各碑均先著其所在地，次碑文，以「文曰」空起數格或一行不録，末記規制尺寸。其中宋東嶽蓮盆銘之考釋已見於金石題跋之東嶽元豐蓮盆銘題後條，他如宋咸平磌盆銘等，雖題跋亦言及之，於考釋則不詳，未審何故。題跋已非全本，恐難解矣。（劉　繁）

均以第三行布為二人度之

冠悔訪碑記

宋咸平礁盆銘在侯官清遠橋下侯官街口路旁

文曰

圓圍一丈一尺零高四寸口二尺三寸肩厚五寸

字

此盆久為匠人搗石灰用尋與光緒十年葉芸齋中丞商

移置正誼書院與宋寶祐盆為匹中丞命侯官

令汪覺庵興禕募之鄉人頗歡以為厭勝之石

可以鎮火患請仍藏原地

皇朝文典 卷

唐叢碑目一卷

〔清〕侯官楊浚撰　福建省圖書館藏稿本

是書爲楊氏所藏唐代碑拓之目，分三部：首部分以千字文爲序，著録唐碑二百種，天頭又間以豎線標識插入二十六種，凡二百二十六種，重十七種，實二百零九種；次部分題「重本十一種」，以天干爲序；末部分題「已裱」，無排序，著録碑刻凡十五種。除重本僅列名物外，全書著録體例較一致，各條首列碑名；次書刻製時間，以年代先後爲序；末題存地。

檢冠悔堂金石題跋，僅下邳郡林夫人墓誌、陳讜墓誌見於此目，他如雪峰枯木庵碑、尊勝陀羅尼經幢、昭陵文安縣主碑等十餘種則不見著録，兩相比較，蓋碑目之成或早於題跋。（劉　繁）

唐碑共二百六十六種 去十七種 實二百零九種

辰	昃	盈	月	日	荒	洪	宙	宇	黄	玄	地	天

女子蘇玉華墓志銘　武德二年五月　陝西長安

黄葉和尚墓志銘　武德三年九月

化度寺舍利塔銘　貞觀五年十一月

雍州趙夫人題字　貞觀六年五月

郭威太倉記　貞觀八年十二月

虞世南汝南公主墓志銘　貞觀十年十一月

温彥博墓志　貞觀

洛陽鄉里父老冊人等造象記　永徽元年

傷夫祀墓志銘　永徽二年正月

蕭勝墓志　永徽二年八月　山西

隨清娛墓志銘　永徽二年九月

瘞琴銘 附多心經　顯慶二年八月

化度寺僧海禪師方墳誌　顯慶三年二月

冠悔堂金石題跋一卷　［清］侯官楊浚撰　福建省圖書館藏民國間抄本

楊氏富藏書，好金石文字，與同里陳棨仁、龔顯曾，大興傅以禮，錢塘張景祁，山陰何澂等相契。是書收金石題跋凡九十則，所録金石不以年代爲序，計商周金銘四，秦度量銘一，漢鏡一，漢金銘三，漢晋磚四，漢碑刻畫像十二，魏碑帖造像四，南朝碑誌七，隋碑誌四，唐碑誌十七，五代碑二，宋金銘二，宋碑誌十三，金碑一，元碑一，明拓石鼓文、碑各一，及其他時代失考或不著題名等碑刻畫像十二。其中閩省碑刻尤多。是書不引金石原文，多於題名下小字標注製作時間、所在地等，題跋短僅數字，長近千言。

題跋中有益訪碑考史者，概可有三：一詳記金石出處所在，如漢大吉買山地記云：「刻在會稽跳山郡城東南五十里」。宋劉奕墓誌云：「碑在北門外馬鞍山，由大夫嶺左邊折入蘇家邨，再轉山後蒙伯墓前百步之外，墓地爲厲伯韶所擇。」二詳記閩中金石，於傳拓源流、轉徙授受，尤多屬意。如跋唐陳讜墓誌銘云：「唐有二陳讜，均名於時。此碑乃道光二十七年鄉人所獲，鬻於市，高碧巖丈見之，告知郭兼秋丈，慫恿購歸，兼秋託水西林君爲之位置後山亭牆。」孟瓶庵先生下邳林夫人墓誌碑册題後，記孟超然得此碑於福州西郊鳳凰山後即移厝山之將軍廟，後七年又爲學使朱筠移至府學鄉賢祠；題木瓷二碑後贈芝帥先考木刻枯木庵碑、瓷質東嶽行宫蓮盆及牡蠣殼製金門島古碑等所謂「閩碑三奇」之存亡，復自述贈葆芝岑亨木瓷二碑之始末，不僅於考閩省金石有益，亦爲考人物交游之一助。三詳記他書所未及者，如唐萬歲通天二年韋敬辨智城碑，金石萃編、寰宇訪碑録、粤西金石略均未之及，楊氏記其款識，考韋敬辨或即韋厥，厥，唐書無傳，此碑可補其闕；元豐東嶽蓮盆銘，未見各家著録，題後則記其出處、著其尺寸、録其銘文，並考其漫漶處「元豐九年」爲「元豐元年」之誤。

此本爲福州林鈞所抄，曾經沈祖牟嵛齋收藏，末篇漢無極山碑跋「顧予更疑漢碑」處已闕，無從補寫，所據恐非完帙。（劉　繁）

漢金

長安銅尺　漢元延二年八月十八日

此海驄舊藏長安銅尺今不知落於誰氏思之愴然己卯三月識

漢龍虎銅節

節銘凡九字見阮氏積古齋欵識

漢李常造器欵　黄龍元年

此即羊鐙銘凡十四字長洲顧文鉷所藏器阮氏積古齋欵識據摹本編入謂黄龍元年西漢宣帝之二十五年也

漢晉各甎

漢永初甎

下二字似己酉屬安帝三年

太平甎　吳侯官侯

太平年號極多以吳侯官侯為最古

囗始十年甎　晉泰始十年屬武帝甲午

漢太始本始建始永始元始初始更始均無十年魏正

始只九年殆為晉之泰始歟

日本嘉元甎

嘉元為日本第九十三代改元之號當元大德七年只

三年又改元德治此甎去二十一年為贗造無疑昔有

滕縣漢殷微子墓碑攷一卷

［清］侯官楊浚撰　福建省圖書館藏稿本

此楊氏稿本六葉。外封有「沈氏峕齋書庫著録」楷書印記。內封題「滕縣漢殷微子墓碑攷（附題詩）」。首葉紅格稿紙摹寫滕縣漢殷微子墓碑原文，版心有「冠悔堂稿本」字樣，所摹碑石文字皆篆書。次滕縣漢殷微子墓碑攷四葉，紅格稿紙，半葉十一行，行二十二字，版心有「吉金樂石録」字樣，下有「冠悔堂」字樣，天頭多有楊氏案語補説。次題滕縣漢梅福篆書殷微子墓碑後呈鄭虞臣農部周少紱司馬詩一首，署「冠悔道人初稿」，末有楊氏跋語。

是書乃爲周麟章贈鄭世恭微子墓碑拓本所作。按，微子墓今在山東微山，舊屬滕縣，墓碑何時所立無可確考。碑曰「殷微子墓」，額題「仁參箕比」，中曰「大漢建始元年，歲在己丑，正□人□□左丞相安樂侯匡衡立石」，左曰「侍中般伯題額」，右曰「南昌尉梅福篆文」，中行下曰「□世孫將校嘉公摩勒上石」。楊氏參稽説文古籀，謂其篆書多出古文。又考匡衡、梅福、殷嘉事跡，以爲與史傳相合。「審其結體，在許洨長未分別部居以前，題字法李斯，額欵法史籀，字字省改，具有古法，非後來所能贋託。誠爲漢刻無異，即屬後人重摹，亦唐以前物也。」後附題詩一首。楊氏原謂此碑字體古拙可信，以爲唐以前物。而最末又加一跋，因見龔顯曾亦園脞牘之説而推翻前説。龔氏引陳棨仁之説，疑此碑非古，謂非唐以前物，以其地域相睽、體製非古、稱謂未當、年月相迕，碑文曰「立石」、「上石」，而原碑乃磚刻，自相剌謬。楊氏跋文乃改稱此碑當爲後人摹刻，然又謂是否唐前物難以臆斷。按，此碑用字多傳抄古文。何紹基即以爲「仁參箕比」四字不合前漢章法，或出明人僞造。碑文誠如陳氏所言，疑竇難解，蓋亦後人僞刻矣。楊氏所引碑字與古文相合者，適見其僞跡之所自。（林振岳）

案將校嘉公似無義據梅福傳疑當作殷紹嘉公或傳入譌異未見原碑不敢肊決

滕縣漢殷微子墓碑攷

周少紱司馬出所拓漢梅福篆書殷微子墓碑、贈鄭虞臣農部文予踵索之已無有矣、光緒丁丑、由都旋、詢之農部、曰已付冰夷相與惋惜、近忽攜示、知為泥淖中、滌而重褾、幸尚完好、且命攷訂為跋於後、碑四字、曰殷微子墓、以漢建初尺度之、字高二尺、廣一尺三寸、額曰仁參箕比、字高八寸、廣三寸、右三行、中曰、大漢建始元年歲在己丑正口人口口舊左丞相安樂侯匡衡立石、左曰侍中般伯題額、右曰南昌尉梅福篆文、中行下曰、口世孫將校嘉公摩勒上石、字徑寸、全碑均篆文也、攷殷作殹、與虢叔鼎、略同、子作斆即籀文所謂囟有髮脛臂在几上也、仁作𡰥、見古文箕

閩中金石略十五卷

［清］晋江陳棨仁撰　中國國家圖書館藏清楊氏冠悔堂抄本

陳棨仁（一八三七—一九〇三），字戟門，又字鐵香，晋江人。同治十三年（一八七四）進士。與館選，改官刑部。以父老年高假歸，遂不出。先後主厦、漳、泉三地書院凡三十餘年，如泉州之清源，晋江之石井、鵬南，同安之雙溪，厦門之玉屏、紫陽，漳州之丹霞，龍溪之霞文，門人著籍累千人。故陳寶琛稱閩省近數十年以師名者，惟棨仁與謝章鋌。生平篤内行，尚任恤，有裨鄉黨事無不爲。以募賑直隸水災、獻策臺灣治理諸事，當事叙勞，以直隸州知州分指廣東，加知府銜，賞戴花翎。

棨仁嘗從陳慶鏞遊，治經通説文，旁及金石之學。鄉居則日以著述爲事，所爲文宏贍雅麗。晚益嗜聚書，自四部迄稗官雜説，以及西人政藝諸學，靡不鈎索鈔纂，成綰綽堂書目十二卷。撰有説文叢義四卷、閩詩紀事十卷、海紀輯要二卷及岑嘉州詩注等，詩文叢稿亦甚夥，生前刊刻者僅與龔顯曾合纂之温陵詩紀、温陵文紀數十卷而已。

福建通省金石專書，棨仁閩中金石略之前惟有馮登府閩中金石志。馮志爲道光間分纂福建通志時所輯，惜體例駁雜、蒐輯未備乃至考訂未精、真贋不分。棨仁留心古蹟，悉心蒐羅抉摘，「出無僕馬，步履爲勞，往往舐毫懷墨、披莽剔苔，躑躅於樹木猨鳥之際、臥碑殘石之旁」（排印本龔顯曾序），倍嘗艱辛，終成此書。初未刊行，至民國二十三年（一九三四）始由菽莊吟社付中華書局排印，末附林爾嘉考證五卷。

是本前後無序跋，有目次。鈐「武昌柯逢時收藏圖記」朱文方印，知爲柯氏舊藏。繆荃孫嘗「從武昌柯侍郎傳録一部，手自校之」。（藝風堂文續集卷六閩中金石略跋。按，繆氏抄本後爲林鈞所得，見石廬金石書志卷三。）正文大抵以年代先後分三大類編次，卷一至卷十二爲石刻，計唐十，後唐一，閩五，宋三百八十八，元七十一；卷十三、十四爲僑刻，凡二十一；卷十五爲閩帖攷，凡二十九。繆荃孫謂此書用金石萃編例，先釋文，次舉前人題跋，再事攷證，蒐羅宏富，攷證詳明；又僑刻、帖攷兩種另創一例，亦甚精確，皆新例之極善者。全書雖謂「採摭甚富」（謝章鋌課餘續録卷四），收録之廣、體例之善較馮志等均過之（繆跋有「均未有至博至精如鐵香此編者也」之語），然亦「不免遺漏，考訂亦間有誤處」，故繆荃孫於跋中歎言：「一人之力有限，天下之寶無窮。」是書不録明清石刻，於數百年後之徵文考獻，終不無遺憾。

（陳旭東）

閩中金石略目錄

晉江陳棨仁鐵香

卷第一唐

卷第二唐二　後唐　閩

閩中金石略卷第一

晉江陳棨仁鐵香

唐

般若臺題識

摩厓高一丈五尺廣六尺四行首行三字餘行八字篆書住持僧惠攝五字正書在閩縣烏石山華嚴巖

住持僧惠攝

少温篆書雄偉遒麗直入上蔡獵師之室此書字徑尺餘結法宏壯殊有清廟明堂氣象輿地紀勝

閩碑攷十卷

〔清〕閩縣葉大莊撰　福建省圖書館藏稿本

葉氏精於治學，勤於著述，禮學、小學、詩文外復究心金石，有閩碑攷十卷、閩中石刻記二卷、閩碑存目二卷等。是書鑒於福建前代碑刻存者之希，「福建通志著碑版八十餘通，存佚無據」，乃搜尋凡十數年而成。卷一唐碑，卷二至四宋碑，卷五元碑，卷六附録，卷七至八題名，卷九校定佚文，卷十校定碑目，附零拾各種、辨訛綴記。前有光緒十七年辛卯（一八九一）夏自序，各卷卷端有該卷子目。

葉氏勤於訪碑，是書著録皆親見拓本者。每通碑刻，皆記其題名、録其碑文、詳其書體，並加以考證。前代已著録之碑刻，亦録其全文、引其考證，以相對照，則漸次磨泐之痕跡，班班可考。如唐下邳郡林夫人墓誌，葉氏所見者剥蝕甚多，乃據金石萃編録出，後附福建通志本，以多出萃編本一百三十字，可相勘正也。又録金石萃編載誌石高廣、行款、書體、藏地等，樾亭雜纂記該誌乾隆中孟超然發見、朱筠移置府學之經過等。末有葉氏案語，糾通志本之誤字二，指萃編本之疑誤一。其他碑刻多類此。葉氏以方志與碑刻相證，雖不能引其所據之書，亦有所發明。如瑯琊郡王德政碑銘，爲紀五代閩國史實之重要史料，以其與新舊唐書、薛史、歐史、通鑑、十國春秋互證者，自全祖望、王昶、錢大昕、翁方綱、鄭杰、梁章鉅、錢儀吉、馮縉、朱士端、馮登府、洪頤煊以至俞樾等十數家。王昶金石萃編謂碑有缺文，乃據吴任臣十國春秋增注之，又謂撰文者于兢、書者王倜皆無考。葉氏獨引泉州府志王審邽傳所云「時中原多故，學士故老多避亂來依，審邽遣子延彬作招賢院禮之，如李洵、韓偓、王滌、崔道融、王標、夏侯淑、王拯、楊承休、楊贊圖、王倜、歸傳懿、鄭璘、鄭戩等，皆賴以全」，稱王倜姓名僅見於此，足補王昶之憾。按，馮登府閩中金石志卷四引萬姓統譜、十國春秋等，云王倜仕唐，官弘文館直學士。馮書雖成於道光間，然至民國間方得刊刻，宜乎葉氏之未見。

此係未定稿，書中浮籤、夾籤甚多。蓋卷一至八已較具規模，卷九以後則尚屬草創也。（張美鶯）

李陽冰書般若臺

般若臺

大唐大曆七年著作郎兼監察御史李貢造　李陽冰書

住持僧惠攝正書

天下輿地碑記云在神光寺般若臺記刻于華嚴頂與處州新驛記縉雲縣城隍記銘水忘歸臺銘世寶之爲四絶

金石文字記云閩中絶少古刻鼓山題刻如麻然一唐碑惟此銘在三山爲最古又聞石塔寺有唐貞元中碑余未之見

凡十八通 拓系陳九
四種共二十通

宋重修忠懿王廟碑
宋重修枯木菴記
宋萬安渡記
宋石笛唱和詩刻
宋社稷壇銘
宋草倉廟詩刻
宋尤溪盧府君廟碑
宋韓忠獻公祠記
宋九曲櫂歌
宋浦城建社稷壇記
宋宣教余公孺人張氏墓志銘

南劍州重修舊学記
重修武夷精舍記

閩中石刻記二卷

〔清〕閩縣葉大莊撰　福建省圖書館藏稿本

葉大莊勤於著述，於詩、詞、文、經學、金石、小學均有所著。陳衍石遺室書録云：「損軒肆力爲詩，而亦喜治考據，有禮記審議二卷，大戴禮記審議二卷，喪服經傳補疏二卷，均已刻。禮記遺説考四卷，閩中金石記六卷，閩碑存目一卷，均未刻。退學録二卷，寫經齋文二卷，寫經齋詩四卷，詩續二卷，小玲瓏閣詞一卷，均已刻。」按，所謂閩中金石記六卷，蓋即閩中石刻記，實爲二卷。卷上爲鼓山題名，卷下爲于山題名、烏石山題名、鳳池山題名等。每條皆録碑文、書體、時地，後附方志引文，或解題，或釋掌故，或記人物，頗便考稽。所著録者與閩碑攷重複甚多，大莊閩碑攷序中言族弟大輅助其校勘，釐爲二卷；又閩碑攷天頭多處注「入碑刻」，蓋擇其專題摩崖者别爲是書。稿中以朱筆、墨筆勾改之處頗多。陳衍主纂福建通志金石志，亦多所取資。首卷卷端下有「沈氏祖牟藏書」印，書末有「耑齋所藏」印，有「石門沈夢雲拜讀一遍，時辛卯三月」題識。（張美鶯）

閩中石刻記卷上

閩縣葉大莊編

鼓山題名 閩縣

才翁丙戌季夏遊 篆書

通志按蘇舜元字才翁銅山人時為福建提刑觀察使

郃去華蘇才翁郭世濟蔡君謨慶歷丙戌孟秋八日遊靈源洞

正書

通志按郭承規字世濟時官福建提刑蔡襄字君謨時知

福州

慶歷丙戌秋郃去華宿鼓山 正書

通志按郃餙字去華時為福建轉運使

閩碑存目二卷

［清］閩縣葉大莊輯　福建省圖書館藏民國間抄本

此民國間福建通志局紅格抄本，以唐、五代、宋、元爲序，存閩碑一八六種。按，閩省之有碑刻始於唐，至晚清時，明以前碑刻殘泐損毁不復見者甚多，惟賴金石目録、方志之著録。葉氏有慨於「若不及此搜羅，並斯目亦無傳焉，一省掌故所關，重可慨已。故不辭瑣碎，凡採取所及，悉著於篇」，乃自福州府志、福建通志、輿地碑目、集古録目、復齋碑録等書中手加輯録而成，用補閩碑攷、閩中石刻記之未及。其書體例，據葉氏自序，云：「自唐訖元，各碑僅存其目，以次編列。其無年月可考者，則以撰人時代約略詮次。其撰人姓氏闕如，則彙附各朝之後，備遺亡焉。」各條後間附葉氏案語，考撰碑者生平仕履等，然多數條目殊爲簡略，僅叙碑名、來源、撰人、時間即止，蓋文獻不足徵也。書爲沈祖牟舊藏，有「耑齋所藏」印。

（張美鶯）

閩碑存目

閩縣葉大莊捃輯

自唐訖元各碑僅存其目以次編列其無年月可考者則以撰人時代約畧詮次其撰人姓氏闕如則彙附各朝之後備遺亡焉有可考者仍加證據惜乎其盡佚也若不及此搜羅並斯目亦無傳焉一省掌故所關重可慨已故不辭瑣碎凡采取所及悉著於篇

類編皇朝大事記講義二十三卷

［宋］晋江吕中撰　上海圖書館藏明抄本

吕中，字時可，晋江人。淳祐七年（一二四七）進士。歷沂靖惠王府諸王宫大小學教授。遷國子監丞兼崇政殿説書，以兄卒歸葬。旋以秘書郎見召，出知汀州。景定中，復舊官，主管成都府玉局觀，卒於任。撰有類編皇朝大事記講義、類編皇朝中興大事記講義、國朝治跡要略、演易十圖、論語講義。

是本首有淳祐中劉實甫序，以書前目録觀之，卷一論三篇，以爲序論；卷二至卷二十三分叙北宋太祖至欽宗九朝事。惟目録所記與内文有不合者。如據目録，卷五當載太宗朝事，然是本正文乃叙南宋高宗朝事，該卷卷端題名亦有「類編皇朝大事記中興講」字樣，實爲中興大事記講義卷五之文，並無太宗朝事。按，中所撰者原爲兩書，大事記其一，中興大事記其二。大事記二十三卷，叙北宋九朝；中興大事記二十七卷，叙南宋高、孝、光、寧四朝，分别梓行。後有書坊刊大事記時，自中興大事記析出卷五，綴於大事記卷末，或爲附録，或以爲卷二十四。至刊中興大事記，又缺卷五，復抽大事記卷五補入，俾成完帙。後又有據抽出者爲底本刊刻大事記，遂致卷五目存而文不存。明時有抄録者發覺，遂以附後中興講義一卷迻入卷五缺文處，乃成該本之現狀。

此或稱離奇，然今存大事記諸本皆可證，擇要者述之：臺北「國家圖書館」藏道光抄本二十四卷，前二十三卷除卷五目存文闕外，已然全帙，卷二十四則載高宗朝事。南京圖書館藏清影元抄本二十三卷，附録中興講義一卷，卷五缺正文。復旦大學圖書館藏清文珍樓抄本二十三卷，附録中興講義一卷，卷五缺正文。皆班班可考，毋庸贅言。

中撰是書，取材當本國史，參以時賢文集，以事繫之，編次九朝。其叙事以類，分以子目，舉凡北宋九朝大事，政治、軍事、制度、經濟、思想、文化，皆類編具載。目下首著事體，復以史料加詳，再引名賢議論，間下己意，足資學史之參證。

四庫提要云：「所議選舉資格及茶鹽改制諸條，頗切宋時稗政。又所載銓選之罷常參，任子之多裁汰，三司之有二司，稅茶之易芻糧，皆宋史各志及馬端臨文獻通考所未備者。又所載朋黨諸人事實，及議新法諸人辨論，皆與宋史列傳多有異同。」是書專列「周濂溪之學」、「邵康節之學」、「張横渠之學」、「崇道學之臣」、「二程之學」諸子目，崇奉理學之意甚明，而議論、闡發之間，浙東事功學派之思想，亦多流露。中非王安石特甚，時變法諸公，多斥爲「小人」，尤見南宋士人之北宋史觀。書名「講義」，乃彼時庠序之用，而裨益於科考者，故時有「場屋中用之，如庖丁解牛，不勞餘刃」之譽。

其版本除前述者外，又有臺北「國家圖書館」藏明抄九卷本及清修四庫全書本，然或删削特甚，或多所篡改。是本雖偶見漫漶蠹蝕，然既早且優，允稱善本。（胡　坤）

類編皇朝大事記講義卷之一

黄甲省元肇慶府學教授温陵呂中講義

省元國學前進士三山繆烈蘭臯蔡柄編校

序論

治體論

古今謂治者不過曰寛與嚴而已然寛非縱弛之謂也而世之尚寛者則流於縱弛嚴非慘刻之謂也而世之尚嚴者則流於慘刻反是則曰寛當施之所當寛之地嚴當施之所當嚴之人遂以為自古之所以得天下者曰民心也軍心也士大夫之

諸君子爭論新法　王安國非光安石所為
數安石十非　鄭俠圖獻新法不便奏乞罷以銷天變
神宗悔新法之罪　罷市易法　罷官賣鹽法
安石巧于進退　安石雖退而附黨者進
惠卿行手實法　行方田均稅法
安石復相安石託交趾以文天變　惠卿叛安石
安石復罷相　以王珪吴充同平章事
卷之十八
哲宗皇帝凡三卷
即帝位　太皇太后同聽政　廢罷新法皆從出

史統一百四十六卷存一百十卷

〔明〕莆田鄭郊撰　上海圖書館藏清抄本

鄭郊（一六一二—一六八二），字牧仲，莆田人，明崇禎間諸生，弘光乙酉（一六四五）與弟郟同榜恩貢。隆武後，遯跡壺山之南泉，遂號南泉居士、南泉道人。博學能文，著述宏富，黄道周譽爲「一日千里未易才」。撰有易測四卷、易測繫辭二卷、易測説卦傳一卷、皆山詩文集不分卷等。

鄭氏史統一書，千頃堂書目、萬斯同明史藝文志皆著録爲「鄭郊史統一百四十六卷」，乾隆莆田縣志、民國福建通志著録一百卷。此書未經刊布，傳本甚罕，今僅存好古堂抄本一種，烏絲欄稿紙，版心上鎸「史統」二字，下鎸「好古堂」三字。外封題「史統」，每册記册序及本册卷數起訖。首册卷一爲序目凡例。前有清康熙十一年（一六七二）壬子黎元寬序（下摹「黎元寬印」、「左嚴」朱文方印），次明崇禎十六年癸未（一六四三）方以智史統序（下摹「方以智密之」、「浮渡山此藏軒信」朱文方印），次方中履史統序（下摹「素履」朱文方印、「愚者壽」白文方印）。次清康熙十一年自序兩篇，末署「壬子春王正月朔日莆田鄭郊書」。次史統筆微三十二則，即本書凡例，末署「甲寅秋菊南泉道人識」。次正統論，次史統目録。卷二始爲正文，卷首題「史統卷之二」，次行下署「閩莆鄭郊論次」，三行低一格「正統」，次又低一格小題。各節之前間有小序，以「鄭子曰」三字開頭，正文中評語亦冠此三字。目中各卷間有小序。據書前目録及自序可知，全書凡一百四十六卷，今存一至三十、六十二至一百三十二、一百三十五至一百三十八、一百四十二至一百四十六。據鄭氏自序，此書乃其爲諸生時所纂，始撰於明崇禎九年七月，至十七年九月完成初稿。書成次年，即請序於方以智。明亡後，未及刊刻，鄭氏避居壺山，復以二十一朝正史稗史、六籍百家之言，續加修訂，至清康熙十一年定稿。其書始唐堯，終於元，共計表五、紀二十一、傳二千二百零五、志十四、附記十七，以舊史爲本，而繫以論贊之言。此本稿紙專門印製，且各卷題名卷數有割補修改處，當非一般傳抄之本，或出鄭氏親訂者。

此書仿鄭樵通志體例，以類相從，受鄧元錫函史影響綦深。其史統筆微曰：「予於函史不揣仰同者十之三四，其不仝者十之五六。」其所謂「史統」者，史之正統也。書前有正統論一篇論「正統」之義，云：「得天下以其正，合天下以爲統，故曰正統。不正不合，不得正統。」「正」者乃合於天道、立國得名之正，即明人所謂「道統」也；「統」者乃天下之治，即明人所謂「治統」也。故全書分「正統」（唐、虞、夏、商、周、西漢、東漢、唐、北宋）、「正而不統」（東西周、蜀漢、東晋、南宋）、「統而不正」（西晋、隋）、「不正不統」（魏、吴、宋、齊、梁、陳、五代）、「正統之變」（秦、元）；卷一百二十六以後則分「師統」（孔子至陸子）、「儒統」（分言行、經學、史學、文學、詞學、博學、書學諸儒列傳）、「諸子統」、「隱逸」、「方技」、「附記」（計兩卷，「陳項竇李附記」，陳勝至李密傳；「歷代群雄大盜附記」，樊崇至黄巢傳）各類。每類以時間爲序，仍遵正史體例，分世表、世紀、列傳各體，分體叙傳。

書前所附史統筆微三十二則，評騭古今史例並叙論本書體例甚詳，可窺史統一書意旨所在。鄭氏深於易學，主天道之説，其所謂「正統」者，乃天人順應、合於天道。「正而不統」者，乃天下有「詐力之雄，裂其疆幅而有之」，使人君知「天命之去來無常」。「統而不正」者，乃簒天下而有之者，列之後以「見詐力之不如名義也」。「不正不統」者，則以見「詐力之不如詐力也」，所謂簒天下者不如另一簒天下者也。「正統之變」者居最後，則爲「詐力仁義之外者，天地之大變也」。此則明人夷夏之辨餘緒，外族入主中原者，爲道統、治統以外天地之大變。鄭氏内諸夏而外夷狄，其將外族皆列入「外荒」，「荒服雖盛中夏，正統一日未絶，亦當嚴内外之辨，一切使命皆不入本紀」，稿中即將金朝列入南宋之外荒列傳。又書中對儒、釋、道三家，僅存儒、道二者，以之中國自出，道家列於諸子，而釋家自域外傳來，「何必厠之歷代之史」，概不記入史傳。其書「正統」以外，又分「師統」、「儒統」、「諸子統」、「隱逸」、「方技」各門。依鄭氏之説，對應「天道」者乃「人道」，而「人道」又有「君道」、「師道」二者，君道始於堯舜，師道則始於孔子，故立「師統」一門。書中大旨，實主「小人君子」之辨，鄭氏謂其書「原在採古今之善惡，使君子小人之黑白昭于千世」，不以功業成敗、官爵崇卑論人物。其所謂「史」者，乃「窮理盡性之書」，若以史料視之，價値無多，所可貴者乃不在史料而在史識，書中正統之論、義例之明，實爲明末清初通史之鉅製。惟清朝亦外族入主之朝，定國以後，即大興文字獄。此書嚴於夷夏之辨，大有違礙，若刊行則必遭禁毀，是以隱晦不傳，僅此鈔本一線單傳，亦可謂幸矣。（林振岳）

史統卷之一

閩莆鄭　郊論次

正統

唐虞表

鄭子曰道者所以傳天地之終始者也天地不知其所以始則亦不知其所以終而能知其所以終始者道也昔者聖人之傳古今也略於傳事而詳於傳道以為道者事之所從出焉者刪書斷自唐虞春秋始

子部

仲蒙續孟子二卷

［唐］長樂林慎思撰　中國國家圖書館藏明萬曆間刻本

林慎思（八四四—八八〇），字虔中，長樂人，咸通十年（八六九）登第，後復中宏詞科，歷校書郎、水部郎中，僖宗時以累書切諫出爲萬年縣令。黄巢入長安，逼以僞官，不受，遂遇害。所著今傳者僅續孟子、伸蒙子二種。

孟子流傳於今者七篇，相傳弟子所編，其零篇散句雜見字書者不少，後世仿作者亦不少。趙岐孟子題辭即記有孟子外書，云：「又有外書四篇，性善辯、文説、孝經、爲政，其文不能弘深，不與内篇相似，似非孟子本真，後世依放而託之者也。」林氏此書分上下兩卷，每卷七篇，非輯孟子佚篇，亦擬孟子之言仿作者。崇文總目謂「慎思以謂孟子七篇非軻自著書，而弟子共記其言，不能盡軻意，因傳其説演而續之」。其書託孟子之口，寓理於對答之言。書中擬文多有所本，頗與孟子原書照應，推闡以盡其義。如孟子首章梁惠王上，此續孟則以梁大夫爲卷首，以梁大夫發問「吾聞夫子教王遠利而易以仁義，有諸」，比照孟子梁惠王上「義利之辨」一節。又如續孟子梁襄王二「襄王儀服不整而見孟子」，比照孟子梁惠王上「望之不似人君」一節。續孟子公孫丑六「孟子去齊返鄒」，比照孟子公孫丑下「孟子去齊」一節。其文多用譬喻，於孟子之義多所引申。文字雖仿孟書，文氣則遠不及之。四庫提要謂之「類乎莊、列之寓言」、「然其委曲發明，亦時有至理，不可廢也」；而譚獻貶之爲「林慎思續孟子則郢書燕説，有似戲劇」（復堂日記）。徐𤊹則以揚雄比諸其人，曰：「夫太玄擬易，卒致美新，仲蒙續孟，終成死節。百世而下，不能不爲子雲惜也。」（紅雨樓題跋）揚雄擬論語作法言，仿易經作太玄經，林氏續孟，事亦近之。而王莽篡漢，雄上劇秦美新篇頌之。

黃巢寇長安，慎思獨服孟子「舍生取義」之旨，不屈而死，乃真躬行仁義者也。其人品之軒輊，不待言而喻矣。

此本半葉九行，行二十字。白口。四周單邊。前有明萬曆四年黃以賢重刻仲蒙子叙，次宋咸淳九年（一二七三）劉希仁序，次三山逸民吴鑑明之叙，次三山逸民陳英觀叙，次三山逸民黃堯臣冀仲跋叙，次元至正十三年（一三五三）三山學士陳留孫漢臣叙，次林氏續孟子序，署「唐水部郎中仲蒙子長樂林慎思虔中撰」。次篇目，次録崇文總目著録，末有「十四世孫元復校刻，二十二世孫恕重校，二十三世孫一龍、一熊、一鶴、一豹、一梅重刻」刊記。卷首題「仲蒙續孟子卷上」，次行低三字章名「梁大夫一」，次正文。（林振岳）

重刻仲蒙子叙

孔子曰君子疾沒世而名不稱焉諒哉先正林水部著書豈非將以表見於後世耶而出宰萬年民感惠政臨難不撓以死殉國遠與張睢陽顏常山竝芳烈雖不著書固不朽也然罵賊事唐史失載而所以傳聞不泯者賴有是編焉則著書又不可少

仲蒙續孟子卷上

梁大夫一

梁大夫見孟子問曰吾聞夫子教王遠利而易以仁義有諸孟子曰然大夫曰吾家有民見凍餓於路者非其親而救之脫衣以衣之輟食以食之及巳凍餓幾死是其親而不救之而何孟子曰噫是大夫從王厚利而薄仁義故也厚利率民民爭貪欲苟有獨持仁義者宜乎不得全其身矣昔楚有靳氏父子相傳以醞鴆醉人者客過其門則飲之未嘗不斃於路矣

仲蒙子三卷

［唐］長樂林慎思撰　上海圖書館藏清抄本

自序謂「仲蒙入觀，通明之象也」，遂以「仲蒙子」自號。其書分三卷，上卷槐里辯三篇，象三才，叙天地人之事。中卷澤國紀三篇，象三辰，叙君臣人之事。下卷時喻二篇，象二教，叙文武之事。每篇下又各分章，凡四十章。其書所設問答，人名皆用僻字。上卷設爲峀嵂先生、洳澁先生、硃砨先生問答，以喻干禄、知道、求己三者，卷末有「本注」，以釋其字從山、從水、從石之由。中卷設爲弡軙先生、麹䵮子、甗㪚子問答，以喻弘文、如愚子、盧乳子三者。下卷則自抒己説。其書採前代君臣事蹟，設爲問答，以辨明治亂之道。如謂興衰非繫於天而歸之於君人。又謂今民詭詐，古民淳樸，而今民易化於古民，明化一篇謂人之善惡隨其才性而化。所論皆關涉治亂之道，而文風近先秦子書，與續孟子相仿。四庫提要謂之「惟上卷喻時一篇，釋仲尼小天下之義，詞不近理。其餘皆持論醇正，非唐時天隱、無能諸子所可仿佛。」

此書函海、藝海珠塵均收入。此抄本半葉九行，行二十一字。序首有「蘧廬」白文長方印、「澹遒丙辰所得」朱文長方印。卷首有「文素松印」白文方印、「葉應新印」朱文方印、「文府之記」朱文圓印。卷末有「祖安曾觀」白文方印、「孔氏嶽雪樓收藏書畫印」朱文方印。前有至正十三年（一三五三）陳留孫序，次仲蒙子序，即林慎思自序。末附唐水部郎中仲蒙子林子家傳，後有林元復、劉希仁、方應發後序，徐㶿跋。（林振岳）

伸蒙子卷上

唐　林　慎　思　撰

槐里辯三篇

上篇凡五章

彰變　辨治　喻民　演喻

較功

彰變 賞罰喻妖祥　興衰喻良暴

半巖先生問王道興衰由天之歷數有諸伸蒙子曰非天也人也日星有妖祥天所示也不使妖見唐虞祥呈

龜山先生語録四卷後録二卷

［宋］將樂楊時撰　中國國家圖書館藏宋福建漕治刻本

楊時（一〇五三—一一三五），初字行可，後改字中立，號龜山，將樂人，世稱龜山先生。熙寧九年（一〇七六）進士，調官不赴。後歷瀏陽、餘杭、蕭山知縣，荆州教授等，累官至龍圖閣直學士，謚「文靖」。先後問學於二程，東南學者奉爲程氏正宗。撰有二程粹言、楊龜山先生集。

楊氏尊奉洛學，延引二程學脈至閩，又經羅從彦、李侗，傳至朱熹，理學遂大盛。是書乃其門人所録荆州、京師、餘杭、南都、毗陵、蕭山六地講學之語，以闡述六經學術脈絡、品評歷代人物爲主，高倡務本知仁、直道而行，謹於義利之辨、出處去就，而非其以術行道、衹計其功。於本朝人物、制度亦加褒貶。如指斥常秩不辭官禄、王令未必見道云云，而於王安石及其新學批評尤多。楊氏承二程之説，批判王氏之經義訓詁、修身人品、施政弊端、侍君之法，兼及其對後世之影響。又謂天下之禍乃由安石啓之，雖不無偏頗，然多有的放矢，非泛言空談者之比。至楊氏稱「儒、佛深處，所差杪忽耳」，又引圓覺經「作、止、任、滅是四病」以解儒家「勿忘勿助長」之語，時人已有「溺佛」之譏。然觀其全書，循循然以捍衛斯文爲己任，間引佛氏語以解儒家精微處，譏之者蓋未深考焉。

是書南宋咸淳間由天台吴堅刊於福建漕治。趙希弁讀書附志著録「龜山先生語録四卷」，陳振孫直齋書録解題著録「龜山語録五卷，延平陳淵幾叟、羅從彦仲素、建安胡大原伯逢所録楊時中立語及其子迥稿録，共四卷。末卷爲附録、墓誌、遺事，順昌廖德明子晦所集也」。今存世者有四卷本、六卷本之分，前四卷兩本内容多同，六卷本有後録二卷，時或標注出處，稱「見程氏遺書」、「見上蔡語録」云云，其中採朱子評價龜山之語尤多，故初編本當爲四卷，後人又捃拾餘語補編成後録二卷。此南宋福建漕治所刻，爲現存刊刻時間最早之本，張元濟涉園序跋集録云：「是本亦間有舛誤，然其佳勝處固非時本所可幾及者。」（王傳龍）

龜山先生語録卷第一

荆州所聞 甲申四月至乙酉十一月

先生曰自堯舜以前載籍未具世所有者獨伏犧所畫八卦耳當是之時聖賢如彼其多也自孔子刪定繫作之後更秦歷漢以迄于今其書至不可勝紀人之所資以爲學者宜易於古然其間千數百年求一人如古之聖賢卒不易得何哉豈道之所傳固不在於文字之多寡乎夫堯舜禹皋陶皆稱若稽古非無待於學也其學果何以乎由是觀之聖賢之

後學天台吳堅

刊于福建漕治

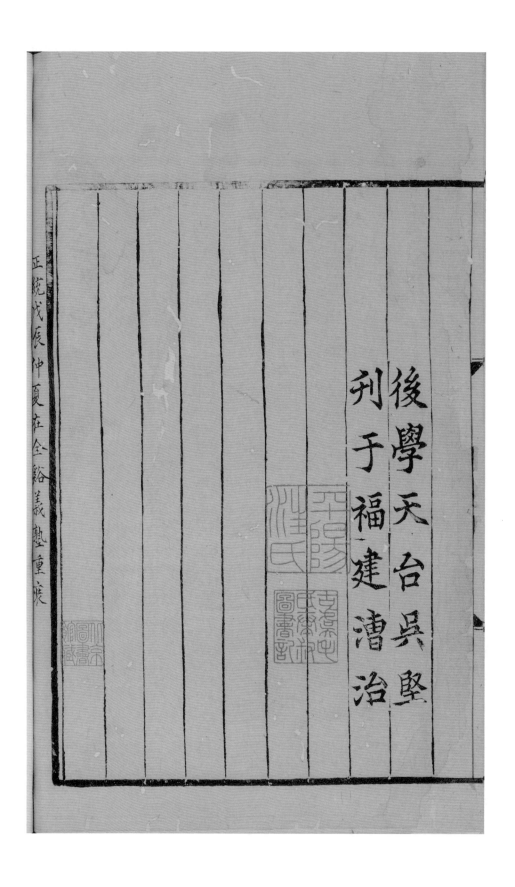

正統戊辰仲夏在金谿義塾重裝

分類經進近思録集解十四卷

［宋］建陽葉采撰　周公恕類次　中國國家圖書館藏明嘉靖間刻本

葉采，字仲圭，號平巖，建陽人。淳祐元年（一二四一）進士，授邵武尉，後遷樞密檢討，知邵武軍，官至翰林侍講。撰有西銘性理集解，已佚。生平見閩書卷九六。公恕生平不見史傳，千頃堂書目謂元代吉安人，四庫全書總目以爲明人。

近思録由朱熹、呂祖謙選取北宋周敦頤、張載、程顥、程頤之言論編纂而成，凡十四卷，六二二則。朱熹以四子爲六經之階梯，近思録爲四子之階梯，雖擇取甚精，然諸條魚貫羅列，並無篇名注解，不便童蒙之入門。朱熹之再傳弟子葉采，乃窮三十餘年心力爲之集解，於淳祐十二年（一二五二）進呈朝廷。集解既擬定篇名、標注出處，於文義疑難處予以注解，又作精要解題，如卷十四觀聖賢解題百餘字，宋以前之儒學脈絡井然，頗便家塾訓習之用。其後周公恕又拆解、增删、類編葉氏之書，析爲二百八十七小類，勒成是書。周氏書與葉氏書之卷端題識、體例編次、語録内容皆存差異，尤以體例編次爲最，如卷一四十九條，僅「太極」一條位置未變。周氏書因頗便科舉，故在明代甚風行，迭經翻刻，然弊端亦多，清江永云：「以己意别立條目，移置篇章，破析句段。細校原文，或增或複，且復脱漏訛舛，大非寒泉纂集之舊。後來刻本相仍，幾不可讀。」（近思録集注序）故有清一代，近思録多重刻白文本或葉氏集解，周氏書遂渺然無聞矣。

明成化間，南昌張元禎得周氏書於同鄉溪西王氏，由憲副三山陳文耀再次翻刻。張元禎所得本末卷自「明道程純公」之後殘缺，刊刻時以葉氏未分類之本補全，又「伊川程正公」一條爲周氏書增補者，亦殘缺，張、陳二氏乃撮取伊川年譜補入。周氏原書、成化翻刻本今俱不存，此明嘉靖十七年（一五三八）

南昌劉仕賢重梓本，爲現存最早刻本。卷首題「建安葉采集進、鷺洲後學周公恕類次」，正文「伊川程正公」條目下有「新補入無註」字様，知其底本即成化間陳文耀刊本。（王傳龍）

重刊近思録序

道一而已矣孰爲近焉孰爲遠焉以
言乎遠則不禦以言乎邇則靜而正
一以貫之爾矣一者何也心也心之
理謂之道心之官謂之思無思而無
不通謂之聖夫學所以希聖也學而
不思何以作睿思而不近何以基遠

近思錄集解卷之一

建安葉采集進

鷺洲後學周公恕類次

此卷論性之本原道之體統蓋學問之綱領也

近思錄集解卷之二

此卷總論爲學之要蓋尊德性矣必道問學明乎道體知所指歸斯可究爲學之大方矣

近思錄集解卷之三

此卷論致知知之至而後有以行之自首段至二十一段總論致知之方然致知莫大於讀書二十三段至三十三段總論讀書之法三十四段以後乃分論讀書之法而以書之先後爲序

胡子知言六卷

［宋］崇安胡宏撰　中國國家圖書館藏明嘉靖間刻本

胡宏（一一〇五—一一六一），字仁仲，崇安人，安國季子。以廕補右承務郎，不調。秦檜當國，意欲用之，固辭。後避走湖南，卜居衡山五峰，學者稱五峰先生。執教碧泉、道山書院，又任岳麓書院山長，傳其父之學。著有五峰集、皇王大紀等。傳見宋史。

胡氏論學，私淑二程。是書記録胡氏論學之語，每條各自獨立，長短不一，或直抒，或擬設問答辯難之體，蓋皆一時之體悟耳。「其言約，其義精，誠道學之樞要，制治之蓍龜也。」（張栻胡子知言序）其所論者：一品評古今典章制度，論述君臣相處之義。胡氏感於外敵侵凌，以封建、井田爲先王防禦四夷之良策，視郡縣制爲啓邊釁之禍端。主張君臣皆當以寡慾修身，尤强調臣子當以守身之道正其君，引之而至於仁。二闡釋二程之學，兼述自身體悟。胡氏繼承二程「格物致知」之説，又有所發明，然稱「氣主乎性，性主乎心」，「性定則心宰，心宰則物隨」；又稱「性也者，善不足以言之」，「性無善惡」；又稱「心無死生」，「人有不仁，心無不仁」，皆二程所未發者。三批判佛教異端，關切世務功用。胡氏反對空談喪心、萬事隳馳之方外之學，然其「心無死生」、「性無善惡」、「天理、人欲，同體而異用」等語，較之二程更近佛典，蓋亦受釋氏影響而不能自知者爾。

是書乃胡氏隨筆劄記，屢經修訂者，卒時猶未定稿，然抄本已傳佈於世。卒後，其弟子張栻作序，委吴儆等刊於新安，乃所知最早刻本，惜已不傳。郡齋讀書志著録「五峰先生知言一卷」，直齋書録解題著録「知言一卷」，清天禄琳瑯書目著録元翻宋本，稱「宋胡宏著，一卷，後録一卷，前宋張栻序」，則單卷本清代尚存於世，而又增多後録，惟不詳其内容。此明嘉靖五年（一五二六）正心書院重刊本，源出弘治三年（一四九〇）程敏政刊本。程氏得底本於三吴陸氏，刊刻時變亂舊本體例，目録後增入吴儆、真德秀跋語，又將朱子等人所作知言疑義别爲一卷，並附録朱子評論及宋史傳記，雖釐爲六卷，然較單卷本更便學者，遂通行於世。今程本已佚，源出程本者以是編爲最古。（王傳龍）

胡子知言卷第一

天命

胡子曰。誠者命之道乎。中者性之道乎。仁者心之道乎。惟仁者爲能盡性至命。

靜觀萬物之理。得吾心之説也易。動處萬物之分。得吾心之樂也難。是故仁智合一。然後君子之學成。

觀日月之盈虛。知陰陽之消息。觀陰陽之消息。知聖人之進退。

爲一卷。又取文公先生所論。及宋史傳。爲附錄一卷。蓋欲使此書彙次完粹。以便講習。非敢有所去取也。竊觀胡子之書。有曰學欲博。不欲雜。守欲約。不欲陋。文公先生嘗誦之以警後學。然則讀是編者。要必以此言爲準。而後庶幾有所得乎。新安千戶于侯文遠之子應。見予之惓惓於斯也。爲刻梓傳焉。亦可謂知學向義者矣。弘治三年。歲次庚戌春二月上日。新安後學程敏政謹題。

北溪先生字義二卷嚴陵講義一卷

［宋］龍溪陳淳撰　中國國家圖書館藏明弘治間刻本

陳淳（一一五九—一二二三），字安卿，龍溪人。學者稱北溪先生。少習舉業，弱冠後因讀近思録而窺入聖賢門户，遍覓程朱理學諸書，無復舉業之思，後爲朱子高足。以特奏恩授迪功郎、安溪主簿，未任而没。撰有語孟大學中庸口義、啓蒙初誦、北溪全集等。

北溪先生字義初名字義詳講，元刊本題北溪先生性理字義，明翻刻本或題北溪先生字義詳講，清代則多稱北溪先生四書字義，乃授程朱理學之講義，門人王雋抄録成書。分二卷，命、性、心、情、中庸、禮樂等二十六門，每門下闡釋其理學内涵，間附師門問答。其名「字義」，非指訓詁而言，乃指儒家典籍内之關鍵詞及其含義，所詮釋者皆程朱理學之概念。且以固守朱子之學，視不合程朱者爲異端，專設佛老一門，辟其因果輪迴、死生罪福之説。所附嚴陵講義爲途經嚴陵，於郡庠講學之綱要，含道學體統、師友淵源、用工節目、讀書次第四篇，排斥陸學，以爲不由朱子之門而入，則終不可得乎聖人心傳之正。

此書南宋凡兩刻：一爲諸葛珏、趙崇端刊本，陳宓序；一爲葉信厚刊本，皆已佚。惟陳序尚存諸翻刻本中，稱「凡二十有五門」。葉氏本有明正德三年（一五〇八）壽藩翻刻本，凡二十六門，多一貫門，下注云「依清漳家藏本增入」，惟卷首題「後學九華葉信厚校刊」，卷末或訛作「葉信原」。四庫全書總目提要稱「又有清漳本，刻於宋淳祐間，即九華葉信原本也」，則誤上加誤。葉氏本既注明一貫門依清漳本增入，則其底本必非清漳本。淳爲漳州人，漳州别名清漳，蓋其家藏稿本，初刊後或又略有增補耳。此明弘治六年（一四九三）林同刊本，凡二十六門，乃參覈兩宋刻本而刻者，間有校改。（王傳龍）

北溪先生字義卷上

性命而下等字當隨本字各逐件看要親切又却合做一處看要得玲瓏透徹不相亂方是見得明

命

命猶令也如尊命台命之類天無言做如何命只是大化流行氣到這物便生這物氣到那物又生那物便是分付命令他一般

命一字有二義有以理言者有以氣言者其實理不外乎氣蓋二氣流行萬古生生不息不成只是空箇氣必有主宰之者曰理是也理在其中為之樞紐故大

雷翠庭先生讀書偶記三卷　〔清〕寧化雷鋐撰　上海圖書館藏清刻本

雷鋐（一六九六—一七六〇），字貫一，號翠庭，寧化人。雍正十一年（一七三三）進士，官至左副都御史。師從方苞、蔡世遠。有經笥堂文集三十五卷、自恥録一卷、聞見偶録一卷、翠庭詩集若干卷。

此書由其門人朱坤編訂，據書後坤跋，雷氏乃於乾隆二十一年（一七五六）付坤校訂。其書雖名讀書偶記，實則讀書劄記之外，兼及師友講論、一時心得。劄記多關周易及朱熹著作；講論所及則有方苞、沈近思、蔡世遠等。觀其所論，其於周易大抵本李光地之説，其餘立論則多據程朱之學而有所發揮，較爲平允篤實。其偶記心得者，如卷一「二月望後臥病二旬」條，記其悔過自勵之情。若此類者，四庫全書本有所删削，如此本卷一首條「今日讀陸稼書先生行狀」條，即不具載。書中記方苞駁蘇軾一條，引曾子問及檀弓曾申之事，謂親在不妨學喪禮，實乃清初閻若璩以駁汪琬者，具見潛邱劄記卷六與李公凱書。苞殆偶述舊文，而鋐誤以爲師説。蓋鋐在世時，潛邱劄記尚未出也。雷氏又囿於當時習氣，談論宋學至累牘不休，如論及太極一圖，無甚高義而徒佔篇幅，當時之人固已譏其枝蔓，今日則猶不足論矣。（季忠平）

雷翠庭先生讀書偶記卷一

受業門人朱　坤正甫編次

今日讀陸稼書先生行狀如獲至寶當奉爲規矩準繩終身是則是效而已丙午八月十一日謹記師時年三十歲

李貫之得力喚起截斷四字頻喚起眞心敬以直內之要也毋截斷私念義以方外之本也

黃勉齋語何基曰爲學必有眞實心地刻苦功夫基悚然服以終身吾輩勉旃

劉器之從司馬溫公得不妄語三字終身行之拳拳弗失家居未嘗有惰容久坐身不傾倚作字不

勵志雜録一卷

［清］寧化雷鋐撰　上海圖書館藏清刻本

此書亦雷氏語録。雷氏守程朱之學，躬親力行，卷中謂「窮理以致其知，力行以踐其實，居敬以成始成終」，即其綱領。又謂「程朱之學，敬而已矣」，「人心之正處即天心也」，「讀書全在涵泳玩味，便是以義理養其心」，「文章只有明道、紀事二者，舍此更有何文」，乃宋儒理學餘緒。書中言修身與事功之間，「養得性情和平，方可作事」，「要做伊尹事業，須先礪伯夷風節」。又論德才之性，「誠意便有德，致知便有才，然人必意誠而後有才，世人所以流於無用者，以其虛而不實也」。又論爲政之道，「須從舊法中做出新政來，只在事事實做，實做便無弊，不實做便都是弊」，「爲政要使民知吾好惡所在」，「決斷民事，必本於人倫」，「爲政地方，只要無事」，「爲政不先整飭得胥役使他革面以從事，便一事不可爲，凡有舉動，皆成弊政害民」，實爲政者之良言。雷氏爲人和易誠篤，時人譽之「踐履篤實，才識明通」。書中發揮程朱之説，文字平易，多見道之語，論政亦精。書中鈐「李宣龔印」白文方印、「碩果亭」朱文方印。

（林振岳）

勵志雜錄　雷鋐貫一

太極西銘正蒙遺書先儒許多言語只形容得這箇充塞遍滿無些子罅漏所謂道也者不可須臾離也學而時習學字兼知行敬思繹浹洽知之精也所學在我行之實也坐如尸立如齊居敬之密也窮理以致其知力行以踐其實居敬以成始成終聖賢之學其有出於此者乎

妖壽不貳聖賢看破死生與釋氏同但修身以俟之功夫卻自別以蕩蕩之天懷而守乾乾之惕厲

隨處體認天理

安順之時當戰兢惕厲憂危之際當甯靜寬舒

人心之正處即天心也

陰陽鬼神之說聖人於易言之他書未之及也故子貢曰夫子之言性與天道不可得而聞迨周張二子始切切指以示人然要人知得即氣即理無物不有無時不然不可須臾離卻工夫乃是教人切近處非是教人高遠也

南昌蕭氏 賜書閣 閱書印

雷翠庭先生自恥録一卷

［清］寧化雷鋐撰　福建省圖書館藏清抄本

雷氏德性醇厚，恪守程朱之學，與安溪李光地並稱。是書爲其早年反躬自省之隨手記録，多「鞭辟近裏、着己之言」，自序云「每有感觸，書以自砭，久之積而成帙，愧躬行之莫逮，因名曰自恥録」。要以朱熹、二程、李侗、陸隴其、薛瑄諸家爲宗，與經笥堂文鈔卷上陸子年譜序所言「自孔孟至程朱，逮明之薛胡，一脈相傳，如世系之有大宗小宗，其他旁門異趨，分之爲庶孽，假之爲螟蛉而已矣」若合符契。所述其先祖雷世守、其師蔡世遠之言行，所記體悟諸家學説之心得，所做格物致知之工夫，所辨儒學之正統與異端，可見其學之崖略。

是書乃雷氏身後，由弟子朱坤於乾隆二十七年（一七六二）刊行。道光五年（一八二五），伊道彬念邑中罕覯，又重印之，以廣其傳。此清抄本前有張師載序、雷鋐自序，末有沈近思、朱坤跋，伊道彬識語。

（林益莉）

雷翠庭先生自恥録

薛文清公曰嘗自今一刮舊習一言一行求合乎道否則匪人矣

遏欲如斬草除根幽隱萌動中猛加精力此謹獨工夫爲至要也

妄念不除肯將此身竟放作下等人也耶

尊聞録一卷

［清］長樂陳庚煥編　福建省圖書館藏清抄本

陳庚煥（一七五七—一八二〇），字道由，一作道猷，號惕園，長樂人，世居福州鼇峰坊。嘉慶五年（一八〇〇）歲貢生，二十一年授寧洋縣訓導，未任而卒。曾肄業鼇峰書院，尊崇宋儒之學。著有惕園初稿十六卷外稿一卷、惕園詩稿二卷、惕園遺稿十卷（書札僅存、莊嶽談各二卷，童子摭談、謬言意言附識、日記僅存、故紙隨筆、約語追記、約語補録各一卷）等。

庚煥師從蔡容，容字惟英，號于麓，閩縣人，乾隆間歲貢生，撰有四書講義、爐餘集、獵蠟集等。是書皆庚煥記蔡容有關治學、修身、吏治之語，由庚煥次孫文翱校定。凡嘉慶七年以前所聞十三條、魁輔坊劉氏祠所聞八條、靈山莊嚴精舍所聞三十六條、又續記所聞十二條、追記先生所書聯對七條、附録七截二首，目録略有參差。「嘉慶七年以前所聞」多論明代流寇，「魁輔坊劉氏祠所聞」多論日常求醫問藥當著意處及爲政、問政之法，「靈山莊嚴精舍所聞」、「又續記所聞」多記讀書窮理之語，如「程朱文字，較之史漢、八家，别有一段浩浩瀚瀚之氣」之類。書成未刊，題「貽遠山房藏稿」。鈐有「文翱之章」、「荷生」、「我與荷花同日生」等印。（林益莉）

尊聞録 記于麓先生語

長樂陳庚煥道由編　次孫文翺彦林校

嘉慶七年以前所聞

古今有絶不可解者。學道不以孔子為宗。論事必以周制為言。古今儒者言及制度。援引考據。紛紛聚訟總不過周制。不知顔淵問為邦一章。夫子已明示萬世以經邦制事之大權矣。吾學周禮今用之吾從周。孔子之時也。即使制度盡出於周公。聖賢用之。尚不

何博士備論一卷

〔宋〕浦城何去非撰　中國國家圖書館藏明穴研齋抄本

何去非，字正通，浦城人。學問該博，有識度，累舉進士不第。元豐五年（一〇八二）對策論用兵之要，擢優等，除武學教授，使校兵法七書，書奏復見褒賞，未幾擢博士。元祐四年（一〇八九）爲蘇軾力薦於朝，詔加承奉郎。歷任徐州教授、知富陽縣，官終廬州通判。撰有何博士文集二十卷、備論四卷、司馬法講義三卷、三略講義三卷。

北宋軍事疲弱，文士論兵，蔚然成風。如蘇氏父子之擬六國論，洵又作權書。何氏撰備論一書，論古人用兵，以古喻今，四庫提要謂之「文雄快踔厲，風發泉湧，去蘇氏父子爲近。」所叙自戰國至於五代，既稱兵書，亦爲史論。其謂：「兵有所必用，有所不用，而決於順逆之情、利害之勢。」又謂：「法有定論，而兵無常形。窮寇勿迫，趙充國所以緩先零也，唐太宗犯之而降薛仁杲。百里而争利者蹶上將，孫臏所以殺龐涓也，趙奢犯之而破秦軍，虞詡犯之而破叛羌。强而避之，周亞夫所以不擊吴軍之鋒也，光武犯之而破尋邑，石勒犯之而敗箕澹。」所論皆甚切要，故蘇軾譽其「材力有餘，識度高遠，其論歷代所以廢興成敗，皆出人意表，有補於世」。

是本前有元祐五年蘇軾上書奏狀，稱「備論二十八篇」，直齋書録解題著録四卷，傳本或作二卷，或作一卷。此本二十六篇：六國、秦、楚漢、晁錯、漢武帝、李廣、李陵、霍去病、劉伯升、漢光武、魏上、魏下、司馬仲達、鄧艾、吴、蜀、陸機、晋上、晋下、苻堅上、苻堅下、宋武帝、楊素、唐、郭崇韜、五代，而鐵琴銅劍樓舊藏黄廷鑒校跋鈔本（鐵琴銅劍樓藏書目録作「蕭飛濤手鈔本」，今藏國圖）有鄧禹論一篇，而少漢武帝論、唐論兩篇，篇題亦與傳世諸本相異，秦論作戰守論，六國論作七國論，漢光武論作世祖論，魏論上作曹操攻袁紹吴蜀論，魏論下作韓信曹操論，司馬仲達論作司馬懿論，蜀論作諸葛亮論，吴論分作孫堅攻董卓論、孫氏保全江東論兩篇，符堅論上作淮淝之戰論，符堅論下作慕容垂叛苻堅論，五代論作五代通論。前人多以爲傳世別本，實非。按，備論見引宋人所編歷代名賢確論，題「何去非曰」，鄧禹論一篇，即出是書所引。鐵琴銅劍樓舊藏本篇題與歷代名賢確論相類，可知從確論輯出，故篇題與傳世諸本多有不同，書中文字亦略異。又舊傳有述古堂本，張金吾愛日精廬藏書志著録，謂「從陳君子準藏舊抄本補録鄧禹論一篇。每葉格闌外有『虞山錢遵王述古堂藏書』一行」。所謂陳子準舊藏抄本，當亦源出歷代名賢確論輯本，故多鄧禹論一篇。述古堂本後歸陸心源，皕宋樓藏書志著録，所録黄跋等與穴研齋本同。傅增湘曾借校周叔弢藏穴研齋本校讀，致函曰：「皕宋樓藏書志著録一本，黄、錢跋皆同，此書天壤間不應更有第二本，疑存齋所藏爲照此本迻録耳。」所論當是。述古堂本今不知所在，蕘圃題跋稱此跋存述古堂本，蓋據皕宋樓藏書志録出，原跋實見於穴研齋本也。

此本半葉十二行，行二十字，版心有「穴研齋繕寫」五字。前後有黄丕烈、錢天樹、黄廷鑒、王芑孫、程恩澤題跋。（林振岳）

何博士備論

六國論

秦得所以并天下之形而天下遂至於必可并六國有以拒秦之勢而秦遂至於不可拒者豈秦為工於斃六國耶其禍在乎六國之君自戰其所可親而忘其所可讐故也秦之為國一而已矣而關東之國六焉計秦之地居六國五之一枝秦之兵當六國十之一以五一之地十一之兵而常擅其雄強以制天下之命者由其據形便之居俯扼天下之吭而蹈其膂背於足股之下故也使六國之君知夫社稷之實禍在秦而相與致誠締交戮力以擯秦耶秦誠巧於攻鬭則亦何能鞭笞六國使之駢首西嚮而事秦哉又

強青戰之切則凡所以撫士者未嘗病其或至於驕
是以天下略定強臣倚驕兵而睥睨驕兵挾強臣而
冀望一旦相與起而迫之反視其身徬徨孤立而大
事且去則雖有平日壯決之氣持是而安歸哉此唐
之莊宗末帝所以失天下者由此故也嗟乎闔天下
於亟集而不計其既集之利害者終亦亟亡而已矣

嘉慶乙亥夏日惕甫從
士禮居借觀并鈔録一本

道光庚寅三月上浣古歙程恩澤向芙川先生借
觀

芳堅館書髓一卷

〔清〕莆田郭尚先撰　中國國家圖書館藏清抄本

郭尚先（一七八五—一八三二），字元開，一字伯抑，號蘭石，莆田人。嘉慶十四年（一八〇九）進士，授國史館纂修，典貴州、雲南、廣東鄉試，道光八年（一八二八）任四川學政，十一年遷光禄寺卿，十二年授大理寺卿。著有增默庵詩文集、芳堅館題跋、使蜀日記等。

郭氏善書畫，精鑒别，作蘭竹甚工，書名重於世，日本、朝鮮亦争購之。所作題跋甚多，遍及歷朝碑刻法帖、明清人墨跡及自書自畫，然生前不自弆，隨金石書畫流落各處，身後始由其子籛齡及婿許祖淓搜輯成編。輯本以碑帖之名爲小題，以年代先後爲序。或題芳堅館書髓，或題芳堅館題跋，刊行者有三卷、四卷本，内容相同而分卷略異。此中國國家圖書館藏清抄本，半葉十行，行二十一字。内容與刊本相仿，然次序有異。此本各跋有小題分門，共分漢人書、魏人書、王右軍書、王大令書、晋人書、六朝人書、歐陽率更書、虞永興書、褚河南書、顔清臣書、李少温書、徐季海書、李北海書、唐人書、蔡忠惠書、蘇文忠書、黄文節書、米氏父子書、宋人書、趙松雪書、元人書、文衡山書、董香光書、明人書、諸家類帖、近人書各門。分類輯鈔，每條或數條之末小字註題跋出處，如首三條題「以上三則跋韓敕造禮器碑」。天頭間有圈，諸家類帖上批「以下另編」。外封有「長樂未央」白文方印，卷首有「不由乎我更由乎誰」白文方印、「長樂鄭振鐸西諦藏書」朱文方印、卷末有「長樂鄭氏藏書之印」朱文長方印，外封、卷末有「鄉都自好」白文方印。此本形貌與通行本不同，觀卷首署名及篇中「以下另編」批註，似是刊本之前輯稿，然亦可能由後人分類摘抄，卷首署名或出於書商僞題。

郭氏所跋碑版文字，以帖學爲主。其跋房玄齡碑自述學書經歷云：「幼學皇甫誕碑、醴泉銘，粗知構法，苦乏生動之韻，展視正似宋槧之歐體者，後臨中令聖教序記，稍知運筆法，至得力之深，此碑爲最。」又曰：「昔人言顔自褚出，學顔須知中令法，學褚須知魯國法。余始學兩家書時，茫然不省此語何謂。」「在都時學中令書以百過計，無甚理會，今夕展覽，頗似眼明，想數日來學顔魯國書故耳。」郭氏初學褚、顔，而出入於魏、晉、二王，旁涉虞、趙、董諸家。題跋文字清通，多學書切身體會。龔顯曾刊序譽云：「鉤稽真贋，手題掌録，恒矜莊研究，不肯率意下筆，獨得晋唐無諍三昧。」（林振岳）

芳堅館書髓

一　漢人書

六一疑古人無名勅者繁陽令楊君碑有故民程勅字伯嚴

漢碑字多假借韓勅碑尤多瑰字姶以諸家所已考定者以意折衷之書於上惟感嘉二字尚未醳然耳

漢人書以韓勅造禮器碑爲第一超邁雍雅若卿雲在空萬象仰曜意境尚當在史晨乙瑛孔宙曹全諸石工無論他石也其碑至今完好蓋有神特護持之魯人椎拓草草畫良淺細處幾不可辨此帙楊州汪孟慈同年

長樂鄭振鐸西諦藏書

在鄴十載與吳羹學士氣誼最契丙子典滇試吳羹適
視滇學榜出所得士皆顧所獎許顧所未識僅七人而
明經居其三次日見過拊掌大笑酸鹹同嗜竟至此耶
庚辰三月余奉諱歸里顧為惘惘門人羅香君來閩出
一緘云吳羹書也展誦無一字惟孝經女一帙嗚呼良
友期許之意如是思之能無心動哉道光元年三月四
日識於守元有居顧南雅孝經

閩中書畫録十六卷首一卷　〔清〕黄錫蕃撰　上海圖書館藏稿本

此爲上海圖書館藏黄椒升遺書稿本之一，皆關閩人書畫者。藍格，版心有「擘荔軒」三字。前朱筆録聖祖御製書畫跋、高宗御製詩，末署「署福建布政司都事臣黄錫蕃恭録」。次總目，次嘉慶十四年（一八〇九）吴騫序、嘉慶十一年黄氏自序，次凡例，次目録，次纂輯書目。書中輯録閩中書畫家小傳，以時代先後爲序，自唐迄清，末單列女史、緇流、羽士、仙蹟、流寓、遊宦六門，以别品類。最末附閩中書畫姓氏二十二人。采摭史傳方志、金石碑刻、筆記野史、總集别集，無所不及，所纂亦可謂博矣。書家畫家之傳見諸數書者僅録其一，事跡繁多則節録與書畫相關者。附閩中書畫姓氏爲未見史傳載録者，僅録字號，並記其書畫所長。

據黄氏自序、凡例所言，以張燕昌寄示丁晞曾八閩書畫記初稿一册，囑爲補輯，乃有是書之編。丁書僅收二百餘家，以郡邑分編；是書增至八百餘家，以時代爲次，已數倍於丁書。此爲李宣龔舊藏，有「李宣龔印」白文方印、「碩果亭」朱文方印，後捐贈合衆圖書館。書中有顧廷龍便箋一葉。檢顧氏日記，一九四二年六月十二日：「李拔可送閩中書畫録抄本四册來，似未刊之本，爲費屺懷舊藏，屬爲蓋印，將以借人。」書經顧氏校勘後，曾石印入合衆圖書館叢書，此則稿本原跡也。（林振岳）

閩中書畫録卷一

海鹽黄錫蕃椒升輯

唐

歐陽詹

歐陽詹字行周泉州晉江人舉進士為國子監四門助教唐書本傳

唐馬寔墓誌銘貞元十四年歐陽詹撰并書字法不俗集古録

陳蝦

歷代帝王傳國璽譜一卷

［宋］寧化鄭文寶撰　中國國家圖書館藏明抄本

是書一名玉璽記，叙國璽之源始及歷朝傳授得失之本末。書中謂國璽始秦，以十五城易趙國卞氏所獻之璧琢成，其後歷朝授受，所叙見聞止於宋至道三年（九九七）。按，國璽譜録之書，由來已久，非文寶所創，舊唐書經籍志著録僧約貞玉璽譜一卷、姚察傳國璽十卷、徐令言玉璽正録一卷（六典注引作徐令言玉璽記，直齋書録解題作玉璽雜記），直齋書録解題著録秦傳玉璽譜一卷，博陵崔逢修、嚴士元重修、魏德謨潤色，玉海藝文謂其書叙秦傳國璽歷代傳授得失本末，迄於乾德五年（九六七）。所叙皆與此書相仿，文辭各别耳。惟各書皆眇其傳，而此卷猶能成篇，故特知名。其後明人王佐有玉璽考（見新增格古要論卷十一），楊慎亦有玉璽考（見丹鉛總録卷七），徐樹丕傳國璽考，皆同題之作。

時徐鉉在江南以小篆馳名，文寶嘗受學於鉉（歐陽修集古録卷一秦嶧山刻石）。此書末署「滎陽鄭文寶舟中述」，與史載其人籍貫不符。李世熊寒支集卷六答葉慧生書云：「考其傳國璽譜自署曰滎陽鄭文寶，不曰寧化文寶也，豈釋褐後遂籍京華，竟忘首丘耶？」又其書自述舟中纂次，明人徐樹丕謂其文疏謬甚多：「嘗見滎陽鄭氏傳國璽譜，亦一時舟中述其平昔記憶，有失考證。」（識小録卷一傳國璽考）指摘其書中之謬，如王莽遣安陽侯舜誤作使皇后，漢兵誤作赤眉，公賓就誤作公孫賓，袁術之敗，璽歸漢宮，實魏物也，誤作入魏太祖等。又有感其文字之疏，故重加編次，作傳國璽考。

此本半葉十行，行約二十四字。卷首題「歷代帝王傳國璽譜」，次行下署「鄭文寶」，次正文。卷尾有「介石子讀一過」題識。末有沈曾植「霞秀景飛之室」朱文方印。印典亦收録此篇，然無文寶自注。（林振岳）

歷代帝王傳國璽譜

鄭文寶

國璽者本卞和所獻之璞琢而成璧楚求婚於趙以璧納聘故稱趙璧而秦昭王請以十五城易之趙使藺相如送璧於秦秦納璧而悋城相如乃詭而奪至秦皇併六國獨有天下廼命李斯篆書詔工人孫壽用是璧為之一云用藍田玉作之其篆文云受命于天既壽永昌至始皇崩二世立天下大乱劉項起二世為趙高所殺立子嬰子嬰立四十日漢高祖先與諸侯期入關子嬰乃乘素車白馬繫頸以組奉傳国璽降於軹道傍高祖受璽以子嬰屬吏項羽後殺子嬰誅戮秦

硯史十卷

〔清〕侯官林在峩撰　中國國家圖書館藏清抄本

林在峩，字涪雲，號輪川，侯官人。雍正間貢生。工文詞，精行楷，善剞劂，或寫意作竹石花卉，尺楮寸縑，人争寶之。撰有陶舫集。

在峩父佶，雅好金石，所用硯多自作銘文，且與閩中藏硯大家余甸（田生）、黄任（莘田）往來，子姪輩亦濡染其風。此書專載硯銘之文，乃林氏世代用硯及師友所作硯銘合集。前有雍正十一年（一七三三）林正青序，次硯史小傳，次目録。卷一録其王父立軒、父佶硯銘、題辭，並有正青、在峩昆弟等題識，記其原委。卷二余田生篆史堂稿，録余氏所作硯銘。卷三黄莘田十硯軒稿硯銘，莘田乃閩中藏硯名家，所蓄佳硯甚多，自號十硯老人。卷四許雪村玉琴書屋稿。卷五周瑞峰緑玉窗稿、謝古梅二梅亭集。卷六林蒼巖瓣香堂稿、林淪川陶舫稿，皆爲林氏子姪，後者即在峩自作硯銘，所録多在峩雕鐫者。卷七宋元明本朝硯銘，録趙孟頫、項元汴、張瑞圖等人硯銘。卷八題册後詩十八首，乃黄莘田書硯銘後十八首及疊韻，並余田生等人和韻題詠唱和之作。卷九諸人題詩，分四、五、七言古體，五、七言今體。卷十諸人賦詞記題跋。末有在峩後序。書中有「朱樫之印」白文方印、「翼盦鑑藏」白文方印。

按，在峩所作硯史，或名硯銘，原爲硯銘墨拓，裒集成册者，其後序云「乃集諸家之研，搨其銘詞，集爲研史，幾四百餘種，分爲八册」，知原集硯拓册葉八册。其初則僅集二百餘幅，裝爲四册，觀方苞跋云「涪雲持其父與田生銘硯墨蹟二百餘幅視予」云云可知。其後所積更多，乃遍徵題詠，再予編次。今傳世抄本，僅爲其墨拓册葉録文，且將硯銘並合册葉題詠重編，分作十卷。在峩工篆刻，又與其父故交往來，集中所録硯銘，泰半出其手刻，故集拓爲易。惜原拓不存，僅此文字之集，藉睹其盛。

此中國國家圖書館藏清抄本，有朱文鈞墨筆跋語。如卷三黄莘田「守默硯」有批語「此硯今歸予有。翼厂。甲戌四月廿四日」。又卷七「宣德下巖研」上亦有批「此硯今歸寒齋」云云。朱文鈞字幼平，號翼盦，浙江蕭山人。蕭山朱氏六唐人齋藏書録著録是本。（林振岳）

硯史小引

余家藏硯十餘方皆先君子手自磨礲銘刻其背墨繡陳因意義深遠憶余童子時侍　先君側摹臨金石古文墨汁淋漓予供洗滌役盖與陶泓未嘗須臾離維時許丈月溪余丈田生皆與先君石交結翰墨緣每得佳石互相銘刻以為席珍以是予與雪邨兩家子弟承庭訓各以文藝相琢磨黄子莘田則許所自出而陳子德泉謝子古梅又予中表弟兄行也少仝學長仝好臨池之餘所收藏硯林亦各相敵自月

硯史一卷

栟櫚書屋稿　林立軒

甘露硯

靜而壽樸彌光惟甘露之降祥徵永寶乎青箱

時康熙戊寅秋八月望前二日甘露降於松楸八十老人立軒書硯後以勗子孫

先王父懸車三十年老而好學終日獨坐看書烏几欲穿不特硯成臼也傳家三世不墜手澤撫茲遺石不勝高曾之慕　三孫正青謹識

石室珍藏　印

丞相魏公譚訓十卷

〔宋〕同安蘇象先撰　中國國家圖書館藏清張氏愛日精廬抄本

蘇象先，同安人，元祐六年（一〇九一）進士。官至左朝請大夫。其祖頌（一〇二〇—一一〇一），字子容。慶曆二年（一〇四二）進士，歷仕仁宗、英宗、神宗、哲宗四朝。主持編修開寶本草、備急千金方、本草圖經、邇英要覽，重修水運儀象臺，多次出使遼國，官至宰輔，追贈「魏國公」。有蘇魏公文集。

頌有感於唐柳公綽家族長盛不衰，尤重家訓，故以「汝輩宜慎守家法，無使墜廢」規誡子孫。是書爲象先記述祖頌家居言行及爲官經歷之作，初稿僅百餘事，乃象先侍座時親見親聞者。頌卒後，象先追憶平生所獲祖訓，廣而續之，凡三百餘篇，復經其侄玭修訂成書。書凡十卷，分國論、國政、家世、家學、家訓、行己、文學等二十六題，涉及飲食起居以至齊家治國等諸多内容。如稱「趨時如鷙鳥猛獸之搏，務學亦須如此」，並身體力行，以爲兒孫表率，「幼時與華直温會課無錫，日有定規。間或親知宴遊，日不能逮，繼之以夜，或至達旦」，「在館閣九年，每日記二千言，歸即書於方册」。其交遊甚廣，凡一時名流如歐陽修、蔡襄、劉敞等皆與之切磋琢磨，以「取友之益，不可忽也」。又稱爲學並非僅作義理探討，而應達於政事。此外如其平居節儉，「每飯不過一肉，非賓客未嘗飲宴」；敬惜字紙，「未嘗妄廢寸紙，每剪碎紙爲簽頭」；孝敬雙親，其父召議家務，日或徒步往來十餘里未以爲勞；居官盡職，「唯民所利悉因之，所以賑濟拊恤之備至，民遂安堵」，亦皆可爲子孫效法。頌身處新、舊黨争方熾之時，能以禮法自持，議論公允，明哲保身，位至宰輔，當與其處世之規範有因果焉。

書中記頌之生平細節頗多，如舉進士之年份、元配與繼室之家世、在南京留守推官時與歐陽修之交往等，皆宋史本傳未詳者。又多記當時典章、政事、掌故，如凌景陽與蔡襄結姻之經過，歐陽修讀儀禮以破濮議異論之巧合，仁宗恭儉節用之言行，華戎魯衛信錄之成書、死馬肉製作脯臘之方法等，可資考證之需。所記教坊俳優滑稽戲，描敘綦詳，亦尤可注意者。凡家訓之作多夸大虚美，而此書行文平實，足堪傳信，宋史援入頌本傳者十餘條，石林燕語、三朝名臣言行録等擇採者尤多，可知當世已爲人推重。故雖稱「譚訓」，然似宋人筆記之作，元人袁桷將其列入修遼金宋史搜訪遺書條例事狀，可謂得其真味。

書成後於紹熙四年（一一九三），由周泌刻之郡府，明清兩代罕見流傳，四庫全書亦未收。道光間，蘇氏後裔廷玉得黄丕烈抄校本，又借壽松堂蔣氏所藏宋本校勘後刊行，流布遂廣。此本抄寫於道光刻本之前，與黄丕烈抄校本非同一系統，卷前多蘇頌小傳，後有季錫疇識語，内容雖難稱完善，然頗可見其早期抄本之概貌。（王傳龍）

丞相魏公譚訓卷第一

象先自少不離祖父之側元祐丙寅祖父爲天官尚書居西岡楊崇訓之故第祖父以南軒爲書室設大案列書史於前又置小案於椅閒俾象先侍坐每至夜分退而記平日教誨之言作談訓百餘事後三年祖父執政無復曩時閒暇又十有二年捐館於潤又十有九年象先在鎮江卧病閱五年當靖康元年偶記舊槀而散失脱落尚多遺逸因廣而續之凡三百餘篇分爲十卷以見一日未常忘祖訓而諄諄之誨不可無傳也

者為其父齋衰杖期云云其言與修意合由是破諸
異議自謂得之多矣
高祖太師知復州初應賢良方正進卷者百餘人為
天下第二被召會罷六科當邀乘輿上書言丁謂專
權纍横宜正典刑真宗召入賜食學士院給筆札
使盡言之俄亦報聞
曾祖内翰景祐中自太常博士應制舉極言時政得
失與吴春卿同中初考三上覆考陞春卿
曾祖第四等詳定從覆考授祠部員外郎通判洪州
不十年入翰林為學士初既覆考作兩絶句其畧云惟問淄川等第移是也

谷盈子十二篇一卷

［清］閩縣龔易圖撰　上海圖書館藏清光緒五年刻本

是書一卷，分一元、二運、三泰、四因、五極、六合、七復、八守、九究、十變、十一萌、十二育，凡十二篇。書前有龔氏自叙，各篇前有解題，以釋篇名。書中雜糅周易、老子、宋儒理氣體用之説，如一元云「天，氣也。地，形也。天，體也。地，用也。氣爲萬物之體，形爲萬物之用」。又取法家之説，如六合篇云「古未有不富而能强者，古未有不均而能富者」，「士多則國貧，商多則國競，賈多則國侈，農多則國富」。其七復解題謂「萬物聽命，守之以静。無往不復，歸之以正，故曰復」，則化用老子「致虚極，守静篤，萬物並作，吾以觀其復。夫物芸芸，各復歸其根」之言。篇首所論，以大學比釋中庸，以「明德」、「明明德」、「新民」釋「天命之謂性，率性之謂道，修道之謂教」，謂「大學三語足括中庸之全」。龔氏身處清季，而爲此復古之篇。其書雜糅諸子之言，雖專主儒家，列諸清人著述之林，亦殊少發明。書稱「谷盈子」，殆取老子「谷得一以盈」之語。（林振岳）

谷盈子十二篇

閩縣龔易圖撰

一元

陰陽之運无體不立始判鴻濛肇生太極故曰元

天覆也地載也天動也地靜也天外也地內也人知天之覆之動之外而不知天之所以覆所以動所以外知地之載之靜之內而不知地之所以載所以靜所以內故曰在天地之中而不知天之所以爲天地之所以爲地

谷盈子十二篇　一

東觀餘論二卷　［宋］邵武黄伯思撰　福建省文史研究館藏清抄本

黄伯思（一〇七九—一一一八），字長睿，别字霄賓，號雲林子，邵武人。元符三年（一一〇〇）進士，累遷至秘書省秘書郎。

伯思素好金石碑版之學，凡鐘鼎彝器款識、字畫體制，悉能辨正，且多後出轉精之論，如宋淳化間王著輯秘閣法帖十卷，米芾作跋秘閣法帖指其誤，伯思病芾之疏漏，又作法帖刊誤二卷以辨之。芾辨宣示表、得長風帖非鍾繇真跡，乃齊梁人書，伯思則以爲王羲之臨本；芾指李斯田疇帖爲僞，不知何人書，伯思謂自唐王密撰、李陽冰篆明州刺史河東裴公紀德碣中集成者。又能以金石與正史相發明，非徒事賞鑒者，如據晋書孝宗穆帝紀，考王羲之都下帖有「桓公」、「久當至洛」語，故應作於永和十二年（三五六）秋桓温破姚襄至洛之前，可與右軍破羌帖互證。其論辨謹嚴，自漢書、後漢書、三國志、晋書、陳書等正史至漢魏六朝、隋唐之文集、碑帖，均能據爲典要。伯思擅書，兼工各體，崇尚漢魏古法，於古今名家多所論斷，如論書八篇示蘇顯道謂章草惟漢、魏、西晋人最妙，至唐以後則古意希絶；又謂篆法壞於李陽冰，草法弊肇張旭，八分俗自韓擇木，習書者當以揣摩鐘彝款識、漢碑、王、索爲上。論書六條評點近人，是章惇之筆意超然，非米芾之能行書而不工正草。皆不附時俗者。

伯思此書生前未刻。卒後，其子訒取其所著法帖刊誤、古器説與論辨題跋合刊之。今所見最早者爲嘉定四年（一二一一）莊夏刻重修本二卷，其他尚有國圖藏宋刻殘本，明萬曆十二年（一五八四）項篤壽萬卷堂刻本、崇禎間津逮祕書本，清嘉慶間學津討原本、光緒間邵武徐氏叢書本等。又有明抄本、清抄本數種，如嘉靖間黄櫰校抄本、葉伯寅藏抄本，萬曆間顧飛卿抄本等。此清初藍格抄本，半葉九行十八字，上卷目録起法帖刊誤，訖跋四皓碑後；下卷目録起跋干禄字碑後，訖邵資政考次瘞鶴銘文。後附黄訒、樓鑰跋各一，莊夏跋二。按，宋嘉定刻本、明萬曆刻本僅存莊夏第一跋殘句及第二跋；明抄本中，嘉靖間黄櫰校抄本莊夏二跋並存，第一跋脱字頗多；葉伯寅藏抄本僅存莊夏第一跋，然較黄櫰抄本完整。惟萬曆間顧飛卿抄本，莊夏二跋全，且其中異於他本之批語、訛脱，與是本全同。是本之批注，如法帖刊誤卷下附二跋注曰：「此二則皆法帖刊誤舊跋」；是本之錯訛，如法帖刊誤第三晋宋齊人書「唐蒲州桑泉令豆盧器得之」句脱「豆」字；跋昌谷别集後「昌谷」誤作「昌國」、跋黄庭經後小注「以真誥校」誤作「以真誥故」、跋輞川圖後「二十境」誤作「十二境」，均同顧氏抄本。

顧氏抄本爲瞿氏鐵琴銅劍樓舊藏，今藏國圖，鐵琴銅劍樓藏書目録著録，云：「此本爲萬曆間酉陽山人顧飛卿氏校定。舊藏張超然家。超然名遠，閩人，來寓於虞，卷中朱筆皆其所校。」張遠，侯官人，生於清順治五年（一六四八），既藏顧氏抄本，蓋是本乃據顧本抄出者。惟顧氏抄本所缺目録，是本或據他本重抄，又卷下目録後有太傅大丞相李公序校定杜工部集、觀文節使葉公題跋索靖章草急就篇、樞密資政許公翰祭文、讀許太史祭黄長睿文及樓鑰所補邵資政考次瘞鶴銘文篇題，亦異於他本。是書自有宋刻本以來，各本互有參差，是本較爲齊全，且抄寫精工。書中鈐「曾在李鹿山處」、「大通樓藏書印」、「鄭氏注韓居珍藏記」、「閩縣龔易圖收藏書畫金石文字」等印，知爲李馥、鄭杰注韓居、龔氏大通樓舊藏。（劉挺立）

東觀餘論上

左朝奉郎行秘書省秘書郎黄伯思撰

法帖刊誤序

淳化中内府既博訪古遺蹟時翰林侍書王著受詔緒正諸帖著雖號工草隸然初不深書學又昧古今故秘閣灋帖十卷中瑶琨雜糅論次乖譌世多耳觀遂久莫辨故禮部郎米芾元章筆翰妙薦紳間在淮南幕府日嘗跋卷尾作數百語頗有條流但概舉其目疎略甚多故諸

東觀餘論下

跋干祿字碑後

歐陽文忠言楊漢公謂此書以工人用為衣食之業故摹多而損速者非也蓋昔魯公筆法為世楷模而字書辨正偽謬尤為學者所資豈止工人為衣食業哉此論甚善但云漢公摹本多失真則不然今觀此書精隱勁媚殊得顏真楊自以為不差纖毫信矣然文忠又云干祿之注持重舒和而不局促予輒易之曰持重而不局

玄亭涉筆十卷

［明］龍溪王志遠撰　中國國家圖書館藏明萬曆三十七年刻本

王志遠，字而玄，一作而近，號玄亭主人，漳浦人。萬曆十年（一五八二）龍溪縣舉人，遂自署龍溪人。萬曆十七年進士。歷官澧州知州、紹興知府。擢户部員外郎，歷廣東司郎中，後改南京禮部郎中，歷湖南參政、湖南按察使、四川右布政使、江西左布政使、河南右布政使。光宗即位，遷廣西左布政使。泰昌元年（一六二〇）卒於官，贈太常少卿。志遠嶽立洞達，文儁爽如其人。與蔣孟育、高克正、林茂桂、張燮、鄭懷魁、陳翼飛稱七才子。著有鈒鏤稿、玄亭集、意雅、寶簾堂疏及諸書經解等。傳見道光重纂福建通志、康熙漳州府志、康熙漳浦縣志。

此書刻於湖南參政任上，首題「龍溪王志遠而玄草」。書前有萬曆三十七年玄亭涉筆自叙，云：「始余爲涉筆，蕲得未曾有，而必己出，雖已出而他人我先者，輒削去之，以是隨筆隨削，積有歲年而卷帙靡盈焉。」萬曆三十七年始彙次「付之殺青，示不復削也」。全書立目百六十餘則，舉凡古今異名、字詞大意、典章事實、人物故事乃至異聞傳説，録而載之，辨而析之，足資省覽。謝章鋌課餘續録卷四謂是書「雖襞積餖飣，未脱明季説部習氣，然亦時有考訂，不盡誇多鬭靡爲也」。

此書清修省府縣志或著録作一卷，或作五卷。一卷本係陶珽輯説郛續所收者，五卷者蓋本之課餘續録。謝章鋌據明徐氏紅雨樓、清鄭氏注韓居遞藏本抄藏時僅存五卷，謂「卷末疑有缺葉」，而修志者殆目此五卷殘本爲全本。明刻十卷足本，今中國國家圖書館、日本内閣文庫、尊經閣文庫等藏，上海圖書館藏一抄本。此中國國家圖書館藏本，版心下有刻工羅葵、羅良等。原爲揚州阮氏舊藏，鈐有「宫保尚書」、「揚州阮氏琅嬛僊館藏書印」、「洪氏寶藏」諸印。（陳旭東）

玄亭涉筆卷之一

龍溪王志遠而玄　草

（藏書印）

異名

蔚藍天之隱語杜詩上有蔚藍天度人經作

欝繿

翔陽日也海賦翔陽逸駭於扶桑之津又曰

曜靈楚辭曜靈安藏

夜光月也楚辭夜光何德

山帶雲也廬山記天將雨則有白雲俗謂之

卮林十卷補遺一卷　［明］莆田周嬰撰　中國國家圖書館藏清抄本

周嬰，字方叔，莆田人。弱冠負才名，博極群書。崇禎十三年（一六四〇）以貢入京，特授上猶知縣。未幾賦歸，家居淡泊。著述甚富，所傳惟遠遊篇十二卷、卮林十卷。

是書皆讀書條札，辨證前人之説者爲多。其類目以各人著述爲次，以諸家姓氏標目，如質疑魚豢者曰質魚，辨析劉向者曰辨劉，洗剔梅鼎祚書記洞詮、詩乘、古樂苑曰洗梅，其下再分條擬題，以所釋之語爲題。首引前人舊説，次引群籍諸家之説詳爲辨析。末有卮林補遺二十條。周氏學有淵源，辨析明達，考訂精詳。如卷六至尊條辨梅鼎祚謂孫權領徐州牧時自稱「至尊」之非，以爲「此吴史氏追稱之文耳」。周氏辨之曰：「孫權稱帝後，群臣俱呼『陛下』。自稱吴王以前，遡其承兄始據江東之日，群下皆呼『至尊』」，引陸遜之疏文等爲證，又引黄義仲十三州記之説，謂當時郡守亦可稱至尊。其他諸條辨析大致如是。清末李慈銘越縵堂讀書記謂之「聞見博洽，立論多有據依」、「較之筆精、談薈、蟫雋、疑耀諸書相去遠矣」。

此爲清修四庫全書之底本，前有周氏自序卮林小語，次目録。卷首題「卮林卷之一」，次行下題「莆田周嬰方叔纂」，旁館臣墨筆圈改「莆田」爲「明」、「方叔纂」爲「撰」字。次正文。正文行款亦依四庫格式修改，以墨圈表示空格提行。卷首有「一六淵海」朱文方印、「劉喜海」白文方印、「燕庭」朱文方印、「御賜清愛堂」朱文長方印、「翰林院印」滿漢官印、「閩海清源浯水江夏派麗澤居四部匯覽」朱文方印、「温陵黄氏藏書」朱文方印、「燕庭藏書」朱文方印。書中間有館臣校籤，如卷六青雲條上有校籤：「『顔延之伍君詠曰』，『伍』當作『五』字。編修錢樾覆閲。」卷七灄字條上「『愍帝』，誤寫『愍啻』」，下鈐

「分校盧遂」朱記。

纂修四庫全書檔案載乾隆四十七年（一七八二）二月校核四庫本誤字，云：「巵林内『梟以凶叫』句，『梟』訛『皃』（今按，卷三禽經）；又『軍用不竭』句，脱去『軍』字（今按，卷三東道主）；又『池水合成璧』句，『璧』訛『壁』（今按：卷五朱碧）；又『如登春臺』句，『登春』二字倒置（今按，卷五人日）；又『顯于西土』句脱去，注『闕』字（今按，卷七泰誓今文湯武逸書）。總校官何思鈞記過一次，分校官朱炘記過二次。」所舉各例，皆此四庫底本原有脱誤。惟最末所舉「顯于西土」，此本脱「顯」字，四庫本則脱抄整句。此書另有湖海樓叢書本，以之相校，可知除上述四庫本已訂正處外，此本脱文誤字尚多，如卷三劉子玄水仙賦條「時人以爲不減洛神賦」下脱「予固不敢望知幾萬分之一……時人以爲不減洛神賦」一句，殆此處兩引金樓子之文，抄手誤綴於一處。其餘如卷五脱雙名、婦人雙名條，卷八脱逸周書序等條，脱文誤字，比比皆是。四庫本以此作底本，雖經館臣校正，仍多沿其誤，然賴此本之傳，方悉其致誤之由也。

（林振岳）

卮林小語

余無似之才平生不解作寒暄語亦未嘗發問難端稠人廣坐群議風生余竟默默也知者以為野鄙

○巵林卷之一

莆田周明○嬰方叔纂撰○○

○○質魚

○○○雒水

○魚豢魏畧曰漢火行忌水故雒字去其水而加隹魏為土德土水之牡也水得土而流土得水而柔故雒除隹而加水

、、左傳遷九鼎于雒邑人伊雒之戎會雒戎

至於雒　雒周禮豫州川滎雒

南窗叢記八卷

［清］寧化伊朝棟撰　上海圖書館藏清嘉慶五年刻本

伊朝棟（一七二九—一八〇七），原名恒瓚，字用侯，號雲林，又號武彝山人，寧化人。乾隆三十四年（一七六九）進士，授刑部主事，官至光禄寺卿。畢生致力於學，務尚名節，不趨要津。後由其子秉綬迎養於揚州衙署，卒於揚州。撰有賜硯齋詩鈔四卷、雲林詩鈔八卷等。生平詳見翁方綱撰墓表、姚鼐撰墓誌銘、王芑孫撰神道碑銘、秦瀛撰家傳等。

乾隆五十七年（一七九二）春，朝棟患病，瘳後請假休養，移居宣南，每日坐南窗下，向陽曝背。服藥之餘，讀架上經史之書，以消閑排悶，有所得則記之，積稿日夥，乃排比成此書，名曰南窗叢記。首有乾隆六十年自序，次爲嘉慶五年（一八〇〇）自撰叙録。前六卷率爲温經札記：卷一説易二十三則；卷二説易十一則，説書十八則；卷三説詩十三則，説春秋三傳十九則；卷四説春秋三傳二十七則，説三禮三十一則，卷五説三禮六十七則；卷六説三禮十四則，説孝經一則，説爾雅七則。卷六後半起，論史、漢以下書，旁及百家之書，韓柳之文，説詩文、記掌故，旁及藏書、墨、硯之屬，非止乙部之書。推經史而及人物，漢唐大儒外，唐則李杜、韓柳，宋則東坡、朱子，清則尤尊安溪李光地，牽及清初張伯行撫閩時刻薛氏居業録以教士人，念桑梓之情耳。書中各條不立名目，篇幅修短不一，時見參差。據叙録自述，朝棟恪守先儒之説而羽翼之，不輕言破立，或辨一字，或考一義，或以彼證此，薈萃諸家成説，折中一是，未必盡當，可備參考。如康熙中何焯以李光地引薦，由拔貢入内廷，獲賜進士出身。李氏此舉，旨在爲國掄才，並非出於一己之私好。伊氏謂何義門高自位置，獨心服李氏，欲上書李，洗硯而後敢書，不免流於小説家言。（李　軍）

南窓叢記卷一

寧化　伊朝棟　用侯

京氏焦氏多溺於術數鄭康成大儒亦未能免飛伏納甲爻辰卦氣之說非三聖人作易本旨王弼出而盡掃衆說程傳出而王弼之易又廢朱子作本義參酌于程邵兩家之閒主象數而理在其中然朱子自謂本義太畧以義理已大備于程傳故也

臨卦八月謂自復一陽生由復至遯已歷八月也臨爲二陽之卦當剛浸而長之時聖人早已爲之設戒矣復卦七日來復謂自午一陰生至亥而六陰已極至子而一陽復生其歷七月也大抵日屬陽月屬陰復卦七日是以陽來

春渚紀聞十卷

［宋］浦城何薳撰　中國國家圖書館藏明天啓四年抄本

何薳，字子遠（一説子楚），浦城人。因其父何去非葬於富陽之韓青谷，卜築守塋，遂自號韓青老農。好爲青麻短製，時曳曲竹，謦欬林莽中，步登半峰，以望江潮，時人比之林和靖。生平見宋王洋東牟集隱士何君墓誌。

何氏居韓青谷守塋，殆臨春水而作此書，故名春渚紀聞。書分十卷，共計雜記五卷，録瑣記並鬼神怪異之事；東坡事實一卷，記蘇軾逸事；詩詞事略一卷，收唐宋人詩句；雜書琴事附墨説一卷，記硯一卷，記製墨工藝、名硯並録硯銘；記丹藥一卷。雜記類多鬼神談諧，前人多病之，如四庫提要謂其文字「自相矛盾，殊爲不檢」，周中孚鄭堂讀書記謂之「有失儒家規範」。然筆記多記傳聞之辭，未必皆據爲典要。再如卷五古書託名條記陳師道聞東坡語，世傳王通元經薛氏傳、關子明易傳、李衛公問對，皆阮逸所僞撰，逸嘗示草本於蘇洵。東坡事實一卷，蓋緣其父去非因蘇軾舉薦而得官，故專列一卷以感知遇之恩。書中所記東坡逸事、古琴、硯墨、丹藥各條，皆有資考證，研史者尚有所稽。

明末陳繼儒寶顔堂秘笈本，所刊僅其前半，後毛晋得舊本十卷，補其遺漏，刻入津逮秘書，惟書中卷九缺一葉。至晋之子扆得宋刻本，所補缺葉，爲盧文弨刻入群書拾補；張海鵬據拾補補全，刻入學津討原，始爲完本。

此士禮居舊藏抄本，與前人所云宋本文字相近，而較毛晋津逮秘書本佳。如卷一李右轄抑神致雨二異條，「時郡倅曾紱帥郡官」下，毛本脱「賀雨之次」四字。卷二沈晦夢騎鵬摶風條，宋本在霍端友明年狀元條後，毛本誤列吴觀成二夢首尾條前。又龍神需舍利經文條，「因上謁龍祠禱龍」，此本作「江有龍神廟思」，宋本作「與季父焚香禱龍」。卷六秦蘇相遇自述輓志條，「某常憂少游」，毛本下脱「未盡此理今」五字。又饋藥染翰條，「至日暮筆倦或案紙尚多」，毛本「至」字下脱「日暮筆倦或案」六字。卷第九呂老煅研條，「余嘗爲之銘曰」，毛本下脱「煅瓦成金老呂受之鑄金作瓦置之籬壁以睨」十八字。又毛本卷九缺葉，此本原亦缺，後吴翌鳳抄補一葉，筆跡與前後不同，即南皮二臺遺瓦研條下脱末四十字，中缺端石蓮葉研、風字晋研兩條，烏銅提研條，毛本脱前段三十六字，遂誤以後段之「而銘之曰」，接南皮二臺遺瓦研條「而參夫文」之下。毛本其餘字句之誤甚多，此本多不誤。此本半葉九行，行十八字，與前人所云宋本行款同。書前後有吴翌鳳、黄丕烈、陳墫、蔣鳳藻校跋，周星詒據抱經堂文集過録盧文弨跋並識語。卷首題「春渚紀聞卷第幾」，次行題「韓青老農何薳撰」。卷末有「皇明天啓甲子孟春上浣録完，王□」識語。前有目録，末摹「臨安府太廟前尹家書籍鋪刊行」刊記，下鈐「士禮居」朱文方印，係黄丕烈摹補者。卷首有「士禮居」朱文方印、「西畇草堂攷藏」朱文長方印、「仲遵」白文方印、「西畇草堂」白文方印、「枚庵流覽所及」朱文方印。卷末有「仲遵攷藏」、「蕘翁」朱文方印。（林振岳）

春渚紀聞目録

韓青老農何薳撰

第一卷

雜記

春渚紀聞卷第一

韓青老農何 薳 撰

宋本行款字數同
前有目錄八葉

雜記

木果異事

元豐間禁中有果名鴨脚子者四大樹皆合抱其三在翠芳亭之北歲收實至數斛而託地陰翳無可臨玩之所其一在太清樓之東得地顯曠可以就賞而未嘗著一實 裕陵嘗指而加歎以謂事有不能適人意者如此戒圃者善視

鐵圍山叢談六卷

［宋］仙遊蔡絛撰　上海圖書館藏明秦氏雁里草堂抄本

蔡絛，字約之，號百衲居士，仙遊人。北宋末權臣蔡京幼子，官至徽猷閣學士、龍圖閣直學士兼侍讀。欽宗繼位後，貶竄白州，死於貶所。絛生於哲宗紹聖四年（一〇九七），是書卷一述及紹興十八年（一一四八）冬事，卒年尚在此之後。存世著述另有西清詩話。

是書撰於白州，其地有鐵圍山，故名。記述北宋朝野掌故，間及南宋初廣西民俗。周中孚鄭堂讀書記稱「其書上自乾德，下及建炎，中間二百年軼事，無不詳志備載」；「以其久直中禁，所記徽宗時一切制作始末，究與傳聞不同，故多足以資考證焉」。

叢談撰成後長期無刊本流傳，明代古今説海、歷代小史等叢書雖收入，但節略過甚。此嘉靖間錫山秦氏黑格抄本爲當前存世最早者，書中「虜」、「胡」等字未經清人改易，絳雲樓書目、讀書敏求記等均有著録。秦氏雁里草堂所抄書籍以精雅著稱，後世抄本、刊本多用爲底本。卷六末施城跋，謂是本「楮墨古雅，的是明人所書」，又引黄丕烈語「近時長塘鮑氏雖刊入知不足齋叢書中，而稍有損益，已改舊觀，得此猶足留古書真面目也」。則清代以來通行之鮑氏知不足齋叢書本亦從此本出，蕘圃藏書題識著録有張充之手抄百衲居士鐵圍山叢談八卷本及舊抄殘本二卷，而對於此本未作題跋，亦未取以對校，未免有遺珠之憾。

此本有秦柄墨筆校字，錢謙益朱筆校字。惠棟松崖文鈔卷一鐵圍山叢談叙，稱「余近從吴中汪伯子借得宋蔡絛鐵圍山叢談六卷，乃嘉靖庚戌雁里草堂寫本，即敏求記中書，有宗伯及遵王印記，首尾完善，猶是當時之書。今稗海、秘笈所刻止四卷，殘缺錯誤，幾不可讀，乃知善本之可貴，爲刊布以公同好」云云，且鈐

「惠定宇手定本」印，然亦無批校文字留存。

卷六末有「嘉靖庚戌孟冬雁里草堂繕寫，仲冬三日校畢」題識一行。又有乾隆乙卯中秋後四日施城（味三）題識。外封有黃丕烈自書書名。全書鈐印累累，護封：「知不足齋主人所貽」、「張燕昌印」、「蕙軒」；卷端：「遵王」、「錢曾之印」、「江左孫郎」、「蕘夫」、「丕烈」、「士禮居」、「閬源真賞」、「汪士鐘印」、「惠定宇手定本」；卷六末：「錢謙益印」、「錢曾」、「遵王」、「大布衣」、「慶增氏」、「孫從添印」。可知明清以來經錢謙益、錢曾、鮑廷博、張燕昌、孫從添、黃丕烈、汪士鐘等遞藏，誠流傳有緒者。（王　亮）

宁

鐵圍山叢談卷第一

百衲居士蔡絛

太祖皇帝應天順人肇有四海受禪行八年矣當乾德之五祀而五星聚於奎明大異常奎下當曲阜之墟也時 太宗適爲兗海節度使則是 太宗再受命此所以國家傳祚 聖系皆自 太宗應符旣同乎漢祖而卜年宜過於周曆矣

仁廟晚未得嗣天意頗無聊稍事燕游一日於後苑龍翔池南作兩小亭東一亭曰迎曙未幾立皇姪爲皇子而賜名適與亭名合不一年卽位是爲 英宗

神宗當守己負疾一日後苑池水忽沸且久不已

鐵圍山叢談卷第六終

嘉靖庚戌孟冬雁里草堂繕寫仲冬三日校畢

四朝聞見録五卷

［宋］浦城葉紹翁撰　中國國家圖書館藏清抄本

葉紹翁，字嗣宗，號靖逸，書前自署龍泉人，兩宋名賢小集所載及書内葉氏自稱皆爲建安人。以其先世久居浦城（舊屬建安郡），紹翁成年後方遷浙江龍泉。博學工詩，與真德秀交好。嘗居錢塘，卜隱於西湖之濱，與葛天民往來酬倡。有靖逸小集一卷。

是書分甲乙丙丁戊五集，記高宗、孝宗、光宗、寧宗四朝史事，凡二百有九條。每條各有標目，不分時代。其丁集僅記寧宗受禪、慶元黨禁二事。宋自南渡以後記載頗略，是書足補闕遺。四庫提要謂「南渡以後諸野史足補史傳之闕者，惟李心傳之建炎以來朝野雜記號爲精核，次則紹翁是書」。其考證事實不在容齋隨筆之下，如丁、戊兩集記慶元黨禁、開禧用兵始末，爲韓侂胄辨冤，尤顯公論。周密齊東野語多本是書而有所補正，考南宋史事者必參稽焉。

世傳石琢堂因是書中有劾朱文公疏，誣詆極醜穢，拍案大怒，遍搜東南坊肆，得三百四十餘部，盡付一炬，時人傳爲美談。此亦鄙淺之見。紹翁師承葉適，與真德秀往來，其學一以朱子爲宗。書中所記不爲尊者諱，有涉於朱氏者，皆直書無諱，足知其是非之公。如洛學一條乃深惜朱熹之子朱在之頽其家聲，故常爲後之尊朱子者所詬病。王士禛居易録謂其頗涉煩碎，不及李心傳書。四庫心傳書入史部，是書則列小説家類。

此本前有目録。卷首題「四朝聞見録甲集」，次行下署「龍泉葉紹翁撰」。次低兩格各條標題，次頂格正文。卷中有「新安汪氏」朱文方印、「啓淑印信」白文方印、「一雲散人」朱文方印、「顧千里印」陰陽方印、「莚圃收藏」朱文方印、「泰峰」朱文方印。此本經鮑廷博、顧廣圻校勘，書中多有校字。（林振岳）

四朝聞見録甲集

龍泉葉紹翁撰

小宗圖書館藏

恭孝儀王大節

恭孝儀王諱仲湜，王之生也，有紫光照室，及視則肉塊，以刃剖塊，遂得嬰兒。先兩月，母夢文殊而孕。動二帝北狩，六軍欲推王而立之，仗劍以卻黄袍。曉其徒曰：「自有真主。」其徒猶未退，則以所仗劍自斷其髮。其徒又未退，則欲自伏劍以死。六軍與約以踰月而真主不出，則王當即大位。陽許而陰實款其期。未幾，高宗即位于應天，王聞闗度南上，屢嘉歎。王奉濮園嘗

宙合編八卷

［明］莆田林兆珂撰　福建省圖書館藏清抄本

林兆珂，字孟鳴，莆田人。萬曆二年（一五七四）進士，授蒙城知縣，改儀封教授，累遷刑部郎中，出知廉州，補安慶。乞歸後，鍵户著述，有多識編、考工記述注等。

是書四庫全書總目存目著録，提要述其内容謂「一曰泰真測徼，皆談天地。二曰珍駕提羽，皆談經籍。三曰墨兵微畫，皆談史傳。四曰議疇剽耳，皆談世務。五曰在鈞誦末，皆論學問文章。六曰説藪鬖髿，皆談雜事」。其中「剽耳」乃「耳剽」誤倒。六門名目，務求標新立異，故四庫提要謂「每篇名目，故爲詭異。篇首各有小序，亦皆澀體。」以其内容駁雜，故名之「宙合」。

是書有萬曆刻本，此清抄本自萬曆刻本抄出，目次、行款均同。卷首有「大通樓藏書印」朱文方印、「龔少文收藏書畫印」白文方印。内有佚名朱筆批校。（林益莉）

宙合編

泰真測徵　崇字集

林兆珂曰、裴文季有云、聖人體無、無不可以訓、故言必及有、愚讀猶龍公觀玅觀徼之言、乃知五千言皆以有證無、安在其中無無已也、不然、既已無矣、焉用申之、況有未始有無者有未始有夫未始有無者、造物不得而知、而欲以人妄意之、直吹影鏤塵乎、若夫太極構天、真元晶灼、日月星辰之所以行、天地之所以著、鬼神之所以幽、人物之所以蕃、江河之所以

帶經堂筆記一卷

〔清〕閩縣陳徵芝撰　福建省圖書館藏清抄本

陳徵芝，字世善，一字蘭鄰，晚號韜菴，閩縣人。嘉慶七年（一八〇二）進士，用知縣，發陝西，改浙江，尋補會稽。道光二十二年（一八四二）卒。平生好聚書，積至八萬卷。撰有經史纂要、帶經堂日記、韜菴賸稿等。

陳氏藏書後由其孫樹杓編爲帶經堂書目，民國間鄧實刊入風雨樓叢書，中有引帶經堂筆記云云，而書不經傳。檢帶經堂書目所引帶經堂筆記與此本有相合之處，如抄本舊五代史條、宋嘉祐刊本説文解字條著録，及抄本逃虚子集條所録「蘭鄰公跋」等，皆見於筆記，因知即係其書。是本卷首末署「韜菴居士」，即陳徵芝別號，亦能證爲陳氏所撰者。

是書並無次序，殆以所購所見書之先後依次雜録。卷首一條似有發凡起例之意，云「數年來購買各書，舊刻舊抄者居多，緣欲收藏以遺子孫，祇取其備，而俸入有限，所有宋元板刻、索直過昂者，概不能買」。而徐節孝集乃所購宋刻之始。又云「曰舊藏者，則先代所遺也。曰家藏者，則宦遊所收也」，即其凡例。書中各條，或簡録書名、册數、舊藏，或詳記購藏始末、版刻流傳原委。筆記所記書估，有挹秀堂、鋤經堂、鄭氏、吴山陶氏等。所記宋元舊版甚夥，頗有黄丕烈舊藏之書，如汲古閣本吴郡志、名臣事略鈔等。卷中亦記其經眼而因價高未購者，如「説苑係明程榮校刻本，因索直昂，未買」、「府廳州縣圖志，洪稚存先生撰，未買」、「太平金鏡策三卷，宋刻，有『閩中陳翰圖書』印一方，『觀大意』印一方，因索直昂，置之」。並偶記其欲購之書，「汲古閣舊刻十三經、十七史，真如布帛菽粟，不可一日無也，當廣購而藏宋刻」，皆能識别書商僞造之本。其護惜舊籍，即斷箋敝紙亦有寶藏之意，「舊藏明人詩抄本，每張内有襯訂紙，多半是閩中明人逸詩，頗有資閩中掌故者」；書中襯紙亦細心留意，發現閩人佚文佚詩等，惟篤嗜文獻者能會其心也。所記諸書多見於書目，而書目亦不全引。然如元版儀禮圖、抄校本剡源文集等，筆記已録而書目未引，不知樹杓所云筆記與此本有所不同，抑或編書目時有所取捨歟？此抄本一卷，半葉六行，行二十五字，稿紙版心有「楮生林」字樣。前有民國二十九年沈祖牟題識，謂爲林宗澤平治樓手抄本，原佚其書名撰人。（林振岳）

之」。陳氏精鑑别，如書中云「賈長江集係明刻將紙薰舊充宋刻者，又一本汲古閣刻」、「松陵集似亦非

帶經堂筆記

此為林平冶先生手鈔本，原佚其書名及撰人姓氏，殊以為憾。今日偶閱帶經堂書目，引帶經堂筆記云云，與此中有相合處，惟字句稍出入，是即蘭鄰先生帶經堂筆記也。大喜過望，容作長跋記之。廿九、七、廿、祖年識

元板儀禮圖刻嫌模糊中有正德年修補此書通志堂經解已刻

唐律識疏議抄本此書孫氏已刻附有元王元亮釋文未知誰刻

本有吾小字新（查）刻本與抄本同

國史經籍志刻本

古今釋疑國初方中履撰

湖海樓詩集迦陵文集迦陵詞陳維崧撰末有陳貞慧著各種及

謝先生雜記不分卷

〔明〕閩縣謝啓元撰　中國國家圖書館藏稿本

謝啓元，字本貞，閩縣人，謝蕡之子。嘉靖十三年（一五三四）舉人，以子蒙亨贈工部司務。有詩名，明詩紀事載其詩。

是書乃謝氏筆記稿本。前後或有闕，卷首無題名、撰人。內封有周星詒題名「明謝先生手寫雜記」並跋。另有徐𤊹題記。周跋謂舊藏陳太史家，多録古書及時事，足廣見聞云云。然實如徐跋所言，爲謝氏雜抄，各條皆抄自他書。如卷首所録「宋時都城内有人家土庫中被盜」、「元時真州有巨商每歲販鬻至杭」、「宋會之者杭州人元時名醫也」等條，出明田汝成西湖遊覽志餘。「五倫書已載有王軫家書事」等條，出明葉盛水東日記。其餘所引，尚有宋岳珂桯史、明張萱西園聞見録等書。要之其書皆雜抄，所引之書今多常見，非如周跋所云「頗多不經見者」。惟其書引録繁雜，且爲明人手跡，年代尚早，頗爲學者引據。如「近時大家多鐫活字銅印頗便於用」，張秀民中國印刷史引爲明活字之證，此條文字實抄自明唐錦龍江夢餘録卷三。今讀其書，不可不知多非一手史料也。（林振岳）

宋时都城内有人家土库中被盗，隐失赀镪。一总辖谓逻卒曰：恐是市上弄猢狲者，试往勘
之。不伏，则执之；又不伏，则令嚗掌中，如其言。其人良久觉无可逃，遂伏。诘其由，乃
令胡孙自天窗而下取物。或问总辖何以知之，曰：吾亦不知，必但人家多损者，则先疑此，
聊以试之，幸中尔。又一日，总辖坐铺头茶坊，有一大汉追一人，持丹银盏，急以衣服遮著，
巨商者就买取盏饮之。总辖遂见，呼谓曰：我在此，汝不得弄手段，将执汝矣。客惧，惧快
谢罪而去。人问其故，曰：此必奸盗之贼也。适饮水时，以两手捧盏看，阴度其广狭，持以偷
者，易之矣。曰：韩王府中失银器数事，掌器婢被贼伤手，府尹赵从善令总辖捕
之。乃执掌器婢讯之，其伏，问以自越，器婢与仆私，乃窃器与之，自以刀伤手，诈称被贼
以掩之。或问何以知，曰：伤其手曰伤在左手，必自伤也。以此诘婢，中其情，故不能讳也。
元时姚州有巨商，每出贩贸，至杭州，有挑贴布子卿卿街号鬼眼者，设肆省前，言多奇
中。商遣门下生忽措谓曰：公大富人也，惜中秋无禄，三四岁数不可逃。商惧，即戒程，
附八月初间舟次扬子江，见水滨一妇人仰天號哭。商问其故，答曰：妾夫小经纪，本钱止借

□宗圖書館藏

秉燭卮言不分卷

［清］閩縣林春溥撰　福建省圖書館藏稿本

此書前後鈐有「林春溥印」、「鑑塘」、「竹柏山房藏本」、「重燕瓊林」諸印，書衣題「甲子七月重訂」，即嘉慶九年。書爲春溥讀書之所劄録，大抵分周易、尚書、文命外紀、周書、毛詩、春秋、禮記、闕里別志、論語、孟子、性理、文選、小學、詩話諸題。每題下條録各家論説，間下按語；或自立説。諸家著述，自唐宋以來多所取擷，如匡謬正俗、吴地記、容齋隨筆、野客叢書等，而猶以明清爲主，明人如楊慎、鄭曉、焦竑、張鼎思、張大復、徐𤊹、謝肇淛、方以智等，清人則姚際恒、臧琳、盧文弨、戴震、王昶、錢大昕、段玉裁、王念孫、孔廣森、阮元等。其自論讀書所得，每多獨到之言。如尚書題下「孟子讀書獨具隻眼」條與「古人引書往往不拘成句」條，春秋題下「未修以前之春秋」兩條及「説春秋者多不以日月爲義例」條等，不一而足。據其論語題下「羿善射奡盪舟」條末署「庚申又三月讀段氏古文尚書撰異記此」云云，知是編爲春溥三十歲前數年間讀書所纂集者也。所集既至數十家之多，而所録亦允稱一時之選。史稱春溥治學以守約爲宗，實事求是，觀此書可知其學殆博而後約、慎於抉擇者也。（季忠平）

秉燭卮言

周易

張大復筆談曰癸卯季秋訪雪浪師於海音庵師問牝……然如
何肯綮朱註順健以對所矣曰不然土地衆生皆因信致而之……然
却無正知見故曰衆生馬以喻余寓庵中畜一牝者牧人之他……等
行逐無度獨牝馬柔狀絕不與牡相交故知坤不取牝非從……起義
此六字之馬謂正知見也
容齋隨筆曰屯蒙二卦皆二陽而四陰屯以六二乘初九……蒙以
六三乘九二之剛而屯之爻曰女子貞不字十年乃字蒙之爻

樂此不疲隨筆一卷

［清］長樂謝章鋌撰　福建省圖書館藏稿本

是書爲謝章鋌早年讀書筆記，凡二十一則，録書二十一種。謝氏留心文獻，書中或述大旨，或品評發明，或考訂辨析，間涉掌故，多心得之語。如四溟詩話條，謂謝榛之詩固卓然成一家言，而詩話則迂腐瑣冗。謝榛論詩謂「天地」二字不可倒用，不知所本，章鋌舉尚書甫刑「乃命重黎，絶地天通」語，以刺其空疏。又談龍録條，謂詆王漁洋而作者，趙執信「所言頗有過辨，然卓然確有所見，不可謂非豪傑之士也」。皆深於詩文者之吐屬。又録畢沅校刊後漢高誘訓解吕氏春秋，謂「高氏訓解甚缺略，庾文滯義，不可了者多。即畢公塗罅補漏，時有可取，究未能超蒙昧而悉發清光也。讀者尤當力加一番推闡」。大抵以寢饋經史，識見甚正，讀書能撮其要，又能議其可否。

所録亦頗存閩省故實。如詩經精華録條，述撰者嘉道間侯官舉人薛嘉穎軼事甚備。云薛氏目短視，迂而好學，一出爲縣令，實非吏才，歸而矻矻於五經精華之纂述，因勞神過度得痼疾卒。刊成者有詩經精華録、書經精華録、易經精華録、禮記精華録，爲舊時訓蒙善本，盛行於世。惟世人欲考其生平不可得，書中所記則足補史傳之缺。又茹蘗漫録條，乃從友人張任如處借讀，係張氏先人明遺民侯官張利民母陳氏所撰，記陳氏撫孤事甚詳，多可與郡縣志陳氏傳相發明。並略録所撰跋語，爲謝氏早年佚文。另記張利民甲申後撰聯拒見舊友洪承疇事，以聞諸祖輩，未經前人所道，尤爲難得。閩小記條，章鋌自述祖孫四代入泮佳話。諸若此類，皆讀書闡發之餘，興之所至，隨手筆記者，大可爲徵文考獻之助。

此稿本殘存十一葉，朱絲欄，版心上鐫「金聲玉振」，欄左下鐫「福省南街安民巷口述經堂」字樣。前

有近人沈祖牟題識，謂爲謝氏少作，審此筆跡，矯健雄奇，與其晚年所書之凝練入神又有所不同，然結體則一也。（王　靖）

此册为長樂謝枚如先生讀書題識
驗其筆迹蓋少作也寒齋另藏有
賭棊山庄備忘録兩册亦手稿本
更可寶貴 壬午正月嵩齋記

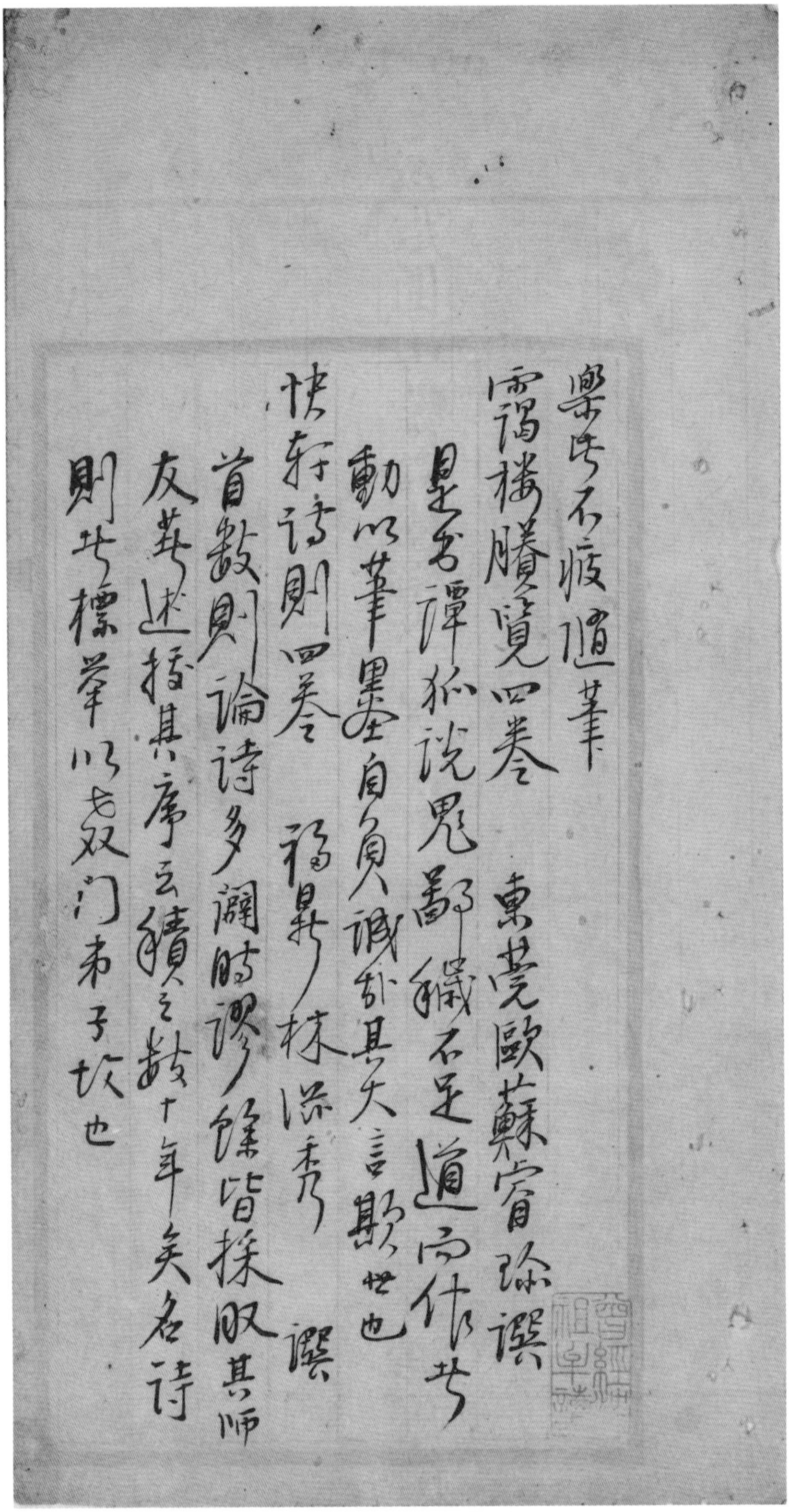

樂此不疲隨筆
靄樓賸覽四卷　東莞歐蘇睿蓀撰
是書譚狐說鬼鄙纖不足道而作者
動以筆墨自負識者其大言欺世也
快軒詩則四卷　福鼎林深秀撰
首數則論詩多闌時謬餘皆採取其師
友著述授其序云續之越十年矣名詩
則其標舉以七双門弟子故也

賭棋山莊備忘録一卷

〔清〕長樂謝章鋌輯　福建省圖書館藏稿本

謝章鋌嘗自言：「予好讀雜家，因取其有關時務及掌故者謂之賭棋山莊備忘録。」（謝章鋌王母邵太孺人壽序）是書一册，即謝氏雜覽所及、隨手抄輯以備遺忘者。所閲之書七種，均借自他處。閲李聯琇好雲樓初集，抄浣月詞序、康熙己未鴻博詩輯序、記賊中事、名山記跋。宋人筆記鬼董一條。王先謙東華續録，抄乾隆五十年（一七八五）正月侯官許王臣七世同居獲賜御製詩章、御書匾額事，十月上諭畢沅所奏長樂陳世元赴豫教種番薯患病身故著加恩賞事；五十五年正月諭軍機大臣等履勘涇、渭以辨清濁事；五十八年八月英使嗎嘎爾呢等入覲事等。皆經見者，不足爲奇。

惟謝氏之閲徐㷊徐興公殘稿也，抄㷊代謝肇淛所作福寧資福寺募緣疏一篇，並爲題記，云：「徐興公在明季博洽有盛名，其紅雨樓文集（未刻本），陳恭甫先生購得之，有跋尾，載左海集中。今恭甫藏書俱散，此本不知流落何處，未知此殘稿在内否。第殘稿多應酬牽率之作，可採者少，後半皆往來尺牘，語多干請，雖其處境使然，究亦明季山人之積習也。興公爲先方伯在杭之舅，當時曹、徐、謝並稱，故其中有爲先方伯代筆之作。」莊縉度黄雁山人詞録抄莊氏詞三首，後有謝氏題記，考冒辟疆姬人蔡含寫水繪園圖事。兩題記均不見於謝章鋌文集，可資輯佚也。（王　靖）

備忘錄

蕉灣退叟偶書題

東塾讀書記　番禺陳澧撰 著　一本未編卷數　後劉君石……

藤州蘇特學華人字萬雲子刊誤是正頗多稍〻可讀矣 交山

日本雜事詩二卷　廣東黃遵憲公度著 署借　上海信宏版　後勝

好雲樓初集二十八卷　臨川李聯琇季莶著

詞至宋始振入元為曲而漫衍極盛乃尋其體者動稱小調

源於太白豈知菩薩蠻之名由大中初女蠻入貢其國人危

髻金冠纓絡被體因之優伶製為曲而文士遂為其詞若太

白之時未有也憶秦娥尤似晚唐人筆且二詞得之噫

寫經齋雜録不分卷

［清］閩縣葉大莊撰　福建省圖書館藏稿本

此書前二十餘紙録毛詩注疏之四庫全書總目提要、葛洪抱朴子自叙、顧炎武日知録等，又全録阮元南北書派論、北碑南帖論二文。中間題曰寫經齋雜録，並鈐有「大莊」、「損軒」兩印，當是作者手録。其所摘録，始則標有題目，如題柏舟髧彼兩毛實爲我儀爲未婚守節詩一條，録朱嶟説。中乃不列題目，但録其説。所録諸説，經史爲主，清人爲多，有顧炎武、汪琬、閻若璩、厲鶚、陳兆崙、沈大成、陸燿、王鳴盛、戴震、錢大昕、段玉裁、余廷燦、管世銘、凌廷堪、惲敬、汪廷珍、姚文田、鈕樹玉、許宗彦、李兆洛、洪震煊、胡培翬、朱嶟、許宗衡等。其後復列題目著者，有何紹基説文形聲解、徐養源解字、許宗彦轉注説，以及鈕樹玉、李聯琇、胡承珙等諸小學説，又録袁枚小倉山房古文凡例、惲敬大雲山房文稿通例、沈彤與顧聲肇論墓銘諸例書及與沈六如論東湖行述書、錢謙益震川先生文集凡例、陸燿與錢巽齋論行述書、段玉裁與阮芸臺書、焦循上郡守伊公書、汪由敦史裁蠡説、汪懋麟與陳椒峰書，又後題「新舊唐書合鈔」數葉，抄録新舊唐書中唐人文集、著作、修史諸事。此書名爲雜録，其間似亦有一二偶出己見者，標以「案」字，如「孟子『五畝之宅』章」條。（季忠平）

雪漁齋新錄

嚴冬友長明著錄　歸求草堂詩文集　西清備對　毛詩地理疏證　五經算術補正　三經三注問

三史答問　漢兩京天文志疏解　文選課讀　文選聲類　尊聞錄　獻徵餘錄　知白齋金石款識

金石文字跋尾　石經考異　漢金石例　五岳真珉考　吳興石墳表　秦石續表　墨緣小錄

秦雲擷英　伏奇館叢聚　南宋文範集　宋宗室　八表停雲錄　吳詒志　情袖集　共二十六種

嚴子進觀　冬友先生子　著錄　補元和郡縣志一卷　江寧金石記　湖北金石詩　師友淵源錄

秦逵錫敦　桂堂圖讀　辛楣先生　如石刻史記釋疑　滌亭達古錄及安陵叢書歷志　北田經

補諸律呂古誼　見蘭泉使楚叢談　今學佳堂經解有滌亭述古錄　武刊壹又新　又許學甘表晉　有詩文傳古通

畢辛楣佛蘇著易守　悅親樓詩註卷十之　已見侯案學　跋

方向亭直隸河渠書百三卷　為人據刻作畿輔安瀾志　師友淵源錄卷十五

師華山房文集　戴祖啟撰

八筆釋例　程瑤田撰　三傳釋例存稿

歷代職官表　陸耳山等　敕編

悅親樓集十四種　祝德麟　有抗解　所著凡八十餘卷

劉烱甫雜記不分卷

〔清〕閩縣劉存仁撰　福建省圖書館藏稿本

劉存仁（一八〇五—一八八〇），字烱甫，又字念莪，晚號蘧園，又號蓼圃老人、靈源山人等，閩縣人。早歲曾從陳壽祺遊，與修福建通志。道光二十九年（一八四九）舉人，咸豐元年（一八五一）舉孝廉方正，以病返。後官平羅知縣、秦州知州，晚年主講道南、印山書院。能文善書，著述甚豐，撰有詩經口義二卷、勸學芻言四卷、屺雲樓詩三集二十四卷、屺雲樓文鈔十二卷、屺雲樓詩話六卷，輯有篤舊集十八卷。

劉氏蹭蹬科場，久困春闈。咸豐五年復赴京應試不第，「歸計無資，流落京華者三載」（屺雲樓文鈔卷七上史穆堂夫子書），乃以教習爲業，其間家書頻傳，多教其兩子處世讀書作文者。同治九年（一八七〇）歸里後，重檢所存家書，删其繁蕪，依類編次，勒成是書。首國初名文選讀三十五題，次天崇枕中秘摘選授讀三十三篇，次明文約選重選二十五篇，次名文酌古集重選，次情往選讀目録，次檢書舉隅，次應讀應閲書目，次示兒雜説，次檢心法，次唐宋八大家選授目録，次論文雜説，次課兒要言，次劉魯田先生格言，次家書論學，次家書，次課兒晬語二篇，次記事珠，次兩兒條約，次家書、寄内書，末精選時文已刻稿合訂。雖以科場屢躓，家書多教兒應試之法，然猶以修身養性爲先，兩兒條約中以課程簿稽勤惰、備遺忘、檢心志，戒妄念，禁紛華，量出入，崇孝敬，立志氣，養生，廣慈愛等諄諄訓誨，不惟其精神所寄，益可見爲人父者之苦心也。他如檢書舉隅、應讀應閲書目，所舉四部各書，多告以讀書之法與爲學次第，如舉儀禮云「三禮字字句句俱通，凡朝聘、射鄉、禘祫、郊祀、宫室、衣服、冠昏、喪祭、井田、學校之典制，必一一貫通矣，然後看文字剪裁用典法。切不可徒看成文，不知來歷，則昏昏欲睡；既知來歷，則勃勃欲試矣」。舉爾雅云：「與詩經表裏，鳥獸草木之名，可多識矣。亦與離騷旁通，離騷者，古詩之祖，爾雅之苗裔也。離騷讀後推及古詩十九首，下逮漢魏古樂府、贈答諸詩，可閱文選矣。」蓋以取材家書，故多娓娓而道者，惟删薙編次稍嫌粗率，蕪雜瑣屑尚多耳。書中有「屺雲樓」朱文長方印、「烔甫」朱文方印、「郭素貞」朱文橢圓印、「劉懋修印」白文方印、「幼珪」朱文方印。（張美鶯）

042.7
675

此卷咸豐六年丙辰京中寄家

同治九年庚午重檢

國初名文選逕讀　三十五題

射不主皮　一章　張玉書　○題文音節和雅，風度端凝，久已膾炙人口，末二比神味在筆墨之外，沈炎容與，便知○上半層層布置，入末合注古之道也，周言此文之以風度勝者○存真四字影任蘭枝作合看

子語魯太師　一章　俞之炎　○起講及末二比，綜括樂書，洞見本末○末二比，振以前漢書律歷志，檢香之○大曲題須洞達大義，胸中了了方能下筆○看似博麗，實是寫仰以可知之理

不患無位　一章　張玉書　○先生字素存，號潤，人稱京江，其文之雍容華貴。合射不主皮篇，便知其風度，宜熟讀○高其節句調被人用爛，此歷久如新○不受朝廷四句，何等括抱，讀之令人氣旺○受爵于朝廷四句，意本蔣鳴玉稿，在其中矣，吉氏云：此中今來名實應動

家書　丁未四月廿六日稿　道光廿七年第一次在都寄六月卯旬四日

余家藏名帖絶少兼以僱書賣文手腕欲脱苦無暇日學書故於古人筆妙都未窺見今來京
師歷禮部試每月寫卷一通似稍有進今以有志未逮者而見輩勗大抵初學作字須將點畫波
磔一筆不容放過玩古人用意所在則神與古會矣旅次百感交集習字使人心静亦鈎使人棼
之忘也見輩學書頗從弟述吾意教之其須到後　偉見每日臨顔帖大字一幅一筆一點
不容忽畧与之講解筆法令其臨回有悟不可任意听其塗抹雖百紙不能長進矣再正字略
字學常陽辨正等書常置案頭令看暇時与講分别偽體俗字寫慣日後有益韓兒亦將
其書在亦第交即兩弟自己亦須講究所謂教學半也不可以幼也而忽之　韓兒字法尚塗鴉
法用孝子每日臨摹大字初次字體查斜先令一筆一點教其用意學其次結體成字但每日
不令間斷寫完須与講完一遍至兩兒筆墨費切不可惜壞筆再寫不得已教其用

閩中録異二卷

［清］黄錫蕃撰　上海圖書館藏稿本

是書爲黄椒升遺書之三，前有嘉慶十二年（一八〇七）自序，云：「歷觀説部，不少驚奇，關涉閩中，亦多駭異。流傳佚事，俾廣見聞，摭拾遺書，不無掛漏。隨録一編，釐爲二卷，敢居多識，免誚無稽。」全書採摭關涉閩中之異聞瑣事共七十餘則（上卷三十二則，下卷四十一則），然出自説部者實未及半數，如董奉出神仙傳，旅舍出續神仙傳，螺女出搜神後記，桃林村、遇仙出稽神録，卍字胸出容齋三筆，蛇精出東齋記事，麪床出泊宅編，連理冢樹出剪燈餘話，臥屍跡出輟耕録，張主簿出山堂肆考，高南壽出夷堅志，熊博、岳季方出湧幢小品，鬼孝子、義旅出曠園雜志等。其餘則多録自福建省府縣志及雜志等，如閩書、福建通志、三山志、延平府志、建寧府志、邵武府志、漳州府志、臺灣府志、臺灣志略、福安縣志、浦城縣志、建陽縣志、寧德縣志、海澄縣志、同安縣志及閩大記、閩小紀等。亦偶涉大明一統志、名勝志及詩話、別集等。周中孚鄭堂讀書記卷六六謂是書如明徐昌祚燕山叢録之流，而「各注其所採書名於其下，則較徐氏書更有資於考證。間綴按語，亦殊精審，知其記事纂言之功深矣」。（陳旭東）

閩中録異卷上

海鹽黄錫蕃椒升輯

九仙

漢景帝時豫章何翁嫗張氏生九男四女九男目俱盲惟長者一目何翁與淮南王安遊九子勸父偕隐不聽乃相率入閩初居福州之于山巳而遊莆謁胡道人飲以井泉九人之眼盡開乃結楓為亭居其中復東踰嶺入九鯉湖湖底怪石羅列石各有穴穴皆兩竅紆曲通達乃煉丹於湖上丹成

南浦秋波録三卷附二卷

［清］建寧張際亮撰　福建省圖書館藏清光緒間刻本

是書題「華胥大夫箸」，乃張際亮仿余懷板橋雜記而作。卷前有自叙，云：「吾鄉佳麗數千家，大半在南臺江上，夾浦而居。而余之來去於此也，又於秋日爲多。每當碧波盈盈，蘭槳欲發，銷魂有淚，不知作幾許淪澐矣。暇日追念曩歡，悵然增感，因撰次爲紀由一卷、紀人一卷、紀事一卷，而舊作翠眉亭稿亦摘録焉。千齡萬代後，儻有臨流而長歎息者，可與觀此録矣。太歲庚寅送春日。」蓋借娼優自寫身分，以抒才士之愁。

書成於道光十年，凡三卷。卷一紀由，述閩中樂伎始末，溯自唐中葉，迄清道光初。卷二紀人，自慕碧雲以下爲傳十三，合附傳者凡二十四人，並以諸伎相識而其事不甚著者爲彙傳及表各一。卷三紀事，分宅里記、習俗記、歲時記、瑣事記四章，專載伎人居所、行業風俗、節令講究、平康軼聞等。記人多巧筆點染，於言行中見神采，如慕碧雲、卞玫瑰；記事多婉曲回環，於衝突中生興致，如慕碧雲與秣陵余生、卞玫瑰與際亮之糾葛，有唐人傳奇風致。以道光間尚承平，故較之板橋雜記，身世之感雖同而少喪亂後静思陳事之慨，有離合之情而無興亡之思。

附刻翠梅亭稿，有道光三年（一八二三）秋第五居士序，爲卞玫瑰、陳愛珠、江玉蓮、林賽瓊、王賽蓮諸伎及際亮詩作。又附碧雲遺稿，乃慕碧雲詩作。（劉　繁）

南浦秋波錄第一

紀由　　　　　　　　華胥大夫著

昔管仲治齊置女閭三百一作七百此伎之始盛也至於唐宋皆有教坊宋曰營伎亦教坊也謂之官伎士大夫皆以佐酒而明皇道君遂以天子之尊下狎此輩宜其速禍也明皇於念奴道君於李師師見於說部書者不一明太祖亦於金陵建十六樓以處官伎來賓重譯清江石城鶴鳴醉仙樂民集賢謳歌鼓腹輕煙澹粉梅妍柳翠南市北市凡十六樓其後兩京教坊官收其稅謂之脂粉錢其隸郡縣者則爲樂戶有樂戶官樂戶一日水戶士大夫皆以之佐酒如唐宋習宣德初始禁之以顧佐疏也然致仕者不禁然其習終明之世不

金臺殘淚記三卷

〔清〕建寧張際亮撰　福建省圖書館藏清光緒間刻本

張際亮既仿余懷板橋雜記而作南浦秋波録，又仿吴長元燕蘭小譜而作是書。時京師爲名伶薈萃之所在，際亮旅居三載，雖「深觀當世之故，頗能言其利而救其弊」，然以狂傲不得志，又「遭家多難，顧影自悲又慟哭」，友人憐而恐其傷生，遂攜其清歌侑酒，嬉娱其間，以銷塊壘。迨將南歸，以殘痕難泯，遂搜羅其次，撰作是書，以示永懷。因「燕本黄金臺舊地」，故名。

書凡三卷，亦題「華胥大夫箸」，卷前有道光八年（一八二八）自叙。卷一傳十篇，或單傳，或合傳，記楊生、徐郎等二十一人，以寥寥數筆述各人生平，再以「華胥大夫曰」補述與諸伶人之交往。卷二詩五十九首、詞三闋，詩中閲燕蘭小譜諸詩有慨於近事者綴以絶句以小注記梨園故實，詞則懷人。卷三雜記三十七則。書中所記伶人舊事，於艶冶鋪陳中寄身世之慨；所述梨園軼聞，於碎語瑣談中志一時風尚，故卷末自謂「燕蘭小譜一書，雖侈狐媚，可徵龜鑑，及今利權，視昔斂抑。然汰侈未革，故余深致譏訶；風俗所存，故余閒爲記録」。時當道光朝，士方溺功名聲色，朝昏政亂，書中涉時流之名，皆以墨釘隱去，蓋有所避忌。夫以王公大人之行實，恒不如優娼之知恥，作是書以寫其哀也。（劉　繁）

金臺殘淚記第一

華胥大夫著

楊生傳

楊生名法齡字韻香揚州江都人有二兄故優也生九歲即來都下以色傾一時尤善歌嘗遇雪天獨歌戶外聽者至數百人有車而過者馬皆仰沫悲嘶不行於是生年十五六矣自後歌不成聲三年始復生意度閒靜曠遠善清言不喜飲酒或遇客終日不交一語亦無所忤每嘆曰吾但得廛田區宅奉老母放浪於山水間足矣其母兄聞之獨不樂故生不能遠

稱謂録十二卷存十卷

［清］長樂梁章鉅撰　寧波市天一閣博物院藏稿本

稱謂由來尚矣，而愈積愈繁。爾雅、方言、釋名、廣雅雖多稱謂名號，然非專記之書。後周盧辯有稱謂五卷，惜已亡佚。梁氏於道光間歸田之餘暇，彙集古今稱謂，依親屬、師友、皇家、官員、鄉紳、幕僚及其他三教九流分類排序，撰成此書。書頗詳備，每條下各引書證，如卷三「夫」類云：「夫子：孟子『無違夫子』。」卷四「同堂兄弟」類云：「同堂兄弟：後魏書『二公孫同堂兄弟耳』。」遇一稱而多見者，亦各存之，注明「見上」、「見下」。所引以諸經、正史等爲主。通行本爲光緒元年（一八七五）至十年梁氏家刻三十二卷本。

此十二卷稿本，寫於紅色寫樣紙上，中多校改批注，或用浮籤，或徑改。與三十二卷本相較，其差別頗多。一曰題名不同。此稿本卷三至四卷端題名作「稱謂録」，卷五至十二卷端題名作「稱謂廣録」，然通行三十二卷刻本與天一閣博物院藏三十二卷稿本題名均統一作「稱謂録」。蓋前四卷先成，後八卷或後成，故稱「廣録」。刻本卷首附林則徐致梁章鉅書云：「若續録、廣録名目，隨後必有採取。」與此正相吻合。惟前四卷並未及時刻行，遂無復「廣録」之稱。二曰卷數有異。此本十二卷，刻本三十二卷。其内容之重合處，如此本卷十一「廚」類，對應三十二卷本卷二十九中同類稱謂。三曰類目參差。此本類目或爲三十二卷本所無，如卷十二末「長大」、「短小」等類，與稱謂不甚相合，故三十二卷本删去。亦有三十二卷本有而此本無者，如卷二十五「現任官員」等類。此本卷十一「封翁」、「少爺」兩類，三十二卷本多所擴充，且細分作「官員眷屬」、「官員父母」、「大員子女」三類。此本「自稱」、「謙稱」、「尊稱」等在卷四「親屬」稱謂之末；三十二卷本則在卷三十二全書之末。此外，同類目者亦多不同，三十二卷本率較此本更顯豐富。如「夫」類，此本僅十五條，三十二卷本增至三十條。因知此本早於三十二卷本。

書內夾有王維翰致馮夢香手札一紙，言受梁恭辰之託請馮氏閱稿之事。夢香（一八四九—一九〇七）名一梅，爲伏跗室主人馮貞群族祖。此本即由馮貞群捐贈天一閣博物院。（李開升）

稱謂録卷三

福州梁章鉅撰　　男恭辰校刊

夫

夫子　孟子。無違夫子。

大家　因話録。崔吏部樞夫人。太尉西平王女也。西平生日大宴。有婢附崔氏婦耳語。王問何事。女對曰。大家昨夜小不安。王曰汝為人妻。豈有夫體不安。而與父作生日。遽遣歸。

卿　妝樓記。王安豐婦卿安豐。安豐曰。婦人卿壻禮為不敬婦

空字原本作駱

俞理初癸巳類稾云。小妻曰妾曰孺曰姬曰側室曰篷室曰次室曰偏房曰少夫人曰少君曰姨娘曰姬妍曰副妻曰庶妻曰次妻曰下妻曰少妻曰細君曰姑娘曰孺子曰小妻曰小婦曰小夫人或但曰小。今與此書校之。尚有篷室次室少君姊娘姬娘次妻細君姑娘諸稱未載。均宜補入。篷室見左傳注。云副倅也。次室見金史海陵本紀。小夫人見釋法顯佛國記。

宜補

孫補　好

妃　說文。匹也。總要女與己身儔也。古嬪御之貴。次於后者。曰妃。集韻與姬同。衆妾總稱。

小妻　嫛　漢書。外戚恩澤侯表。陽都侯張彭祖。爲小妻所取。卑母爲小妻。又孔光傳。定……六人。後漢書。梁王暢傳。臣……聽還本家。又竇融傳。女弟爲大司空王邑小妻。又宗室四王三侯傳。趙惠王乾居父憂。始聘小夫人。注。小妻妾也。三國魏志駱統傳。統母改適爲華歆小妻。說文。嫛。奢也。一曰小妻也。

稱謂録三十二卷存三卷

［清］長樂梁章鉅撰　寧波市天一閣博物院藏稿本

此本存卷二十九至卷三十一，寫於紅色寫様紙上，亦多塗抹校改。以據十二卷稿本增删修訂而成，故更近乎刻本，如卷數皆三十二、類目亦無二致，然猶存差異。一爲卷次。此本卷三十、三十一與刻本次序倒置，卷端題名「稱謂録卷三十一」之「一」字被圈去，校語云：「『三十』下空一塊。」該葉版心卷次「三十一」之「一」字亦圈去。又卷二十九首葉墨筆批語：「尾本四卷，一卷爲念九、一卷爲卅、一卷爲卅一、一卷爲卅二。」「尾本」即最後一册，然此本僅存卷二十九至三十一，並無卷三十二，而卷三十二恰爲新增者，且與十二卷本相應部分内容、次序均差異較大，頗疑其未完。二爲類目。現存之三卷與刻本類目之名稱、次序同，惟卷二十九「船」類，刻本目録作「舟」類，正文作「船」類，而稿本僅正文作「船」類，未見目録。稿本卷三十（刻本卷三十一）第十葉天頭列該卷類目，最末一類「三姑六婆」後又有「廢人」、「異類」兩類；而稿本卷三十一（刻本卷三十）末葉末行有校語云：「此後擬附入『廢疾』、『神鬼』二項。」「廢疾」、「神鬼」即「廢人」、「異類」，其中「廢疾」類又見於十二卷本尾卷，然付刻時均已删去，故刻本無此兩類。三爲内容。如卷二十九「廚」類「膳祖」條末云：「曹公兵法謂主炊者爲炊子。」墨筆勾去，曰：「重見。」蓋與前文「主子」條引文重複而删去，刻本無此句。又同卷「輿」類「校人」條，稿本原文引左傳，墨筆改爲引周禮；同卷「獵」類，稿本原文引禮記，墨筆改爲引尚書，刻本均同校改。凡此具見其修改之痕跡。

此本之遞藏源流與十二卷稿本同，由梁恭辰、馮一梅至馮貞群，後入藏天一閣博物院。（李開升）

原本四卷
一爲念九
一爲卅
一爲卅一
一爲卅二

稱謂錄卷念九

福州梁章鉅撰　　男恭辰校刊

廚

烰人　呂氏春秋伊尹生於空桑有莘氏令烰人養之

注謂庖人按烰音浮

宰夫　左傳晉靈公宰夫胹熊蹯不熟

膳夫　周禮天官膳夫掌王之飲食　蔌園雜記夏忠

靖公好食爛猪肝一日膳夫供具公飯盡而肝如故

庖正　左氏哀元年傳爲之庖正注庖正乃掌膳羞之

稱謂錄卷念九　一

老子知常二卷

［明］永福黄文煥撰　永泰黄氏藏清抄本

是書乃黄氏爲老子五千言所作之注。前有自序。卷首題「老子知常上卷」，次行下署「永福黄文煥維章註」，次正文。首列章序，低兩格。次老子經文，頂格。次低一格黄氏注文。按老子五千言版本衆多，傳世有王弼注本、河上公本、古本、玄宗注本等。黄氏此書老子經文似雜糅諸本，不專一本，而文字近於古本。黄氏不甚著意各本字句之異同，僅以直白之語釋老子章意，一如序中所言「凡於字句之偏全同異，不遽從理求，但以文字求之」。書名知常，殆取老子「知常曰明」語，黄氏歷數注老諸家之弊有四，修養家引爲丹訣，陰謀家引爲兵秘，又或以釋家之言解老，或徵莊子語爲注，皆不得老子之本意。黄氏謂老子五千言皆留意於世中，老子之用世，固與儒家相等，非釋、莊出世之言可比。書中處處爲老子迴護，如謂「六親不和，有孝慈」乃重孝慈之格言，非滅孝慈之激語。「絶學無憂」章，謂「學豈可絶哉，學絶則古今之緒斷矣，安得不憂。而云『無憂』者，俗學絶，真學乃存」。並謂老子書關治道，漢室重黄老之學，西東兩漢之祚長；宋人闢老，故南北兩宋之祚短。其書援儒入老，又以淺言釋之，文甚明易。

此書傳本甚罕，黄任恭紀中允公遺集詩「周南柱史出關門，函得遺經半萬言。解道非常是常道，流沙洙泗本同原」，自注謂「中允公有老子知常二卷」，而公私書目未見著録。此抄本乃黄氏十世裔孫黄翼雲（民國間曾任福建省圖書館館長）清末所抄，現藏黄翼雲堂弟黄展雲後人處。書中有朱圍句讀，抄寫偶有脱誤。卷端有「黄翼雲印」白文方印、「陳熙藏書」朱文方印。（林振岳）

老子知常上卷

永福黄文煥維章註

第一章

道可道。非常道。名可名。非常名。無名天地之始。有名萬物之母。故常無欲。以觀其妙。有欲以觀其徼。兩者同出而異名。同謂之玄。玄之又玄。衆妙之門。

天地以道為始。道生天地。天地生萬物。萬物亦以道為母。無中生有。有

集部

杜詩掣碧二卷

［明］永福黄文焕撰　永泰黄氏藏清抄本

此書之名，蓋取諸杜甫戲爲六絶句之四「或看翡翠蘭苕上，未掣鯨魚碧海中」句意。康熙上元縣志人物志謂黄文焕「有杜詩掣碧及史記老子注行世」，不著卷數。乾隆麟峰黄氏家譜藝文志一著録杜詩掣碧六卷。道光福建通志經籍志誤作「杜詩製碧」。然是書以往未見傳本，周采泉杜集書録歸爲「輯評考訂類」之「詩話文説之屬」，謂有明季刻本而未見。鄭慶篤、焦裕銀、張忠綱、馮建國編杜集書目提要及張忠綱、趙睿才、綦維、孫微編杜集叙録謂已佚或存佚不明。

今黄氏後裔家藏杜詩掣碧抄本兩卷，存七言律詩一百零七首、五言律詩四十三首及詩評，各爲一卷，目録合抄於卷前。每卷卷首題「杜詩掣碧七律」及「杜詩掣碧五律」，署「閩黄文焕維章甫評注」。此爲黄氏裔孫黄梅所抄，書前題識曰：「莊誦先太史公杜詩掣碧評注，如斯讀法，安得不讀破萬卷？於戲，梅願學先太史讀書。」是書自署「評注」，實乃以説明杜詩詩法妙旨爲主。如聞官軍收河南河北一詩，評曰：「哀不甚則喜不深。章法佳處在『忽傳』之後，接以『初聞涕泗滿衣裳』，勢逆意曲，然後轉入『愁何在』、『喜欲狂』，若第二句遞説快心，便淺直矣。」「杜詩佳處，種種不一，有以意勝者，有以篇法勝者，有以質俚勝者，有以倉卒造狀勝者，此首之『忽傳』、『初聞』、『卻看』、『漫卷』、『即從』、『便下』，寫出倉皇顛倒、忽哭忽歌、悲喜交集之態，使人千載如見。」可謂老杜知己。

乾隆永福縣志人物志云文焕有杜詩注，乾隆福建通志人物志、藝文志一亦同。時文焕曾孫任曾董理其著作，作恭紀中允公遺集詩十六首，序稱「歲月紀杜陵，遂細注橡薪芋栗」，其第十三首曰：「蟲魚詮次杜陵箋，剥蝕鉛丹色尚鮮。別有江花江草淚，置身同在寶元年。」自注：「中允公杜詩句解曾經檢校六次，播遷散失，次序缺亂。今前後補輯，尚得全稿。蠅頭蠶紙，皆公手筆。三復遺篇，不勝世澤之感。」第十四首曰：「別類編年集異同，珠連璧合見宗工。浣花全幅春江錦，碎剪邱遲一段中。」自注：「中允公杜詩全注未登剞劂，獨五、七言律爲人借刻，世所傳辟疆園本也。惜全稿無力梓行。」可知文煥注杜之作有杜詩全注與杜詩句解，或統以杜詩注稱之，任時尚存全稿，皆未刊行。周采泉謂有明季刻，不知何據。

任謂文煥杜詩全注爲「別類」、「編年」、「集異同」，蓋依杜詩古今體、五七言分類編年編排，復説明詩法，與今傳杜詩掣碧内容略同，則杜詩全注當即杜詩掣碧。其云「辟疆園本」，即指清順、康間顧宸所編杜詩注解，該書七律注解七卷，收詩一百五十一首，五律注解十二卷，收詩六百二十七首。或謂顧氏辟疆園杜詩注解有剽竊杜詩掣碧之意。今檢顧氏注杜，確有參考文煥之説者，其中奉和賈至舍人早朝大明宫、聞官軍收河南河北、秋興八首、詠懷古跡五首、夔州歌十絶句、諸將五首、秦州雜詩二十首等選録文煥評注，然皆冠以「黄維章曰」。間或採用黄説而有所改正、發揮者，如遊修覺寺詩，文煥編年誤爲「公以乾元三年季冬至成都，今當上元二年之春」，顧氏改作「公以乾元二年季冬至成都，今當上元元年之春」，則未標明所本。任謂「借刻」，蓋指顧氏曾刻行杜詩掣碧之五、七言律詩部分。杜詩注解之五律注解卷四聞斛斯六官未歸詩下引文煥之説，然是本無此詩，或後世杜詩掣碧全稿佚失，文煥後人自顧刻中抄出時，偶失之耳。嘉慶間，蔡鈞編詩法指南，選録文煥奉和賈至舍人早朝大明宫評注一則，亦標明「黄維章曰」。（宋開玉）

莊誦

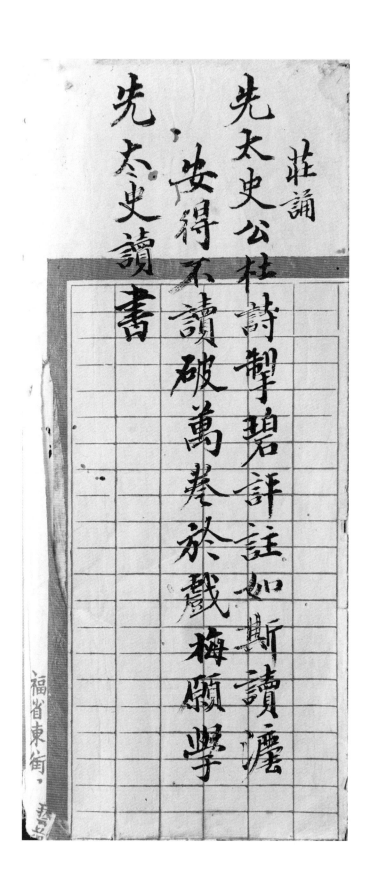

先太史公杜詩掣碧詳註如斯讀灋

安得不讀破萬卷於戲梅顛學

先太史讀書

福省東街

杜詩掌碧　七律　　閩黃文煥維章甫評注

聞官軍收河南河北

劍外忽傳收薊北，初聞涕泗滿衣裳。卻看妻子愁何在，漫卷詩書喜欲狂。白首放歌須縱酒，青春作伴好還鄉。即從巴峽穿巫峽，便下襄陽向洛陽。

哀不甚烈者不深摯。法佳處在忽傳之後接以初聞涕泗滿衣裳，勢遂意曲。旌從猶入愁何在喜欲狂，若第二句還說快心，便淺直矣。增愁共妻子之集，令不憂[illegible]故曰卻看何在。遣愁共詩書加力，令不待借力，故曰漫卷喜欲狂。放歌映卷詩書，作伴映看妻子，妙在相承中又進一層。將喜之中，詩書不好我之。

歐陽行周文集十卷

〔唐〕晋江歐陽詹撰　中國國家圖書館藏明弘治間刻本

歐陽詹（七五五—八〇〇），字行周，晋江人。貞元八年（七九二）以榜眼及進士第。韓愈以詹爲閩人之首舉進士者，王應麟乃據黄璞閩川名士傳，謂詹之前已有薛令之、林藻，則愈言爲誤。詹貞元十四年（七九八）授國子監四門助教。爲人事親孝，交友信。既與韓愈、李觀等人聯榜出陸贄門下，時人目爲龍虎榜，一時司當代文柄，而大中六年（八五二）李貽孫序其集，謂詹與韓愈、李觀並數百年傑出，此則當時盛名之下未經論定高下之言也。大抵詹文雖去韓愈爲遠，然有古格，非當時斤斤於纂組排偶者可比。韓愈爲撰歐陽生哀辭，謂其文章切深，喜往復，善自道，愈知詹者，洵非苟譽也。

其集收賦十二，雜著詩七十一，銘六，頌七，雜著文七，書四，序十八。詹詩文多爲後世總集所録，然傳寫既多，訛誤間出。此集結集既早，多存原貌。顧廣圻思適齋集中有歐陽行周集跋，謂卷五同州韓城縣西尉廳記云「列縣出於千」，乃文集最妙處，文苑英華八百六、文粹七十三於「千」上多「五」字，皆大誤。廣圻據兩唐書地理志貞觀開元間所列縣數俱不過一千五百有餘，謂詹此記作於貞元十五年（七九九），已非復貞觀開元之盛，其決不得反有五千縣之多甚明矣。四部叢刊嘗據平湖葛氏傳樸堂藏明正德刊本景印，而此本卷末有弘治十七年（一五〇四）清源莊槩跋，乃正德本所據刻者也。（季忠平）

歐陽行周文集卷之一

賦

出門賦

出門辭家也人有志而斯遑予紛然而遠遊别天性之至慈去人情之好仇嚴訓誡予以勿久指蒲柳以傷秋弱室咨子以遄歸目女蘿而起愁心眷眷以纏綿潺湲浪而共流惕懷安以敗名曾何可以少留於是驅忠信以為車執藝業以為贄越三江踰五嶺望堯旌而求試庶亦呈功取爵建德揚名獲甘旨而報勤光晝錦以廻衡如弧斯張如鳥斯征射百步而期中飛三年而必鳴

游廌山先生集四卷

［宋］建陽游酢撰　中國國家圖書館藏清抄本

游酢（一〇五三—一一二三），字定夫，建陽人。師事二程。元豐五年進士（一〇八二），調蕭山尉。元祐元年（一〇八六），改宣德郎，除太學博士，以奉親不便，求知河清縣。四年，范純仁守潁昌，辟爲府學教授。純仁入相，復爲博士。紹聖二年（一〇九五），純仁罷政，酢亦請外，除簽書齊州判官，移泉州，召還爲監察御史。徽宗朝，歷知漢陽軍及和、舒、濠三州。卒謚「文肅」。以文行知名，學者稱廌山先生、廣平先生。與楊時同學於二程，爲程門四子之首。游、楊傳理學於福建，有「道南儒宗」、「閩學鼻祖」之譽。撰有易說、詩二南義、中庸義、論語雜解、孟子雜解等。

楊時御史游公墓志銘稱，酢「有文集十卷，藏於家」。宋史藝文志著録「游酢文集十卷」，王稱東都事略游酢傳云「文集一卷」。而晁公武郡齋讀書志、陳振孫直齋書録解題未著録，不詳宋代有無刻本。明徐氏家藏書目著録「游酢廌山集二卷」，亦不詳爲何本。逮至清乾隆七年（一七四二），游氏裔孫始將其文集刊行，十一年裔孫端柏增補重刻，題爲游廌山先生集八卷，其中卷首四卷、本集四卷、附録一卷。三十七年游氏又重刻，道光二十一年重修，同治三年補刊，增益爲十卷。同治六年（一八六七），新化游開智和州官舍刊游定夫先生集六卷，胡玉縉四庫提要補正謂「是集當以是本爲最完善」。今傳各本游酢文集，有四卷、八卷、十卷、六卷之不同，除附録部分略異，本集正文幾同。據年譜，酢年二十九録明道先生語，年四十一録伊川先生語，年四十六作語孟雜解、中庸義，年四十七作易說、詩二南義，而不言文集。四庫全書總目以「本各爲書」，所言甚是。

是本爲四庫底本，四庫全書總目著録爲福建巡撫採進本，殆游氏家藏本。書分四册，每册一卷，卷首宋史本傳、御史游公傳略並贊，卷末附楊時御史游公墓志銘、年譜。卷一論語雜解、孟子雜解、中庸義，不釋訓詁，只解各章大義。卷二易説、詩二南義，亦僅闡發要義，而無瑣屑餖飣之弊。卷三師語、師訓，所聞於二程之語録。卷四詩文雜著，爲奏疏、序跋、墓誌、五言詩、七言詩等，文七篇，詩十三首。其論士風奏疏，高倡「禮義廉恥」。家譜後序又云：「往酢從事於伊川程夫子之門，謂儒者之道，首在敦倫睦族。」可窺其爲學宗旨。文淵閣四庫本除無卷首宋史本傳、御史游公傳略並贊外，餘者大體與是本同。是本有多條館臣批籤，如中庸義批「芮據詩作芮」、「克當作充」，易説批「赜訛頤」，孟子雜解批「接上寫」，詩二南義批「接上寫只用另行」之類。酢著述留傳不豐，據之可略窺其學術大要。（楊世文）

游廌山先生集卷首一

宋史本傳

游酢字定夫建州建陽人初與兄醇俱以文行知名所交皆天下士程顥見之京師謂其資可以進道程顥與扶溝學招使肄業盡棄故所習而學焉第進士調蕭山尉近臣薦其賢召爲太學録遷博士以奉親不便求知河清縣范純仁守潁昌府辟府教授純仁入相復為博士簽書齊州泉州判官晚得監察御史歷知漢陽軍和舒濠三州而卒

游廌山先生集卷一

論語雜解

學而時習之章

理也義也人心之所同然也學問之道無他求其心所同然者而已學而時習之則心之所同然者得矣此其所以説也故曰理義之説我心猶芻豢之説我口今試以吾平居之學驗之若時習於禮則外貌無斯須不莊不敬時習於樂則中心無斯須不和不樂無斯須不莊不敬則慢易之心無自

宋著作王先生文集八卷

［宋］福清王蘋撰　中國國家圖書館藏清抄本

王蘋（一〇八二—一一五三），字信伯，號震澤，福清人。寓居平江時，守臣孫佑言其素行高潔，有憂時愛君之心，召對，賜進士出身，除秘書省正字，兼史館校勘，遷著作佐郎。乞補外，通判常州，主管台州崇道觀。以朝奉大夫致仕。撰有論語集解、震澤紀善録等。

蘋通春秋，不應科舉，師事程頤，爲高弟。治學主張「深造自得」，力求經世致用，以春秋爲「經世大法」，提倡「帝王之學」，以爲「世儒之學」從事章句之末，「帝王之學」則務得其要。楊時嘗稱「同門後來成就莫踰信伯者」，胡安國亦稱其學「有師承，識通世務」云。

是集卷八震澤紀善録末附淳熙三年（一一七六）蘄春假守施温舒題識，稱「先生文集頃已刊之郡庠，今復得此遺言於先生之子郡丞大本，謹併刻之」，知淳熙初已有文集之刻。盧鉞寶祐四年（一二五六）撰王著作集序略曰：「福清邑庠舊有先生文集，而吴學獨無有。思文將以福清墨本刊於吴學，囑鉞序之。」可知福清、蘇州亦有刻本。然南宋所刻三種，其卷數不得而知。陳振孫直齋書録解題卷十八著録王著作集四卷，未知是否爲其一。明祁承㸁澹生堂書目卷十三著録宋著作王先生文集四册十卷，不知爲何時所刻。朱睦㮮萬卷堂書目卷四著録著作王先生集八卷。今所傳八卷本宋著作王先生文集皆源於明弘治間十一世孫觀重編之本。據是本卷末附祝允明重刻序云：「其集自寶祐中曾孫貢補進士思文取福清邑庠墨本刊於吴學，迄今傳者甚鮮。觀因其舊，復取像贊之屬附之，第爲八卷。」可知觀重編時據南宋蘇州刻本爲底本，並增「像贊之屬」。四庫全書總目著録浙江鮑士恭家藏明正德翻弘治本，提要云：「較陳氏所記卷數，遽增一倍。然遺文不過一卷，餘皆附録，實則亡佚四分之三。蓋捃拾殘剩而成，已非舊本。」然核是集所附祝氏重刻序，只言宋本「傳者甚鮮」，觀重編本亦無殘缺，所謂「亡佚四分之三」，其説無據。

此抄本八卷，卷首有正德九年（一五一四）徐源序，徐序下鈐有「禮南校本」、「東武李氏收藏」等印，可知原本爲諸城李文駒所藏，當從正德間王惟顒翻刻本抄出。是本字體雋秀，疏密適當，堪爲善本。核以文淵閣四庫本，卷一、四、五、六、七、八與四庫本幾同，而卷二、三有分合之異，其中納宰相劄子至答呂舍人書，是本置於卷三，四庫本在卷二。是本卷首爲徐源、盧鉞二序，祝允明重刻序、杜啓識語置於卷末，而四庫本卷首爲盧序、祝序及杜識，無徐序。

是本卷一傳道支派，著録程顥門人三十人、程頤門人五十人；蘋並列二程門下。後列蘋門人十二人。另有孫佑薦舉王蘋上殿劄子及上殿聖語除官賜出身、敕詞等。卷二奏對劄子。卷三納宰相劄子及論文、書劄、題跋，後附晚宋袁萬頃、汪慤、虞兟、徐鼎、毛鼎新、朱子昌、黄大有等題跋。卷四胡安國書信二劄、尹焞書信七劄及汪慤跋語。卷五像贊、墓誌、祭文、挽詩、史傳、方志及嘉熙元年詔舉策題。卷六王德文請立祠劄子、王思文上提刑李芾狀等。卷七與尹和静講易。卷八震澤紀善録，爲蘋與門人答問辭。蓋八卷中蘋之著述僅見於卷二、三、七、八，餘多爲附録，編次雜亂。然是集所搜蘋之生平交遊、論政論學，於閩中理學研究不爲無補。（楊世文）

宋著作王先生文集序

儒者處必有道而後出必有用也若王先生信伯者産於閩越之間游寓震澤之上從事河洛之門資禀清粹充養純固當時若楊時尹焞朱震諸儒素所推讓無意求達適宋高宗臨郡訪求布衣時郡守孫公佑首以先生學行薦召對便殿先生議論純正謂堯舜禹湯文武周公孔子傳授者一心也心者一人之心也廣大悉備萬善無垠人主苟能推之舉而措之耳高宗目為通儒勅進士出身除秘書省正字其後高宗感后之言即召范冲重修神哲二宗實録先生實預其事遂使當時焞卞之奸誣謗潛釋宣仁盛德垂照萬世朱墨之史行而邪正之說辨矣觀高宗勅詞獎諭有曰凡筆削之去取兼裁不遺核朱墨之異

宋著作王先生文集第一　十一世孫　觀編

傳道支派

明道程先生

濂溪周先生

伊川程先生

著一

艾軒先生文集十卷

〔宋〕莆田林光朝撰　中國國家圖書館藏明正德間刻本

林光朝（一一一四—一一七八），字謙之，號艾軒，莆田人。少力學有聲，嘗師事林霆、施廷先。紹興初，再試禮部不第，聞吴中陸景端嘗從二程高足尹和靖學，因從之遊。後由吴返莆，先後講學於東井、紅泉、蒲弄、龍山、松隱數十年。然不尚著述，惟口授學者。隆興元年（一一六三）進士及第，歷官國史編修、國子司業、廣西提點刑獄、中書舍人、侍講。後提舉江州太平興國宫，卒於任，謚「文節」。撰有艾軒集三十卷、奏劄二十卷、易解、論語解、詩書語録、中庸解、莊子解等。

光朝與吴松年、陳俊卿、周必大、趙汝愚、楊萬里、胡銓、龔茂良、傅自得、李燾、鄭樵、吴獬、方翥等善，朱熹嘗兄事之。早年得濂洛真傳，人稱「南夫子」，稱其學派爲「紅泉學派」。南宋以伊洛之學倡導東南者，實自光朝始。周必大稱其「博學篤志，手不釋卷，出入起居，必中規矩。事親孝，御下仁，行己恭，執事敬，勇於義，審於思，善并美具，宜爲當世所宗」。其爲文「文辭古雅，不事雕鎪，如清廟朱絃，可一倡三歎也」，「作誥有古風」（周必大語）；「其文森嚴奥美，精深簡古，上參經訓，下視騷詞」（陳宓語）；「學力既深，下筆簡嚴，高處逼檀弓、穀梁，平處猶與韓並驅」（劉克莊語）。其爲詩「以約敵繁，密勝疏，精掩粗」（劉克莊語），「詩亦莆之祖，用字命意無及者」（林俊語），「歌行亦效長吉，皆奇俊可喜」（謝肇淛語）。

是集又名艾軒集，其卷數諸家著録不同，有十卷、二十卷、三十卷者。考内閣藏書目録卷三著録云：「三先生文集十五册，不全。一爲林光朝謙之著，曰艾軒集凡二十三卷。今闕第三、第四、第

二十一、二十三卷。」則其初或當爲三十卷，後逐漸散佚。四庫提要述此集編刻流傳云：「既没後，其族孫同叔裒其遺文爲十卷，陳宓序之。後其甥方之泰搜求遺逸，輯爲二十卷，刻於鄱陽，劉克莊序之。至明代，宋刊已佚，僅存抄本。正德辛巳，光朝鄉人鄭岳擇其尤者九卷，附以遺事一卷，題曰艾軒文選，是爲今本。」此正文九卷、附録一卷乃光朝文集僅存之本，除正德本外，尚有清初抄本、文淵閣四庫全書本、清味無味齋抄本、清藍格抄本等。

是集前有正德十六年（一五二一）族孫俊艾軒文選序，陳宓、劉克莊艾軒先生文集舊序，淳祐十年（一二五〇）林希逸鄱陽刊艾軒集序。卷一詩類，卷二奏狀劄子，卷三、四策問，卷五記類，卷六啓、書簡，卷七祭文、祝文，卷八行狀，卷九墓誌銘，卷十附録。末爲鄭岳艾軒文選後序。

光朝剛正無避忌，集中繳謝廓然、繳沈瀛知梧州及丁亥登對諸劄，皆直言無隱。其策問二卷及諸書簡，如與黄仲秉、查元章、趙子直、宋去華、陳體仁論詩，與泉州李倅論論語，則見其學問。集中少見長篇，即行狀碑銘，多不過兩千字，少則數百字，正陳宓所謂「他人數百言不能道者，先生直數語，雍容有餘」，實當得「簡嚴」、「簡古」之評。則是集雖殘落之餘，尚可窺其人其文之一斑也。（郭　齊）

艾軒文選序

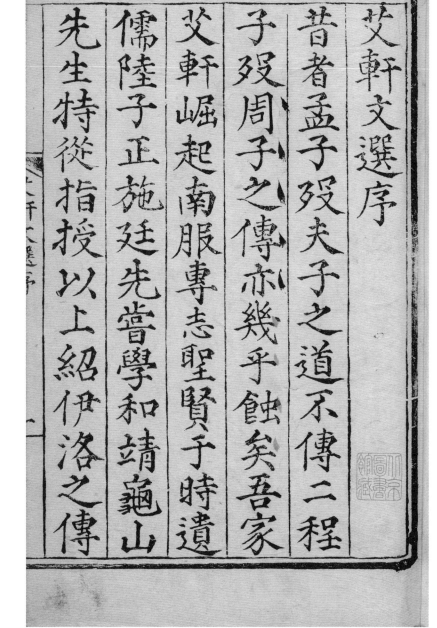

昔者孟子歿夫子之道不傳二程子歿周子之傳亦幾乎蝕矣吾家艾軒崛起南服專志聖賢于時遺儒陸子正施廷先嘗學和靖龜山先生特從指授以上紹伊洛之傳

小宗圖書館藏

艾軒先生文集卷之一

詩類

五言古風

艾翁不但道學倡莆詩亦莆之祖用字命意無及者後村雖工深厚不及翁程叔子之流也 族孫俊

送別湖北漕李秘監仁甫

文字聊煙雲過眼徒浩浩所有來見書惜哉吾已老子雲客長安陳迹如一掃同叔向來人我生苦不早亦聞青城山斯翁爲有道瞿塘不可上秋夢長顛倒白日來西崑一見自應好繼譚百代前至

滄浪集四卷

［宋］邵武嚴羽撰　中國國家圖書館藏明刻本

嚴羽，字儀卿，又字丹丘，號滄浪逋客，邵武人。撰有滄浪詩話。

嚴氏論詩主自然之説，滄浪詩話謂「詩有别才，非關書也。詩有别趣，非關理也」，並切言宋詩之弊：「近代諸公，乃作奇特解會。以才學爲詩，以議論爲詩，夫豈不工，終非古人之詩也。」是集亦如其主張，所作歌行、樂府各體，皆存古意。五言古詩有魏晋之風。五言、七言律絶，多有唐人遺意。如吴中送友歸豫章云：「川程極目渺空波，送爾歸舟奈别何。南國音書須早寄，江湖春雁已無多。」酬故人見贈：「湘江南去少人行，瘴雨蠻烟白草生。誰念梁園舊詞客，桄榔樹下獨聞鶯。」臨川逢鄭遐之：「明發又爲千里别，相思應盡一生期。」極近唐人之作，於宋人詩中别具一格。謝榛四溟詩話謂集中從軍行一篇「不減盛唐，但起承全襲子建白馬篇」。四庫提要謂「其所自爲詩，獨任性靈，掃除美刺，清音獨遠，切響遂稀」。吴喬圍爐詩話論其詩云：「讀嚴滄浪詩，於宋人中如諸於繡龜中見司隸將吏。古詩亦用功於太白，但力不逮耳。五言律有沈雲卿、岑嘉州之遺風，七言律於高適、李頎尤深，惟樂府不入古，但得之唐人耳。」後世亦有譏其論詩識高而作詩才淺者，如李東陽懷麓堂詩話曰：「顧其所自爲作，徒得唐人體面，而亦少超拔警策之處。予嘗謂識得十分只做得八九分，其三分乃拘於才力，其滄浪之謂乎。」李日華紫桃軒雜綴曰：「宋嚴羽卿論詩，姜堯章論書，皆精刻深至，具有卓見。及所自運，顧遠出諸名家後。大抵議論與實詣，確然兩事。議論者，識也。實詣者，力也。」錢鍾書容安館札記論之曰：「所作調亮而不遠，句清而不新，秀而弱，謹而狹，筆力尚在戴石屏之下。」按，識高者未必才高，評論與創作夐非一事。況南宋去盛唐已數百年，焉得復見唐人神韻。惟嚴氏詩話持論甚高，故後人以其所論比於其作，遂多厚責之辭。

是集有元刊三卷本，半葉十行，行二十字，今藏臺北「故宮博物院」。此明刊四卷本，半葉九行，行十八字。前有抄補黃公紹序，次目録。卷首題「滄浪集卷一」，二、三行下署「宋嚴羽著、明林古度校、夏大夏重校」，卷三、卷四無「夏大夏重校」五字。卷一騷、操、吟、引、謡、歌、行，卷二樂府、四言古詩、五言古詩，卷三五言律詩、五言排律、五言絶句，卷四七言律詩、七言絶句。書中有鮑廷博據元刊本校語。卷首有「徐恕讀過」朱文方印、「百川」朱文方印、「邢氏所收善本」朱文長方印諸印。（林振岳）

滄浪集卷一

宋　嚴　羽著
夏大夏重校
明　林古度校

騷

憫時命

憫時命之不當兮去重華之日遠懷貞慤之操行兮遭此世之淟涊志浩蕩以耿介兮思低回而蹇産衆日進而蔽壅兮何靈修之爲怨因時俗之侹儴兮背矩矱而不可化獨好修以增姱

傳聞降北將猶未悔狂圖恐召豺狼入甘先矢石驅聖朝何負汝天意必亡胡試看山東冦如今更有無

三衢邂逅周月船臨別賦此二首

同是江湖客居然歲月多心期看白髮歸夢付滄波子去見家遠吾衰奈別何幾時江上月載酒定相過

其二

戎馬相逢日那知復此間客愁詩莫遣世事酒

竹溪鬳齋十一藁續集三十卷

［宋］福清林希逸撰　中國國家圖書館藏明小草齋抄本

林希逸（一一九三—一二七一），字肅翁，號鬳齋，又號竹溪，福清人。端平二年（一二三五）進士。嘗爲平海軍節度推官，淳祐七年（一二四七）由秘書省正字遷樞密院編修官，八年知興化軍，又知饒州。景定三年（一二六二）任司農少卿。官終中書舍人。師從陳藻、林光朝，學問宏博。工書畫，遊學江淮，詩作與「江湖詩派」爲近。撰有三子口義、考工記解等。

據咸淳六年（一二七〇）林同序，鬳齋前集爲六十卷，宋史藝文志亦著録六十卷，黄虞稷千頃堂書目著録「林希逸竹溪鬳齋十一集九十卷，又續稿三十卷」。今九十卷之竹溪鬳齋十一集未見，存詩選一卷，續集三十卷。是集爲希逸門人林式所輯，共三十類。林同序云林式再三請之，希逸始出其稿，故卷次類别多有類分扞格者，並少作亦專門立目，疑非定稿。四庫全書總目提要稱「謂之十一稿，不詳其故，或十中存一之意歟」，庶幾近之。凡三十卷，卷一至五詩，目録小注「古律」；卷六雜著；卷七至九少作；卷十、十一記；卷十二序；卷十三跋；卷十四、十五四六；卷十六回生日啓；卷十七、十八詩，目録小注「省題」，蓋難以編年者；卷十九挽詩；卷二十祭文；卷二十一、二十二墓誌銘；卷二十三、二十四行狀；卷二十五至三十學記。詩多友朋酬唱之作，與劉克莊唱和近五十首爲最多。

此明謝肇淛小草齋抄本，校以文淵閣四庫本，林同序中「學文」，四庫本作「學問」；卷一和後村憶昔二首之一末句「回首驚堪亂似麻」，四庫本作「驚看」；和後村口占一首「清朝越紼修將禮」，四庫本作「將修禮」；和後村唐衣二首之二「便如野鹿脱狗維」，四庫本作「脱拘維」，皆四庫本較勝，蓋另有所據。書中鈐「晋安謝氏家藏圖書」「曾在李鹿山處」「冶南何氏瑞室圖書」「西郊草堂」「侯官楊雪滄金石圖書印」印。目録後有楊浚手書題跋，云「晋安謝氏小草齋爲古梅先生鈔本，經周櫟園、李鹿山、何郊海藏弆，後歸陳恭甫。咸豐辛酉重陽雪滄所得」，鈐「楊浚私印」白文方印。（陳　誼）

晉安謝氏小草齋爲古梅先生鈔本經周
櫟園李鹿山何郝海藏弄後歸陳恭甫
咸豐壬子四月吉陽雪滄所得

竹溪鬳齋十一藁續集目録

竹溪鬳齋十一藁續集卷第一

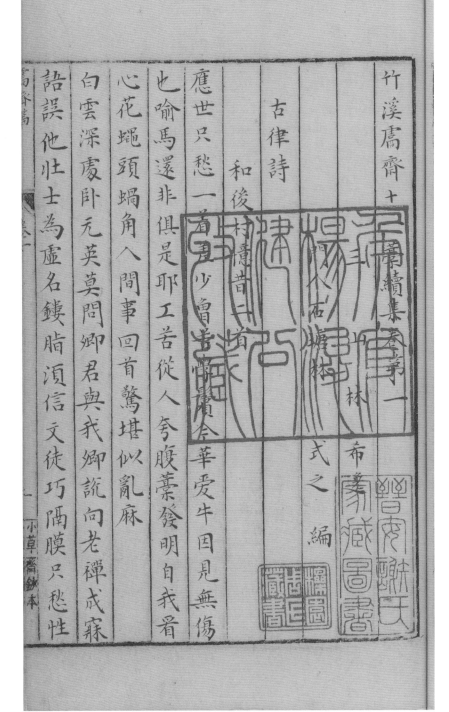

林希

門人石塘林式之編

古律詩

和後村憶昔二首

應世只愁一着差少曾嘗膽今華爰牛因見無傷

也喻馬還非俱是耶工苦從人夸腹藁發明自我眷

心花蠅頭蝸角入間事回首驚堪似亂麻

白雲深處卧元英莫問卿君與我卿説向老禪成寐

語誤他壯士為虛名鏤脂須信文徒巧隔膜只愁性

晞髮集不分卷

［宋］長溪謝翱撰　上海圖書館藏明弘治十四年刻本

謝翱（一二四九—一二九五），字皋羽，號晞髮子，長溪人，寓浦城。應舉不第。德祐二年（一二七六），募鄉勇投軍抗元，署諮議參軍。宋亡後隱居不仕。

翺生長宋季，身當天崩地裂之時，乃以至誠惻怛之心，發慷慨悲歌之氣，所懷鬱幽之意，一吐于詞。尤慕文天祥之正氣凜然，作登西臺慟哭記以吊之，人以爲慟文氏，則慟乎宋之三百年也。是集前有儲巏晞髮集引、任松鄉謝處士傳、鄧牧謝皋父傳。後附方鳳謝君皋羽行狀、吴謙謝君皋羽壙誌、馮允中跋晞髮集後。巏引撰於明弘治十四年（一五〇一），略謂翺書殆百卷，此集蓋其一也。此集「儲巏抄於建安楊晋叔，會馮御史執之按部至海陵，巏出而閱之，作而嘆曰：翺之樂府諸體，似李賀、張籍；近體出入郊、島間；古文則直溯柳柳州之派。其志潔，其行廉，有沉湘蹈海之風，是宜傳也。迺篋之至揚，告唐運使文載，運使曰：此予雅慕其人而未見其文者。遂相與刻之，而屬巏爲之引」云云。按，楊晋叔名旦，建安人，楊榮曾孫。可知巏自楊氏處抄得副本，復與唐文載刻於揚州者。是集詩以體分，宋鐃歌鼓吹曲、宋騎吹曲、古體上、五言近體、古體下；文十二篇。詩集以古體兩出，並未編聯，且尚有數處墨等未刻，蓋非最終定稿者。後有嘉靖間程氏，隆慶間邵氏，萬曆間張氏、郭氏諸刻，皆以此爲嚆矢而增益者。

是本經南昌彭氏知聖道齋、仁和朱氏結一廬、南陵徐乃昌積學齋等遞藏。（陳　誼）

晞髮集

上海圖書館藏

味乃具讀

粤　謝翺　著

宋鐃歌鼓吹曲

太祖嘗微時歌日出其後卒平僭亂證於日

爲日離海第一

日離海青曈曨沃以積水涵蒼穹神光隱豹霧空氣呼吸爲蛇龍赤雲衣紫霓縱吹白衆宿歌大風天吳適清海宫

右日離海十四句十二句句三字二句句四字

宋既受天命爲下所推戴懲五季亂誓將釐

百正集三卷　［宋］三山連文鳳撰　中國國家圖書館藏清抄本

連文鳳，字百正，一作伯正，號應山，三山人。宋遺民，仕履不詳。據集中庚子立春詩「又逢庚子歲，老景對韶華」句，知其歷兩庚子年，即宋理宗嘉熙四年（一二四〇）與元成宗大德四年（一三〇〇）；又有挽周明府公謹詩，周公謹即周密，卒於元武宗至大元年（一三〇八），則此年連氏仍在世。故其享年應在七十歲以上。集中又有學魯齋記，云「初，余游杭泮，君居前廡，與之識，且嘗與之争功名於場屋間」，暮秋雜興詩云「仕籍姓名除」，諒其曾入太學，後爲宦，宋亡不仕。

連氏文集不傳，今所見惟百正集三卷，乃清人從永樂大典中輯出者。是集前二卷録詩，按詩體編排，凡一百十八題，計一百三十三首；第三卷輯賦三篇、序二篇、記二篇、説一篇、傳一篇。詩文雖數量有限，然體裁較廣，仍得窺連氏創作之豐。連氏詩風清淡自然，館臣謂其詩「大抵清切流麗，自抒性靈，無宋末江湖諸人纖瑣粗獷之習。雖上不及尤、楊、范、陸，下不及范、揭、虞、楊，而位置於諸人之間，亦未遽爲白茅之藉，則當時首屈一指，亦有由矣」，所論允當。文稱得體，賦有楚騷風味，記序叙寫平整，傳屬俳諧遊戲之作。連氏詩作，詩淵尚有溢出此集者，可予補充。

連氏長期寓居杭州，交遊廣泛，集中酬唱之作頗多。至元二十三年（一二八六），月泉吟社擬題春日田園雜興徵詩，應徵作品凡二千七百三十五首，連氏以寓名羅公福參與其間，一舉奪魁。入元後，既未積極於仕途，亦未避世於山林，劉辰翁有連百正詩序，言其「長吟坐嘯，淒其千百，其詩其命如此，殆合古今窮者而爲一人」，似生計窘迫，然詩文時現故國之思，於節義之士多有褒揚，其遺民意識自不待言。

是本乃乾隆間翰林院抄本，即四庫底本。然與文淵閣四庫本相較，仍有些許出入。如卷上秋懷「茫茫秋水波」一首「陽鳥未南翔」句，文淵閣本「未」作「來」；「抱影聊獨倚」，文淵閣本「聊」作「廓」；卷中冬日早行「紅葉成林當看花」，文淵閣本「看」作「落」；緑珠「百尺樓前日色斜」，文淵閣本「尺」作「丈」，等等。抄本於義均勝。又有浮籤若干，可佐釋義，如流盃亭「至今帝醉未能醒」句，有改「帝」作「常」，浮籤云：「帝醉，鮑刻亦如此。案此用秦穆公夢奏鈞天事，以寄其滄桑之感也。改作『常』字，便淺而無味矣。」所言甚當。「鮑刻」即指知不足齋叢書本，知題浮籤者以此本與鮑廷博知不足齋本校勘一過。諸本雖均祖此，然抄録自有不同，鮑刻本增輯作品若干，亦可參考。（侯體健）

欽定四庫全書

百正集卷上　　宋　連文鳳

五言古詩

秋懷

草木一何情榮悴皆有時颯颯涼風至一夕失華滋壯士撫蕭晨慷慨令心悲流光日以邁西風生別離湫湫愁予懷此懷誰能知

天高正寥泬深夜群動閒秋聲

速寫不失

江空歲晚朔風寒詩卷相隨晚出關不為尋梅勞杖履偶因問菊到家山溪橋買酒經過熟鄰舍分茶笑語間若見碧瀾趙公子為言衰鬢與愁顏

己卯中秋雨

南枝一夢已淒涼好景難逢重感傷天上此時如白晝人間何處有清光山河舊影雲俱黑燈火新愁夜正長畢竟老蟾終古在西風客鬢易蒼蒼

寄常州簿鄭宗仁

三山鄭菊山先生清雋集一卷附所南翁一百二十圖詩集一卷鄭所南先生文集一卷

〔宋〕連江鄭起、鄭思肖撰　中國國家圖書館藏清抄本

鄭起（一一九九—一二六二），原名震，字叔起，號菊山，連江人。淳祐間主諸暨、蕭山學，充安定、和靖書院山長。淳祐七年（一二四七），鄭清之再相，震登門罵之：「端平敗相，何堪再壞天下耶？」被執入獄。清之罷，得免。撰有易注、深衣書、讀書愚見、太極無極説、倦遊稿等，均佚，今僅存清雋集。其子思肖（一二四一—一三一八），原名不詳，宋亡後改名，字憶翁，號所南。宋末以太學上舍生應博學鴻詞科試，侍父寓吴。善畫墨蘭，入元後不畫根土，寓意宋土已失。有心史七卷。

元大德間，仇遠從鄭起倦遊稿中選詩四十首，編爲清雋集，附以所南翁一百二十圖詩集一卷、鄭所南先生文集一卷。前有大德五年（一三〇一）柴志道序。起詩大抵不失清雋本意，近人陳衍謂「皆跌宕兀傲，時有古樂府真意」。所南翁一百二十圖詩集一卷皆思肖題畫之作，自序云：「絶交遊，絶著作，絶倡和，漸絶諸絶，以了殘妄爾。今或遇圖而作，或遇事而作，而或者又欲俱圖之。」作詩繪圖，藉以一吐胸中憤懣。如寒菊云「寧可枝頭抱香死，何曾吹墮北風中」，盡寫其志。末附錦錢餘笑二十四首，寓莊於諧，亦别有所寄。鄭所南先生文集一卷，文凡九篇，皆思肖晚年之作，如答吴山人問遠遊觀地理書論天文地學，每有卓識。

此清初抄本，蓋與知不足齋叢書本同出一源，校以四部叢刊續編影印林佶抄本，則各有所長，其勝處如鄭所南先生文集答吴山人問遠遊觀地理書「自大昆侖山更西南幾萬里方是天竺國，更幾萬里以上方是西海」句，林佶抄本作「自大昆侖山更西南幾萬里以上方是西海」；「坤雖柔也，其動也剛；坤雖静也，翕則斂而

歸根，散而生萬物」句，林佶抄本「柔也」至「翕」間脱八字，均可爲校讎之資。此本鈐有「楝亭曹氏藏書」、「長白敷槎氏堇齋昌齡圖書印」、「趙元方收藏善本書籍」等印。（陳　敏）

三山鄭菊山先生清雋集序 雋粗兗切

儒有古君子之風始可以曰儒儒非止於文章之謂文章者所以發揚其實詣而著見於實理也豈可空有其名哉

鄭菊山先生蓋抱其實而當其名者也在昔林鬳齋周伯弜行輩當時人物林林焉如龍虎不可測如鳳凰不可覩非有以自植立於天地間何以與諸公相參錯照耀一世豪傑之耳目耶曩聞先兄秋堂先生望曰先生人物昂然氣節挺然議古喻今無不的當惜不

三山鄭菊山先生清雋集 所南翁一百二十圖詩附

山村仇遠仁近選

爛柯山

春風萬古洞門開，塵世興亡是幾回。碁局至今無處覓，樵人於此遇仙來。飛梁橫跨冊虹影，絶頂平鋪白玉堆。天下紛紛無好著，斜陽下嶺共徘徊。

卜居

久欲謀歸力不任，浮雲蹤跡謾巢林。功名未入屠龍手，貧賤常懷買雀心。月下閑門微雨

心史七卷

［宋］連江鄭思肖撰　日本内閣文庫藏明隆武間刻本

鄭氏逝後三百餘年，崇禎十一年（一六三八）冬，蘇州承天寺因旱浚井，發現一鐵函，啓之則函内石灰，灰内錫匣，匣内生漆，漆内紙包，外緘封書「大宋鐵函經」及「大宋世界無窮無極」、「德祐九年佛生日封」、「此書出日一切皆吉」諸語，内緘封書「大宋孤臣鄭思肖百拜封」，封内即心史手稿。江南巡撫張國維慨然捐出俸金，親自作序，於十三年（一六四〇）春在蘇州刊行。同年秋，南京之閩籍士人又重刻出版，並請遠在福州之曹學佺撰序。越四年，明朝北都破於清兵，乙酉（一六四五）福州建立南明隆武政權，據傳其時其地又有方潤、洪士升序跋刊印合刻鐵函心史晞髮集。此本國内今未見存，僅在日本公文書館内藏有此孤本，今即據以影印。所謂「合刻」並不存在，當是最初有此計劃，但實際僅印行心史；所謂「隆武刻本」亦非事實，僅是蘇州原版之重印，新刻增添兩篇序跋，對所附承天寺藏書井碑陰記則有剜版。

是書七卷。咸淳集一卷、大義集一卷、中興集二卷收録鄭氏各體詩計二百五十首，久久書一卷、雜文一卷、大義略一卷收文三十篇，另有前後自序五篇。其詩多沉鬱悲涼之辭，抒抗元衛國之志。其文記鄭氏親歷見聞，亦頗具史料價值。鄭氏書詳記文天祥、陸秀夫、張世傑、李庭芝等人事跡，頗能補正史之不足，較之宋遺民録、宋季三朝政要等野史筆記，因其未經元人篡改，更顯珍貴。

此本原藏者林鵝峰（一六一八—一六八〇），日本江户時代學者林羅山之三子，名恕、春勝，字子如、之道，通稱春齋，號鵝峰、向陽子等，著述甚富。林氏爲日本得讀心史之第一人，其得書之時爲日本寬文元年（一六六一）季夏，見諸其書簡。林氏爲此本所題詩跋已成中日文化交流珍貴史跡。（陳福康）

咸淳集

三山菊山後人所南鄭思肖億翁

題多景樓 時叛將劉整圍襄陽

英雄登眺處，一劍獨來遊。男子抱奇氣，中原入遠謀。江分淮浙土，天潤楚吳秋。試望斜陽外，誰寬西顧憂。

逢陳宜之 伯義

行李苦役役，相逢古潤州。千金一夜醉，四海十年遊。山靜鬼行月，宵涼人夢秋。近聞邊事急，畎畝得無憂。

韓氏遺書二卷

［元］寧德韓信同撰　上海圖書館藏清知聖教齋抄本

韓信同（一二五二—一三三二），字伯循，號古遺，又號中村，寧德人。生幼穎悟，工文賦。受業陳普之門，究心程朱之説，主講雲莊書院，從者甚衆。撰有書經講義、三禮易經旁註、書解集、史類纂及詩文十餘卷，今傳者三禮圖説二卷。

韓氏著述至明代已眇其傳。嘉靖間閔文振知寧德，校訂並蒐其講義、詩文散見諸書與流傳鄉里者，釐爲二卷，題曰韓氏遺書，捐俸刻置學宫，書版毁於嘉靖四十年（一五六一）。萬曆九年（一五八一）韓氏後裔得桂、得梃據嘉靖本重刊，有韓士元重刊序。兩刊本今皆不傳，僅存據萬曆九年刊本傳抄之本。

書分上下二卷，卷上四書標註；卷下韓氏遺文，講義一首、記二首、賦一首、文一首、詩十五首、詞一首。韓氏四書標註，抉玄摘奥，貫穿周、程、張、朱之説，條分縷析。閔氏輯本殆自明人所編四書大全中摘出，雖非完本，猶可窺其條理。卷下所輯韓氏詩詞遺文，當採自總集、地方藝文。如福寧州學新置田記、安仁禪院重建記、石堂八景賦、石堂八景詩，皆有關寧德風土，文振所纂寧德縣志多所採摭。岳王墓詩，兩宋名賢小集古遺小集及明人編總集元詩體要、元音、石倉歷代詩選、元藝圃集皆收録，其詩末云「我恐精忠埋不得，白日英魂土中泣。朽骨斲出荒苔痕，獻作君王補天石」，清人沈嘉轍南宋雜事詩用其意，有「白骨難爲補天石」之詠。閔氏輯本自稱「訪求五六年」，用力頗深，其去取亦甚嚴，存疑者皆不録。如元詩體要卷六載對月吟、征婦歎二詩，與卷五所收岳王墓同署「韓中村」，又元音卷十收韓中村岳王墓、鴻門宴、征婦歎三詩，則鴻門宴、征婦歎、對月吟三首亦似韓氏遺詩，而閔輯本未收。實則此數詩作者多存疑問，如石倉歷代詩選中鴻門宴、征婦歎二詩歸於吴師道，清人陳焯編宋元詩會雖録吴師道鴻門宴一詩而猶存疑：「按吴正傳歌行有鴻門宴及姑蘇臺、章華、朝陽、戲馬共五詩，其四首已見之於貢泰甫集内，即此一首亦莫定果爲吴作否，姑存之。」征婦歎「虎頭將軍眼如電」一詩，石倉歷代詩選歸吴師道，元詩體要、元音歸韓中村，此詩舊又傳爲宋陳恪之姊陳璧娘所作平元曲寄二弟。總集龐雜，作者擅入，聚訟紛紛，蓋閔氏輯録時有鑒於此，故未加採録。

此杜氏知聖教齋烏絲欄抄本，前有萬曆九年韓士元重梓韓氏遺書序，次韓氏遺書目録。卷端題「韓氏遺書卷上」，次行至三行下署「元寧德古遺韓信同存藁，明浮梁後學閔文振輯刊，署寧德縣事新安韓士元重刊」。全書之末附録張以寧古遺先生陳公行狀，另有明嘉靖十七年閔文振韓氏遺書序、萬曆九年陳文重梓韓氏遺書跋，乃知源出萬曆重刊本。書中鈐「亞東沈氏抱經樓鑒賞圖書印」、「授經樓藏書印」、「浙東沈德壽家藏之印」、「吴興沈氏藥盦父尚絅廬主所蓄經籍書畫金石印」等印。抄藏者杜春生，字禾子，山陰人，藏書處名知聖教齋、大吉樓，搜羅甚富。後又經慈溪沈德壽抱經樓遞藏。

此書另有臺北「故宫博物院」藏清抄本，原北平圖書館甲庫善本，行款與杜氏抄本不同，或存萬曆刊本行款之舊。内容大體相同，惟閔文振韓氏遺書序在卷下之前，略有小異。（林振岳）

重梓韓氏遺書序

古所謂三不朽立言其一也然所言必種種弗詭於道迺傳不則若井鼃語海縱謬悠曼衍世且敝帚眎之謂不朽何故予於古遺韓先生勣勣興仰止懷焉始予署寧值丁日謁鄉賢祠有古遺者未識也詢之或語予曰茲氏鉅儒有言熠熠其學本經術末文藝師石堂陳先生遡其源考亭正派也所著書富甚佚弗傳僅僅遺書兩卷嘉靖乙未歲已刊行在庠遺辛酉邑燬板燼焉其裔弗忍祖書湮滅也方重梓之矣予聞是迺索其書玩覆再三

山陰杜氏鈔本

韓氏遺書卷上

元寧德　古遺　韓信同　存藁

明浮梁　後學　閔文振　輯刊

署寧德縣事新安韓士元　重刊

大學標註統說

大學一書須作三大節看致知格物是窮此理誠意正心修身是體此理齊家治國平天下是推此理知此三節而一篇之義備矣○凡看大學須看綱條綱舉而條隨矣○讀大學而未知文理接續血脉貫通深淺始終至為精密者是未嘗讀大學也故今一一

山陰杜氏鈔本

藍山詩集六卷

［明］崇安藍仁撰　中國國家圖書館藏清咸豐七年刻本

藍仁（一三一五—一三八八），原名誠，字静之（一作靖之），號藍山拙者，崇安人。元末與弟智同在武夷山師事杜本，遂謝科舉，一意爲詩。後辟武夷書院山長，遷邵武尉，不赴。明初内附，例徙濠梁，居瑯琊者數月放還。洪武七年（一三七四）攝官星渚，後歸田間，隱于閭里林泉，以老壽終。明史文苑傳附載陶宗儀傳末。

仁曾自編其詩集，蔣易云「静之往年以藍山集來示」，或未付刊刻。洪武初，其子仲穆編次藍山詩集，蔣易、張榘爲之序，然未及付梓而仲穆已逝。建文間其孫幹等始刊刻，其本今已不存。正統二年（一四三七）崇安邑宰金懷曾以書求陳璉作序重刊，或亦亡佚。嘉靖五年（一五二六）裔孫鈕合刻二藍集，是爲二集合刻之始，亦爲現存最早之本。今存多種抄本，均源出嘉靖刻本系統。此清咸豐七年（一八五七）藍蔚雯據明嘉靖本校録重刊本，卷首有正統二年陳璉原序、洪武庚辰（建文二年，一四〇〇）倪伯文原序、洪武八年張榘原序、蔣易原序及目録，卷末署「秣陵陶燦庭督刊，現寓上洋水仙宫」。

清乾隆間纂修四庫全書，以未見明刻諸本，乃從永樂大典中采掇裒輯，得詩五百餘篇，較之嘉靖刻本已少百餘首。今南京圖書館藏乾隆間翰林院抄本，即據永樂大典所輯之四庫底本，有丁丙題跋。光緒四年（一八七八）郭柏蒼重刻藍山集，與四庫本同出一源。

藍仁、藍智之作時有混淆，清初朱彝尊曰：「藍山、藍澗二集，選家誤有參錯。」然其所編明詩綜，亦已錯雜。今較通行之文淵閣四庫全書本藍山集、藍澗集更多揉雜，陳田明詩紀事云「不能定爲誰是誰非」。光緒間郭柏蒼刻本亦沿襲四庫本之誤。陸心源儀顧堂題跋云：「藍山集誤收藍澗詩五十餘首，藍澗集誤收藍山詩三十餘首，永樂大典本往往有此。此非館臣之誤，乃永樂大典纂修諸臣草率之故。」（湯志波）

咸豐丁巳重鐫

藍山詩集

本衙藏板

藍山詩集卷之一

五言律詩

環谷余國權氏作亭曰環谷中以舊得朱子所書

風月無邊字扁之題詩四首

雲谷留遺墨濂溪見似人園林當勝夕樽爼集佳賓天籟飛來遠冰輪洗出新乾坤清氣滿何處有囂塵

無邊風月興盡在此亭中几杖清秋近絃歌白晝同名書懸舊扁畫筆付良工髣髴瑯琊勝能文憶醉翁

華亭當谷口風月與無邊草木聲相應山河影倒懸衣巾凉氣襲杯斝素光傳折簡能招我論詩夜不眠

藍山詩集　卷一　五律　一

北京圖書館藏

藍澗詩集六卷

［明］崇安藍智撰　中國國家圖書館藏清咸豐七年刻本

藍智（約一三二一—一三七三），字明之（一作性之），崇安人，藍仁弟。幼而聰慧，學博才豐。元季習舉子業，從三山林泉生學春秋。旋復棄去，與兄藍仁同學詩於杜本，大有所悟，遂棄舊習。至正間已有詩名，張昶序其詩集稱：「其古仿佛魏晋，其律似盛唐，長句則豪健，五言則温雅。」明初以才賢薦授廣西按察司僉憲，其出仕，明史藝文志曰在洪武十年（一三七七），八閩通志曰在洪武十一年，筆精曰永樂中，實洪武三年事也。在任三年，著廉聲，處事平允，客歿他鄉。

其集，元末張昶嘗爲之序，然未知其時刊刻與否。洪武四年，智子澤攜其詩稿歸自桂林，次年乃由方外友程芳遠編次，蔣易、張榘撰序，永樂元年（一四〇三）刊行，今已亡佚。嘉靖五年（一五二六），智六世孫鉏重刻二藍集，是爲現存最早之刻本。乾隆間修四庫全書，此集無進呈者，館臣自永樂大典中「搜輯裒綴，共得古今體三百餘首」，以類編次，釐爲六卷，以合原目，然較嘉靖本已少百五十餘首。永樂大典輯本今存南京圖書館。

此清咸豐七年（一八五七）藍蔚雯據家藏明本重刻之二藍集本，卷首張昶、張榘、蔣易三序俱存，卷末有咸豐七年藍蔚雯跋。又有光緒十四年（一八八八）重修本，卷首增四庫提要一則。是本雖晚出，然刻刊甚精，能存明刻舊貌，較後出郭柏蒼枕石草堂本之羼入他人之作，自不可同日而語。（湯志波）

藍澗詩集卷之一

友生程嗣祖芳遠編集

五言律詩

郊居

郊居頗岑寂疎懶諧愚性雨過茅屋凉蟬鳴晚山靜坐來塵慮空始覺心源瑩月出樵牧還松風答清磬

山中作

喪亂來空谷蹉跎又一年不才淹草澤無食望山田失路慚懷寶多門橫索錢春秋二三策深覺負前賢

草堂羣木爲亂兵所伐

覺非先生文集五卷

［明］福清羅泰撰　中國國家圖書館藏清樸學齋抄本

羅泰（一三七三—一四三九），字宗讓，號覺非道人，福清人。少從鄉先生宋瑜受春秋經，又從訓導林友從學易，潛心卦爻十翼之旨，於經傳子史無不涉獵。處一室，左右圖史，時有友朋相與講論切磋。隱居教授凡四十餘年，又與林誌相倡爲古文，尤工詩。

是書五卷，卷一至卷三爲古文，皆記、序之體，卷四、卷五爲詞及諸體詩。首有天順二年（一三三一）魏克潤序，末有天順二年泌陽知縣黎近後序、工部尚書楊榮撰故羅君宗讓墓誌銘。泰在里與進士鄭澄初、主事鄭介叔、知縣鄭彦韜、文學鄭廷玉、鄭希晦、林範伯等往來酬倡，集中諸詩，可考其交遊。爲林誌所作尤多，如次林尚嘿先生送别江西韻二首、送林尚嘿之沙場、寄林尚嘿、寄編修林尚嘿諸詩，可見二人相交之篤。黎近後序謂「其文則典古温潤，詩則清麗工緻」，「古近詩磊落清壯，無纖縟媚麗之態，而寄興玄遠，尤奈諷詠」，詩多見「簞瓢獨樂」之味。

此集係羅氏門生林元美編選，卷端署「撫州知府門人三山林元美編集」。清郭柏蒼柳湄詩傳謂「泰著有賓林集行世，覺非先生集即賓林集之選」。按，林元美名鏐，永樂十九年（一四二一）進士，後世子孫有「三代五尚書」之盛。此集中有送進士林元美還京詩序，叙林元美事跡，可補志乘之闕。此本爲康熙間林佶樸學齋抄本，字跡雅秀，原刻久佚，賴是本以傳。書經鄭杰、陳壽祺、楊浚諸家遞藏，鈐有「鄭杰之印」、「注韓居士」、「鄭杰」、「陳恭甫藏楊雪滄得」數印。目録後朱筆題識「嘉慶二年秋仲緝閩詩録閱」，卷五末朱筆題識「嘉慶二年中秋前五日緝閩詩録閱」，知爲鄭杰輯全閩詩録取用之本。集内朱筆點勘，皆出鄭氏之手。（楊　鵬）

覺非先生文集卷之一

撫州府知府門人三山林元美編集

記

寧德縣學題名碑記

七閩學校肇自唐始常觀察之化至今為首稱厥後有宋道南教興考亭諸儒大闡聖學人文之盛與中州敵故閩號海濱鄒魯有自來矣寧德則閩瀋邑也邑抵藩郡僅九舍地有霍童高蓋諸山之勝又有白金之産乃山川孕靈故學校造秀視他邑為盛永樂間設場冶以資國用上命監察御史曁中官以案臨之於是縣邑肅清庠類尤

莊擊壤公詩集一卷附録一卷

［明］福清莊希俊撰　中國國家圖書館藏明萬曆間刻本

莊希俊，字德周，福清人。生元季，不仕，十歲失怙，與母卓氏相依，嘗廬父墓側。洪武十九年（一三八六），以孝行擢臨洮府同知，遷濟南知府，卒於濟陽。賜璽書褒異，入郡志孝義傳。

是集分體編次，七言律詩、五言律詩、七言絶句、五言絶句、七言古詩、五言古詩，都一百九十二首。多紀遊題詠之作，足跡所至有延平、建寧、睢陽、杭州、西安、開封等地，往來酬贈多黄教諭、静上人、卓景雲、林則民等人。末附録群英贈莊擊壤詩序一卷，題贈者有余載、徐蘭、張鐸等十二人。王宇序謂其行藏大類陶淵明、王績，所爲詩「清真澹遠，亦仿佛近之。正如小山疏林，深溪孤棹，木葉盡脱，石氣自清」。全閩詩話謂其詩「皆清麗，直抒胸臆，亦足傳也」。

此本爲萬曆間八世孫莊若華刊刻，首有萬曆四十四年（一六一六）晋安王宇序，末有莊若華跋。按，若華字子蓋，萬曆四十七年任當塗縣經歷，徙太平府。所撰信心草，録有此跋。是本卷端鈐有「南州書樓所藏」、「南州後人」、「徐湯殷」、「徐紹棨」諸印，知爲番禺徐氏舊藏。（楊　鵬）

莊擊壤公詩集

濟南府太守莊希俊擊壤甫著
晋安後學林永平夷侯甫校
八世孫監生莊若華編錄

七言律詩

榕城別翁叔儀二首

紫芝開處白雲深無分追隨訪惠林邂逅溪山同聚首留連歲月共論心酒因知巳歡同飲詩爲愁懷只自吟准擬挾書遊上國停橈錦木定相尋

蔀齋先生文集十二卷存五卷

［明］閩縣林誌撰　上海圖書館藏明范氏天一閣抄本

林誌（一三七八—一四二七），字尚默，號蔀齋，又號見一居士，閩縣人。少從王偁學。永樂九年（一四一一）鄉試、十年會試皆第一，廷試第二，授翰林院編修，與修性理大全、古今名臣奏議諸書。累遷右春坊右諭德兼侍講。宣德初，復與修太宗、仁宗兩朝實録，未幾卒。爲人簡静，爲文簡奥，詩有唐人風。其學於經史諸子及天經地志醫卜之説，靡不通曉，後生輩多從之質問經義。撰有易集説及蔀齋先生文集行於世。

林氏身後有詩文集原稿五十卷，藏於家。其集凡三印本，正統間巡按御史張處命四庠掌教先生爲選録三之一梓於天台，爲第一本，已佚。正德五年（一五一〇），曾孫士昭以舊本重刊成十二卷，仍非其全，爲第二本。萬曆五年（一五七七），六世孫光華據家藏正統本又搜輯佚文成十五卷，以活字印行，爲第三本，舊藏於國立北平圖書館甲庫。此本出於正德本，以藍格紙抄寫。今正統、正德本已佚，惟藉此抄本可窺刻本舊貌。存卷五、卷六記二十八篇，卷七、卷八墓誌銘二十三篇，卷九墓表七篇、哀辭一篇，凡五卷。黄裳跋謂「此册存記及墓誌皆有關明初一代典故者，雖爲殘卷，不可便棄之也」。觀集中之文，謹嚴有法，不失矩矱。漫士高先生墓銘詳記高棅之生平，並述閩中詩派源流。醉漁生墓碣銘載黄環生平、故奉議大夫江西按察司僉事陳君墓表載陳琦生平，可補史志之闕。寓思後記、蘭菊菴記、務本齋記、忠恕堂記、止齋記等篇，可見其學養及交遊。（楊　鵬）

鄀齋先生文集卷之五

記

桂軒記

天難言也而有可必者焉裘葛製而寒暑有備封洫濬而旱澇無虞先時以為後時必售蓋有常理焉爾世之徼功射利膠固以窺天者往往謂其難言也固宜故夫天爵之良貴人可必得者而人爵從之雖或亟或徐君子有弗論焉亦惟道其常而已松君江楊君以成一子琪既愛之篤且異其穎悟不凡嘗曰家昌聲學維馨賢匪類以書貴於是裒致經史俾含阻其英華饑延師友俾漸儒于洙源而琪也承志維謹曰吾父之隆愛固在茲乎君嘗取桂數株環

鄭詩十三卷附録一卷

［明］閩縣鄭善夫撰　上海圖書館藏明嘉靖間刻本

鄭善夫（一四八五—一五二四），字繼之，號少谷，閩縣人。弘治十八年（一五〇五）進士。正德六年（一五一一）授吏部廣西司主事，榷税滸墅，以清操聞。十三年改禮部祠祭清吏司主事。次年，因諫止武宗南巡事，上諫東巡疏，遭廷杖，幸不死，陞禮部員外郎。嘉靖二年（一五二三）秋，起南京刑部郎中，尋改吏部封驗司郎中。臘月赴任途中遊武夷，受寒病歸，至家二日卒。平生於經史百家靡不貫通，勤著述，詩文外，尚有經世要談、子通論道等。

閩中詩壇，明初十子規倣盛唐，繼起「差堪旗鼓中原者，僅一鄭善夫耳」（王世懋藝圃擷餘）。其詩在弘治、正德間不襲李夢陽、何景明餘論，别開生面，可謂獨樹一幟。唯以獨宗少陵，褒貶不一。林燫修福州府志譏之曰「時非天寶，地靡拾遺，殆無病呻吟」云。顧華玉謂「繼之詩氣秀巖谷，雖才韻弗充，而古言精思，霞映天表」；黄清甫曰「繼之才故沈鬱，去杜爲近；過爲摹倣，幾喪其真」（列朝詩集丙集第十三）。朱彝尊論其詩「雖源出杜陵，實有類山谷者」，並謂當時學杜並稱之孫一元、朱應登，均不及鄭善夫（静志居詩話卷十），四庫提要以爲確論。合諸家之評，鄭氏之詩大略可知。其爲文，溯典墳，宗風雅，出入莊騷、左氏，人多比之韓退之。

鄭氏嘗自刻其集，以流傳未廣，今已佚。病革時，乃以詩文託於門生高瀔、傅汝舟。身後福州太守汪文盛主持編刻其詩文行世，即現存最早之版本。是本詩十三卷，收各體詩七百餘篇，大抵以時間先後編次，末附友人挽章數篇。汪氏在閩所刻書，又有前後漢書、五代史記等，皆高瀔、傅汝舟所校。高、傅爲鄭氏高弟，時佐汪氏校書，編鄭集時亦當出力焉。鄭氏詩文歷經十刻，此集爲第二刻，所録雖不如後刻完備，然係現存最早刻本，可備校勘之需。（陳旭東）

刻鄭詩集叙

少谷子鄭繼之弱冠穎異善屬文既長登第泛交海内名流濩落無所容遂託疾遨遊慕鄒魯之風遵海岱凌日觀既乃浮淮達泗適吳徂越探禹穴躡鴈宕振衣風塵之表其意嗛嗛如也已而結屋少谷之山潛心大道攬觀萬物之終始譬猶鸞鳳乘風九閎之上飄飄游豫而時人莫測也夫辭榮就寂者其志曠窮幽溯遠者其思奇故其放而為詩也龍翔虎變波涌雲蒸備極情態命世之詞也詳其所至正足以翼三百篇之經變

鄭詩卷一　閩鄭善夫　撰　楚汪鰲　編

飛龍引

採銅鑄寶具煉作九返丹服食壽長生長生千萬年白日跨飛龍宸遊上九天如何具湖路一去無時還君子貴反終仙術諒非難方士費論說彼心詎能安秦皇與漢武黃土高嶙峴

慈竹引

北堂慈竹連理枝青陽含惠流綠滋堂中佳人雲珮垂霞冠鶴帔光陸離麻姑盈盈進紫觴東方小兒翱且翔

少谷山房雜著不分卷附録一卷

［明］閩縣鄭善夫撰　上海圖書館藏明抄本

此本係明徐𤊹輯録各家所藏鄭善夫未刊遺文而成者。首録𤊹兄熥所藏少谷山房雜著，有萬曆二十五年（一五九七）徐熥序，云：「一日偶於市肆見廢書數册，皆蟲鼠之餘。余欲索觀，其人謂將用覆瓿，不足觀也。强之，始得觀，則此編在焉，出鄭吏部手書無疑。然以印章考之，知爲高宗吕家所藏。」宗吕名瀔，與傅汝舟同爲鄭善夫高弟。鄭氏生前以文稿託付高、傅，高氏身後稿則散出。徐熥乃得之市肆，僅存易論、河圖洛書、洪範論、洪範九疇解、洪範數補叙、序數傳、田制論、九章乘除法、九歸法、演禽法、日宿例、時宿例、將星例、活曜例、推時禽泊處吉凶例、占法、奇門遁甲法、接氣超神法、衣、冠、車二十一篇。

次録徐𤊹自藏經世要談一卷，附鄧慶寀跋，蓋此前已付鄧慶寀刊入鄭氏全集。次録陳汝大椿舊藏鄭氏遺文五十八篇，與人論事後有崇禎五年（一六三二）徐𤊹跋云：「自送夏方伯序起至此，迺陳汝大先生家藏少谷公手稿。崇禎初元，予借之汝大孫長原而録之。未幾，長原游燕，鄉鄰失火，長原廣廈幾不免，然書籍盡爲無賴者掠散，少谷手稿不復得矣。惜哉。猶幸予録斯稿在也。」次輯刊本外所得諸家祭文、傳、評各類文十四篇及鄭氏師友哀輓詩辭五十八篇。徐𤊹跋云：「鄭詩、鄭文舊本有墓文、輓詞，已載者不録。今但收其未録者，尚未能盡也。」末附鄭氏遺文夷穆大夫誄、葉古厓集序、與傅木虚書札三十七通、與鄭蒲澗四篇，筆跡與前不同，當是後來補訂者。文末標明出處，似亦出徐𤊹手筆。徐𤊹所得鄭氏遺稿，除經世要談外，尚有其他數種，所撰鄭少谷先生全集序謂「先伯氏惟和曾得少谷雜著一種，予得經世要談一卷、遺詩一卷、遺文數十篇、尺牘數十幅，皆先生手録者」。故是本所録，亦非全璧矣。

首鈐有「徐興公」、「徐𤇾之印」、「晋安何氏珍存」、「烏程楊氏所藏」、「誠之」、「兆鋆」諸印，知爲清嘉道間閩縣何則賢、清末烏程楊兆鋆等遞藏。前有楊氏題識一則。（陳旭東）

少谷山房雜著序

一日偶於市肆見廢書數册皆蠹鼠之餘余款索觀其人謂將用覆瓿不足觀也强之始得觀則此編在焉出鄭吏部手書無疑然以印章考之知爲高宗呂家所藏首易論河圖洛書次洪範論及洪範數補叙次田制論次九章乘除法次演禽法次奇門遁甲法終以衣冠車之制皆探賾索隱鈎深致遠非世儒所能窺測者先生於學可謂博而精矣先生殁且七十餘年其書

少谷山房雜著

鄭善夫著

易論

伏羲仰觀象于天俯觀法于地中觀人物真見得陽是實陰是虛故陽一畫中實陰二畫中虛乃見得天有日月之類是陽畫中自有陰陽地有山川之類是陰畫中亦自有陰陽日月山川之中復自有陰陽陰陽相生八卦成象衍為六十四卦　萬有之理畢而無餘矣

東春秋事也易理也易之用極大

丁戊山人詩集二十卷

〔明〕侯官傅汝舟撰　日本内閣文庫藏明刻本

傅汝舟，字木虛，號丁戊山人、前丘生、大夢山人等，侯官人。少遊鄭善夫之門，年二十，謝諸生。好黄老之術，中歲别妻子，求仙訪道，遍遊吴越、荆湘、齊魯、河洛間。晚年居粤十餘載，與梁有譽、黎民表、羅洪先等相往來。羅氏爲作傅山人倭劍歌，黎氏瑶石山房詩稿卷十一有寄輓傅木虛詩云：「金液將成劍忽亡，楚騷何處問蒼蒼。病來玄晏書猶著，歸後黔婁室盡荒。空擬延陵題姓字，誰將江左卜行藏。浮生竟未忘情得，目斷虹橋灑淚行。」時在癸亥，知傅氏卒於嘉靖四十二年（一五六三）。汝舟詩刻意學鄭少谷，多崛奇語。撰有粤吟稿等。

明代中後期，同時名「傅汝舟」者有二人，一籍侯官，一籍江寧，清季或有誤合成一人者。今人王承丹、尚永亮辨兩個傅汝舟之混淆與誤用一文已加考辨，謂自四庫全書總目漸生舛誤，謬種流傳百數十年，清季郭柏蒼更將二家詩混編爲傅山人集。然王、尚文中以唴囈棄存稿歸入江寧傅汝舟名下，似不免以是爲非矣。日本藏丁戊山人詩集凡四册二十卷，内含行己外篇上六卷、行己外篇六卷、粤吟稿一卷、唴囈棄存七卷。書口下方鎸刻工名，有詹崇、朱卿、余當、朱真、余要、余昇、朱世、王成、詹勝、王興、詹可、詹卿、王成、張文豪、王能、朱王、朱興、余五、陳乙、陳習、徐京、陳友、鄒三等。鈐有「淺草文庫」、「昌平坂學問所」、「佐伯侯毛利高標字培松藏書畫之印」、「江雲渭樹」、「文齡」諸印。

全書冠以王慎中序，總名之曰丁戊山人詩集，知此集之刻，由郡侯童漢臣南衡贊成之。鄭善夫曾作前丘生行己外篇序（見鄭氏少谷集），謂「其發之性情，故曰行己；其見之文字，故曰外篇云」，又云「行己外篇歲爲卷，歲之乙亥與余交，余贊之録其所爲詩篇，始乙亥，始交余也」，乙亥爲正德十年（一五一五），今行己外篇上首篇録喬嶽清風賦，作於正德十三年戊寅，是此刻已非鄭氏所序之本。各集略按時序爲次，粤吟稿最晚，雖僅一卷，篇幅與嘷囈棄存七卷相仿佛。按之黄虞稷千頃堂書目，著録傅汝舟撰有前丘生行己外篇六卷、嘷囈棄存六卷、粤吟稿一卷、丁戊山人集十二卷、拘虚集五卷。以上各種或不傳，傳世者亦罕覯，僅蘇州圖書館藏明抄本嘷囈棄存，殘存卷三至卷六；福建省圖書館藏明刻本行己外篇六卷，湖南師範大學圖書館藏明刻殘本。環顧宇内，惟日本内閣文庫藏丁戊山人詩集所存最多。（李　軍）

丁戊山人詩集序

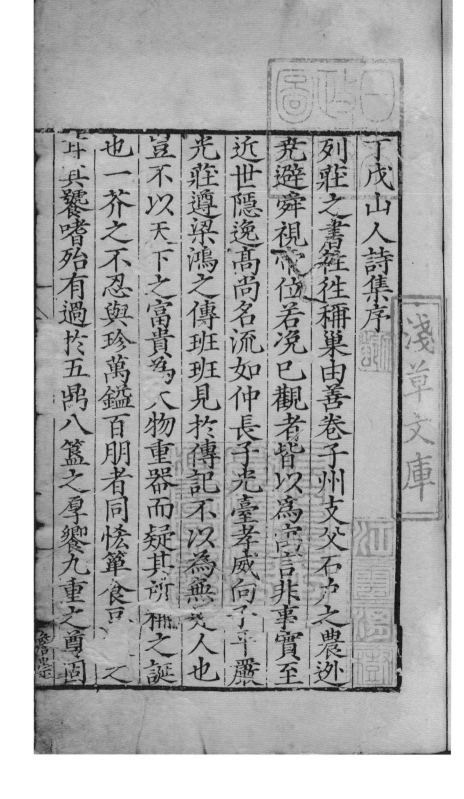

列莊之書往往稱巢由善卷子州支父石戶之農逃堯避舜視帝位若浼已觀者皆以爲寓言非事實至近世隱逸高尚名流如仲長子光臺孝威向子平龐光莊遵梁鴻之傳班班見於傳記不以爲無其人也豈不以天下之富貴爲人物重器而疑其所樂之誕也一芥之不忍與珍萬鎰百朋者同慊簞食豆之甘其饕嗜殆有過於五鼎八簋之享饗九重之尊固

行巳外篇上卷之一

[redacted]

喬嶽清風賦

正德戊寅閩歉登歲軍食缺三月遂亂黨成亂敉定未有宜中外如不相持保大中丞南澗林公出而調靖之躁人卒定士民以人之安公也敘徃比類以造新賦賦曰

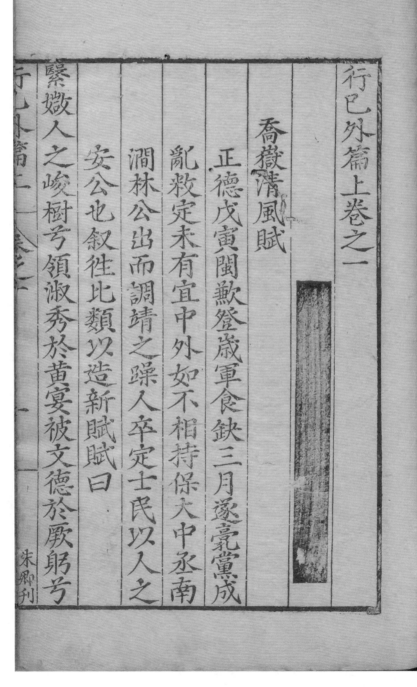

繄巑人之峻樹兮領淑秀於黃宴被文德於厥躬兮

騮山先生文集八卷

〔明〕寧德陳褎撰　上海圖書館藏明嘉靖間刻本

陳褎，字邦進，號騮山，寧德人。嘉靖二年（一五二三）進士。次年授雲南道監察御史，敢言事。後任江西巡按，以忤言謫韶州推官，再謫泗州州判，遷慈谿令，再遷松江同知，多善政。二十三年擢廣西按察司僉事，整飭左江兵備。率各州兵隨總督張岳征剿西南之亂，平五都等處，功垂成解任。褎居鄉多善行，與兄褒研窮禮經，旁搜遠訂，集海内名賢之説，又與同志探討辯難，積成禮記正蒙講意三十八卷。

是集八卷，分體編排，收奏議、策問、序、記、啓、簡、説、歌、圖、引、略、跋、祭文、墓誌、行狀、碑、傳、贊、疏諸體文二百五十餘篇。奏議起自嘉靖三年正月雲南道監察御史任上，皆以民本爲念，切中時弊。如題爲弘聽納以答天戒事論仁壽宮之災，言「今一旦灰燼，則其勞費，百姓抑又甚矣」，「陛下不俯聽人言多方節省，則興作之詔下而天下嗷嗷，況加以不才之官吏從而重斂疾驅之，則其破幾千人之家，絶幾千人之命，又未可知」。題爲乞免會議以全聖孝以息邪説事，論祀興獻於太廟之事，自御史任上曾乞終養，蓋由乎此。所作序，如陳石堂先生遺集序，贊其學「真知實踐，崇雅黜浮」；寧德縣志序、福寧州志序，寧川遺韻序、寧德縣學尊經閣記等文，多關閩省政事、學人者。集中所存與夏桂洲、霍渭厓等人書簡，於史事亦有可參採者。另禮記正蒙引一篇，不見於新刊禮記正蒙講意，可窺陳氏禮學之一斑。

此本爲嘉靖間陳氏門生曾于拱、杜拯宦閩時所刻，卷前署「明進士福建布政使司左布政使門生泰和曾于拱、明進士福建按察司按察使門生豐城杜拯輯刻」。校正二人，閩縣儒學訓導歙縣程宗哲、侯官縣儒學訓導臨川馬濟，亦皆嘉靖時人。卷首鈐「王培孫紀念物」朱文方印，爲近人王培孫舊藏。（楊　鵬）

騮山先生文集卷之一

明進士廣西僉事前巡按江西監察御史寗德陳褎著

明進士福建布政使司左布政使門生泰和曾于拱　輯刻

明進士福建按察司按察使門生豐城杜　拯

閩縣儒學訓導歙縣程宗哲　校正

侯官縣儒學訓導臨川馬　濟

奏議

擬五星聚于營室群臣請脩德應天奏議嘉靖

三年正月　日考選風憲部試

臣褎頃聞欽天監奏本年本月十六日五星聚于營

王培孫紀念物

南江外集十卷

［明］晋江王慎中撰　復旦大學圖書館藏清馮景抄本

王慎中（一五〇九—一五五九），字道思，號遵巖居士、南江，晋江人。嘉靖五年（一五二六）進士，歷官吏部員外郎、常州通判、河南參政。爲文先宗秦漢，後改師唐宋諸家，與唐順之開「唐宋派」古文之先河，又與唐順之、李開先、陳束、熊過、任瀚、趙時春、吕高等並稱「八才子」。撰有玩芳堂摘稿、遵巖先生文集、遵巖王先生文粹、王遵巖家居集等。

是集依體編次，卷一、卷二序，卷三、卷四志銘，卷五、卷六祭文，卷七雜著，卷八至卷十書。前有隆慶四年（一五七〇）九月華亭陸樹聲序，言其「文追秦漢，措詞則至理名言，用意則去僞存真」似隔一層，謂「可與韓柳歐蘇後先相伯仲」始得之。慎中别集中，是本行格與嘉靖二十九年（一五五〇）之玩芳堂摘稿四卷、隆慶五年（一五七一）嚴鎡刻遵巖先生文集二十五卷（四庫全書所收以此爲底本，然有篡改）相同。取校明刊各本，是本所收篇目，均見於嚴鎡刻本，當二十五卷本之卷十二至十四、十九至二十二、二十四至二十五，兩本僅分卷小異，各篇次序、篇名略有改易耳。因疑此抄本之底本編刻於玩芳堂摘稿、王遵巖家居集之後，遵巖先生文集二十五卷以前。今原刻久佚，是本有虎賁中郎之似。

慎中之文見重於嘉靖、隆慶間，其别集版本頗夥。據杜澤遜四庫存目標注卷五十三著録，明嘉隆間凡六刻，另有清康熙刻本二種，卷數、行格不一，餘有抄本數種，名多曰遵巖，惟是集十卷與之異，爲海内孤本。書鈐「誦芬草堂」、「上馬殺賊下馬草露布左手提印右手執干戈」、「馮景」、「山公」、「手校鈔本」、「大吉昌宜」、「國立暨南大學圖書館珍藏」諸印。馮景（一六五二—一七一五），字山公，號少渠。清初錢塘監生。（李　軍）

南江外集卷之一

序

龍溪劉老先生壽序

享其所當得而據其所可安而後為之樂遯世高尚之人友泉石而侶麋鹿寂寞枯槁之與居支離擁腫之為使既以遠世之紛麗頽然自放以足其好於寛閒之鄉峩冠長紳之大夫章甫逢掖之儒講禮容修縟節侈其詞辯談説雜陳交進於其前以祝其慶而禱其壽殷如世之所以奉膏粱文繡之君子力有所被而事有所濟然者此豈所享其所據之宜哉方將

學士林文恪公詩集六卷

［明］閩縣林爊撰　上海圖書館藏明刻本

林爊（一五二四—一五八〇），字貞恒，號對山，閩縣人。祖瀚，南京兵部尚書，謚「文安」。爊幼而朗秀，讀書日恒得數千言，雖早達，能抑損爲恭，與人温温言笑，至於大節則皦然。嘉靖二十六年（一五四七）中進士，選庶吉士，歷官翰林修撰，洗馬，兼侍景恭王講讀。校録永樂大典，與纂承天大志。志成，爲國子祭酒。大典成，進太常寺卿。擢禮部侍郎，改吏部，又改南京吏部，遷工部尚書，改南京禮部。丁母憂去官，服滿後以父年老侍養不出。卒，謚「文恪」。爲官素以直道自矢，多與時宰不合。居家時主纂福州府志。

此集凡六卷，分體編排，五言古詩、七言古詩、五言律詩、七言律詩、五言排律、五言絶句、七言絶句，凡三百六十七首。首有葉向高、陸聲樹、鄧鍊、王穉登序。集中多宴集贈答及感懷咏物記景之作，遊歷則好題詠名賢古跡，詠史之外，頗抒襟懷，可據以知其行止。聞閩中寇亂、閩中亂後寄故園兄弟詩、得閩中捷音喜而有作，記嘉靖閩中寇亂時事。古體歌行，多以雄壯見長。是故門人王穉登稱其詩文「璞玉渾金，疏越黄流，無詞人藻繪刻鏤之習」。

爊身後，其子天懋拾掇遺稿，輯爲詩集六卷文集十六卷，萬曆十七年（一五八九），爊弟烴（仲山）之門人、巡按福建監察御史鄧鍊捐俸刊行，今日本内閣文庫藏有刻本。此本卷端署「門人檇李丁賓校刻」，存詩集六卷，所缺文集亦當於萬曆間刊刻。前有嘉慶二十年（一八一五）何治運趴海題識一則。鈐有「徐㶿之印」、「冶南何氏瑞室圖書」、「玄冰室珍藏記」、「湘潭袁氏滄州藏書」等印，乃經徐㶿、何治運、袁芳瑛、袁榮法等遞藏。（楊　鵬）

學士林文恪公詩集卷之一

閩中林燫著　門人檇李丁賓校刻

五言古詩

閣試夏日死中郎事用六朝體

薰風扇長夏玄圃肅幽深萋萋瑤草繁藹藹珍木陰遊魚戲曲沼好鳥吟喬林幸依清禁闥遙聞虞絃音

館中簡胡張二翰長

同居詞苑内隔此百尺垣相去豈云遠念子憂思繁徙倚空悵望中情無由宣胡生富才術高論江

上海圖書館藏

林熞文稿二卷

［明］閩縣林熞撰　上海圖書館藏明抄本

林熞（一五四〇—一六一六），字貞耀，號仲山，閩縣人。嘉靖四十一年（一五六二）進士，歷任户部主事、廣西副使、太僕寺卿、南京工部尚書。爲人襟度高曠，持正不阿，奉職惟謹，多有治跡。熞家世爲詞臣，學有淵源，著有覆瓿草六卷。

葉向高蒼霞續草卷十三載林氏墓誌，稱其撰述於覆瓿集外，尚多未刊者。按，覆瓿草爲林氏詩集，此則其文集也。卷端不題書名、撰者，檢卷一重修族譜序又見載濂江林氏家譜，署「二十四世孫熞謹書」，及卷二奏疏所叙履歷，知確爲林熞所撰。「林熞文稿」四字略欠妥，當係近人所擬題也。此書卷一收序二十一、碑一，卷二收奏疏二十、上書一、表六、書三十一，凡八十篇。所記皆當日史事。如賀大中丞任齋塗老先生平寇序，記塗澤民之剿滅海盜於隆慶三年（一五六九）。參藩益軒呂公紀績碑，叙呂純如之推行錢法於漳泉之地。陳礦税奏稿及上沈相公書，言礦税之弊至於再三。讀諸疏表，可知林氏履歷先後。檢其書信，以見交遊上下。其尺牘所及，如葉向高、王穉登、胡應麟輩，多爲一時名流。書中所記當日情事，或僅爲本書所獨有，或可補他書之未備，皆可供治明史者取資也。（林振岳）

文稿卷之一

贈文岡鄭公之任浙江兵憲序　重武君　升清

吾省列司十有三分隸諸省府而雲南司京兆之事隸焉號爲劇文岡鄭君視司事數年矣報名籍甚郎余耳目所睹記者癸亥冬虜突入犯京師戒嚴倉卒給諸軍食符檄旁午日數十至君皆立辦國家漕東南粮諸臣歲建議漕規因革言人人殊君居中持議動合事宜內府歲下所司市玩好諸奇物君輒平其價君廉節素著中貴人既不得干以私富商大賈亦不敢操上所急歲省鉅萬計用是大司徒

李文節集二十八卷

［明］晋江李廷機撰　日本内閣文庫藏明崇禎間刻本

李廷機立身嚴謹，久掌禮曹，篤於師生之誼，門生遍佈朝野，雖入中樞，因事屢求去。今集中奏疏篇幅最巨，泰半爲乞休、乞放之作，連篇累牘，凡百數十首，可覘彼時朝中風氣。明史載萬曆三十六年四月，主事鄭振先論朱賡十二罪，並及廷機，「廷機累疏乞休，杜門數月不出。言者疑其僞，數十人交章力攻。廷機求去不已，帝屢詔勉留，且遣鴻臚趣出，堅臥不起。至四十年九月，疏已百二十餘上，乃陛辭出都待命」，即其本事。檢明史廷機本傳，似全從李文節集中化出者。

首有葉向高（一五五九—一六二七）序，末有崇禎四年（一六三一）辛未孟冬門人曹士鶴跋。據曹跋所述，廷機「集刻成十有二帙」，適其視鐸於閩，受道臺蔡善繼五岳之命，蚤爲釐正，「爰是受而卒業，訛者訂之，缺者補之」。考民國福建通志職官志，蔡善繼於崇禎間官福建左布政使，曹士鶴於崇禎間任泉州府學教授，是此崇禎刻本由蔡氏主持，曹氏任校勘之役耳。

按之黄氏千頃堂書目、明史藝文志著録李廷機文集十八卷，與此不合，殆未見此全本也。或依曹跋稱，先有十二卷本，至天啓間乃增爲二十八卷。今觀此二十八卷本，卷一至卷八奏疏，卷九應制、誥敕，卷十、卷十一館課，卷十二至卷十四書牘，卷十五至卷十八序，卷十九行狀，卷二十至卷二十二志銘，卷二十三墓表，卷二十四神道碑，卷二十五祭文，卷二十六傳、記，卷二十七、卷二十八雜著。然卷九應制、誥敕實各分一卷，蓋誥敕另起一卷，卷首有「李文節集卷之」字樣，但「卷之」下無「十」字，而葉次自「一」起，顯然擬别爲一卷，而未及改刻。他如卷十卷首刻作「卷之一」，卷十九、二十二、二十五、二十六首並缺

「十九」、「二十二」、「二十五」、「二十六」等字樣，是有一卷已分爲二者、有分而未及挖補卷首者、有擬分而實未分者，皆據舊版重編卷次之明證也。故曹跋所謂「十有二帙」，不可視同十二卷。清乾隆間軍機處奏准全毁書目著録李文節集十二本，稱「廷機事業無可稱，疏中有指斥之詞，應請銷毁」，當即此二十八卷，以致海内存者甚罕，韓國、日本反皆藏有全本。書中鈐有「林氏藏書」、「淺草文庫」、「弘文學士館」、「日本政府圖書」、「昌平坂學問所」諸印。（李　軍）

李文節公文集序

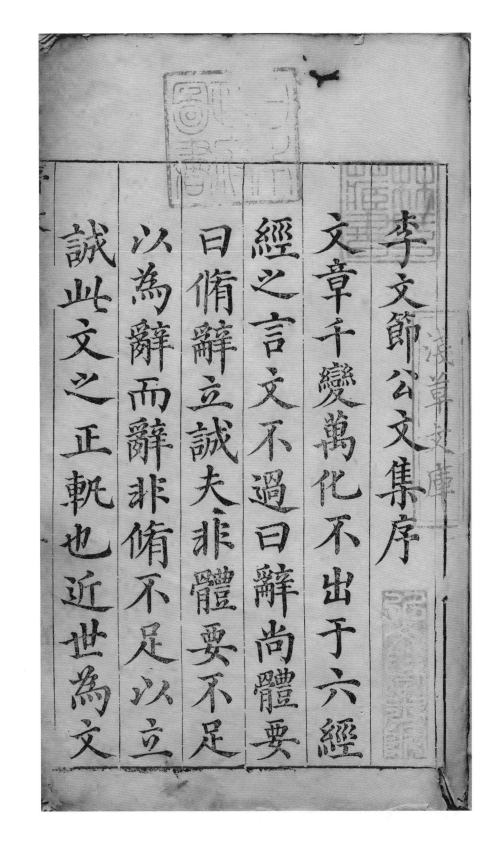

文章千變萬化不出于六經經之言文不過曰辭尚體要曰脩辭立誠夫非體要不足以為辭而辭非脩不足以立誠此文之正軌也近世為文

淺草文庫

李文節集卷一

晉江　九我李廷機著

奏疏

進書疏

國子監祭酒臣李　等謹　奏爲奉　旨較刊史籍恭進　睿覽事臣等伏覩萬曆十二年　皇上俯允國子監臣之請較刊十三經註疏陸續成書次及十七史唐書先完亦已于二十三年進呈外臣等率屬嗣事所較刊後漢書及晉書而晉書則臣從哲先已較刊過半迨臣承乏適更覆閲今

招隱樓稿不分卷

［明］閩縣陳价夫撰　上海圖書館藏明抄本

陳价夫（一五五七—一六一四），譜名邦藩，字伯孺，號灣溪，閩縣人。曾祖烇、祖達、父輔之，皆有詩名。价夫少爲諸生，隱居不仕，賦詩自娱。與弟薦夫幼孺齊名，人稱「二孺」。性曠達，好吟詠，精書畫。著有招隱樓稿、吴越遊草、異夢記等。

此集爲友人徐𤊹編選，存序、記、碑、傳、墓表、行狀、自述、説、疏、頌、贊、祭文、題跋、書、啓、論、上樑文，凡一百五十三篇。徐𤊹序謂「其文辭字畫，於荆公、蘇黄皆有取法」。价夫與徐熥、徐𤊹兄弟交契，又與徐𤊹締爲姻好，集中爲二人所作文固多，祭徐惟和文、跋徐惟和所書卷後、寄徐惟和、與徐惟和惟起諸篇，率皆真摯；徐惟和行狀，足補史志之缺，爲研究者所重。今我傳、自述示兒二篇，自述生平之志，文頗曲折有致。

千頃堂書目著録招隱樓稿二十卷，此本分卷不明，贊、題跋兩類前題「招隱樓稿」，下署「三山陳价夫伯孺著」及「友人徐𤊹興公選」。居首之序類前無卷端題名，或是編次有所更動，或年久殘缺所致。如書札前缺，即是明證。此藍格抄本書體不一，前有藝蘭生題記，謂「招隱樓稿則陳恭甫先生纂福建通志已屢求弗獲，故修四庫書時水明樓集經進，而招隱樓並無存目，其佚蓋已久矣。此及紅雨樓集同爲注韓居鄭氏所藏，猶徐興公手定之舊本也」。陳氏集僅此傳本，尤爲珍罕。鈐有「鄭杰之印」、「注韓居士」、「晋陽家藏」、「藝蘭生」、「弘農季子」、「烏程楊氏所藏」諸印。（楊　鵬）

招隱樓稿

元眇三山陳价夫伯孺著

友人徐𤊹興公選

題跋

跋徐惟和所書卷後

他日不佞臨鄭吏部書徐生哄謂伯孺卿何寧詟見拙也吾且以淳化壓汝耳無何閱繼之真蹟始憮然絕倒曰咄咄徐卿乃於墨本中求古人意耶竟夕揣摩不能下蒐篋中得吳生索書卷橫心所擕一顛千

三溪集存三卷

［明］侯官陳宏己撰　寧波市天一閣博物院藏明崇禎間刻本

陳宏己（一五五六—一六四二），字振狂，侯官人。萬曆間諸生，後棄舉業，以詩名於時，與葉向高、曹學佺、謝肇淛、徐熥等結詩社。詩宗三唐，重格律。有蘆中集、馬東集，均未見傳本。石倉十二代詩選收録其百尺樓集。其集單行者僅見此本。

此本有殘損，卷二以下次序頗散亂，故稍事董理。卷首依次爲建南兵巡道張秉文序，存一葉及半葉二；建陽知縣謝秉謙序、崇禎元年楊瞿崍序、崇禎六年自序，各四葉。卷一詩部，計五十六葉。卷二文部，計二十三葉。卷三無卷端葉，僅序一篇，且版心無葉次，計四葉。此外尚存卷五第十五葉，跋一篇。另有李三都督傳一篇，殘存一葉半，卷次不明。由此可知，全書至少五卷以上。「三溪」者，源於閩北之南溪、東溪和西溪，出入吴、越、楚、粤之要道也，宏己平生遊歷多經其水，故取以名集。集中多與福建地方官員酬唱之作，如卷一大參含之張公頃晋總憲分巡建南承序拙集造謝并贈二首，即爲參政張秉文陞任按察使而作。又有代筆之作數篇，可考其交遊。李三都督傳爲明末大將李成梁義子李三所作傳，可補史志之闕。

此書刊印時似尚未編定，故不甚整飭。卷一與卷二、卷三版心所鐫書名不同，前者鐫「三溪集」，後者爲「百尺樓集」。同一卷内版心所鐫書名亦不同，如卷二第一至十八葉版心鐫「百尺樓集」，第二十至二十三葉版心鐫「三溪集」。若干應標明卷次處未予標明，如卷二第七至十九葉版心「卷之」下均缺卷次，李三都督傳卷端首行鐫「三溪集」，亦缺卷次。若干版心缺葉次，如卷三之四葉版心葉次處均作墨釘次葉作「廿一」，然版心葉次作「廿一」，當爲第一葉，如李三都督傳有卷端題名，若干葉次錯誤明顯，而無葉次。

「廿二」。

據謝秉謙序：「余成進士，承乏建陽，建陽去振狂家數百里，不獲接其顔而心竊慕之。戊辰（崇禎元年，一六二八），張公鍾陽治兵建上，持憲三郡，憲體嚴，獨於君致禮，且下一榻以延之。因出振狂全集屬余梓以公宇内，因得悉而讀之。」「張公鍾陽」即秉文，因知爲崇禎元年福建按察司兵備副使張秉文令建陽知縣謝秉謙所刻者。宏已自序云：「自戊辰秋至癸酉（崇禎六年，一六三三）夏，以梓全集故往來建溪書坊。」因知至少自崇禎元年刻至六年，且仍未完竣。蓋當時即流傳不廣，至今已成孤本。原爲寧波朱鼎煦别宥齋舊藏，後捐贈入藏天一閣博物院。（李開升）

三溪集自序

閩服八上四郡汀六四郡海、遡焉江、遡焉汀、衆矣胥名三蓋法汀、水滙於延津自延津南六大江至海門者曰南溪東上建州至糸水關者曰東汀西上邵爲至樵川上

三溪集卷之一　詩部

晉安陳宏已振狂著

阮堅之使君再臨海國重枉江居昌雨而別承訂即往樵川校集未能便赴賦謝

雞壇一別廿年餘貴賤交情尚不疎入郎未趨連帥府出郊先式段生廬棠陰滿路析重蔆草色盈門笑乍揶何似嚴公仍入蜀浣花溪上問幽居

誰繼中丞問俗頻驅來當日畫熊新阮太公昔開府七閩

小草齋集十一卷烏衣集一卷

［明］長樂謝肇淛撰　中國國家圖書館藏稿本

謝肇淛（一五六七—一六二四），字在杭，號武林，又號小草齋主人，長樂人。生而穎異，九歲能屬文，又喜博覽，凡六經子史以至象胥、稗虞、地志諸書，無不涉獵。萬曆二十年（一五九二）進士，除湖州推官。三十四年丁父憂，服闋，任南京刑部主事，歷兵部郎中，補北京工部屯田司。四十六年擢雲南布政使司左參政兼僉事。天啓元年（一六二一）擢廣西按察使，越二年晉廣西右布政使，尋轉左。爲政好持大體，鋭意革弊，不曲事長官，參滇藩，治北河，司理齊吴間，俱有經畫而舉其職。著有小草齋集、小草齋詩話、五雜組、文海披沙等。

是集收序、記、跋、碑、文、疏、贊、志銘，凡七十四篇。較之明天啓刻本小草齋文集，正所謂「所録者僅十之二」。然是集中亦有若干篇什不見録於小草齋文集者，如黄道元詩序、瀛海長春序、及質甫詩序，可補刻本之闕。其中黄道元詩序謂「余坐苕水二載餘，而道元三至，與余蠟屐登蒼弁、浮玉諸峰及道場絶頂，東望太湖，散髮大叫，以爲奇絶」，知作於湖州司理任上。餘二篇以所序者之籍貫，亦可推知作於湖州。肇淛之文，宏暢豐贍，時人葉向高評曰：「序記之雄深，碑傳之博奥，論贊之精嚴，尺牘之朗暢，銘誄雜著之爾雅，皆斐然質有其文。」所論大體允當。

此本係謝氏稿本，分體編次，裝四册，書衣署「聞香小舍楊用霖珍藏」，内封林星榆題署，鈐「聞香小舍藏」、「用霖讀本」印。各卷卷端題名，有作「小草齋集」、「小草齋文集」、「烏衣集」者，亦有缺題者。末附楊用霖二跋、陳祖謙跋，書眉間有楊氏校筆。按，謝章鋌課餘續録卷五著録此本並楊、陳跋文，舊爲云：「先方伯在杭公所著雜文未分卷數，書旁有『小草齋鈔本』字，蓋當時原稿也，經今三百餘年矣。及門楊洵若用霖明經所藏，洵若身後書散，陳儀丞祖謙買以贈予。」乃知遞藏源流。（朱湘銘）

謝在杭著

小草齋文集

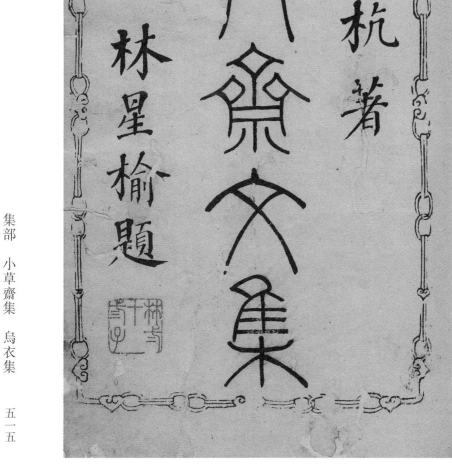

林星榆題

小草齋集

閩香楊氏藏

陳留謝肇淛著

序

小草齋稿自序

謝先生曰己丑之夏余被放還山矣家居無諸城南九仙山下日闢之又之不自洋卜羅山卒業焉一切謝人間事杜門却掃無襍至客時一二社中兒載酒扣華蘿則主人藪竹窺之出坐落花茵採杞蕨烹茗奚奴忘集詠句信手拈

卞菰集六卷

〔明〕長樂謝肇淛撰　中國國家圖書館藏明萬曆間刻本

此集所録詩篇，起萬曆壬辰（一五九二），訖萬曆戊戌（一五九八）。卞菰，即今浙江湖州，是謝氏湖州司理任上所作。

謝氏於晚明詩壇力倡風雅，爲「閩派之眉目」（錢謙益語）。其詩「體裁聲調酷似唐人」（葉向高小草齋集序），又「率循古法而中有特造孤詣，體無所不備，變無所不盡」（李維楨謝工部詩集序）。錢謙益謂其詩「服膺王、李，已而醉心於王百穀，風調諧合，不染叫囂之習」（錢謙益列朝詩集小傳）。謝氏廣交海内名流，與明末五子、山左時賢、竟陵、公安，均有酬唱，又與閩中時賢陳汝大、趙世顯、鄧原岳、徐熥、徐𤊹、曹學佺、葉向高、馬欻諸人重振閩派。明末詩壇，閩派遂與竟陵、幾社並驅馳焉。

是集首有萬曆丁酉（一五九七）屠隆序。卷一古樂府四十四首，署「東海屠隆選」；卷二五言古詩四十一首，署「東海臧懋循選」；卷三七言古詩三十八首，署「延陵吴稼竳選」；卷四五言律詩一百二十八首、五言排律四首，署「太原王穉登選」；卷五七言律詩一百零八首，署「南陽鄧原岳選」；卷六五言絶句十三首、六言絶句八首、七言絶句五十六首，署「潁川陳宏己選」。蓋經同時諸子閲定。詩多感事抒懷、登臨懷古、交遊唱和之作，如卷五夢歸：「山窗煙暖杏花肥，又見雕梁燕子飛。三月菰城春事盡，十年京闕故人稀。雨中謝豹聲聲急，枕上莊生栩栩歸。千里高堂雙白髮，看雲淚滿芰荷衣。」卷六客夜苦寒：「孤館燈初燼，層簷霜欲凝。吴山一聲雁，客淚數行冰。」皆情摯意切，盡抒漂泊流離之苦。

集中之詩後編入小草齋詩集卷之二至十九，然有刊落之詩及文字異同處，如此集卷二哭弟、卷四贈鄭性之，小草齋詩集未收。卷四登鄣縣松雲寺、登孝豐五山之詩題，小草齋詩集作登雉州松雲寺、登鄣縣五山。卷四常山道中，小草齋詩集題作定陽道中。諸如此類，足供校勘之資。（朱湘銘）

謝在杭詩序

黃白仲與余抵掌海內詞人遂及閩士而指屈在杭謝君才横絶一世蚤歲登壇所稱詩峭蒨秀偉卓然名家爲人軒軒霞舉亭亭物表趾高視卑沖襟可挹且薄收效于三事而厚殫力于千秋異日者與子東面而爭牛耳之盟必夫夫也不佞逡巡避席曰主臣余雅知在杭夫閩山水秀甲齊州霶爽之氣蜿蟺磅磈盡發此時方來之俊雲蒸泉涌先後通名字不佞者無慮數

下菰集卷之一

陳留謝肇淛著

東海屠　隆選

古樂府

擬漢鐃歌十八首

朱鷺

朱鷺魚以雅水淺蒲如瓦鷺何食食蒲下鷺飛

啞啞誅者則寡

思悲翁

黄石齋集不分卷

［明］漳浦黄道周撰　上海圖書館藏清抄本

黄道周學識淵博，天文地理、經史百家無不兼綜條貫，尤精於易，又工書善畫。著述宏富，生前刊行者十餘種，未刊稿於身後多所散逸。門人洪思歷數十年求其亡書及遺文而考正、編次之，以易象正、三易洞璣、孝經大傳、洪範明義、月令明義、坊記集傳、表記集傳、儒行集傳、三禮定七十七卷爲上部，以黄子録、黄子外録九十九卷爲下部，又述黄子譜四卷爲初部、黄子講問十六卷爲終部，凡四部百九十六卷，是爲石齋十二書。洪編本康熙間曾歸海澄鄭亦鄒，後亦亡佚。康熙間鄭玟刻黄石齋先生文集十三卷，乾隆時四庫全書收録黄氏各書，道光間陳壽祺編定黄漳浦集五十卷，皆多删削剜改，終非其舊也。

此本原裝三十六册，係紹興孫俶仁（世偉）舊藏，據云從漳浦某舊家所得，鈐「儆廬所藏」朱文印。抄紙版心上有「佳山堂」三字，第五册起版心下另有「大石山房藏本」六字。全書前有黄氏半身彩像一幀。後有民國八年（一九一九）鍾泰跋，並附張宗祥致孫氏書札。

鍾跋云：「嚴大夫死節論一篇附聞嚴知非居巢消息七言古詩一首，後有知非五世孫名暻者跋語，署年乾隆丙寅，則知是集蓋清乾隆中嚴氏所抄録者也。」檢集中嚴暻跋語，未及抄録事。第三十册石齋先生駢枝別集目録後有「乾隆十二年丁卯春，霽亭鈔于大石山房」一行，於抄録時間、抄録者均有確載，惜不知霽亭爲誰氏。鍾跋又云，其中北山藏草詩二册、駢枝別集文二册、黄石齋先生書牘一册、黄文明公尺牘四册，其餘皆題黄子録，不分卷，乃漏略第十八册及第十九册爲黄石齋先生文集一種。

雖全書原裝訂偶見錯亂，間有重收複出者，文中亦偶有闕文脱字，然較之道光間陳壽祺所刻漳浦集，則勝出多矣，更勿論尚有各體詩文、雜著四十餘篇及書牘一百六十餘篇於此僅見者（詳鍾泰跋）。誠如鍾氏所言，賴此於數百年後得以考見黄氏文字之真，校訂陳氏刻本之訛缺。鍾氏倡言「後有思復印行漳浦文集者，其必用此以補陳氏之不全，使臻於完整」，固爲有心鄉邦文獻者共企望也。（陳旭東）

黄子録

四言古詩

燕喜詩贈張鯢淵 凡四十有二章

甲申夏五月、張中丞既平漳寇、班師過鄴山講堂、黄子與諸生祖道于江東之渚、故作是詩、

七建之山。嶐崇窅溪。滔德自天。民生孽心。
於皇張公。鎮以靜默。細刃巨斧。不缺不折。

上海圖書館藏

微廬所藏

墨巢集十六卷

［明］南靖謝焜撰　中國國家圖書館藏明崇禎十年刻本

謝焜，字光彝，一字靈映，號南皋子，又自署蝸牛長、蝨蟣臣、釣巨鼇客、龍淵鯫生等，南靖人。卷端題「蘭水謝焜」，蘭水係南靖之古稱。

謝氏生平，今所知者甚少。卷前張肯堂序云：「初入清漳，於茂才異等中得謝生。」清漳，即漳州之別稱。張肯堂於崇禎七年、十五年兩次巡撫福建，其入漳州則在崇禎十年（一六三七）。是書謝氏自序有「丁丑秋，鯢淵張公下教」之語。張肯堂因喜謝詩，「與龍溪汪令梓行之」。謝氏亦謂「明府念菴汪公，遂遣人日夜繕寫，旬有餘日，馳上張公。歲晏，張公纚俸命付剞劂。汪公亦纚俸贊就之」。龍溪汪令、明府念菴汪公，即時任龍溪知縣汪宗友（詳乾隆龍溪縣志職官志）。明代漳州郡治在龍溪，由張肯堂之得謝生，汪令之梓謝集，大抵可知「茂才異等」之謝氏嘗入漳州府學，或龍溪縣學。謝氏自序言「十年來，居城南破屋」云云，當指漳州府城，治所與府學均集中於城南，而居止十年，當即指其求學於此十年，與張肯堂謂其「食餼學中有年」亦相吻合。

謝氏自謂半生猥賤，力不能買書，惟或借抄，或友朋見貽，尚有數百卷之積。因居所逼仄，遂於屋後梧柏樹上結小樓以棲身，并貯所藏書畫於其中，故以「墨巢」名其集。平居則寄情山水，吟詠風月。與黃石齋道周、張紹和燮善，嘗同登萬石山。

全書十六卷，正集九卷，録崇禎二年（一六二九）至十年間各體詩二百餘首，年各一卷，卷下各分雲笈（有煙霞氣者）、蘂笈（有花卉芬者）、雪笈（有霜蟾色者）三類；附集七卷，未編年，或雲或蘂或雪，各自成卷，共百十一首。集中諸作多抒寫興感贈答之事、描畫雲風月露之形，實多遊戲之筆。張肯堂因其「以韻語旁溢其奇，不摹古、不趨今，净冰雪於聰明，掃臙脂於梳椋」，見而喜之，捐俸與龍溪令汪宗友共梓之，槧刻極精，其人其集因賴之以存，亦幸矣。（陳旭東）

墨巢集自序

十秊來居城南破屋柴門以内蝸廬占其一二鼠穴占其三四雞窠鵞籠占其五六不得巳乃於屋後梧柏之杪結一層小樓以便栖託南華所謂桐乳淮南

墨巢集

蘭水謝　焜

巳巳雲笈艸

○行野

紆廻山路蔓金生偏許櫻鞋蠟屐行不礙樊籬惟舊燕多遺鍼

鷗波襍草不分卷

［清］侯官孫學稼撰　中國國家圖書館藏清抄本

孫學稼，字君實，號聖湖漁者。侯官人。明末浙江學政孫昌裔之子。其人生長世族，而刻苦自勵，身丁易代之際，不樂仕進，以諸生終老。入清後，傭筆硯以自養，泛遊吴越、燕趙之地，詩文益奇。著鷗波襍草不分卷、蘭雪軒集五卷、閩會小紀百韻一卷等。

此本凡八册，前有高兆序、康熙十九年（一六八〇）葉鳴鸞蘭雪軒詩集序、康熙二十五年黄晋良叙蘭雪軒遺稿。全書以時序爲次，始自順治十四年（一六五七）丁酉，止於康熙二十年辛酉。書中鈐有「芳菲菲榭」、「謝況翁祕篋印」、「慈舟秘笈」、「謝剛國印」、「百鍊盦」等印，知爲近人謝剛國舊藏。

因高、葉、黄三家序俱稱孫氏有蘭雪軒詩，後人遂徑指此爲蘭雪軒詩集或蘭雪軒遺稿。按，孫氏鷗波襍草今存稿本六册，楊浚舊藏，現存福建省圖書館。此國圖藏本首册書衣有後人題「共捌册。未刊秘本」字樣，然其第三册原書衣標「鷗波襍草第二册下」，第五册、第六册卷首分標「第四册上」「第四册下」，第八册書衣標「鷗波襍草第六册」，是此八册本係從六册本改裝而來。各册天頭有朱墨筆批，字裏行間有朱、墨二色圈點外，兼有塗抹改竄處，篇題下有注「選」字。第四册護葉内有「鷗波襍草」、「聖湖漁者孫學稼撰」及「福州陳日浴子盤朱筆、福州曾擬庵墨筆閱；後學閩縣蔡容于麓、長樂陳庚煥道由仝校」兩行。第六册、第七册書衣有「嘉慶庚辰訂」五字。第六册首頁並有墨筆摹「孫學稼印」、「君實父」二印，是自稿本傳抄之明證。縱覽全書，可見「玄」字避諱缺末筆，「胤」字圈改作「允」，「丘」字均追改作「邱」，痕跡顯然。是此稿從康熙間稿本抄出，後人加以校改，可毋庸置疑。且書中有缺行、缺字處甚多，而稿紙未損，與陳庚煥聖湖先生亡詩拾遺記所云其侄陳鍾濂於嘉慶六年（一八〇一）自京傳抄得孫氏詩稿以甲子爲次、原有擘出者相近似。按，庚辰爲嘉慶二十五年，此本中所列校閱四人中，唯陳庚煥（一七五七—一八二〇）是年尚健在，因疑此即陳氏重編二卷選本所用之底本。（李　軍）

纔言名都便逕接銓部恐庖丁奏刀未合桑林之舞

鷗波襍草 丁酉年

聖湖漁者孫學稼撰

荅（呈）余季廬先生見懷枉作

巇嶫壺公山，巨壑走其溢。山川割靈輿，往往鍾英獻。
余公負傑姿，極盛難爲繼。早窮天人理，風雲騁孤詣。
聲華掩前哲，六經得鼓吹。致身日月前，餘馥炙羣喙。（此句非起下句語）
名都宦小鮮，蒼生起凋敝。啓事得山濤，衆正乃有繫。
公望與公才，已見明良際。（然不往便起下似散亂）乾坤莽波蕩，斯人隱薜荔。
洗眼看浮雲，討論及松桂。何勞弋者慕，飛鴻已冥逝。

爲儒、夕陽何限歸飛鳥、誰問庭前繞樹烏、

三、李先鋒廟 此詩不過留以備題未見其佳

將軍諱係西平王晟曾孫也持節守延平以兵阻黃巢兵敗死之 選

起二語有乃祖幸而成功乃孫不幸而不成功之感非徒取其冥越而已也

奉天之狩定者誰西平勳業天地垂猛氣數傳尚不墮將軍早值王室危鍛甲推鋒向南嶺戈船銅柱英雄姿霜隼盤空避漢節毒蜃入海驚牙旗青犢豨奔輕國命將軍銜鬚齒欲迸戰士死綏鼓不鳴短刃納韡猶決眦落日炎風吹血腥千山魂冷煙冥冥水底雙

春靄亭雜録文稿不分卷

〔明〕侯官高兆撰　福建省圖書館藏稿本

高兆，字雲客，號固齋，侯官人。崇禎間諸生。恬淡有大度，與人論議，和平之氣飫人。海寧陸嘉淑、西陵汪渢、仁和沈昀、錢塘應撝謙等推爲當世士。有詩名，在里與彭善長、陳日浴、許縉、卞鼇、曾燦垣、林偉等稱「國初七子」。嘗著六經圖考，淵博精覈，足羽翼箋疏。所輯續高士傳，鑒别精嚴，論者謂其才識不讓士安。又有觀石録、荔社紀事、遺安草堂集等。

是書原未題撰人，檢第二册千佛庵記云「先府君既營生壙於鼇嶼，自題其碑曰高公真隱」，書文明公孝經書頌跋云「使兆獲見而附書之，非偶然也」，寄秋岳司家農云「兆守拙無營，恒飢可恥」，知爲高兆之作無疑。又據庚申上眉山先生書稱「某今年五十有三」，可知生於崇禎元年（一六二八）。

書分二册。上册文一百七十六篇，計書啓八十五，序二十四，題跋四十四，祭文四，碑、志、誄、賦、箴、行略、疏各一，記、傳、贊、擬作各二，銘三，偶書一，另聯句八組。下册文一百二十六篇，計書啓六十一，題跋二十三，序二十四，傳三，祭文七，記五，疏二，碑一，另聯句四組。題下多注年歲。兩册中偶有重複，合而觀之，所作最早在順治戊戌（一六五八），最晚在康熙壬戌（一六八二），蓋皆其三十一歲至五十五歲間所作。其文辭藻斐然，婉曲條暢，近人黄曾樾謂「在清初閩文中，遜無悶堂、道山堂之雅潔，無紡授堂、水明樓之晦澀，庶幾可與元凱集驂驛」。其身經國變，親睹異族入主，山河改色，當時文網密織，士人動輒得咎，故憂時傷世之心，每藉文以發之。如重興雲居寺記寫世運陵替之象，寄鐵崖觀察記康熙初年閩民流徙之景，送湯素庵别駕如覲序繪吏治腐敗之狀，廿餘年困厄窮通之遇、歷世傷時之感集於此書，與毛稚黄、寄施愚山侍講、寄程穆倩、寄櫟下先生、與伯紫、寄曹秋岳侍郎、復有又中集。足裨考史閲世之助。

上爲霖大師諸書，知所交遊皆一代勝流也。高氏論文，以爲「文當根本于行，天下未有操履有原而不能發爲文章者，使其人跅弛無閑，文采肆好，不過稱爲聰明之士而已，究所著撰，氣浮旨淺，一再讀之而意盡。」（第一册林小榦詩集序）。論詩則謂「詩也者，誠宣情之具也，詩之道最盛于今日，而求情于詩，莫薄于今日。今之詩矯笑僞言，卑陬姁婾，于物無所感」（第二册程豈一閩遊草序）。明清易代之際，文壇矯僞浮誇之風煽行，文人變節改侍新朝者日衆，高氏此語蓋有感而發。高氏入清後棄舉不應，以節士自處，於詩文標舉「情」、「行」，貶斥時流，可謂言行相顧，俱有風操者。

是本爲高氏手稿，行楷密寫，書法遒古，册中有朱墨筆塗改處，惟次序多倒置。卷首鈐「焚餘」印，係其自用者，蓋康熙十八年（一六七九）屋廬遭火，「先像遺書，一夕灰燼」（第二册寄林果庵太守），此二册屬回禄之餘，故云。另鈐「鄭氏注韓居珍藏記」、「鄭杰之印」、「大通樓藏書印」、「龔少文收藏書畫印」諸印，知其流傳有緒。（劉　繁）

春靄亭雜錄文稿

題陳啟儋荔枝絶句

夫清陰翠蓋駢栽鬱馬著柯紺理萌肢輸薪荔支至今日尚得俪筐筥附瓜棗大嚼之餘幸
矣何敢復望當中明月笑裏紅塵驚人好事乎比者啟儋訪舊歸閩正當荔熟乃止楓亭之駕結
戀桂林勝盡弃其家果于稿有疑焉一日過艸堂出所賦荔支絶句十八首以示予讀之朗然喜憮
然愁思也嗚乎道無繁枝林有冀州三千年矣啟儋乃造此含滋曼芳五色卉豔之詠令世之冒
浚輕猜香舌蕩心如覩當年細枝朱實家家萬樹還其馨香靜其中羃之盛不敢復為啖
此豈汎濫芳澤託麗藻以通辭哉蓋有甚于度新野開花建始結實雕陽之感矣予安能不
憮然而愁思也

跋黃玄卿澌戒說 庚寅

世人以口腹虐殘悠興業輪轉堅不可破大知識說千一義譬喻而嗤笑者益攻甚甚愈急而禍愈不息
天下事皆然不獨一戒殺也吾友黃生勸止殺而為澌戒說其旨平易而不偏世之君子共義受
而行之于日用之間推人物共一知識之理惻然悲閔則含生之物藉以日免其死不可量矣於後世殺家言曷
行而至于去殺者澌戒其第一義也夫

跋越山讌集卷 為沈大臣先生

越山九日之讌令下郡成佑蓋一時人物之盛文章之美有足傳于此
柏□□度嶺復執此卷開舊

一八五

春靄亭雜録文稿

与天聞 壬子

歲行盡矣，剥氏追呼，迎摇傍皇，後世人閱經圖，豈知今日此種苦趣哉！卒此後讀書須當努

躬重不可忽忽也。顧涪莱之惠，少許大離江南，都悟并州耳。

廿四十一

題鼓山僧聰黄學菴花較詩 乙未六月廿六日

十年中予入鼓山不一，或一歲再至，或隔歲一至。山之僧，庶幾皆相識，而僧則有識有不識者。靡以予事往，故識僧則以予所共遊之人為識不識，故不相識矣。學菴儀專六夏入山，靡僧不識之。客冬又八行往，予歸知之，語先日此誤黃公矣，以黃公莫延偉岸之秋山中人見之山中牲之羽以待迎接，持徐叩姓氏，聲聚而奉，接焉，使出此札，誤黃公矣。閱月，豐菴遂持詩僧聰詩一卷示予，喜僧能識豐菴，而豐菴尚能使僧識。三誦其詩，學菴曰：予入山投其此之札，僧不能[illegible]迺曰此僧他往矣。數日昇稍稍以篆文與讀，又越日昇作篆篆成，日應接不暇者，往往之家談蘇笑之，僕惟昇飢渴是視，故昇歸挽留，堅固不許，則僧院出送于松蔦聲間，杖笠之影[illegible]僧院石橋尚依依不捨去予。顧見曰予以黃公，必有以動山中人之心，眾然也。此豈誤黃（山中人有不識學菴者乎）山矣。嗟乎，豐菴之篆，如予所接遊之人所接遊最勝之人也，心而後學菴亦隔歲不至一二十年不至，無有不識學菴者矣。第恐學菴為僧所苦，未出書泉石之典，他日靡庚來此哉

[illegible]學菴記之

瓣香堂詩集十卷

〔清〕侯官林正青撰　福建省圖書館藏稿本

此書稿本十卷，存詩二百七十餘首。林正青以父佶嘗於福州烏石山建瓣香堂祀曾鞏，因取以名集。每卷各名一集，首卷前缺數葉，故不知該集名，然皆康熙間里居讌遊之作，且後有「陶舫後集」之名，頗疑此卷名曰「陶舫集」。陶舫者，林氏館舍也。其後各卷分别曰燕遊集，康熙五十九年（一七二〇）秋至六十年九月居京師時所作；吴遊集，六十年九月至十月，由福州北上入吴所作；陶舫後集，雍正元年至五年在里與友人唱和之結集；粵遊集，二年客嶺南所作；金臺集，六年冬以貢生分發刑部山西司學習行走，與同僚贈答、感懷之什；小海集，十一年至乾隆四年（一七三九）仲春，出任小海場大使所作；北行集，四年五月至初秋北上應軍餉之役所作。小海後集，四年秋後返回小海，至十年暮春所作。十年季夏至十一年五月應京餉之役再次北上，所作仍結爲北行集。

正青績學精深，其弟在峩云：「伯兄學博而富於取材，識卓而精於辨古，又孰習鄉邦文獻，而足以上下其所議論。」（硯史卷五）又以世家之子，在里與黄任、許均、謝道承、游紹安、陳治滋等輩遊，一時俊彦，迭相酬唱，時有「光禄坊派」之目。其詩罕傳，鄭杰國朝全閩詩録選録三首，不足窺其全貌。是集詩多健雅，清爽可誦，抗行於黄、許、謝、游、陳諸公之間。

正青身後遺稿散出，爲近鄰烏麓程氏所得。道光間，閩縣劉永松又得諸程氏，謝章鋌借觀其稿，謂「蓋先生手定稿本，鈎勒塗乙，丹黄滿紙」（課餘續録卷二），嘗選抄「其關掌故而步趨古人者若干首爲一卷」

（謝章鋌《瓣香堂集鈔序》）。此本楷法精絶，勁挺妍美，的爲正青手書，且係謄清稿本，與劉氏所得稿本有别。此本每集卷端鈐有「林正青印」、「正青」、「洙雲」、「蒼巖」等自用小印，殊足珍也。（王　靖）

瓣香堂詩集

陶舫後集

癸卯仲夏許太史雪邨黄大令莘田同舟北上詩以送之

我憶行年十三四道南衍派共修贄垞南垞北皆書聲學則同業居則比墨菴樓上戰新篇未辨追風孰者驥莘田早歲舉於鄉落紙雲烟必工緻七上春官俱報罷幾疑神鬼能為祟雪邨省覲古陳留又隨征旆長洲治十年斥紙貴洛陽茂苑又傳風流被一朝通籍入鸞臺視草爭看香案吏少小追隨不覺歡老大索居傷顑頷不特升沉擬雲泥登壇我亦三舍避去歲二子皆里居晨星舊雨不余棄金石橫列識昔藏瓜果推陳詩中饋一日即使一相見未償往日蹤跡異方今天子柄政新夫小臣

瀞香堂詩集

小海後集

楊平遠在社學講席兩年矣明歲有東臺之聘予北行歸

晚不能留之因賦以贈

與君類聚兩年餘。桃李春風競吐花。鳥語穿簾寒氣減。書聲冒

院夕陽斜。文心縹緲追先正。茶話縱橫當晚衙。可是硯田無畀

歲。西溪奪席集侯芭。

示講堂諸子即用前韻

寸陰是惜不堪餘。午夜繙書剪燭花。學籍思深尋派別。筆緣心

山去偏斜。潮田鯤鬣歸滄海。晝靜蜂鬚趁午衙。領取當前活潑

趣。題成詩句雪中芭。

遲陰堂詩存不分卷

［清］閩縣龔一發撰　福建省圖書館藏清抄本

龔一發（一七一五—一七七三），字天磻，號厚齋，原名關渭，閩縣人。乾隆十五年（一七五〇）順天舉人，十七年揀選知縣，分發河南，署宜陽，旋調密縣，十八年補林縣，二十二年調虞城，二十九年以病去。三十年復起，補直隸高陽縣，三十六年擢雲南鎮南知州，卒於官。撰有厚齋日記、厚齋尺牘存稿、厚齋公詩藁、梅石山房詩鈔、隆慮稿、于役虞城稿等，俱未刊；纂輯恩賜堂族範編一卷家訓編二卷。

是書録乾隆十八年至二十九年間詩一百零七首，卷端題「遲陰堂稿」。遲陰堂者，以林縣災祲，花柳蕩然無存，一發乃勸民道旁栽柳，復取白居易思歸遲陰之意，用爲堂號。集中多半唱和、贈別之作，可窺彼時一發交遊大概；亦有吊古、羈旅、懷人之作。

卷端鈐「龔禮逸印」，知爲龔氏家藏本。書中「寧」均作「甯」，疑道咸間所抄，民國間又經龔乾義校勘。乾義（一八七二—一九三五），字愓庵，一發七世孫，曾得一發朱筆改訂稿本，據以校勘。乾義之姪綸（禮逸）又爲補哭女朗、索租謡等詩。雖經校閲，仍存衍字，如范氏西圃看梅同張舜咨邵元功林元爵育姪范瀚二兒用少陵遊何將軍山林韻十首其一「雨歇郊原上，行尋西尋圃橋」，衍後「尋」字；中秋席上贈嵇撫雲少尹「天上白浮雲如白衣，須臾改變如蒼狗」，衍前「白」字。（王　靖）

遲陰堂稿

閩中　天磻　龔一發

惠民溝即事次張雨亭明府見贈原韻

操畚攜鋤十萬夫○餐風沐露五旬俱○饒君餘力更風雅○驢背清吟滿道塗○

暖日和風荷　聖慈三春膏澤喜平施上以二月去麥秋尚遠再賑一月經營羣策資羣力萬頃春田起庶黎

謹案另一本有朱筆點乙者當是厚齋公自筆有句去者謹注出之并存真蹟敬志

此首係墨筆△由刪

遲陰堂遺稿不分卷

［清］閩縣龔一發撰　福建省圖書館藏清抄本

是書卷首録鈔文坡公續定義田義學條欵，爲一發後裔耀孫於光緒元年（一八七五）擬定者，然與遲陰堂遺稿並無關涉，置之卷端蓋寄追遠之志耳。次正文，首題鈔厚齋公在虞城署遲陰堂遺稿，下鈐「閩郭白陽藏書」印。

遺稿録詩一百零三首，其中送黄建壁赴濟寧李觀察幕中即北上有題無詩。與遲陰堂詩存相較，遺稿少看梅走約謝純一孝廉袁孟勤范念先兼柬鄒聖謨前輩、再得在字、甯陵席上贈張明府、别劉允修、别范永春、千金亭六首，多夢惠女一首，其餘一百零一首兩書重見，此中三十首字句相同，餘皆稍異。如和元育春日感懷韻第一首後有小字注「甲午槐芝堂會課」，詩存作「甲子枕芝堂會課」。甲午乃乾隆三十九年（一七七四），時一發已離世，自以甲子爲是，即乾隆九年（一七四四）。龔氏支譜容溪公傳云「一日公在枕芝堂剪銀」，又以「甲子枕芝堂」爲是。再如和元育清明出郭韻「山妻作併依鄉味」注「閩俗清明日以□夾光餅餽遺」，「作併」、「煙□」二語頗不可解。檢詩存作「山妻作餅依鄉味」，注云「閩俗清明日以煙肉夾光餅相餽遺」，其義遂明。清鄭方坤全閩詩話卷十二録榕蔭詩話所載詠光餅詩，有「有時爲客添肥甘，裹食呼童割膴胖」句，所寫當即此俗。（王　靖）

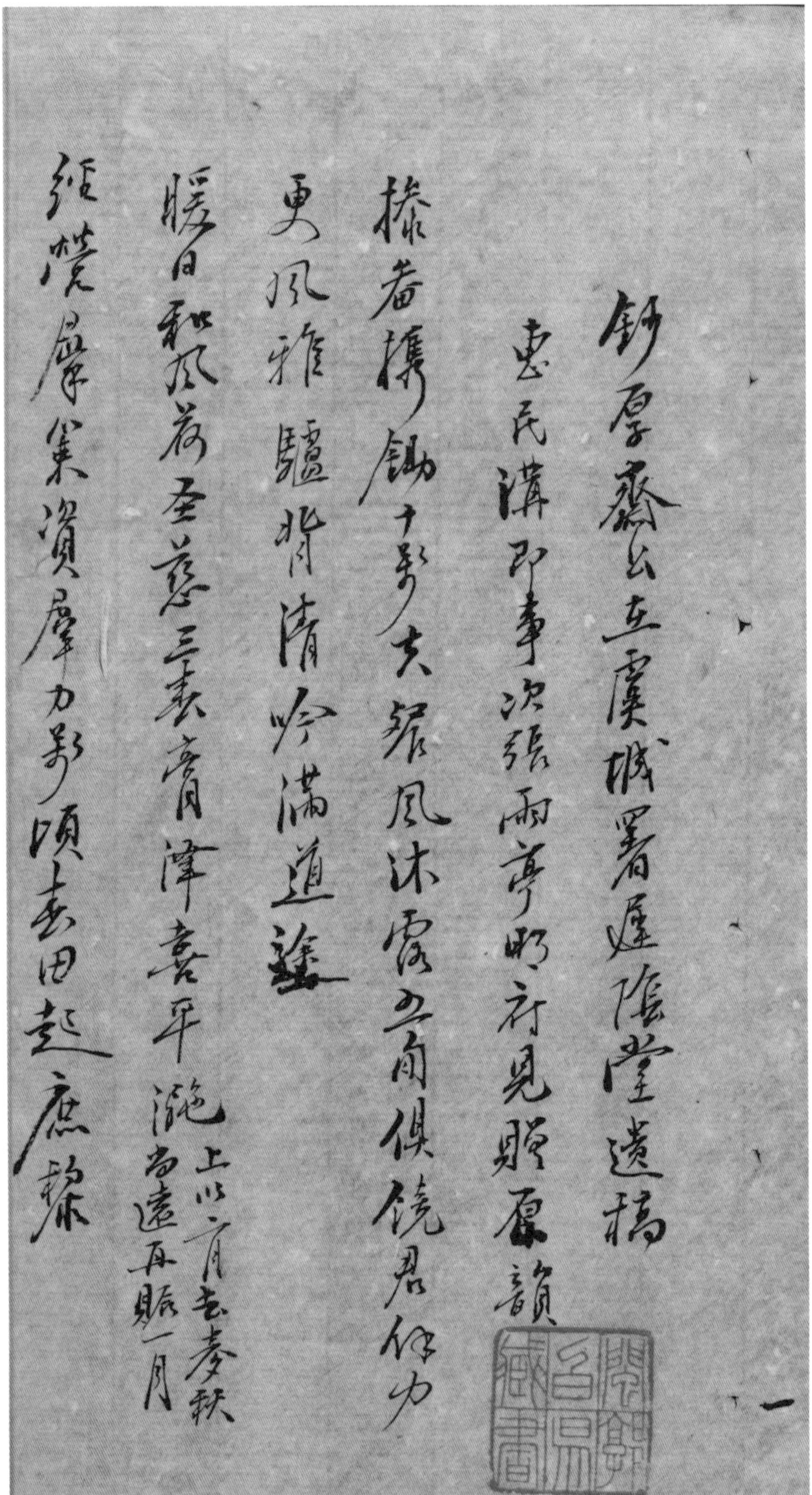
鈔厚齋公在虞城署庭階瑩遺稿

惠民溝即事次張雨亭明府見贈原韻

捧畚攜鋤十萬夫櫛風沐露兩俱饒君作力

更風雅驢背清吟滿道途

暖日和風蔭聖慈三農膏澤喜平施上以六月去冬秋尚遠再賑一月

經營屢集資群力影頌春田起庶黎

梅石山房詩鈔不分卷

［清］閩縣龔一發撰　福建省圖書館藏清抄本

是卷梅石山房詩鈔五十六首、都門存稿四十首、隆慮稿十五首、于役虞城稿十首，經龔一發朱筆圈畫點乙，又有七世孫乾義墨筆批注，每種卷末均書「同里後學林昌彝覆審」。首尾各鈐「龔禮逸印」白文方印。詩鈔五十六首當爲一發居家所作，中多遊鼓山之作。都門存稿蓋乾隆十五年（一七五〇）前後旅居京師候考時所作，其寄内詩有「閩南燕北苦離思」、「十年共舉梁鴻案」句。此時所作除友人唱和外，多功名未就之悵然與思鄉之情。隆慮稿官林縣時所作，于役虞城稿官虞城時所作，寫所見所聞。一發之詩多答和親友、以景寄情，喜用典，好用僻字。前期喜摹李白醉後之豪語，古體亦有魏晋遺風，雜以白居易之淺易；後期漸入沉鬱之境，多繪民生之艱。（金　玥）

梅石山房稿詩鈔

閩中 天礌 龔一發

賓月軒紅白梅間發偶咏

經年花信望成痴，此日香迎喜可知。調鼎自憐名士味，巡簷空結美人思。稜稜山澤臞清影，勃勃文章映日枝（用元微之事）。我向陶園添此伴，免教佳色絕東籬。

哭林大滄

厚齋尺牘存稿一卷

［清］閩縣龔一發撰　福建省圖書館藏稿本

此福建省圖書館藏龔氏家言彙存之一。外封題「厚齋尺牘存稿」、「天磻公稿」，卷端無題名、署款，行字有墨筆校改，卷首有「龔禮逸印」白文方印。書中所收皆龔氏致親友書牘，大致以時間先後爲序。卷首一札有「壬申」署年，即清乾隆十七年（一七五二）。又與廖璞完黄門書曰：「今月委署宜陽縣事，甘棠古治，操刀使割，正如新婦羹湯，不知若何措手耳。」與林廣純書云：「某自三月署篆宜陽，以六月卸事，幸托庇賴得免罪。」按，龔氏乾隆十五年舉順天鄉試，明年會試罷，適有旨選下第者爲知縣，乃出知河南宜陽，即其答黄天水同年書所言「某本不才，幾至破落，遭逢聖恩，揀用中州，行可得升斗以娱親」者。卷中所收即乾隆十七年前後函牘，又乾隆二十年與林印江愚谷書云：「一發自壬申臘月到豫，以次年三月署事宜陽，六月再署密縣，以十一月署此林縣，今已實授矣。」可勾稽官履之跡。與林廣純札云：「某少小有志，幸得一官，兹五年矣。」可知是書所收至乾隆二十二年前後。所録多與友人書，談論人事瑣務、報覆履任近況居多。然中亦有一二警語。如復張思來札云：「古君子躬耕負販，爲以養親，窮達有時，正不必刻舟求劍，但當堅志意，毋失本業耳。」答高承漢：「一入仕途，便有許多不自在處。」讀此書牘一卷，可窺龔氏初履仕途之心跡。（林振岳）

都中與黄樂庠書 壬申

一發謹頓首樂庠二兄暨令弟春山禮耕兄執事：啟者九冊兄于本月初九日徑就兖州公席矣。九冊此來六千路橐無美金，體無棉著，手既不能點鐵，樹又無可錢援。九丹固屬孟浪，二兄賢二令弟亦太不檢點矣。異鄉異客，何所告訴？無論九丹舌結不能苦口告人，即使攎攎（提提）幡幡，亦恐難于人地生疎處作活計也。僕得僥倖耳，故得稍資綏（緩）急，否則救死不贍，奚暇爲朋友也（耶）任之？飢凍心不忍，轉爲資藉錢（力）不能。二兄

拾穗山房詩存十卷

〔清〕閩縣林軒開撰　福建省圖書館藏清抄本

林軒開（一七七一—一八二五），字文軥，號蓼懷，閩縣人。少孤，母教之，構畫荻山房爲讀書所，十歲解吟詠。嘉慶七年（一八〇二）成進士，久之，選授知浙江泰順縣。留心讞判且長於訟事，後以失察奪官。歸里後居黄任舊宅香草齋，平居和藹寡言，誘掖後進，亹亹不倦，詩文書法均爲時輩推服。撰有拾穗山房詩文鈔、拾穗山房試帖、拾穗山房函稿等。

是集分十卷，按時序録古今體詩六百餘首，卷一拾餘草，皆四十歲前所作，開篇兩首爲十歲時作，曾經母鄭氏改定，存以記母教者。卷二藤花吟榭草，録與梁章鉅、馮縉、馮光祚諸友人在里唱和之作。卷三養慵草，亦閒居讀書交遊之什。卷四計車行草，赴京選官所作，多記在京與同年梁章鉅等文酒之會。卷五、卷六、卷七對青齋草，泰順任上作。卷八息六草，蓋卸職後僑居泰順所作。卷九、卷十遂初草，歸里家居之作，最末一首爲其逝日所作，時在道光五年十月初六日。軒開爲雍乾間詩人黄任離孫；母鄭氏，兖州知府鄭方坤之女，閨秀名媛。軒開生長名門，家學淵源，承「光禄坊詩派」之餘緒，詩有矩法，不失風人遺旨。自言學元遺山，「不廢倔奇而平出之，不廢巧縟而淡出之，則惟見其温文而淵雅，斯爲善學遺山矣」（高澍然抑快軒文集拾穗山房詩集序）。道光福建通志良吏傳謂其詩「擺脱近習，駿快似蘇軾，排奡似元好問，七律絶句出入於陳子龍、吴偉業門户」。

此本用拾穗山房稿紙楷書謄寫，書法勁挺，卓然名家，卷端鈐有「少穆」、「林則徐印」，細審當爲林則徐所書。按，軒開早年與林則徐同入張師誠幕，交情甚密。軒開逝於道光五年，其時林則徐在籍守制，此字跡略異，係慶禧補録者。書中疑處夾有浮籤及批語一二，蓋又經他人批閲者。續修四庫全書總目提要著録軒開詩集有道光二十七年刻本二卷，今未見傳，此本尚完好存世，亦云幸矣。（方　挺）

集或林公家居爲軒開子慶禧選定詩稿所謄正者，與現存部分稿本相較，知是謄清之定本。最後一首不具題，

拾穗山房詩存目録

拾穗山房詩存卷一

拾餘草 起乾隆辛丑迄嘉慶庚午

夏夜閔淵泉師挈同學諸友越山晚眺 十歲作乾隆辛丑

杖履共周旋來尋飲馬泉書聲幾燈火梵唄一龕禅月白沙飛雪江空浪接天霸圖不可見老鶴據松眠

奉慈大人環碧軒納凉 辛丑少作多慈大人改定僅存此二首

園林夏木百章清一鏡空明敞檻楹沙渚鳧雛依母樂墻根竹穉喜孫成蘭香當晝無風駐日氣如雲在水生留取瓜桃供夜讀凉宵坐課短鐙檠

林氏□□

拾穗山房詩存不分卷

［清］閩縣林軒開撰　福建省圖書館藏清抄本

此册分養慵草、計車行草、出山草三集，相當十卷本詩存卷三、卷四、卷五部分，出山草即十卷本卷五之對青齋草，僅存四首，其後缺。較之十卷本，此本中題陳孝雍明經螺江夜泛圖、代題螺江夜泛圖、述德詩一百韻（上侯官鄭佐廷邑侯代）、代壽兩廣制軍蔣勵堂先生五十初度五十韻四首皆注明删，十卷本從之不録。觀代作二首，長篇鉅製，頗見詩思，雖酬酢之屬，亦不苟爲。是册係抄胥所繕寫。（方　挺）

拾穗山房詩存

養慵草 起嘉慶甲戌迄乙亥

題岳叔龔雪濤景潮先生墨蘭遺蹟

精神栩栩出毫顛，藤紙傳看墨尚鮮。想得維摩初示疾，力研晨露寫湘烟。蘭乃戊辰春仲先生初病時作，尚未安石，力倦而止。風葉蕭疏石未安，那堪放手作沙摶。蘭芬但祝留香遠，長作千秋世譜看。

椰訥菴以盧賛府錫琜父子詩札裒潢成冊見示索題

拾穗山房詩稿一卷

［清］閩縣林軒開撰　福建省圖書館藏稿本

是本卷端題「西步草」，録詩作自乾隆五十八年（一七九三）至嘉慶二十年（一八一五），未按年排序，然每首下多標明紀年，應是隨手而録。書中鈐「蓼懷」、「軒開」兩印，知爲軒開手稿無疑。詩稿經圈點，增删改易處頗多，如首葉雁門關頸聯「長城憑險中華限，異代邊防上將多」改爲「塞垣扼險長城壯，古廟居歆上將多」，十卷本詩存皆據所改謄録。亦有削删不存者，如題祝雨巖風木圖小照一詩勾去，十卷本從之；鼓山絶頂望海最後四句勾去，十卷本亦從之。書眉間録友人評語，如天寶石歌評云「汪文宗評：鯨呿鼇擲，氣象萬千」，探梅評云「體格高，神韻遠。梁虚白評」，十卷本格於體例皆未録。稿本詩題下間有標明本事而爲十卷本詩存不録者，如買菊詩題下注云：「與梁芷隣、葉芷汀、鄭芸汀、馮恪甫蘭話杞詩榭同作。」檢稿本有不録於十卷本之佚詩，如賦得水邊籬落忽横枝等，尚有詞齊天樂送林少穆太史入都館試、沁園春壽郭母歐太安人七十、八節長歡壽馮老夫人三闋，不見於十卷本，可堪珍視。（方　挺）

塞垣扼隘長城壯
古廟威靈居於上將多

西步草

雁門關 癸亥

雄關屹立勢巍峩。危磴攀緣百道過。壯士去七峯回。
和宿東流一水起。濘沱。長城（塞垣繚繞）（壯）憑險中華限。異域。（上將西）
陲。邊（名）如（廟祀）柳。多。上有秦蒙恬李牧楊延昭廟 欲讀残碑剔苔蘚。肩
興催（送）我下陂陀。

道中見杏花 癸亥

去年走馬赴京華。看遍燕臺十里花。今日出墻

拾穗山房文稿一卷

［清］閩縣林軒開撰　福建省圖書館藏清抄本

是集録祭文三篇、壽文十一篇，皆駢散體，雖是應酬之文，猶力争之上乘，中如張蘭渚中丞太封翁八十雙壽序、楊雪椒母張太恭人七五壽序、葉母黄太宜人八二壽序，叙事真切且渲染有情，多見交遊之雅。賦兩篇，蓋早年試場或館課留稿，整贍流逸，層次蟬聯妙合，自是賦家正則。梁章鉅稱軒開「績學雄文」，可窺一斑。此本筆跡不一，所用稿紙印有「福省塔巷口洛貴軒」、「福省總督府前賽洛陽」、「竹樓住福省南街安民巷口」字樣，多舊日福州書紙鋪牌號，可備掌故、佐談徵。（方　挺）

拾穗山房文稿

閩縣林軒開

家樾亭先生祭文 代

嗚呼珠斗經天星沉箕尾玉棺降室歲值龍蛇傷典型之不作痛棨範之云亡恭惟尊媏翁老先生詩禮名家簪纓望族孝友本於性成仁恕關乎天授沖懷汪若霽月光風雅度溫如渾金璞玉繼清香於寶樹譽重芝庭擷藝苑之珠林名登桂籍銅章甫挽春風開滿縣之花墨綬頻拖暖日秀兩岐

抑快軒文集乙編四十九卷丙編十六卷丁編九卷

〔清〕光澤高澍然撰　復旦大學圖書館藏清抄本

高澍然（一七七四—一八四一），字時埜，號甘穀，晚號雨農，光澤人。嘉慶六年（一八〇一）舉於鄉，十二年援例爲内閣中書，攝侍讀甫半載，以父憂歸，遂不復仕。道光九年（一八二九），應閩浙總督孫爾準之聘，與修福建通志；十四年繼任總纂，十五年辭去。應興泉永兵備道周凱之請，往厦門主講玉屏書院，未幾告歸，掌教杭川、樵川二書院。卒於家。撰有春秋釋經十二卷、詩音十五卷、韓文故十三卷等。澍然篤研經傳，嗜韓昌黎集，從父得建寧朱仕琇之古文義法，所作「文陳義正，言不過物，高視塵壒之表」（清史稿本傳），手訂爲抑快軒文集七十三卷，即乙編四十八卷丙編十六卷丁編九卷，身後其長子孝歇搜得遺文五篇，補録集後，成七十四卷。孝歇謂「此五篇作於手訂後者三，禦暎夷議、與常觀察書、爲賢侯徵歸母喪賻啓是也，其上林尚書、郭母方孺人墓誌銘，則手訂前之作也」。謝章鋌曾於光緒十三年（一八八七）從澍然之孫處借得原本謄抄一部，現藏福建省圖書館。

此復旦大學圖書館藏本，侯官楊浚抄藏，前有題記，云：「光緒丁亥八月二十四日鷺江旅次，門人呂淵甫拔萃澂出其家藏本，乃乙編四十九卷丙編一十六卷丁編九卷，共三編七十四卷，凡六百一十九篇。亟假歸，囑陳茀丞茂才同友録副藏之，戊子上元抄畢。」知此本抄於光緒十三年八月至次年初，與謝氏抄本大致同時，而來源不一。謝抄本源自高氏家藏編定本，取與相較，此楊抄本亦多可珍視處。其一，此本出高氏手訂本外之别一系統，乙編四十九卷中，謝抄本補録之禦暎夷議獨辟一編爲卷四，郭母方孺人墓誌銘入卷三十五；丙編卷八無謝抄本答賴子瑩書、答何肫邁書二篇，卷十二無謝抄本劉芸圃墓誌銘，且謝抄本補録乙編卷四十二海天評月圖（代西郵作）、海天評月圖贊（代誠甫作），卷四十九焦氏易林引詩考，丙編卷八答鄢接之書首則，俱謝抄本所無。其三，可正謝抄本之誤。謝抄本因限期謄抄，脱漏衍誤較多，雖又以朱筆校於書眉，然仍多訛字。而此楊抄本以特製「抑快軒文集」格紙謄寫，用紙考究，抄寫精工，如謝抄本丙編卷四四勿齋文集序，「四」當爲「二」，楊抄本不誤；謝抄本乙編卷九怡亭詩集序中「然□之負才名者」處漫漶闕損，楊抄本作「世」字。其餘謝抄本所缺之字，楊抄本多不缺。前有楊浚題記、陳善、張紳序各一，目録中凡正文缺失者均注明「此篇缺」，鈐有「侯官楊浚」、「雪滄所得善本」、「雪滄手鈔」、「雪滄」、「無竟先生獨志堂物」等印。

之其他三篇亦缺，可見高氏文集傳佈之痕跡。其二，可補謝抄本之缺。

（劉　繁）

予家舊藏抑快軒文集鈔本僅三十卷計二百二十六篇光緒丁亥八月二十四日鷺江旅次門人呂淵甫拔萃澂出其家藏本乃乙編四十九卷丙編一十六卷丁編九卷共三編七十四卷凡六百一十九篇亟假歸囑陳茀庭茂才同友録副藏之戊子上元鈔畢　雪滄楊浚跋

抑快軒文集乙編卷一

光澤高澍然雨農

賦

○抑快軒賦

澍然行年五十不勝過愆日積思制心之動未由也一日釋然曰是蓋求快其心所致歟以抑快名其軒而賦以自警其辭曰思余躬之集咎兮悔未畢而復然豈内閧於多欲兮將雜感之外牽昔余睆睆茫不

抑快軒文集三十卷

〔清〕光澤高澍然撰　周凱評　福建省圖書館藏清抄本

抑快軒文集迄未刊行，向以抄本流傳。此周凱評本共收文三百三十三篇，計賦二，論六，辨六，説五，序九十，記二十六，書五十八，頌二，行狀四，事略四，傳三十七，墓誌銘、墓表、墓碣四十四，碑文四，書後五，跋五，題十三，圖贊、像贊四，誄、哀辭、祭文十八。其中賦佚一、論佚三，卷三十中内自訟文集序等十七篇，不見於目録。書裝十册，無序，末有陳衍跋。首册有總目，總目有缺葉，各册另有分卷目次。第二至第十册首葉均鈐有「味三書屋徐氏珍藏」印，册中夾一名刺，曰「徐佳芹，字兆熊，號樂軒行一」，或即其舊藏。

書眉及篇末之評注，分别以楷、行書寫。各篇中或僅見楷書，或僅見行書，或楷、行皆備，皆備者楷書在前行書在後，書眉間有行書籤條。楷書筆跡與正文同，顯係過録。據卷十二答周觀察芸皋先生書、答周觀察書，高氏曾録新舊作二册請正於周凱，周凱退還時於稿上黏籤十數條。然通檢全書，楷書評注近百處之多，且有文無目諸篇皆有「凱注」字樣，蓋高氏持文稿就正於周凱非僅一次，且過録諸評亦非限於籤注者。行書評注中，評者每自稱「凱」，取周凱武當紀遊二十四圖册相較，筆跡正同，故行書評注出其親筆無疑。又正文及楷書評注中，凡抄胥所致訛誤之字，皆經周凱校改。故是本當屬周凱初評本外之再評本。

周凱評注，有評其筆法，如閑初説之「用字如子書，説理得經髓」者；有揭其所本，如送周生倬奎歸里序之「學孟子非學莊子」者；有别其優劣，如贈炳坤序之「神妙同前首而氣彌樸厚」者。尤足珍者，在論文章之去取，文中凡周凱標「請酌」、「可商」、「請商」者，高氏晚年編訂文集時多所遵循，或删削如贈程氏三子序；或第其甲乙如程母張夫人五十壽序、赤嵌從軍圖記入丙編，周邑侯六十壽序、誥封恭人楊太夫人八十壽序代入丁編。要之，周評多嚴而確，誠高氏之諍友。

周凱（一七七九—一八三七），字仲禮，號芸皋，浙江富陽人。嘉慶十六年（一八一一）進士，官歷湖北襄陽知府、湖北漢黄德道、福建興泉永道、臺灣兵備道。師事張惠言、惲敬，受古文法，有内自訟齋詩文鈔。官福建時與高澍然以古文相切劘。（劉　繁）

抑快軒賦

澍然行年五十不勝過愆日積思制心之動未由也一日釋然曰是蓋求快其心所致歟以抑快名其軒而賦以自警其辭曰思余躬之集咎兮悔未畢而復然豈内鬩於多欲兮將雜感之外牽昔余睆睆茫不得徑兮信二者之為緣亦既於世無所求兮見可欲而能捐宜余心反於莽埜兮受定靜以為壘胡終日動莫知止兮羗無為而造愆黙求思而得其故兮患由恣心之所便心若水其善濫兮恒

卌五

為終事可以無憾矣而吾閩民之思戴將安放也夫又烏能無憾也邪

凡三事一敘守郡城一敘禦朱濆一敘開噶瑪蘭步驟井然不煩不簡而功莫偉於開噶瑪蘭開萬世之利中敘一被逮起用一段雲衝皆用輕筆令讀者得之言外無限深情於論贊之絕無痕迹此文之最秘奧處也

將安放也夫句未妥豈用標之乎將安放句

抑快軒遺集一卷

［清］光澤高澍然撰　福建省圖書館藏清謝氏賭棋山莊抄本

是書卷端有光緒八年謝章鋌題記，云：「此卷從何伯希嵩祺同年借抄，伯希伯父道甫則賢孝廉，雨農高足也。道甫云抑快軒集凡七十卷，而章鋌前所抄止三十卷，大抵皆中年之作。此則晚境矣。」知此書原本爲高澍然弟子何則賢所藏，謝章鋌借抄之，且爲謝氏第二次抄録之抑快軒文本。録文二十六篇，書眉有批語，筆跡與題記同，皆出謝氏之手。篇末過録周凱評語，然諸篇均不見於周凱評注之三十卷本，是皆晚於周評本也。集中之文多高氏主講厦門玉屏書院時所作，謝氏謂爲「晚境」之作，所言甚確。

是書以賭棋山莊紅格稿紙抄寫，周氏評語尤難得，惜書眉批語多爲後世重裝者誤裁。（劉　繁）

運〻害陸外人不知不如易海運請

可似宜增一閘字或任字由乃佳

抑快軒遺集　　光澤高澍然雨農

誥授中議大夫興泉永海防兵備道周公祠記

廈門環海而宅南通諸番東控臺灣西北引漳泉海貫屯聚民多客户作閩南一大都會為最要區　國家宿重兵建軍門設興泉永海防兵備道鎮撫之地斥鹵多石少田仰食臺運外米不至豐歲亦歉民性悍輕不通官語號難治故選人特嚴今觀察富陽周公初由編修守襄陽教民種桑興習池水利衣食襄民分巡漢黃德道築隄京山扞漢水皆百世之利聲聞　天子會公母喪外除　詔起公今職以道光十年冬十一月至公牖禎馴暴信賞必罰正己率屬成就約束二府一州頓易觀聽

亦佳室文鈔四卷詩鈔四卷

［清］同安蘇廷玉撰　中國國家圖書館藏清咸豐間刻本

蘇廷玉（一七八三—一八五二），字韞山，號鼇石，歸田後號退叟，同安人。嘉慶十九年（一八一四）進士，歷官刑部郎中、蘇州知府、蘇松太道、山東按察使、四川總督。晚年一度僑居吴中，終歸老故鄉。撰有從政雜録等。

是書前有咸豐四年（一八五四）楊慶琛、五年陳慶鏞、徐宗幹三序。文鈔卷一奏稿、書、説、序，卷二序、記、論，卷三碑、傳、墓誌銘、啓，卷四題跋，末附家誡。各篇時序未歸一律，頗見參差。蓋其子於廷玉身後編訂，以紀事先後觀之，大抵晚年存稿多於早年。

詩鈔卷一夏日偶成起五言古，計十七題；題劉玉坡制府自立圖起七言古，計二十題；卷二敬題曾即庵先生遺稿起五言律，計四十八題；卷三戊辰公車北上除日鳳山橋舟中作起七言律，計五十四題；卷四早起起五言絶句，計七題；晚泊喜晴起七言絶句，計二十題。

廷玉與同鄉林則徐、陳化成、梁章鉅、郭尚先等交契。文鈔卷二有江南提督陳忠愍公神道碑、江南提督陳忠愍公墓誌銘，縷述陳化成生平之犖犖大者；詩鈔卷二陳忠愍公輓詞自注中述殉難後之細節，稱「署嘉定令練廷璜求得公屍，已閲十餘日，面色如生，怒目瞠視，身受鉛子百餘粒，有洞胸貫膂者」，言碑誌所不及，讀之如在目前。練令復乞程庭鷺繪陳公遺像徵題，裝成長卷，廷玉摹得副本，携閩交陳氏後人保存，該卷今存厦門市圖書館。郭尚先善書而先卒，林則徐摹刻其書於吴中，廷玉一一爲跋，見文鈔卷四。林則徐遣戍新疆，猶與廷玉時通函札，語有不可爲外人道者。文鈔卷一示次兒士準書，論抗英軍事，洞悉戰防之利弊。按，文中有「如七月之廈門，八月之定海」云云，當作於道光二十一年（一八四一），時方寄居蘇州。廷玉與蘇城若有夙緣，嘗數宦吴中，休致後復僑寓焉。晚年所居曰意園，文鈔卷二有意園記，述其概貌甚詳；又據空山古寺殘寺感舊圖跋末署「道光壬寅十月二十三日記於蘇州新橋巷意園」，知其舊址所在。記文謂「園創於陸氏，俗曰陸園」，内園有廉石山房，與雍正間陸錦所構涉園相符，是即今小新橋巷耦園之前身，未見研究蘇州古典園林者道及意園之名，可補蘇州志乘之缺。壬寅爲道光二十二年，廷玉於此數年間，留心宗族文獻，先後重刻宋蘇頌蘇魏公集七十二卷、明蘇濬生生篇三卷、唐蘇頲蘇許公文集十二卷等，鼇石自撰壙誌識語慎重記其事，序跋俱見文鈔。廷玉去世之次年，福建小刀會起義，嘗攻佔同安、廈門、漳浦等地，其故里既遭兵燹，家藏遺稿或有散失。此書刻成於亂時，去今不過百數十年，而傳本無多。（李　軍）

咸豐丙辰孟春

亦佳室文鈔

侯官林鴻年敬題

亦佳室文鈔卷一

同安　蘇廷玉　鼇石

四川夷務奏稿　會將軍銜

爲縷陳近年夷務實在情形並抒管見恭摺　奏祈

聖鑒事竊照川省猓夷屯聚涼山袤延千餘里其東西北三面環以馬邊雷波越巂峩邊四廳南則界連雲貴種類既繁搶掠是其慣技不必別有起衅根由而一支蠢動羣支皆附和而來各廳漢夷交界皆疊嶂層巒深林密箐猓夷出沒攀藤附葛其行如猿絕無人徑之所亦處處可通該廳兵額有常勢不能節節設守而地面

雲左山房詩鈔八卷附一卷

［清］侯官林則徐撰　上海圖書館藏清光緒間刻本

林則徐（一七八五—一八五〇），字元撫，又字少穆、石麟，晚號俟村老人、俟村退叟、七十二峰退叟、瓶泉居士、櫟社散人等，侯官人。嘉慶十六年（一八一一）進士，散館授編修。官至湖廣、陝甘、雲貴總督。謚「文忠」。

林氏詩文可以遣戍伊犁爲界，前期「穩切流美」，多以「使事急切，對仗工整」爲趨向，故其佳者，工整流利，自然可喜。而自至伊犁以往，詩風一變，沉鬱蒼涼，家國之不幸、己身之沉浮，皆發之於詩，恰如同鄉林昌彝所評「塞外之作，如寒月霜鴻，聞聲淚下」。總體而言，林詩語言質樸無華，深沉洗練，多以格調勝，如傳頌至今之「苟利國家生死以，豈因禍福避趨之」等，無不朗朗上口，格高意長。徐世昌晚晴簃詩匯云：「文忠經世之才，餘事爲詩，緣情賦物，靡不裁量精到，中邊俱澈。卓識閎論，亦時流露其間，非尋常詩人所及。謫戍後諸作，尤悱惻深厚，有憂國之心，而無怨誹之跡。」

林氏生前曾自編其詩，成試帖詩稿、己卯以後詩稿、拜石山房詩集、黑頭公集、雲左山房詩鈔各集，然皆未付梓。光緒十二年，其後人據遺稿付梓，即此唯一刻本。首道光三十年十一月上諭，次咸豐四年四月祭文，次正文。此本所收自嘉慶二十二年始，至道光三十年止，固多遺漏，然首刻之功，不容置疑。與己卯以後詩稿相較，正可互相補足。如卷三甘三滋蒼澍藏其業師陳秋坪老人登龍詩册屬題，己卯以後詩稿作題甘滋蒼明經澍所藏陳秋坪老人詩册；「傳衣識高足」，己卯以後詩稿作「傳衣得高足」。且刻本「高足」下有小注，云：「秋坪歸道山，貧無子。滋蒼立孤，經紀其喪，時周恤之。嘗繪圖，秋坪坐石上，己侍立。師亡十餘年，瓣香之奉，歷久不諼，是可嘉矣。」不見於己卯以後詩稿。（柳向春）

雲左山房詩鈔卷一

侯官林則徐少穆

光武井

南陽眞人麟鳳姿天戈奮起天所資軍行抉石得甘井前史不載異代疑翳余詣宛訪遺蹟請以辨口恢張之余聞聖泉動坤絡井汲受福占明時德及萬靈地出醴厥土衍沃兼五施流謙潤下挹不竭古稱符瑞恆臻茲矧帝降靈本白水水爲火配赤伏推景七世孫祖高祖人紹正統非旁支何物莽賊竊漢鼎畫聲紫色天人欺樊崇秦豐子都輩但與草寇爭雄雌帝申天誅復炎祚日月舒燿乾坤彝滹沱渡軍冰忽合順水走險駒能馳

林文忠公書札詩稿不分卷

［清］侯官林則徐撰　中國國家圖書館藏稿本

此林氏詩札裱本，計收有梧江四兄學使大人以僕新被殊恩枉詩見譽讀之媿汗無已依韻寄答即希斧政、奉和雨翁五叔展中秋對月雅集原韻、梧江學使四兄大人將以中元日按試省東同人先期奉餞僕及晴峰中丞約先往東郊同游黑龍潭繼出西郭泛舟近華浦飲於大觀樓下即事二首録奉是正并乞和教兼邀中丞同作、瓶供牡丹、奉陪李園看花聊紀盛游匪敢云詩也等詩札七通。其中多與孫毓溎唱和者。毓溎，字梧江，道光二十四年（一八四四）一甲一名進士，孫玉庭之孫。曾任雲南學政。林氏用兵雲南，平息民亂，毓溎相佐之。二人共事三載，往來唱酬，極爲密切。如詩中云：「九隆山翠鎖重重，蠻俗難馴舊段蒙。媿乏龍韜攄勝筭，翻叨鳳綍獎邊功。」殆即雲南平亂之事。又云「憶昨籌戎荷指南，驛亭官燭夜深談」，乃二人謀劃安邊之紀實。詩中紀事者，另有瓶供牡丹自注：「甲寅臘底，至沸避難，鄉愁寇警，時縈旅抱，月夕花晨，徒增棖觸」，乃咸豐四年（一八五四）事，彼時太平軍北上，是有「避難」之説，詩云「長憶故枝蜂蝶鬧，金鈴十萬倩誰家」，亦離亂之吟。又奉陪李園看花聊紀盛游匪敢云詩也云：「年來烽火誤看花，老健尋春惜歲華」，以樂寫哀，有老杜「國破山河在，城春草木深」遺意，深得詩人三昧。

函封有「少穆手緘」朱文方印，乃林氏書札用印。另有收藏印「浩劫之遺」朱文方印、「王氏文農收藏金石書畫之印」白文方印、「文農長壽」白文方印、「文農曾見」白文方印、「文農審定」白文長方印、「慷慨悲歌之士」白文長方印、「文農長年」朱文方印、「文農」朱文方印、「文農」白文方印。（林振岳）

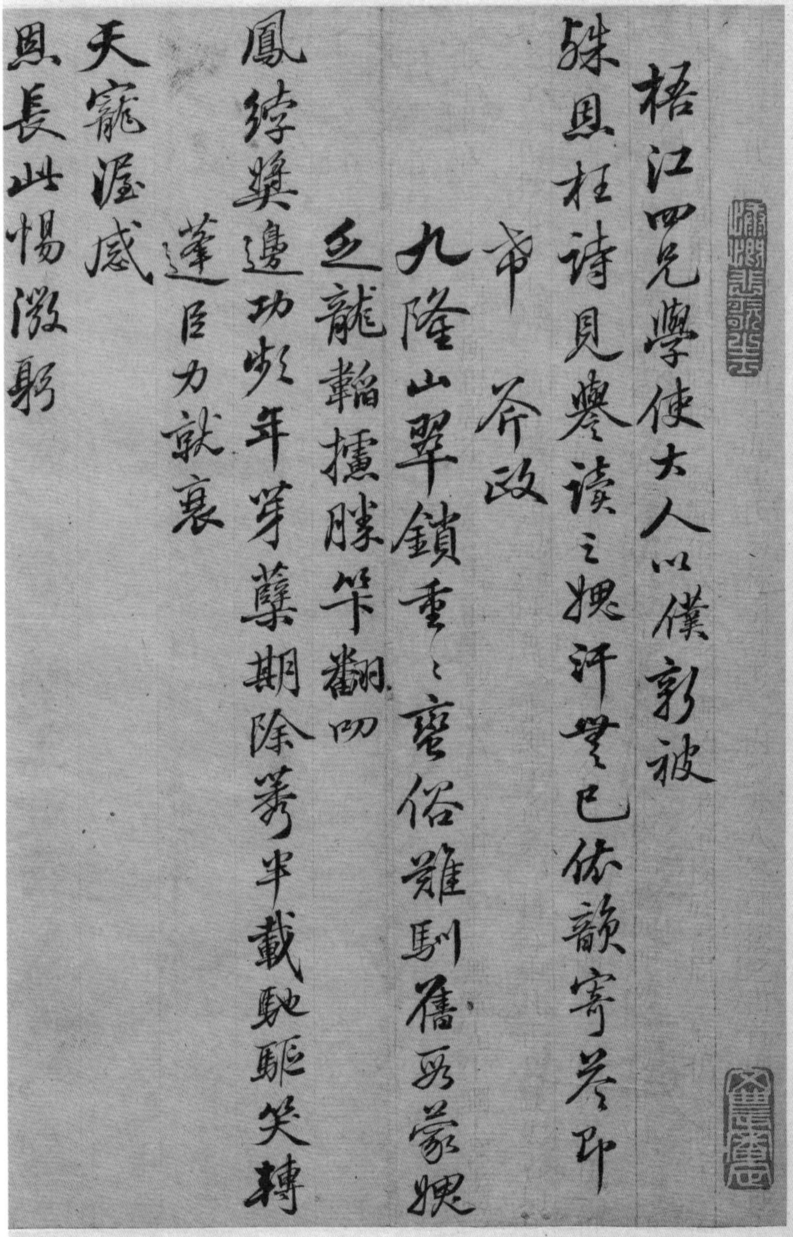
梧江四兄學使大人以僕彰被
殊恩枉詩見寵讀之愧汗曩已依韻寄呈郢
希斧政
九隆山翠鎖重重寶俗難馴舊習蒙愧
丞龍韜攄滕筆翻叨
鳳綍獎邊功歲年芽蘖期除莠半載馳驅笑轉
蓬蓬臣力就衰
天寵渥感
恩長此惕徽躬

藍水書塾文草一卷詩草一卷

［清］閩縣何則賢撰　福建省圖書館藏民國六年油印本

何則賢（一八〇一——一八五二），字道甫，閩縣人。道光十五年（一八三五）舉人，大挑用教職。師從陳庚煥、陳壽祺、高澍然諸先生，皆一時名宿。道光二十八年官建陽縣學訓導，後主景陽書院講席。積書至五萬卷，見有秘笈善本，手自抄校不倦。生平著述甚豐，有讀經札記、球使禮服答問、涉史漫筆、晉書舉要、史通何氏偶箋、增補儒林宗派、昭代碑傳表誌文輯、東越歷朝文輯等，後多散佚；又有藍水書塾文草、詩草、筆記。

藍水書塾文草一卷，存解、論、説、辨、問、序、墓誌、碑記、跋等四十篇。解三篇，原本經義史源，有的放矢，不事空言。論、説、辨十四篇，長於駁議辯難，文氣磅礴。如諸葛武侯短於將略辨一篇，既考及原文，以證諸葛亮戰術機變，奇謀百出，又謂陳壽非不知之，惟以事涉君親，故多隱晦而婉言之，立論有據，能析其微。問答體五篇，仍以答疑爲辯論，是此而非彼。如問道學儒林分傳如何一篇，以論史傳體例爲表，以力辟宋學末流一派空談心性爲裏，與其師陳壽祺答陳碩士閣學書「道外無儒，儒外無道」之主張一脈相承。其他序、墓誌、碑記、跋十八篇，可考其交遊行跡。送高雨農師歸光澤序，自述身世經歷頗詳。貽穀堂何氏敬恤同宗節婦章程序，條列撫恤同族節婦之規格制度，巨細無遺，宜爲治史者所留意。

藍水書塾詩草一卷，分體編次，首五言古，次七言古、五言排、五言律、七言律、四言絶、五言絶、七言絶及雜體，多爲寫景、叙事、懷古、題畫、闡理、抒懷及唱和之作。古體多樸茂，近體不事修飾，俱從真性情流出。

是集僅有民國六年（一九一七）油印本一種，由則賢之孫子恪所刊印。文草原作二卷，曾經謝章鋌、何嵩祺選定；詩草原作八卷，係作者生前自訂；校印時重爲編訂，各成一卷。文草、詩草冠有何振岱識語，謂則賢著述生前皆未及梓行，子孫既無力鋟版，「今有新法油版印字術者，一紙可拓百十張」，既省刻印之貲，又免傳寫之力。子恪從之，印成此帙，而百年之後亦成罕覯之本。（凌一鳴）

易九六七八解

九六七八天地之數備於斯陰陽之撰見於斯而大易蓍卦爻變之理亦徵於斯繫辭曰天一地二天三地四天五地六天七地八天九地十合之凡五十有五而天五爲虛者土生數五成數五二五爲十故有地十則五爲虛也虛者爲用故一二三四得五爲六七八九而水火木金具土居其中是以易有七八九六也且乾之筴二百一十有六以四九積算坤之筴百四十有四以四六積算故乾爲九坤爲六乾體三畫坤體六畫陽兼陰其數九陰不得兼陽其數六若老陽數九老陰數六少陽數七少陰數八其說皆本於康成然鄭之說莫詳於易有四象註云布六於北方以象水布

子恪宗兄復出道甫先生所著藍水書塾詩集見示綜凡八卷分體編次每體多數十篇少僅數篇意删定之時蓋極矜慎也　先生出高雨農陳恭甫兩先生之門諸種學問淵源甚正詩亦篤守閩派有和平中正之音而至情至性流露於字裏行間尤足興人孝弟之思也

宗後學振岱敬識

一鐙精舍甲部藁八卷

［清］光澤何秋濤撰　復旦大學圖書館藏清抄本

何秋濤以邊徼地理之學名於世，其治經學、小學亦多可觀，然窮困早逝，遺稿散失，百不存一，光緒五年淮南書局刻一鐙精舍甲部藁五卷，存目而實缺者七篇。此江都李氏半畝園抄本八卷，前有目錄，亦有存目而原缺者，且與正文抄寫次序有別，然卷四題「經義叢記上」，卷五題「經義叢記下」，卷七題「小學叢記」，卷八題「韻箋」，蓋原編所擬者，刻本俱無之。

卷一孟子編年考，考孟子生年依禮樂録，日月從孟子譜，諸侯之年依史記、通鑑。按，禮樂録當即康熙間李周望、謝履忠所輯國學禮樂録，孟子譜或即託名元程復心所作孟子年譜，四庫提要以爲實即譚貞默孟子編年略。年表首行列干支，始于丙申（周安王十七年），終於壬申（周赧王二十六年），記列國大事及孟子行事，文字簡明，發明無多。卷二周易爻辰申鄭義、爻辰圖考。東漢鄭玄將乾坤六爻與十二時辰相配以治易學，清高郵王氏父子、焦循等頗非之。秋濤以爲「易涵萬象，不可執一。爻辰之瀀，于古必有所受，推之鐘律，攷之次舍，往往相協，則鄭之立義不可誣也」，遂成此作，以申鄭學。又繪爻辰圖，附爻辰圖説以闡釋之。卷三禹貢鄭氏略例，據鄭玄注禹貢佚文，申鄭氏義例。卷四攷夕鷃若夤、君子機義、象敖克諧以孝烝烝乂不格姦解，卷五周禮故書今書讀如讀爲當爲之字攷、霆辨，皆解經文字。卷六祁大夫字説，考晉大夫祁奚何以字黃羊，以見古聲音故訓。卷七明數篇、釋祢，釋數字、闕演算者。卷八書李松石音鑑後、又書音鑑後、釋惑，俱闕音學者。末附札記三條，出一鐙精舍詩注。（魏俊傑）

孟子編年攷

光澤何秋濤

年表生年依神樂錄日月從孟子譜
諸侯之年悉依史記通鑑參訂

紀年	周	魯	宋	鄭	滕	任	秦	韓	魏	趙	齊	楚	燕
丙申年	安王十七年	穆公二十五年四月二日孟子生	休公十一年				出公二年	哀侯三年	武侯二年	敬侯二年	康公[illegible]田和二年	悼王十七年	僖公十八年
丁酉年	十八年	二十六年孟子二歲	十二年				獻公元年	二年	三年	三年	桓公午元年	十八年	十九年
戊戌年	十九年	二十七年孟子三歲	十三年				二年	四年	四年	四年	二年	十九年	二十年
己亥年	二十年	二十八年孟子四歲孟母三遷在[illegible]別	十四年				三年	五年	五年	五年	三年	二十年	二十一年

江都秦更年曼青甫所有書籍

一鐙精舍未定藁一卷

〔清〕光澤何秋濤撰　復旦大學圖書館藏清抄本

是本無目録，存盧貞婦立後説、李君殷盤墓誌銘、送彭文出宰贛榆序、書李松石音鑑後、又書音鑑後、釋惑、黄君詩集序、明數篇、釋袮、書戴東原先生轉語二十章序後等文，凡十篇。其中盧貞婦立後説、李君殷盤墓誌銘、送彭文出宰贛榆序、黄君詩集序、書戴東原先生轉語二十章序後五篇爲光緒五年淮南書局刻一鐙精舍甲部藁五卷所無者，僅見於此本。

盧貞婦立後説，即盛康編皇朝經世文續編卷六九禮政九昏禮所收何氏貞女議，惟文字有所差異。李君殷盤墓誌銘，爲李孝銘所作，殷盤其字。送彭文出宰贛榆序，多述贛榆之沿革。書戴東原先生轉語二十章序後，以轉語二十章爲戴震補爾雅、方言、釋名諸字書之作，其佚已久，僅存序言，秋濤乃據戴氏聲類表與答段若膺書而推衍其體例，可與洪榜四聲均和表並觀焉。（魏俊傑）

盧貞婦然立後說

一鐙書舍未定藁

取女有吉日而壻死女斬衰以歸壻氏奠菜於廟立嗣子撫之終其身不貳若是者女也而執婦道禮與曰非禮也賢者過之也雖然聖人嘗許之矣孔子刪詩於邶錄柏舟劉向以為衛寡夫人者（令本列女傳作宣夫人誤太平御覽引作寡令以王氏補注改）齊侯之女嫁於衛至城門而衛君死保母曰可以還矣女不聽遂入持三年之喪畢弟立請願同庖終不聽衛君使人愬於齊兄弟齊兄弟使人告女女終不聽乃作詩曰我心匪石不可轉也我心匪席不可卷也君子美其貞壹故舉而列之於詩斯言也則未知其魯詩之說與（中壘之祖元王受魯詩故毛初）

冠悔堂文集三卷乙集二卷玉籨集二卷詞稿一卷

〔清〕侯官楊浚撰　福建省圖書館藏稿本

楊氏著述頗豐，詩文已刊者有冠悔堂全集二十一卷，計冠悔堂詩鈔八卷駢體文鈔六卷賦鈔四卷楹語三卷。此稿本未刊者，冠悔堂文集三卷書衣分題「文集原稿」及小字「一」、「二」、「三」，卷三外封另注有「丁未至壬午止，癸未以後另有稿」兩行。按，丁未爲道光二十七年（一八四七），壬午爲光緒八年（一八八二）。此三册均用冠悔堂烏絲欄稿紙，每篇謄録不相連屬，標題目處多有朱筆批「存」字，殆楊氏從歷年存稿中選出，編訂成集。率以體分，偶見參差。卷一奏疏、序、論、書後、跋，卷二記、解、釋、考、説、書、啓，卷三墓誌銘、誄、呈稿、傳、壽序，而擬補隋書王通傳、西銘集注、蠶桑利病問答三篇雜厠其間。冠悔堂乙集二卷，用「淡水廳志」方格稿紙寫。卷一壽序、祝文、賦、呈稿、序，卷二釋、序、壽序、墓誌銘、記、説、傳。賦四篇，書眉均朱批「已鈔」二字，悉刻入賦鈔。兩集五卷所録，偶有重複，駢文已刻入駢體文鈔，餘皆未刊，須合刻本、稿本兩種，方見楊氏文章之全帙。

詩稿二卷名曰玉籨集，以冠悔堂寫樣紙謄録。封面題書名外，另有小字題識「卷一悔前稿，起丁未，迄己酉；卷二悔後稿，起庚戌，迄庚寅」，録楊氏十八歲至六十一歲間詩，以時爲序，每首詩題下均附注年份干支。無序跋、題詞。按，刻本冠悔堂詩鈔八卷，前有唐賓鑑、葉大焯、孫衣言、許宗衡等六家序、題辭，收録道光二十七年丁未至光緒十六年庚寅凡四十四年間楊氏所作古今體詩凡一千六百十六首，按年編次。以刻本與稿本相較，所録詩作起訖時限相同而卷數多寡懸殊。玉籨集所收皆閨怨、無題之作，悔前稿、悔後稿以二十歲爲界，前者所録僅三年詩，後者録四十一年之作，而數量相近，殆楊氏弱冠得中功名，吟詠力戒兒女態，故數十年所得不若年少時三載也。詩家常悔其少作，楊氏固知玉緻不足爲外人道，然敝帚自珍，不忍毁棄，故存而不刻。

冠悔堂詞一卷，今存二本，一草稿，一謄清稿。均用「冠悔堂鈔本」烏絲欄稿紙抄寫。草稿前副葉有墨筆題「冠悔堂詞稿」。草稿，已鈔。此姑存之。校」一行。草稿中除字句塗改外，删去篇目甚多。删削篇目以朱、墨筆勾去外，天頭皆鈐「遺我雙鯉魚」朱記别之。謄清稿書前副葉有墨筆題「冠悔堂詞鈔」。另抄，已校」。以兩本互校，草稿中擬删各闋已削去，乃復有删改處，且謄録所致訛誤不少，皆校於書眉，知此兩本斷非最後定稿。或謂楊氏才氣超邁，中歲之詩慷慨蒼涼，比晚格益老、氣益蒼，若一身兼初、盛唐氣象，而其詞則近婉約一派，似有天壤之别。其未付剞劂，當與玉緻同。（李　軍）

星變陳言疏

侍讀銜内閣侯補中書臣楊浚跪 奏為天變可畏敬陳管見仰祈 聖鑒事臣竊聞天垂象見吉凶凡彗孛諸星皆陰陽之精其本在地而上應乎天也政失於此而變見於彼自古人君觀天察變以之飭身正事未有不禍除而福至者自然之符也臣嘗讀春秋經書星孛者三見於文公十四年則宋齊晉之君皆有禍亂應在霸國矣見於昭公十七年則有王子朝之亂應在王室矣見於哀公十三年則強吳爭霸而中國皆為之服役應在蠻夷矣天變愈甚世變愈極天人相感之理確然可憑今有星見於西北或曰彗孛或曰欃槍人心惶惶傳言不一臣未諳占驗惟據爾雅云彗星為欃槍二而一之總屬兵象也我

皇上自御極以來

冠悔堂鈔本

存

冠悔堂乙集

侯官 楊浚 雪滄

福建省圖書館藏書

○○祝家楚棠鎮軍在元壽序

今夫熊湘生材。實開中興之局。皂溪見峽。不遺握奇之經
天得金精。五行乃備。圖成黃鉞。三代以平。讀管子一書。雍
狐所專劍鎧。設周官六職。司馬必審戈矛。鵝鸛示容。睢鳩
命氏。河山手定。南戒與北戒相連。星斗位尊。武曲與文曲
同列。上有股肱之臣。下有爪牙之士。分瓜而甘苦一心。屯
雲而左右。七萃罔不橐矢告功。泐鐘樹績。賜
天子非常顏色。為諸公上答昇平。況更金盤玉罰。其為山

冠悔堂剩稿不分卷

[清]侯官楊浚撰　福建省圖書館藏稿本

此稿無目録、序跋，不分卷，卷首録代擬致用東金請發還詳文（呈稿附）、林戟門先生入祀鄉賢祠事實二篇。自第三篇孟瓶庵先生下邳林夫人墓誌碑册題後起，至曹懷樸太守（謹）請祀名宦祠結狀事實（並呈稿）前一篇漢李常造器款，凡三十餘篇，皆金石題跋，與冠悔堂金石題跋、冠悔堂文集所收重出者不少。縱覽全稿，著録石刻率多於吉金，惜名品無多，然以閩産爲主，與閩中古跡相涉，可爲考古之助。考訂文字詳略不同，篇幅長短不一，短者如北齊唐邕寫經碑、漢龍虎銅節等跋僅一句，長者如瘞鶴銘跋達三葉。另内有文字全同而篇題互異者，如唐尊勝陀羅尼經幢題後與唐大中經幢跋是其例也。稿中又有標題、内容均小異，而實爲同一篇者，如宋四盆圖題後與宋四盆圖跋、唐宋三圓圖題後與唐宋三圓圖跋，除標題有一字之差外，兩跋之尾並多「光緒戊寅九月四日侯官楊浚識」云云一句，當先於兩題後。按，唐大中經幢跋天頭墨筆批「重見」二字，卻未將此葉撤去，是曾經校過，而終兩存之，可證此册彼時非作定稿用，故未一一剔清。

曹懷樸太守（謹）請祀名宦祠結狀事實（並呈稿）後爲金石題跋四篇、題畫跋一篇，前四篇有文無題，末一篇八仙贊有眉批「補遺」二字，爲冠悔堂文集、冠悔堂乙集、冠悔堂稿諸本所未收。僅就文字校勘、集外佚文數端衡之，此册仍足珍視，不可輕棄也。（李　軍）

冠悔堂剩稿　　　　　　藁本

代擬致用東金請發還詳文呈稿附

致用書院監院爲據情詳請鈞裁俯賜轉詳咨還事竊据舉人趙啟楨等稟稱伊等計偕南返取道金陵曾是西湖都講重親鍾麓先生稟謁前致用院長林方伯師拜問起居懃留款洽對荊棘六朝之壘停芭蕉十日之車談深而口不言貧道勝而顏無所戚千金盡矣顧癡則糊晝漸空一拂蕭然鄭俠則著書不廢侍側幸依丈席思歸欲作鄉人江上風生念蓴羹之有味山中泉在補茅屋而無貲乃簞食能甘陋巷固行乎吾素而束修自上聖門亦取不傷廉竊以曩者捐充院費計東膳兩項番銀捌百兩援受一時本稱盈舉後先異境敢請變通藉資故里之旋知得他山之助表寸心於弟子

冠悔堂稿不分卷

[清]侯官楊浚撰　福建省圖書館藏稿本

此册未分卷，首尾均無題名，原未題撰者姓名，亦無序跋、目録，雜用「冠悔堂稿本」方格稿紙、「冠悔堂詩鈔」稿紙謄録，今人擬題曰冠悔堂稿。覽其内容，多楊氏晚年所作文章。謄録稿每篇各自起訖，不相連屬，録考一篇、壽序九篇、墓誌銘六篇、哀啓一篇、誄文五篇、呈稿三篇、稟二篇、集注一篇、解二篇、釋一篇、説三篇、書八篇、記三篇，凡四十五篇。末三篇，其一爲洋油貽害酷烈僉懇嚴示禁止事呈稿，内容完整無缺，標題一行留白；其次開列滅賭具、懲錮婢、毁尼庵、撤齋堂、逐流妓、禁妝閣、戒厚葬、整保甲等數端，皆有關風化者，而前有缺葉，並失其題。末以蠶桑利病問答爲殿，其文未完。

取校冠悔堂文集，内容泰半見於文集卷二、卷三中。惟兩者序次略有參差，有文集收而此稿無者，亦有此稿收而文集缺者，另有此稿謄清而文集塗改勾乙者。由是疑冠悔堂稿抄稿舊存必多，此僅存其中一册，故不見首尾。未見於冠悔堂文集者，如左傳辨僞天頭有「補遺」二字，後有浮籤批語，署名「歐齋」，當爲友人林壽圖所評。重修福州道南祠碑記天頭有「補遺」及「已刊入續通紀」字樣，是楊氏嘗以此與他本相比勘。異日若欲整理冠悔堂文集，此稿堪資參考，斷不可以殘缺忽之。（李　軍）

補遺

已刊入續道紀

重修福州道南祠碑記

穀梁子云宮室不設不可以祭衣服器有司備職無或
闕謂薦其敬也福州道南祠祀　先文靖公昉於宋尤隆
於
國朝薄海昭敬不獨閩也矧生同里系同源經紀之責無
旁貸光緒丁亥夏湘鄉督部楊石泉尚書詣祠展謁初稽
彝章繼倡繕葺命浚主其事庀工重整蓋推敬事之一念
於先聖先賢道統所繫進修齊而治平將以興學輔吾
君文教導吾民一祠慬矣凡百毋不敬焉爰襄一姓籌鉅
欵先建饗堂妥神靈也次創廳事俾祭日省牲有所更衣

冠悔詩評選一卷冠悔書評選一卷

［清］侯官楊浚輯　福建省圖書館藏稿本

楊氏著述頗豐，此種亦未經刊行。詩評所選凡三家：宋敖陶孫詩評、明王世貞明詩評、清洪亮吉國朝詩評。卷端原題「古人諸名人評詩」，後圈改今名。「宋敖陶孫詩評」下注「全閩詩話」四字，言其所自出，明清兩家亦如是。蓋楊氏摘録三家成説，未加按斷，然自唐宋以下，至於清乾嘉間，多所論及，可窺見其評詩之取徑。書評所選自蕭梁至明末凡十二家，依次爲古今書人優劣評、袁氏古今書評、呂氏續書評、唐書評、米氏續書評、評曾氏兄弟書、評金國名公書、論宋十一家書、宋氏評書、方氏評書、解氏續書評、豐氏評書。書評選每家標題下均注明出處，大抵出自書苑菁華、法書要録、書畫譜、賓退録、王氏法書苑、元遺山集、鐵網珊瑚、遜志齋集、解學士集，率皆常見而篇幅短小者。

是册寫於紅方格稿紙，蓋楊氏自輯一册供案頭檢閲之便，雖無高明之論，仍可備一格耳。（李　軍）

冠海讀詩評選

古人詩句見前集舉要

○○宋敖器之詩評 全閩詩話 宋福清敖陶孫器之著

魏武帝如幽燕老將、氣韻沈雄、

曹子建如三河少年、風流自賞、

鮑明遠如飢鷹獨立、奇矯無前、

謝康樂如東海揚帆、風日流麗、

陶彭澤如絳雲在霄、舒卷自如、

王右丞如秋水芙蓉、倚風自笑、

韋蘇州如園客獨繭、暗合音徽、

冠海堂叢稿

賭棋山莊遺稿不分卷刪餘偶存不分卷賭棋山莊餘集不分卷餘集剩筆一卷謝枚如先生未刻文稿一卷

「清」長樂謝章鋌撰　福建省圖書館藏稿本

謝氏詩文，生前多已刊刻，抄稿本散落各處，存世頗夥。遺稿二册，詩詞、文各一册，寫於「賭棋山莊」方格稿紙，字跡工整，係謄清稿。詩存五葉，不見其首，似不全；詞分詞續、酒邊詞，卷首標題已被圈去。詞續之蝶戀花和仲濂韻天頭有浮籤：「戈寶士詞林正韻惡、約等字在十六部，雪、兀兩字在十八部矣。」金縷曲瑞蘭圖爲某大令題天頭有浮籤批「寸字宜平」，下鈐「公束」朱文印，皆曾經張鳴珂（公束）評定。稿中有南浦和張公束韻留別一闋，是此稿曾經張氏評點者。

刪餘偶存一册，用「翰寶齋」稿紙，詩文雜厠，未加分別，係謝氏手稿，天頭有朱筆「△」、墨筆雙「○」標記，卷端鈐「沈氏祖牟藏書」朱文長方印。核之賭棋山莊遺稿，其文依次謄録。如致林歐齋書一篇，刪餘偶存天頭有「甲子，予自閩之粤所見如是」云云，遺稿亦移録，足見刪餘偶存爲遺稿出處之一。

賭棋山莊餘集二册，寫於「賭棋山莊」方格稿紙，字跡亦工，偶有批注。内中詩、詞及賭棋山莊校閲餘話合一册，文一册，取勘遺稿、刪餘偶存二種，篇目均不同，殆與遺稿同爲謄清稿本。文一册中有賭棋山莊餘集自序，謂「適編餘集，乃録之册底。光緒壬寅二月，章鋌紀」，時在光緒二十八年（一九〇二），然則此帙確爲謝氏晚年手訂之稿。

賭棋山莊餘集剩筆一册，用「蕉社」朱絲闌稿紙，係謝氏手稿，間有眉批、朱筆改字處。全稿始於「西河詩話曰」一條，終於「予受書雖遲」一條，内容全見賭棋山莊校閲餘話，即賭棋山莊餘集謄録底本之一。

餘集圈去「餘集剩筆」四字，眉批曰：「接上截，提行寫，不必另標名目。」可窺賭棋山莊集編訂之痕跡。

謝枚如先生未刻文稿一册，寫於「思復堂稿」稿紙上，書衣有民國三十一年（一九四二）春薩嘉榘（逸樵）題記，知原籤出劉存仁炯甫之手，謂此册收文十六篇，已刻者有十篇，餘六篇未刻，可堪珍視。

（李　軍）

刪餘偶存

劉炯甫六十壽詩序　江田生

吾鄉詩冠園君名滄十餘年始知之，人君知而介採與粹然相見，因益敬知君，益深君性情醇懿，其書法先生勤而益善族家，雖不豐，咸友孫其惠，祝言日熾，疾其少也，生齒子君天性篤學精於有表裡，宋儒淵源，蕃衍山表，推進高節，是其文章所成者一也，三已人通經訓詁，其文醇淵源，實有得於中者，不以自炫，遂刻苦勵志，性情日嚴密，程子所謂……遺於……國山莊謂衛武公耄年好學，其詩曰

賭棋山莊餘集

長樂謝章鋌枚如撰

例授奉政大夫處士李君墓誌銘

予主致用講席之數年吾師故侍郎祥符沈公來視學檄莆田李生澄濤入院肄業予視其文詢其素所服習生曰吾之學皆受於吾大父今秋九月其大父卒生以及門故緘其父所作事略來徵銘按略君諱慶齡字國昌一字秋圃生嘉慶庚辰得壽七十有九祔葬山兜山曾祖之兆配鄭氏子二長登龍光緒丙子舉人歷任松溪等學教諭即作事略者也次攀龍郡廩生前卒孫七澄濤其一也甲午優貢 廷試二等用教職曾孫九門

寫經齋初稾四卷續稾不分卷小玲瓏閣詞一卷

［清］閩縣葉大莊撰　福建省圖書館藏清光緒間刻本

寫經齋初稾四卷，收咸豐十年（一八六〇）至光緒十九年（一八九三）間詩五百一十四首，編年排序（缺三年、四年、十年）。續稾含詩集三種：淞水集一百二十一首，爲光緒二十年至二十二年間在滬及松江間所作；嶧陽集一百二十四首（附薛瑩詩一首），嶧陽續集五十首，官邳州時所作。

大莊之詩，風格屢變。初近韓孟。同治末（一八七四），與陳書等結詩社，學宋詩，尚清幽刻削之格，有「誰能有意翻閩派，不贋唐詩贋宋詩」（村居書事四首其二）、「出門踏月僧皆睡，席地聽泉鳥不知。來向天王分供罷，夜吟長坐放生池」（秋日遊石鼓題湧泉寺白雲堂四首其三）之句。待其晚年「官江南，見實甫魂東諸集，喜之，頓改故步。續稾、又續稾七律詩十居八九，惟求裁對工整，視舊作若出兩人矣」（石遺室詩話卷一）。或謂大莊詩近厲鶚，「寢饋於漁洋、樊榭，語多泠雋」（石遺室詩話卷一），「其詩於樊榭爲近」（鄭孝胥日記光緒十一年），「損軒少喜樊榭，繼爲後村、放翁、誠齋」（陳衍知稼軒詩叙），亦知大莊者之言。

小玲瓏閣詞一卷三十首，附續稾後，由陳衍删定，近人陳乃乾曾編入清名家詞。陳衍叙謂大莊詞「宗南宋，最近夢窗、竹山」，集中多用樊榭韻，其癡於厲鶚詞可知，蓋以厲鶚詞近姜夔、張炎、吴文英等，故有此言。然續修四庫全書總目提要云：「不知夢窗雖晦澀，而能生動飛舞；竹山雖雕琢，而能精研縝密。大莊極力摹仿，尚不能肖其形，況其神乎？觀其詞，似未成體格，衍論不足信也。」亦可備一説。（趙遠方）

寫經齋初稾卷一

閩縣　葉大莊損軒

避地渡泖止朱涇村舍二首　庚申

寒雨菰村路荒區聽打枷亂棲田舍燕得食水祠鴉籬落殘瓜蔓陂塘墜藕花終年避營馬何處是吾家

賃屋臨頽岸乾愁未得歸坊春分夜火社約典春衣魚蟹平湖賤雞豚小巷肥故人消息斷三月困重圍

航海歸里

驚魂甫定篋書開夢數游踪首重回三日神風船輒引南行欠謁普陀來

初家陽崎

藝蘭室文存不分卷

［清］閩縣陳寶璐撰　福建省圖書館藏民國二十九年刻本

陳寶璐（一八五七—一九一二），字敬果，一字叔毅，號鐵珊、韌庵，閩縣人。陳承裘第三子，光緒十六年（一八九〇）與兄寶琛、侄懋鼎同榜進士，選庶吉士。散館，改刑部主事、刑部河南司行走。後辭歸，不復出。師事致用書院山長謝章鋌甚謹，謝氏卒後代主致用書院，爲校刊遺集、贍養子弟。寶璐素有文名，然纂述矜慎，不自表襮。陳衍石遺室詩話卷五云：「叔毅耽經學，漢宋兼採，能散體文，能詩，極少作。」又以古文辭見長，取徑桐城方氏、姚氏，湘鄉曾氏。長兄寶琛稱其「治古文辭垂四十年，博極群籍，鈎玄索隱，而尤肆力於經，顧不輕爲著述。壯歲通籍，見政俗陵替，禍亂將作，遂絶意仕進，舉古今中外之故，窮研互絜，瞭其失得。嘗謂三代之學術治道，至秦一厄，自漢尊經宗孔，迄今二千餘年，雖名存實寙，而終不能捨大經大法以求其所爲治。」（亡弟叔毅哀辭）可略見其爲學論文之旨。

此書録存古文五十三篇，分經解、序跋、書札、壽序、墓誌、傳記、哀誄祭文、賦等類。首經解諸篇，固以表彰經義爲旨，間涉時事，借古喻今。書札、壽序、墓誌、傳記、哀誄祭文之作，如祭長樂謝先生文、祭羅稷臣文、張文襄公墓誌銘等，可略見其交遊行跡。

寶璐身後，其長子懋豫輯成此書，女秀貞録副以存。後秀貞亦歿，懋豫持兩本對勘，訂爲此編，並請楊鍾羲題贊、高向瀛撰序。末附陳三立撰墓誌銘，馬其昶撰家傳，陳寶琛撰哀辭，及女秀貞、男懋豫跋。又有民國間抄本一種，題陳刑部雜文，藏於福建省圖書館。（凌一鳴）

藝蘭室文存

段氏改珛篆作玊辨

閩縣陳寶璐叔毅

說文珛朽玉也從王有聲段氏據索隱引說文改珛作玊鈕氏段注訂曰篇韻並作珛當本說文則摯氏引誤竊謂鈕氏據篇韻以訂段不知段意固以篇韻珛字爲玊字之俗此不足以相難也段氏改篆但參之篆體考之六書其謬已見矣凡篆體配字布形例取勻整玉石之玉古作𤣩篆省作王非不知王形與帝王字相混也而不復加點者右旁偏重不相稱也段氏以隸體之玉爲朽玉之珛古今豈有此篆體哉且段氏臆造從王加點之文而引史記玉有瑕釋之豈不謂象玉之瑕剫乎考說文加點象形之字如日從囗一象形丹象采丹井丨象形井象構韓形·象罋形以日丹井本全體象形字也玉象三玉之連於六書爲指事三畫既非玉形於旁加點何所取象乎且又不得爲指事凡指事字如刀旁加丶爲刃木下加一爲本其所指皆有一定之處所謂視而可識察

海藏樓詩十三卷

至卷十三

閩縣鄭孝胥撰　中國國家圖書館藏民國十三年刻十卷本，補以民國二十五年刻卷十一

鄭孝胥（一八六〇—一九三八），字蘇戡，亦作蘇堪、蘇龕，號太夷，取東坡「萬人如海一身藏」意，别號海藏樓，閩縣人。光緒八年（一八八二）舉人，由内閣中書改同知。十一年入李鴻章幕，隨辦洋務。十七年東渡日本，歷任使館秘書、築地副領事，神户、大阪總領事等。光緒二十年歸國，入張之洞幕，官總理各國事務衙門章京、京漢鐵路南段總辦、督辦廣西邊務等。宣統三年，爲廣東按察使、湖南布政使。辛亥以後，以遺老自居。民國二十一年任僞滿洲國國務總理。工書，能詩，有海藏樓詩集、海藏樓日記。

鄭氏詩作清蒼幽峭，爲「同光體」閩派代表。陳衍譽之「閩社詩人光緒初，海藏詩派滿江湖」，日人芥川龍之介譽之爲「中國近代詩宗」。陳衍書海藏詩後云：「海藏善説詩，尤深小雅，余嘗聞其説大東矣。喜誦離騷，其音繁以厲。唐人則柳州、東野，皆變雅、離騷之遺也。海藏往日之詩，既如之矣，而況於今日雅廢詩亡之後乎？昔之人言哀老者，曰形容變而語音存。海藏支離突兀之故態，變無復之，滋可傷者，語音變耳。」又石遺詩話論其學詩之跡云：「蘇戡少學大謝，浸淫柳州，益以東野，氾濫於唐彦謙、吴融及南北宋諸大家，而最喜荆公。」

鄭氏海藏樓詩前後凡六刻。光緒二十八年初刻於武昌，不分卷，録詩至光緒二十七年。二刻不分卷，有光緒三十二年鉛印與石印本（牌記曰光緒丙午，刊行當在三十三年），録詩至光緒三十三年。三刻編爲八卷，民國三年名工陶子麟刻於武昌，録詩亦至是年。四刻增爲九卷，民國十一年刊，增民國四年至十一年詩

為卷九。五刻增爲十卷，民國十三年刊，錄詩亦至是年。六刻爲卷十一至十三，録詩止於民國二十五年。六刻之成年餘，鄭氏即下世。十三卷共録詩一千零四十三首。前有顧雲、陳衍序。其詩作少有奇氣，前十卷爲六十五歲以前之作，神完氣足，無愧霸才。後三卷乃六十六歲入僞滿後作，氣魄大不如前，故陳衍謂「鄭海藏詩實有動人處，近作漸就枯窘，或身世使然。」（陳石遺先生談藝録）此以民國二十五年刻卷十一至十三配補民國十三年刻印十卷本，適成全璧也。（林振岳）

海藏樓詩卷第一

閩縣鄭孝胥

北京圖書館藏

春歸 以下己丑

正是春歸卻送歸斜街長日見花飛茶能破睡人終倦詩與排愁事已微三十不官甯有道一生負氣恐全非昨宵索共紅裙醉酒淚無端欲滿衣

六月十六日觀洗象 去年英吉利滅緬甸

宣南洗象迎初伏萬騎千車夾水看法駕舊儀從鹵簿玉泉新漲試波瀾蒲甘國破封難復莽氏民存業遂殘留汝南荒遺老在可堪有齒已先寒

九日獨登清涼山

科頭直上翠微亭吳甸諸峰向我青新霽雲歸江浦暗

海藏樓詩卷第十二

和胡琴初戊辰除夕韵 以下已巳

禮失寧論玉爵揮龍潛莫問在天飛春王未害書周正中露何堪賦式微射隼待占高墉利毆魚會見衆心歸吾儕羈紲應同罪留與人間説是非

正月十五夜

一街寒月光如水七十老翁夜獨醒回首年華無覓處漫從文字乞餘靈

贈溥儁之侍中赴日本

皇情念手足大器期晚成時哉不可後揮袂輕滄溟英姿自颯爽猛志宜專精接人謙而尊奉已儉乃宏晏然處衆中孰能指以驚譬彼五嶽重無令見真形世變在

藕根齋存稿不分卷

長樂董執誼撰　福州董氏藏稿本

董執誼（一八六三—一九四二），名藻翔，以字行，號藕根居士，長樂人。父炳章，字琅山，曾任上杭及臺灣淡水教諭，舉家遷寓省城。執誼中光緒二十三年（一八九七）舉人。何振岱執誼同年七十正壽序言叙其生平云：「不願以他途進，既登賢書，僅一與計偕，即緣丁憂停科，以至廢科舉。歸乃隨例挑取鹽官，又不終事而歸。其明年諮議局開，被選爲議員，不久輒舍去。」從事工商之餘，修鄉賢祠，修文廟，設善社，爲善鄉里。性嗜藏書，於鄉邦文獻蒐羅富有，嘗整理道光間刻閩都記版片與以福州里諺俗腔寫成之小説閩都别記刊印行世。撰有榕城名勝古今考略、閩故别録、藕根齋摭拾等。

此集是其生前録存詩詞、聯對、雜文之手稿，多用於戚屬、朋友間之慶吊應酬，歷經劫火，存此四册。第一册爲各體祝壽喜慶、哀輓詩一百四十八首，堂楹聯四十五副、賀聯三十三副、輓聯一百六十九副。第二册爲各體祝壽詩二百五十五首。第三册抄存閩中近人所作賀詩三十七首、自作或代作之酬和詩九首、慶壽詩一百三十六首、輓聯三十五副。第四册録存公私文啓及應酬雜文五十六篇。稿以行草抄存，屢有塗改、旁注，間有殘缺。雖多世俗慶吊之作，恰可呈現清末民國間福州社會中上層紳董一類人物之精神面貌，亦此時期政治、經濟、文化情形之映射也。（陳叔侗）

祝輓題和各體詩存

龍門薩氏先芬集為寄農 嘉藤 大人題

六百餘年世族傳，綿承累代有名家。但論詩派馳吉集前

數雁門後白華

情懷治譜修家譜，如此慈孫世已多。鉅製衣鴻篇都一集

勝他述祖著詩歌

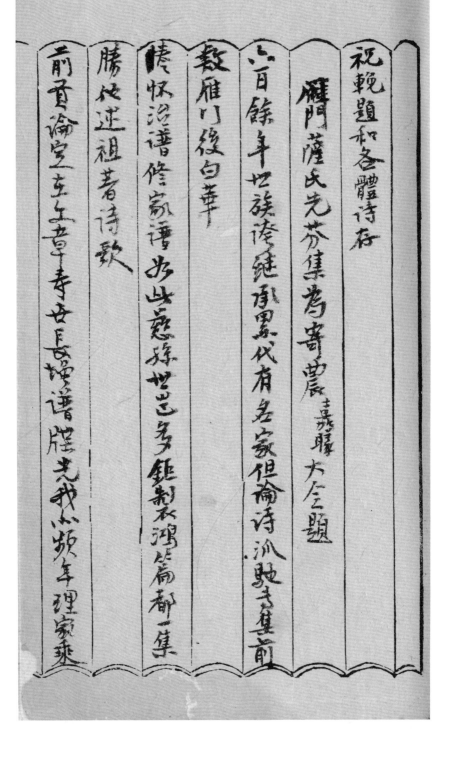

前賢論定至今章，壽世長垂譜牒光。我亦頻年理家乘

文選旁證四十六卷存三十九卷

［清］長樂梁章鉅撰　上海圖書館藏稿本

此書之撰者，爲清代文選學史一大公案，至今争論不已。李慈銘越縵堂日記謂「出其鄉之一老儒，而梁氏購得之。或云是陳恭甫氏稿本，梁氏集衆手稍爲增益者」。張之洞書目答問附國朝著述諸家姓名略，於「文選學家」一門舉陳壽祺而黜梁章鉅。李詳媿生叢録卷五謂「爲程春廬同文稿本。沈子培提學親爲余説」。今人袁行雲梁章鉅著述多非自撰乃以姜皋出力最多。論説紛紜，莫衷一是。梁氏治選學有年，旁證自序云「束髮受書，即好蕭選。仰承庭訓，長更明師。南北往來，鑽研不廢。歲月迄茲，遂有所積」，又云「歸田後重加校勘」，其子恭辰謂「先中丞公著作甚多，於蕭選一書致力者五十年」，證以今福建師範大學圖書館藏梁氏批校翻毛氏汲古閣刻文選，當屬實情。梁氏兩度校讀翻汲古閣本文選，以朱墨筆别之。款識最早者在嘉慶九年甲子正月中旬，最遲者在嘉慶十五年庚午九月七日。書中批校較之文選旁證，則互有詳略。蓋先事批校，據以而成長編，再删薙簡擇而成旁證四十六卷。旁證有道光、光緒兩刻。

此稿本存卷八至卷四十六，原訂十二册，所存者爲後十册。以紅格紙謄寫，格紙版心有「古瓦研齋」字樣。各册書衣均題「文選旁證弟八次稿本」、「道光乙未春日訂」，與刻本凡例所稱「創始於嘉慶甲子，丹黄矻矻已三十餘年，中間凡八易稿」云云俱相合。復校以道光刻本，行款全同，增删處亦相符，各卷前又多見統計字數，如卷十三「一万〇七百〇」，卷十四「一万一千〇八百〇」，卷十九「四萬八千七百六十〇字」，乃知此本或係定稿且據以付刊者。

稿本中具見修改之痕跡，删薙者如卷十藉田賦「縮㔾蕭茅注無以縮酒」，引段玉裁説：「縮者，古文假借字。周禮甸師：祭祀共蕭茅。鄭大夫注云：蕭或爲莤，莤讀爲縮。」稿本原有「束茅立之祭前，沃酒其上，酒滲下去，若神飲之也」一句，同出説文西部段注，後删去。其增入者如卷十二東征賦「望河洛之交流兮，看成皋之旋門」，旁證云：「水經河水注云：河水又東，逕旋門阪北，今成皋西大阪也。升陟此阪而東趣成皋。曹大家東征賦曰：望河洛之交流，看成皋之旋門者也。」即是稿本後增入者。

此書注義大抵以李善注爲主，兼及五臣可與李相證者。校列文字異同，亦以李本爲主。搜采頗廣，號稱一千三百餘種，薈萃各家，間下己意。凡例謂引用何焯、陳景雲、余蕭客、段玉裁及梁氏之師林茂春之説爲多，「一概標名，以清眉目」；所引顧廣圻、孫志祖、朱綬、鈕樹玉、朱珔、姜皋等人之説，「皆於各條詳列姓名，亦不敢掠美」。然如卷十藉田賦「靡誰督而常勤兮」云：「六臣本、晉書誰作推。按釋名：誰，推也，有推擇，言不能一也。是誰與推通也。」檢梁氏批校翻毛氏汲古閣刻文選，此句作「林按，釋名：誰，推也，有推擇，言不能一也。晉書作推督，是義通也。」是書未依凡例稱「林先生曰」，宜乎有攘奪之嫌也。

梁氏校勘亦頗稱精覈。如卷七吴都賦注「枚乘兔園賦曰修竹檀欒，夾水」，旁證：「夾下當有池字。」近人高步瀛以藝文類聚、古文苑皆有池字而增之。然如卷三十求通親親表「乃臣丹情之至願」，旁證云：「魏志情作誠。此恐誤。」胡紹瑛文選箋證卷二六因襲梁氏之説：「魏志情作誠，是也。此恐誤。本書百官勸進今上牋『冒奏丹誠』可證。蓋習用語。」檢各本文選均作「丹情」，乃當時上表慣用之語，如蔡邕王子喬碑「歲終闋，發丹情」，江淹爲蕭拜太尉揚州牧表「丹情實理，備塵珠冕」、爲蕭太傅謝追贈父祖表「丹情靡諒，峻册愈凝」，宋書殷景仁傳「丹情悾款，仰希照察」，其義與「丹誠」、「丹款」、「丹悃」並無二致。唐鈔文選集註：「鈔曰：丹情，猶赤心也。」梁氏據魏志而以之爲誤，則不免膠柱也。（駱生詠）

文選旁證卷第十二

上海圖書館藏

一万七千八百〇

長樂梁章鉅撰

卷八下　羽獵賦

上下交足　六臣本交作究

注皆在郊藪　今禮記藪作棷注聚草也釋文[illegible]澤也本或作藪

注荅曰又方四十里耳又荅曰又王之囿四十里殺其麋鹿

今孟子荅均作對無耳字王之囿囿作有囿方四字鹿下有

者字

東南至宜春　何曰漢書無東字疑衍胡公攷異曰據史文此

云南至下云西至又下云北繞又下云頗割其三垂故何云

即指上林之三垂而言是也其東濱渭則云濱渭而東而已

無所開廣亦無所割此句不得有東字但善解三垂為武帝

縣字爲之也尹更始有穀梁傳章句隋經籍志已亡
注廣雅曰煨燼也烏瓌反廣雅曰煨煙也　胡公玫異曰此有
誤考廣雅無煨燼也又其下不當又云廣雅曰惟釋詁云煨
熅也下煙必熅之誤朱氏珔曰以煙爲熅是也但此爲釋詁
文而釋言又有煨火也近經籍纂詁引作煨㶳也㶳即燼說
文作㶳疑今本火爲㶳之壞字
注說文曰鋒兵端也又曰矢鋒也　陳校矢上添鏑字是也各
本皆脫今說文鋒作鏠端作耑
亦猶犨麋之與子都　尤本猶誤作獨
注呂氏春秋曰陳有惡人焉曰敦洽犨麋椎顙廣顏色如漆赭
今呂氏春秋遇合篇犨麋作讎麋椎作雄顏作顙漆赭作
決瀨校云一作沐赭案六臣本無赭字初學記及廣韻引亦

閩中正聲七卷

［明］閩縣鄧原岳輯　福建省圖書館藏明刻本

鄧原岳（一五五五—一六〇四），字汝高，號翠屏，別號西樓居士，閩縣人。明萬曆二十年（一五九二）進士，歷户部主事、員外郎，出爲雲南按察司僉事，進湖廣右參政，擢按察副使，未任卒。以詩文名，爲晚明閩中詩派中堅之一。撰有禮記參衡十卷、西樓集十八卷，輯有閩中正聲七卷等。

閩中正聲一名閩詩正聲，選録明洪武以迄萬曆間福州詩人之作品，又「不録存者」，故萬曆中後期以降作者皆未入選。鄧氏秉承同鄉高棅唐詩正聲編選之旨，「以備一方之風」（鄧原岳閩詩正聲序）。所謂「正聲」，即高棅所主「忠厚和平」、「被律吕」、「中金石」諸主張，與「閩中十子」標舉之唐音，故錢謙益論之云：「汝高嘗選閩詩正聲，以高廷禮唐詩正聲爲宗，大率取明詩之聲調圓穩、格律整齊者，幾以嗣響唐音，而汰除近世叫囂跳踉之習。」（列朝詩集小傳）

是集所選凡五十一家、二百六十八首。五古、七古、五律、五排、七律、五絶、七絶，各爲一卷。入選較多者如林鴻四十七首，王恭四十四首，王偁二十六首，林世璧十八首，鄭善夫十四首，袁表、薛欽、高棅各十一首，均可謂閩詩風雅之代表。鄧氏編選初衷以「正聲」爲準則，矜慎始終，不求博贍，惟期能娱獨座而已。陳薦夫評其所選，謂「今鄧司農汝高有閩詩正聲，皆拾掇菁華，振揚風雅，翼先正之遺音，寄大業於不朽。」視爲重振閩中風雅以正法眼之作。然所選究未爲宏富，鄧氏自序謂「未窺半豹，先失全牛，疏漏之誚，實所不免」，清人郭柏蒼亦有「過於簡略，不足傳也」之譏。

此本爲閩中藏書家鄭杰舊藏，卷首鈐有「一字椒斯」、「鄭氏注韓居珍藏記」、「圖史富書生」、「鄭杰之印」等印。卷前原有閩中文苑小傳、詩人爵里詳節，惜已缺失。（方　挺）

閩中正聲卷一

郡人鄧原岳女高選

徐熥惟和校

五言古詩五十四首

林鴻

感秋

撫劒中夜起氣候何凄清天高白露下北斗當前楹嗷嗷雙飛鴻隨陽亦宵征微禽爾何知寒暑有嬰其情始知玩物化中復念吾生緬懷古哲

乾嘉全閩詩傳十二卷首一卷

〔清〕長樂梁章鉅纂　中國國家圖書館藏稿本

是書不題撰者。卷一梁贊圖小傳有「先通奉公初名上治」云云，知爲贊圖之子所編。贊圖有二子，長子章鉅、次子章埍。章埍歲貢生，終生未仕，學養、交遊均不足以纂是書，且書中多徵引退菴詩話，爲章鉅所纂無疑。

閩省詩歌總集，唐末五代黄滔輯泉山秀句三十卷，明代有鄧原岳閩中正聲七卷，徐㶿閩中詩選八卷、閩南唐雅十二卷等。入清後，通代彙纂、斷代選輯各有其人，如曾士甲閩詩傳初集四卷、徐鍾震閩南元雅五卷、黄日紀全閩詩儁六卷、林從直明閩詩選及清閩詩選七卷、林茂春國朝詩選十二卷。鄭杰所輯全閩詩録，卷帙尤浩繁，生前付梓者僅國朝全閩詩録初集二十一卷續集十一卷，後書稿散出，郭柏蒼據其補編刊行全閩明詩録五十五卷，由陳衍補訂行世者爲閩詩録四十一卷。鄭氏全閩詩録，輯録唐至清嘉慶間閩詩數千家，然梁章鉅稱「其録閩詩，則萬濟其舍人實主其事。舍人於詩本非深詣，故去取未愜人心。其以意分初、續二集，尤覺無謂。」（本書卷十一鄭杰條下）或職此之故，梁氏乃重輯明詩鈔五十卷及是書。

是書無序、例，前有總目，然多錯漏。首卷輯存鄭開極、陳遷鶴、鄭任鑰、林昂、黄虞稷進獻詩十五首，首繫鄭開極普天同慶詩序。卷一至十二彙輯梁贊圖至曾元海凡二百二十七家，詩一千四百餘首。各家名下繫以小傳，傳後綴以各家集序、碑傳墓誌、書目提要、詩話等，以梁氏自撰退菴詩話獨多，凡引六十二則。全書以詩存人，以人存詩，可視作訂補鄭杰之作。然集中多梁氏親屬師友，所録多與梁氏酬贈之作，其搜採亦未爲廣，故迄未刊刻。

原稿訂十二册，有「平冶樓藏書記」、「百鍊龕」、「謝」、「慈舟秘笈」、「謝況翁秘篋印」、「巒爽樓」、「謝剛國印」諸印，經林宗澤、謝剛國等遞藏。（陳旭東）

乾嘉全閩詩傳總目

郭趙璧

趙璧一名建文字瑜齋閩縣人乾隆丙辰舉人有瑜齋詩草一卷著錄　四庫

四庫全書提目云瑜齋詩草乃趙璧没後其子文煥所編後其子文海文搜求逸稿附益之凡古今體詩一百一十首蓋趙璧喜吟詠而不自收拾故散失之餘所存僅此云

暮春和韻

春初已愁思春晚又悲吟飄絮半入水啼鶯空戀林管弦斜日盡風雨落花深況復傷遲暮天涯游子心

和何念修農部早春戲贈原韻

乾[illegible]入閩詩錄　卷一

閩賢遺墨不分卷

［清］長樂梁章鉅輯　中國國家圖書館藏稿本

是書册葉裝二册，未見題籤、書名，彙輯明末清初曹學佺、曹學脩、黄晋良、林垐、許友、高兆、鄭霄、張遠、李馥、林文英、郭雍、鄭任鑰、趙晋、林正青、謝道承等墨跡十餘件。因皆係閩人，故後人擬題今名。書末有佚名題記：「長樂梁茝林中丞集其鄉賢遺墨，裝裱成册，後經李竹朋太守所藏，故册中有梁、李二公題字。先文和公昔將厥册置於床頭，時時展閲。今檢此，不覺潸淚相對，謹記數語，速藏之高閣，傳之子孫云爾。」

册中所收，以閩賢自作詩爲最夥，如曹學佺、曹學脩、鄭霄、張遠、郭雍、林垐、李馥、林正青等皆是也。文亦近似，可補史乘邑志之遺，如林文英一篇，記李馥之父李鳳坡入祀鄉賢祠事，謂「李先生仲子鹿山，余妹婿也，真有志於聖人之道者」，可知李、林二人關係，此文編次於李馥詩後，斷非無由。林正青拜陳司徒公新祠紀事五章（有序），亦見林正青瓣香堂詩集，可備校勘。册中詩、文並蓄者唯黄晋良一人，詩二首，其文即長樂鄉飲大賓四緯陳先生九十壽序。許友書大台柱如翁周太老先生大人榮壽序，與黄文相類，但許氏僅爲書者，撰者爲金壇于明寶。按，如翁爲周亮工之父周文煒，亦以見周、許相知之雅。以上諸家文字，有不見於別集者，吉光片羽，實足珍視。至於諸人書法，情態各異，盡顯名家風範，亦可以閩中書家録視之。

册内有梁章鉅跋，謂「余三十年前創輯禮部同官題名録，未見于公此文，題名已付梓，亦懶於檢視，老境頽唐如此。信手著述之貴及時也。道光乙巳長夏，書於浦城之北東園。」乙巳爲道光二十五年

（一八四五），據此逆推，是册之歸梁氏當在嘉慶末、道光初。又各葉分鈐有「小積石山房藝文之章」、「在翰私印」、「臣在翰」、「鹿園」諸印，則在梁氏之前。梁、趙同時人，或曾先歸趙氏，即趙氏所集裝成册耶？梁氏之後，一度爲李佐賢（一八〇七—一八七六，號竹朋）所有，今册中旁注小傳皆出李氏之手，偶有小誤，如書「郭雍」爲「鄭雍」。至於近代，轉歸長樂鄭振鐸，可謂楚弓楚得，册中「長樂鄭氏藏書之印」、「長樂鄭振鐸西諦藏書」二印可證。後入藏中國國家圖書館。（李　軍）

蘭茗蜚珥下曹何彥言
周遮倍宵神玉珮珊之
毋可蔬平視李夫人

徐月張達

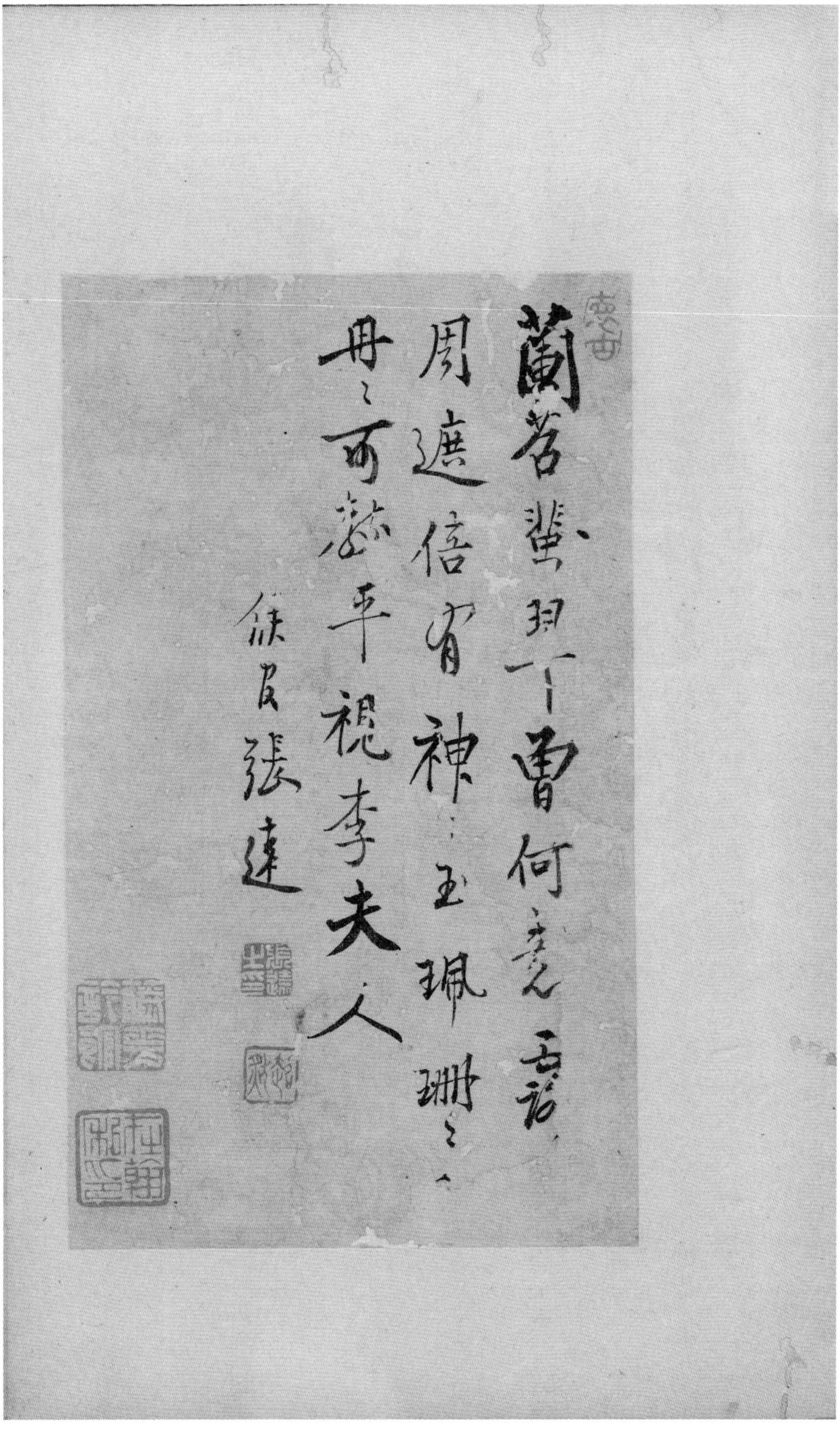

馬司員外郎車宗晚傳垂
于郡寶報多揚擢
關於初石劉東恒
暑假友知筋墨光緒敬祝
三山陽友蕭書

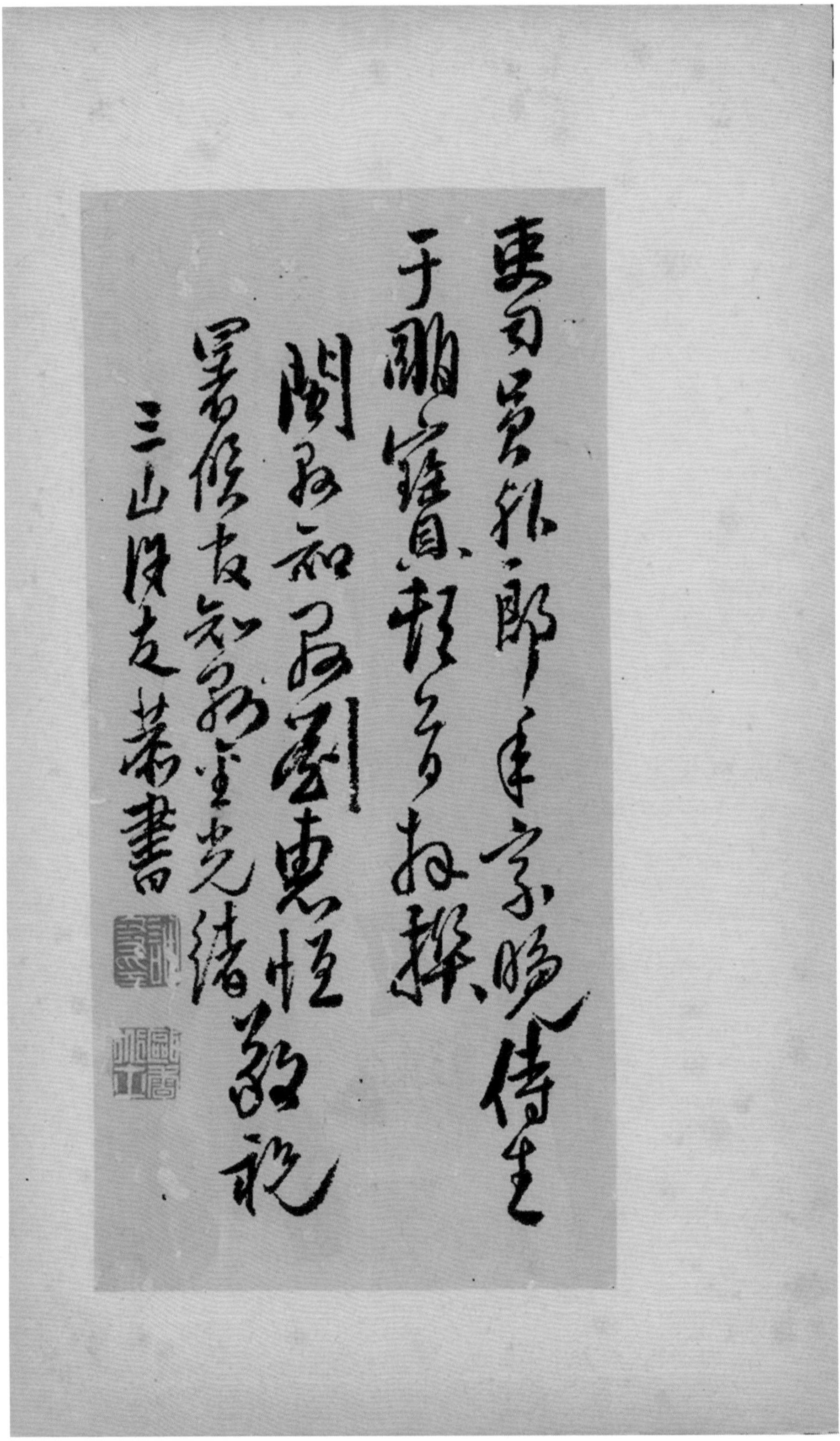

閩文類編不分卷

［清］甌寧葉承封輯　福建省圖書館藏清抄本

葉承封，字桐圭，甌寧人。嘉慶十五年（一八一〇）舉人，十八年選武平縣訓導。有建甌人物拾遺。

是書約成於嘉慶、道光間，署「富沙葉桐圭承封輯」，以「養花軒」藍格稿紙抄寫。第一册卷端題「閩文類編」，第二册題「閩文類鈔」，又有「内集」、「外集」之分。全書收録閩籍及有關閩人閩事各體文五百餘篇，另詩、詞、小説等十餘篇。

是書爲一省文章之總集，尤以清代閩人篇什最爲可珍，足資徵文考獻。然書稿選録編次，體例未嚴。其間駁雜無序、重收複出、錯簡脱漏處，不一而足。約略言之，駁雜無序者，除第一册「記」、第二册「序」大略按撰著先後編次，眉目尚清外，其餘各册記、序、墓表、墓誌、誄、傳、書、跋、説、議、論、引、疏、贊、銘、賦等各體雜次，第十一册摘録春渚紀聞、四朝聞見録、江南餘載、摭青雜説、能改齋漫録、池北偶談數十則，又録存黄榦、袁燮詩七篇，章楶、柳永、吴激、黄銖等人詞八闋，尤顯不類。

全書重收者三十餘篇，鄭忠穆公墓誌銘、謝宫錦傳等篇甚至三見。去除重複，實未足五百篇，且關乎閩北者居大半，選歐陽詹、楊時、朱熹、黄榦、李綱、真德秀、劉克莊、楊榮、李默、黎士弘、蔡世遠、藍鼎元、鄭方坤、朱仕琇等二三十家别集外，多録自地方志書，採擇亦未爲廣。

是書係未竟之稿，年久散亂，至民國三十四年（一九四五）七月，建甌縣圖書館館長黄益壽訪得書稿，由縣政府撥款，略事整理修訂，故每册多鈐有「民國三十四年七月蒙幹勛翁陳縣長撥款修訂館長黄益壽誌」印。然原書整理稍嫌粗率，如第十三册劉彝陳古靈先生祠堂記，闌入歐陽詹二公亭記一葉，而第四册宋儒童敬義先生師傳録序、第七册募刻朱子全集引、淵明撫松圖引、第十九册滄江垂釣圖序各篇均有脱葉。至於抄寫字句訛脱衍倒，亦時有之。後徵集入福建省圖書館。（陳旭東）

閩文類編

富沙葉桐圭承封輯

記

閩遷新社記

唐 濮陽宁

大中十年夏六月公命遷社於州坤凡築四壇壇社稷其廣倍丈有五尺其高尺ナ有五寸主以石壇風師其廣丈有五尺其高尺有五寸壇雨師廣丈而高尺自初獻迄終獻專一室有廈橫附二室皆南鄉備犧幣西鄉之楹凡二室龜磚脊道凡十有三條其縈折則三百九十有七尺繚垣凡百堵其高逾尋苞巨

民國三十四年七月敦
幹勛翁陳縣長[illegible]修訂
館長黃[illegible]壽誌

閩文類鈔内集

富沙葉桐圭承封輯

東湖宴赴舉秀才詩序

唐 歐陽詹

貢士有宴我牧席公新禮也貞元癸酉歲邑有秀士八人公將薦之於闕下古者相祖有享有宴享以昭恭儉宴以示慈惠二典為用鮮或克兼諸侯升俊造於天子遣之日惟行鄉飲酒之禮則享禮也截肉元酒莫飲莫食公念肉不使食則仁不下浹酒不使飲則懽不上交方欲激邦俗於流醨致王人於德行而

東冶國朝文編三十五卷

［清］侯官王大經輯　上海圖書館藏稿本

王大經，原名日拱，字嘉端，一字陸亭，號古冶山人，侯官人。乾隆五十九年（一七九四）舉人。大挑二等，嘉慶二十四年（一八一九）就漳州南靖縣訓導，終於任。性嗜學，於古文家源流正變能擇精而語詳，爲文亦清簡有法。著論語集注辨歧，採摭頗博。又輯明以來閩人遺文爲冶南文鈔。二書費時十餘年，爲其生平精力所萃，惜均未刊行。傳見民國福建通志、閩侯縣志、光緒漳州府志，梁章鉅師友集、乾嘉全閩詩傳等。

此稿不署纂者之名，卷端鈐有「大經」、「大經閲」、「古冶山人王大經讀」、「嘉端」、「大經少名日拱」等印，讀陳綺石文引、讀郭韶溪文引二文末署「陸亭書」，讀李厚庵先生文引署「蘭水學署」（按，蘭水爲南靖舊稱），名、字、仕履與史傳悉合，爲王大經所編殆無疑議。題名「東冶」者，以閩越王無諸都冶城（今福州屏山東南麓冶山一帶），指代八閩全境也。

是書係未完之稿，梁章鉅乾嘉全閩詩傳謂王氏「嘗搜輯吾閩國朝人古文，稿如束筍，未及成編而卒」，即指該書。書中有紀年者始壬申（嘉慶十七年，一八一二），終辛巳（道光元年，一八二一），歷經十年而未成，梁章鉅師友集謂其選冶南文鈔「費十餘年之力」，亦非虚語。此稿除鄭方坤、陳從潮、陳壽祺、盧遂等數篇以原刻書葉黏貼外，餘多手自謄寫，或楷書，或行草，丹黄滿紙。分訂十七册，録文三十五家，依次爲：黎士弘、薛鎔、李光地、陳夢雷、林雲銘、陳遷鶴、陳萬策、鄭亦鄒、蔡世遠、莊亨陽、方邁、佘甸、鄭方坤、孟超然、藍鼎元、楊際會（原題冕山文鈔，未具名）、劉永標、劉永樹、林喬蔭、林澍蕃、林郭龍雨化、祖之望、官崇、鄭振圖、陳從潮、吴清夫、陳壽祺、陰承方、伊秉綬、盧遂、黄世發、陳蘭疇、郭龍光、梁章鉅、何治運。每家各選數篇，少者一二篇，多者如藍鼎元至三十五篇。書無序跋、凡例，然黎士弘、李光地、盧遂、陳蘭疇、黄世發、郭龍光文前冠有王氏自撰「文引」，諸篇文末偶有王氏小評，或可窺其選旨。所選諸家之文集未能流傳者，藉此得以保存一二，如余甸之文存世無多，是編所選十篇之中，三篇爲傳世抄本余京兆集所無，而盧遂、黄世發、陳蘭疇諸家文，實賴是編以傳。又所選鄭亦鄒鄭成功傳、黄道周傳，在清人所撰二氏傳中最稱詳盡，惟流傳不廣，清碑傳諸集中均未收録，陳壽祺編黄漳浦集亦僅節録黄傳注語。

書稿首册末附賭棋山莊紅格紙抄薛鎔文三篇，朱筆題跋係謝章鋌所書，蓋光緒間書稿爲謝氏所得。民國初，有閩人持書稿求售滬上，傅增湘曾見之，記於藏園群書經眼録。（陳旭東）

讀黎媿曾先生文引　長汀

上海圖書館藏
上海市歷史文獻圖書館藏

清興海內以詩古文名家者不一二數而托素齋集獨名聞天下以彼其時徐巨源周櫟園二先生最稱知人足跡常遍天下閩人亡慮以千計乃書相往復獨嘖嘖先生不絕口斯豈有私于先生蓋先生固有以得之也先生少時嘗讀書浒山凡二十年不出庭戶遊寧化李元仲門稱入室弟子而合志辯析商可否則又有卞振三友寧都魏氏昆季皆當世名家手校其文許為奮者後佛先明前人謂先生著作全不倚傍門戶要其尋尺斬斬又未嘗不與古人合作哉先生順治甲午挂京闈起家廣信以理

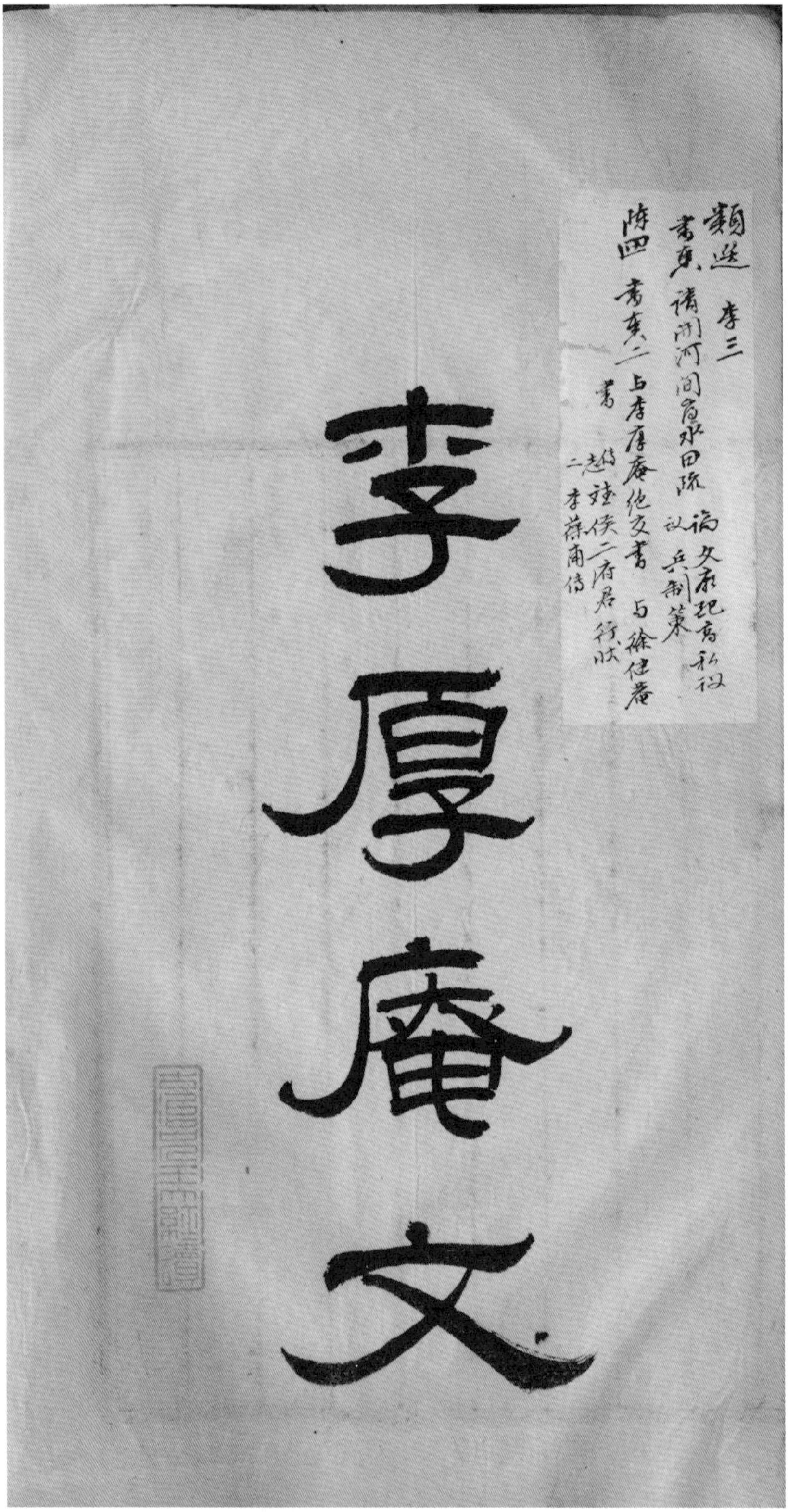
李厚庵文

敦義編不分卷

［明］侯官高宗呂輯　中國國家圖書館藏明抄本

高宗呂（一四九四—一五四二），原名瀫，號石門子。少善屬詞，不樂仕進，從鄭善夫遊，與傅汝舟同爲鄭門高弟。家貧，事母至孝，事兄至悌，甘貧守節。鄭善夫於傅誇其文，於高則美其行。工詩善畫，翩然名家。全閩明詩傳載高宗呂自傳、汪宗伊撰墓誌銘，鄭善夫少谷全集有時庵先生墓表，皆可考其生平。

此書係高氏取生平所交遊姓名及贈答詩文，彙成一編。前有明萬曆二十五年（一五九七）徐𤊹手書題跋。書分姓名、文、答贈、尋訪、送别、簡答、奉賀、出遊、遺惠各類，「姓名」録生平友人二百一十八人，殿以戚屬之名，亦可考高氏行跡。詩文各卷均以另紙貼蓋，經重裝後，已非原貌。徐𤊹以爲是書「所收往來諸詩，雖不盡雅馴，然古人友誼之篤，宛然在目，足以風世」。集中多有將高氏與傅汝舟並稱者，又録傅氏贈答數題，可見二人交誼。鄭善夫贈高子一文，謂「甘貧守節，安安然人無知者」，林希元尊時堂記借稱其孝而述「應天而時行」之旨，皆有感而發，語多懇切。

書末有萬曆四十六年（一六一八）曾姪孫高兆跋、乾隆五十九年（一七九四）蔡容跋，謝章鋌課餘續録謂「書法遒古，疑宗呂手録者」，又謂「此卷書法醇古，其題跋諸君皆一時名德，亦可見其取重於世矣。所列姓名，自當途以逮同鄉，次則戚屬及群從，不下百數十人，真所謂『縞紵交於四國』矣。石門爲鄭少谷之高弟，少谷氣節震一時，石門沾染餘風，諒不以文字爲竿牘，此自當日之風氣使然。然而知希者貴，殆非山人之本色矣。」

鈐有「徐𤊹私印」、「緑玉山房」、「晋安徐興公家藏書」、「明四旌忠孝節義之家」、「高兆之印」、「蔡容之印」、「侯官劉筠川藏書印」、「古閩黃肖岩書籍印」等印，曾經徐𤏅、徐燉、高兆、蔡容、劉永松、黃宗彝等遞藏。道光間謝章鋌得以寓目，爲之題籤。（楊　鵬）

敦義編

文

大游篇

林鉞

子高子曰天地何安乎日月何宿乎四方何極乎四時何轂乎吾生有涯乎吾知無涯乎專室蓬廬吾何爲此拘拘乎天於吾有與也其塊然以形立其自閉於獨也獨者介而已矣吾弗爲介可南也可北也可

孫長者之風又何厚耶又何厚耶予羈而讀之重有感矣　戊午冬十一月朔曾姪孫光升跋

此編書法皆超絕尋常當珍藏之間時展玩即如晤對古人也

大清乾隆甲寅歲荔夏　晉安蔡容跋

西郊草堂倡和集一卷

［清］閩縣林軒開輯　福建省圖書館藏清抄本

是集卷端題「拾穗山房倡和集」，係後人誤擬，細檢實爲西郊草堂唱和之結集。西郊草堂者，乾隆間侯官舉人何秀巖（名蔚然）之别業，在福州西門外，藏書十萬卷其中。秀巖風雅之士，雄於貲，築草堂時集名流唱和其中，稱盛一時。有子名治運，能讀父書，精小學。

乾隆五十三年（一七八八）二月五日，秀巖子侄輩集於西郊草堂課文，是夕雨雪大作，爲閩中數十年來所罕見，以爲瑞兆，備酒席，賦詩一首記之並向諸兒輩索和，盡觴詠之樂，此爲本集所由來。前有黄漢章題詞四首、西郊居士七律一首。西郊居士即秀巖。繼則和者，不拘體韻，有塾師林藝圃，其餘皆晚輩，有林鼎南、林肇模、趙在田、林軒開、黄金印、林匡垣（軒開侄）、何亨運（秀巖長子）、何治運（秀巖次子）、何治運（秀巖侄）諸人。林鼎南後一首及最後一首不具姓氏。林肇模以下皆有改易字句及批語，如黄金印七絶第二首「青山也把容顔改，羨汝袁安不出扉」句，改作「誰憐林下閒高卧，獨有袁安不出扉」，批云：「青山改顔，此語欠祥」。趙在田七律首章末句「此日程門隨杖履，梁園諸子各抽思」改作「正見漢朝好詩賦，梁園諸子各抽思」，批云：「一結用兩事，便不融貫」，品隲率中肯綮，即是雅集，又是命題詩課。此集軒開亦賦七律一首，詩前短引字句稍有改易，餘多密圈，如詩之頷聯云「緑柳看人成白眼，青山何事亦斑頭」，寫景有致，其時軒開年十八耳。

是集筆跡不一，抄評後藏林軒開處，流傳至今，一段佳話乃不致湮没。（方　挺）

822.195
215

拾穗山房倡和集

林軒開輯

題詞

北地胭脂已杳冥南朝金粉太零星當筵一曲陽春調月落梁塵棲畫屏

東閣題詩舊迹流何人高曲繼揚州長歌咳唾天花落春入梁園四百秋　謂崇順廖五丈

習習寒氛透絳紗滿庭楮葉襯琪花風情多入騷人眼桑柘松篁

明延平二王遺集不分卷

［明］南安鄭成功、鄭經撰　復旦大學圖書館藏清抄本

鄭成功（一六二四—一六六二），本名森，字大木，南安人。芝龍子。生於日本，七歲歸國。少有文武略，曾執贄錢謙益門下。清順治二年（一六四五），清兵克江南，芝龍降，成功率部退守東南沿海。先後獲隆武帝賜國姓朱、封忠孝伯，永曆帝賜封延平王。康熙元年（一六六二），成功收復臺灣後不久病逝，年僅三十九歲。子經（一六四二—一六八一），字元之，襲封延平郡伯，著有東壁樓集。

此書向無刊本，傳抄亦鮮。民國三十六年（一九四七），鄭振鐸曾據清虞山張蓉鏡藏抄本影印入玄覽堂叢書續集，始流傳稍廣。按，張氏舊藏抄本今藏臺灣，册葉裝，定爲清初所抄。原書衣題「愛日精廬藏本」六字，書眉、行間有朱筆改字，後有張蓉鏡墨筆題「道光六年三月購自金陵，芙川」二行，是張氏購於金陵者，玄覽堂叢書續集著録爲道光六年抄本，恐未確。

此本與之略有不同，蓋書前多鄭芝龍、成功父子小傳及鄭氏世次，均爲後人所補入。書中鈐「王大隆」、「欣夫」等印，並有庚寅（一九五〇）六月王欣夫題記云：「謝君剛主撰晚明史籍攷，蒐羅備矣。此書亦從未聞見，誠奇書也。」書末有東魯遯叟跋，言鄭氏父子詩係從其表侄家新得舊册中抄録而得，復輯録鄭經諭令數篇附於後，是此稿之編輯成書，出自東魯遯叟之手。惜不知其名氏，且不署年號，蓋懾於清廷文網密布，用别號以自掩耳。惟其跋中有云「復於東海夫子所見諭令數首，附録於後，今呂氏已爲灰燼」，又「重閲此書，不勝今昔盛衰之感，杜門二十餘年而猶不死，多活一日是多恥一日，恨不早從東海夫子、棄車先生同遊地下也」云云。按，東海夫子即呂留良（一六二九—一六八三），是東魯遯叟出晚村門下，作跋時

年九十二，隱居已二十餘年，則此本之抄録成册，似在康熙末年。

取兩本相校，詩文篇目不同之外，字句亦多參差。如卷端題名，此本作「明延平二王遺集」，張氏本無「明」字；此本第一篇題爲暮春三月至虞山謁受之師同遊劍門賦五古一首呈師，張氏本作春三月至虞謁牧齋師同孫愛世兄遊劍門，明顯不同。蘇州圖書館另藏一舊抄本，有民國十八年（一九二九）費樹蔚題詩一首，篇目、文字與此本同，當同出一源。昔人得此書，多秘而不宣，不克取以相校訂，苟能彙聚諸本，校同勘異，勒成定本，善莫大焉。（李　軍）

明延平二王遺集

暮春三月至虞山謁受之師同遊劍門賦五古一首呈師　大木

西山何其峻巉巖暨穹蒼藤垂澗易陟竹密徑微涼
烟封綠野秀春風草路香喬木倚高峰流泉挂壁長
仰看仙岑碧俯視菜花黃濤聲怡我情松風吹我裳
靜聞天籟發忽見林禽翔夕陽在西嶺白雲渡石梁

呵護
春三月六日東魯遯叟志時年九十二
子孫不肖若賣此書必逐出之若遇危必取出珍藏
勿忽勿怠再志
重閱此書不勝今昔盛衰之感杜門二十餘年而猶不
死多活一日是多恥一日恨不早從東海夫子棄車先生
同遊地下也噫

後村詩話十四卷

［宋］莆田劉克莊撰　中國國家圖書館、寧波市天一閣博物院藏明抄本

劉克莊（一一八七—一二六九），初名灼，字潛夫，號後村居士，莆田人。以父蔭入仕，任靖安主簿。淳祐六年（一二四六）特賜同進士出身，官至工部尚書兼侍讀，以煥章閣學士致仕。詩學晚唐，爲江湖詩派代表人物。有後村先生大全集。

是本分前集、後集各兩卷，續集四卷，新集六卷。前、後、續集統論漢魏至唐宋之詩，以唐宋爲多。新集專論唐詩。採摘詩中精華之句，品題其優劣，所録全詩，多他本之不傳者。如宋代諸人之詩，其集半數不傳，皆賴是書而存鱗爪。後村先生大全集卷一八六後村詩話末識語云：「右前、後、續、新四集詩話，共十四卷。前、後集各二卷，六十歲至七十歲間所作。續集四卷，乃公告老歸後所作，時近八十。新集凡六卷，專采唐詩之警省者。咸淳戊辰五月夏間也，時年已八十二矣。」詳記各集撰寫時間。天一閣藏本末有闕葉，未見此識語。

是書僅前集兩卷收入後村居士集而有宋刻本傳世，其餘則以是本爲存世之最早者。卷首有黄犖序，云：「吾莆先正後村先生詩話二卷，列諸後村集中，集久不行，故雖鄉之人亦有弗及見者。太僕少卿陶□楊公始爲表彰，而壽之梓。海内吟壇咸以先睹爲快，况其鄉之人也邪？」「陶□」當即楊公之别號，惜缺一字。楊公或爲楊旦，字晋叔，號偲庵，建安人。以證據尚有不足，録此俟考。據序言，楊氏所刻似爲前集兩卷，則適園叢書本張鈞衡跋謂是書「大全集編入百七十三卷至百八十六卷，從未别出單行」，不確。嘉慶間阮氏文選樓刻本天一閣書目卷四之四著録是本，並引序中有關刊刻之文字。蓋張氏既未見天一閣藏本，亦未寓眼

阮目。

是本前八卷藏於中國國家圖書館，後六卷藏於天一閣博物院，其遞藏源流頗有曲折。國圖藏本護葉黏有書籤：「天一閣藏本。集部，一册，全。後村詩話。光緒丁亥多洼檢。」其中「集」、「一」、「全」、「後村詩話」、「多洼」等字爲墨筆填寫，其餘文字爲刷印。多洼爲范欽十一世孫。「光緒丁亥」爲十三年（一八八七），兩年後薛福成本天一閣書目刻成，蓋書籤即此次檢核藏書編目時所填寫，足證是本原爲天一閣藏書。又有「東莞莫伯驥藏經籍印」、「東莞莫氏五十萬卷樓劫後珠還之一」、「莫培樾印」等印，乃知流出天一閣後曾爲莫伯驥所藏。天一閣藏本有「蕭山朱鼎煦收藏書籍」印，蓋先從閣中流出，爲朱氏所藏，後又捐入閣。檢歷代天一閣書目，存世最早之清初宋氏漫堂抄本天一閣書目著録「後村詩話二本」，即二册。至嘉慶阮目未見變化。薛福成刻本天一閣書目著録「後村詩話八卷，原缺，宋劉克莊撰，存卷二至八」，「八卷」當作「十四卷」，則新集六卷已流散出閣。至於所缺卷一，則因原書卷一卷端「卷一」二字誤抄作「卷二」，遂致著録有誤，實則不缺。民國十七年（一九二八）林集虛目睹天一閣書録已無後村詩話，僅著録林氏經眼散出之殘本，不知爲前八卷或後六卷。此後天一閣書目中再無是書，直至朱鼎煦藏本捐入。

據漫堂抄本天一閣書目，是書原裝當爲二册，前八卷、後六卷各爲一册，故國圖所藏前八卷書籤作「一册」。今國圖藏本八册，天一閣藏本三册，俱後來改裝。（李開升）

後村詩話卷之一

前集

莆田劉克莊潛夫著

故事經筵徹章宸翰賜講讀官詩率取前人絶句淳祐丙午講禮記畢錫宴秘書省御製七言唐律一首云鰲極開先已降衷上天下澤禮居中三才義理維持力萬世綱常建立功孔聖法言多纂輯漢儒師古共修崇經帷講徹資群彥克己工夫在廣充詩既雄渾而奎文絢爛行草遒麗各爲一體侍讀少師鄭公以下拜賜者十有四人克莊與焉徹章賜御製詩自今上始

紫閣西邊第幾峰茅齋夜雪虎行蹤遠來岱色知何處欲出山門尋暮鍾　五言云馬卿猶有壁漁父自無家想子今何處扁舟隱荻花

後村詩話卷之十一　新集三

莆田劉克莊潛夫著

孟襄陽詩如微雲澹河漢踈雨滴梧桐之句館閣諸彥嘆服而集中不收豈逸其全篇乎寄衣曲云畏瘦宜傷窄防寒更厚裝又魚行潭樹下猿挂鳥藤間警語不一老杜少所推服獨稱其句句堪傳集中每以孟先生目之

常蘇州絶句云紫閣西邊第幾峯茅齋夜雪虎行蹤遥有岱色知何處欲出山門尋暮鍾五言云馬卿猶有壁漁父自無家想子今何處扁舟隱荻花温泉行

小草齋詩話五卷

［明］長樂謝肇淛撰　上海圖書館藏清抄本

書分内篇一卷、外篇二卷、雜篇二卷。内篇總論，多涉詩歌之體性，如云「詩者，人心之感於物而成聲者也」；又論詩體特徵及技法等，稱三百篇中有莊語、理語、綺語、情語，有二言以至長短言，有賦體、選題等，以爲「此作詩之大門户也」；又云「詩以法度爲主，入門不差，此是第一義」。外篇上述六朝至唐、宋、元、明各代詩及作詩之法，外編下評唐、宋、明諸作者及閩人詩；雜篇則「捃摭宋、元以來近人佳句遺事」，著意在趣味，不甚專意於詩藝之評隲。謝氏有感萬曆之季詩道多染袁、鍾新調之習，論詩歸宗於盛唐，以扶翼正始之音，與徐禎卿、王世貞、胡應麟三家雁行。然其所論多在詩之「悟」、「情」、「趣」等，並不拘執於體制格調、取法乎上。

是書今存刻本兩種：一日本内閣文庫藏明天啓四年（一六二四）序刻本，一日本天保二年（一八三一）讀耕齋林家摹刻本。天啓刻本雖優，然僅存三卷。此本字體、行款均與天啓刻本同，當是據以抄寫者，且係完帙。惟偶見訛誤，如卷首馬欻序，「在杭是」後亦缺一字，又缺「未」、「稱」二字。「玄」、「弘」等字均不避諱。（侯榮川）

福建省圖書館藏書

小草齋詩話卷之一

上海市歷史文獻圖書館藏

□□□□□□□□□

□□藏書□

晉安謝肇淛著

友人馬欻較

內篇

三代無詩人漢魏無詩法非無之也夫人而能之也蓋詩法始於晚唐而詩話盛於宋然其言彌詳而去之彌遠法彌密而功彌疎至今日則童能言之白紛如矣夫何故入門不正則蹊逕皆邪學力未深則摸剽皆幻

小草齋詩話　卷一　一

蘭修庵消寒録六卷

［清］閩縣王道徵撰　福建省圖書館、中國國家圖書館藏清道光間刻本

王道徵，字叔蘭，初字夢蘭，閩縣人。諸生。年將五十，一衿未青。彭蘊章督學閩中，始得補弟子員。性嗜學，家故貧，鬻書爲業，居面市斗室，以書架爲隔，内居妻子，外以應接群雜。好吟詠，善詩文，著有石室詩存、紅蕉山館銷夏吟、避暑鈔、高士傳贊等。

道徵一生寒素，事跡不彰。據消寒録卷四云，夫人高蕙珠歿於道光十八年（一八三八）八月八日，年三十餘。若其與夫人年齡相仿佛，則約生於嘉慶中。其卒年，考江湜伏敔堂詩録卷十二有吊王叔蘭二首，時在咸豐六年（一八五六）丙辰春，其一有「乍病夫何劇，奇窮忽自休。羈身餘涕淚，一看殮黔婁」之句，復證之詩録卷四福州王叔蘭道徵久困小試今見識賞作呈彭詠莪表丈蘊章、卷五贈王叔蘭，可知叔蘭即道徵無疑。其時江湜遊幕閩中，與道徵相善。其家世，從消寒、避暑二録所述略可考知，道光十二年壬辰，道徵葬父母於西關外梅亭群鹿山，時雙親已亡。十五年，伯兄又卒。夫人逝世前，迭有子女夭折。道徵十五歲後，從林登廣心齋受業，凡四五年。舅氏葛文蔚曉山，與之爲詩友。道徵稱梁章鉅從兄運昌曼叔爲表舅，嘗從之受業，運昌身後，爲勘校其遺集。余潛士紅蕉山館銷夏吟後序謂道徵「境益困，志益堅，而其學乃益篤，識乃益高，蓋其攻苦歷練有年所矣」，頗稱其學。謝章鋌閩川詩話跋謂其「稍閒則纂消寒、避暑等録，執三寸秃管，日低頭孜孜。有誚之者，怡然不答」，其安貧樂道如此。

是書初刻止四卷，前有道光二十二年三月自序，卷尾署「受業婿陳瀚春泉校字」一行。卷五、卷六兩卷係二十八年所補鐫，卷五首行書名下有「戊申續刻」四字夾注，卷尾無「校字」一行。後出兩卷，距前四卷

之印行已數載，傳世遂有四卷、六卷之别。道徵自稱道光八年仲春已采輯百家之説，編爲清鐘詩話十一卷，然未見傳本。是書與之類似，以風化爲己任，首文舉朱熹、武舉岳飛爲嚆矢，即其證也。又云「詩雖小道，然真切者讀之悚動人心，竟大有裨於風化」，「忠義之氣塞於兩間，雖當時偶然失考，而其一生大節終炳耀如日星」之類，論古今人詩，往往以大義責之，固敦於先聖詩教之訓，不免失於膠柱，落荒村老儒窠臼矣。顧道徵落拓市井，交遊上至卿大夫，下及販夫走卒，記人志事，有關閩中風俗、先賢逸聞者，非徒資耳食，堪補邑志之缺，亦可貴也。

以世傳多四卷本，兹取福建省圖書館藏清道光刻四卷本，配以中國國家圖書館藏道光二十八年續刻五、六兩卷，卒成全帙。（李　軍）

蘭修庵消寒錄卷一

福州王道徵赤蘭纂

父母在堂稱觴爲壽此□門笙樂迭奏子壽母生朝云

秋風蕭爽天氣涼此日□日升斯堂堂中老人壽而康

紅顏綠鬢雙瞳方家□□癡但□藏五年不出門庭荒

龍陘十日九不煬豈辨甘脆陋壺觴低頭包羞汗如漿

老人此心久已忘一笑謂此庸何傷人間榮耀豈可常

惟有道義思無疆勉勵汝節彌堅剛某前再拜謝阿孃

自古作善天降祥但願年年以今日老□□子俱倘徉

蘭修庵消寒録卷五 戊申續刻

福州王道徵赤蘭纂

鴻駿君子前身爲僧稱最著者房次律是永師降世蘇子瞻實五戒轉生張方平故山藏院知藏眞西山乃本草菴和尚其因果歷歷分明不得盡目爲誣妄也長洲彭詠莪學使蘊章爲道徵受知師嘗撰筆玉僧詩序云予爲天台僧筆玉後身孩時於前身事頗能了了漸長漸忘成童後乃眞如隔世耳僧名永淨號雪綏者係筆玉舊侶爲予述前身事甚悉己卯五月予歸自京師雪

蘭修庵避暑鈔四卷

〔清〕閩縣王道徵撰　福建省圖書館藏清道光間刻本

王道徵有蘭修庵消寒録六卷，而此書由何廣熹署檢，有道光二十二年（一八四二）陳偕燦序，稱「其書之成，用持文行之説，爲竝世立言者告」，是兩書大旨無異也。卷一首道徵附記云「曩輯消寒録，旨寓勸懲。閱者多出未刊詩稿屬續纂，時當炎夏，名避暑鈔」，陳序謂消寒録先出，與之相合。然據林昌彝書王叔蘭道徵避暑録後，謂道徵「輯先正遺稿及師友詩抄，爲飲和、避暑、挹爽、消寒四録。比者消寒、避暑二録先後鋟板」云云，則所纂尚有飲和、挹爽二録，不見諸家書目，殆已成稿而尚未刊行也。

今觀消寒、避暑二録，名雖不同，體例實同，皆援詩話之例，以論綴詩，一篇一什，立論正大，以激揚忠孝、陶淑性情爲主。所録人物上自廟堂名公，下逮山林野逸，以閩人、閩事爲指歸。名家固不必藉此增重，寒士隱逸之流無力梓行其稿者，多賴此以留名，洵不無發潛闡幽之功。實則道徵留心文獻，每得鄉賢未刊遺集，珍若拱璧。彭藴章憐其才，並贈以詩，有「低頭理殘編，志不存干禄。三山文獻徵，磊磊滿君腹」之句（松風閣詩鈔卷一二），亦屬紀實。

書中編入自撰詩文甚夥，師友供稿者採録亦復不少，頗備掌故。其以風教自任，論巫覡、淫祀之當禁，書院之當設，理固宜然。而時時高標忠孝，表彰割股療親、烈女殉夫，又好言果報，特撰文辨韓愈以刲股爲不孝之説，不免落窠臼也。（李　軍）

蘭修菴避暑鈔卷一

曩輯消寒錄悄寓勸懲閱者多出未刊詩稿屬續纂時當炎夏名避暑鈔　福州王道徵永蘭纂

呂東萊云凡人之處困阨其最不平者莫甚於人之陵吾將有以曉之當貴盛之時人之奉我者非奉我也奉貴也當貧賤之時人之陵我者非陵我也陵賤也奚以知其然耶使我先貴而後賤我之爲我自若也而奉我者遽變而見陵則回視前日之奉我者豈眞奉我乎使我先賤而後貴而陵我者遽變而見奉則回視前日之

海氛詩話一卷

［清］侯官魏秀仁撰　福建省圖書館藏稿本

是本一册，後編入陔南山館詩話卷五。首條云「新唐書杜甫傳贊曰：『甫又善陳時事，律切精深，至千言不少衰，世號詩史。』」蓋借以言詩話輯選之旨要。是卷多録有關道咸間鴉片戰争之詩，林則徐、魏源、張維屏、朱琦等名家外，且存無名氏之作，如謂有人於浦城道中見題壁詩曰：「夷狄窮中國，誰人竟主和。將軍伊里布，宰相穆彰阿。時勢已如此，蒼生可奈何。側聞開創始，百戰定干戈。」皆當時人口語。其以詩存史，正得老杜之旨。（金　玥）

陵南山館詩話 冊五

侯官 魏秀仁子安

新唐書杜甫傳贊曰甫又善陳時事律切精深至千言不少衰世號詩史今考其颷流所自則三百篇實具斯旨紀盛則風有小戎東山雅有出車常武刺衰則風有擊鼓清人雅有板蕩瞻仰自詩亡而孔子作春秋以維王迹於是有史然則有詩直可無史漢人創為五七言之體詞意簡遠指事言情非有為而為則不妄作建安七子尤極遒壯抑揚之致晉人以放曠為高徒以詩吟

蘆川詞一卷

［宋］永福張元幹撰　中國國家圖書館藏明影宋抄本

張元幹（一〇九一——一一六一），字仲宗，號蘆川居士，又號真隱山人，永福人。撰有蘆川歸來集。元幹以送胡銓、寄李綱賀新郎詞坐罪除名，是集以此壓卷，千載之下猶見其不平氣。其集詞風豪邁慷慨，長於悲憤。蔡戡蘆川居士詞序云：「公博覽群書，尤好韓集杜詩，手之不釋，故文詞雅健，氣格豪邁，有唐人風。」四庫提要謂「其詞慷慨悲涼，數百年後，尚想其抑塞磊落之氣。然其他作，則多清麗婉轉，與秦觀、周邦彦可以肩隨」。

蘆川詞有鐵琴銅劍樓舊藏宋刻本，此本即據宋本影抄，版心並有「功甫」字樣。宋本出玄妙觀古董鋪，歸陳竹厂，黄丕烈曾寓目。黄氏後得此舊抄，並借得宋本對校，二本皆有其跋。抄本末册十八葉爲黄氏抽換，並謂此十八葉乃補抄者，「不特無『功甫』字樣，且行款間有移易」，因以宋本影抄補全更換之。民國時爲涵芬樓購藏，曾借予繆荃孫録副，故書中亦有繆氏題跋。此本影寫字體稍失其真，民國初吴昌綬據影宋抄本影刻入雙照樓景宋元明本詞，兩經寫刻，愈失原本面貌。

此本前有何焯題識、末有黄丕烈、繆荃孫跋。間有校字。書前後有「平江黄氏圖書」、「求古居」、「絜園主人」、「士禮居藏」、「豐順丁氏得思齋藏」、「憶香小印」、「涵芬樓藏」、「涵芬樓」、「海鹽張元濟經收」、「瞿氏鑒藏金石記」、「恬裕齋藏」、「黄丕烈」、「復翁」、「蕘圃過眼」、「蕘夫」、「蕘言」、「黄丕烈印」、「老蕘」、「禹生父秘賞」、「荃孫」等印。（林振岳）

蘆川詞卷上

賀新郎　寄李伯紀丞相

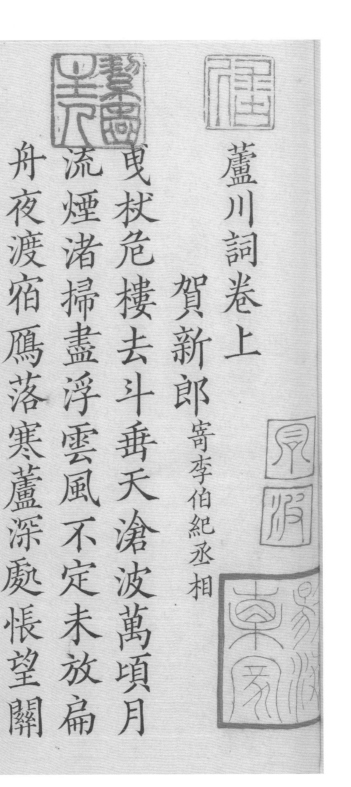

曳杖危樓去斗垂天滄波萬頃月流煙渚掃盡浮雲風不定未放扁舟夜渡宿鴈落寒蘆深處悵望關河空弔影正人間鼻息鳴鼉鼓誰伴我醉中舞

渭川居士詞一卷

［宋］建陽呂勝己撰　中國國家圖書館藏明抄本

呂勝己，字季克，號渭川居士。其先建陽人，父祉，以尚書護合肥軍死義，勅葬邵武，因家焉。勝己從張栻、朱熹講學，皆器重之。歷江州通判、江浙運判，官至朝請大夫。

呂氏籍貫，歷代詩餘小傳誤以爲渭川人。按，集中瑞鶴仙渭川行樂詞注曰：「予有一洲，可五百畝，植花竹其上，號小渭川，春月遊人多於其上，藉草酌酒歌樂。」南鄉子云：「種就長堤千畝竹，無邊，插玉屯雲滿渭川。」八聲甘州懷渭川作云：「自秋來、多病意無聊，不作渭川遊。想蘭菊凋踈、松筠茂密，亭館清幽。……人道蓬萊島，彷彿瀛洲。」是可知小渭川乃河洲之名，非渭水之地。好事近和人題渭川釣漁圖韻：「風景好樵川，郭外三洲煙渚。」更明言渭川乃邵武樵川三洲之一。

宋人詞集，亡佚甚夥。此書刊本久絶，張氏愛日精廬藏書志、丁氏善本書室藏書志皆著録抄本。此鐵琴銅劍樓舊藏明抄本，半葉十行，十八字。前有渭川居士詞目録。卷首題「渭川居士詞」，次行下署「呂勝己季克」，次正文。鐵琴銅劍樓藏書目録謂此即愛日精廬藏本，「楨」、「桓」字闕筆，題注「恩」字提行，鈔自宋刻可知。此本後歸周綸渙香初閣，末有王振聲跋，又有周綸渙別紙録所見渭川居士事跡，分别抄録御選歷代詩餘小傳、愛日精廬藏書志、陳槱負暄野録，末周綸渙跋。此書偶有殘泐缺字處，卷中多見黏籤校字補字，又以朱筆録缺字於旁或天頭，據王振聲跋，校字亦出周綸渙之手。民國間刻入彊村叢書，以丁氏善本書室藏本，校以鐵琴銅劍樓此本，末附校記。書中鈐有「鐵琴銅劍樓」、「文郁居士」、「寶之讀過」諸印。（林振岳）

渭川居士詞

呂　勝己　季克

沁園春

月晃虛牕風掀斗帳曉來夢回見滿川鷀鷺長
空瑞鶴聯翩來下翔舞徘徊旋放金盤承積瑰
更輕撼瓊壺撩凍澌氈幄小迸寶爐獸炭沉水
蘭爆　寒威酒力相欺爲綠蟻霜螯左右持問
歲歲禎祥如何中斷年年梅月因[illegible]悠期上紺
碧樓城高百丈看白玉虬龍奔四圍紛爭罷正
殘鱗敗甲天上交飛

虚齋樂府二卷

［宋］長樂趙以夫撰　中國國家圖書館藏清毛氏汲古閣影宋抄本

趙以夫（一一八九—一二五六），字用父，號虚齋，長樂人，宋宗室後裔。嘉定十年（一二一七）進士，歷知邵武軍、漳州，皆有治績。累官同知樞密院事、吏部尚書。與劉克莊同修國史。工詞，撰有虚齋樂府二卷。

趙氏自序云：「唐以詩鳴者千餘家，詞自花間集外不多見，而慢詞尤不多。我朝太平盛時，柳耆卿、周美成羨爲新譜，諸家又增益之，腔調備矣。後之倚其聲者，語工則音未必諧，音諧則語未必工，斯其難也。余平時不敢强輯，友朋間相勉屬和，隨輒棄去。奚子偶於故書中得斷藁，又於黄玉泉處傳録數十闋，共爲一編。余笑曰：文章小技耳，况長短句哉。今老矣，不能爲也，因書其後，以志吾過。」集中所收多爲慢詞，據自序云，乃其平日所作之偶存者，收詞凡六十八調。

此毛氏汲古閣影抄南宋陳氏書棚本，分上下兩卷。前有南宋淳祐九年（一二四九）自序。次虚齋樂府目録上，目録各附上下卷首。卷首題「虚齋樂府上」，無撰人署款。卷末摹有「臨安府棚前北睦親坊南陳解元書籍鋪刊行」刊記一行。後有黄丕烈跋。按，是書四庫全書未收，毛氏汲古閣亦未刊行。黄氏先後得影宋抄本兩種，一爲清初錢氏述古堂影宋抄本，有顧千里據毛抄本校跋及黄跋，四部叢刊據以影印。二即此本也。述古堂本影寫筆畫每多不審之處，此本遠勝之，故顧氏據此將述古堂本一一是正。

書中鈐有「汲古閣」、「茶烟閣」、「虞陽鮑叔衡過眼」朱文長方印，「子晋書印」、「汲古主人」、「黄丕烈印」、「蕘圃」、「竹垞」、「松磎珍賞」、「平江黄氏圖書」等朱文方印，「曹氏藏書」白文方印。（林振岳）

虚齋樂府上

萬年歡

慶元　聖節

鳳曆開新正微和乍轉麗景初曉五荚蓂舒光映玉階瑶草在在東風語笑慶此日虹流電繞鯨波静翠湧鼇山嵩呼聲動雲表　絳節霓旌縹緲望珠星燦爛紫微深窈琬液香浮露濕蟠桃猶小疊疊仙韶九奏知春到人間多少蓬萊外若木扶踈萬年枝上長好

大酺　牡丹

閩詞鈔四卷

［清］閩縣葉申薌輯　中國國家圖書館藏稿本

葉申薌（一七八〇—一八四二），字維郁，一字萁園，號小庚，閩縣人。葉觀國季子。嘉慶十四年（一八〇九）進士。選庶吉士，散館改雲南富民縣，歷昆明縣，東川、開化、昭通同知，曲靖、廣南知府。後歷官紹興、湖州二府同知，寧波知府。有善政，擢守洛陽，署河陜汝道，卒於任。著有小庚詞存四卷，輯有閩詞鈔四卷、本事詞二卷、天籟軒詞譜四卷、詞譜補遺一卷、詞韻一卷、詞選六卷。

此係葉氏初編稿本四卷，共録閩人詞三十九家、九百八十七首。刻本復增至六十一家、一千一百三十一首，且增馮登府序、自序二篇。此本卷端有陳壽祺手書序二葉，云「始於宋徐昌圖，終於陳以莊、李芸子、黄公紹，凡五十餘家，爲詞逾千首，以存桑梓詞人之梗概」。按此書之取材，一爲各家詞集，如柳永樂章集、蔡伸友古詞、張元幹蘆川詞、劉克莊後村先生大全集；二爲詞選，如花庵詞選、樂府雅詞、陽春白雪、絶妙好詞、花草粹編、草堂詩餘、中州樂府、詞綜、欽定詞譜等。尤以輯自詞選者爲多，如呂勝己詞，以無由獲見詞集，僅據御選歷代詩餘録十五首。惟詞集尚存各家未免採選不精，如選柳永詞録二一〇首，存世者幾近全收。

此稿雖非定本，然可見其編選之過程，如葛長庚海璚詞尚存，而稿本未收，刊刻時乃據以選録若干首。刊本馮登府序云：「竭數十年心力而成是鈔」，殆非虛語。卷端鈐有「小庚」、「祖孫父子兄弟叔姪翰林」朱文印。（劉榮平）

閩詞鈔卷一

閩中葉申薌編輯

徐昌圖莆田人與兄昌嗣齊名初仕閩陳洪進歸宋
令昌圖奉表入汴太祖命爲國子博士累遷
殿中丞

木蘭花令

沈檀烟起盤紅霧一剪霜風吹繡戶漢宮花面學梅妝
謝女雪詩栽柳絮　長垂夭幕孤鸞舞旋炙銀笙雙鳳
語紅窗酒病對寒冰、冰覺相思無夢處　右花庵詞選

賭棋山莊詞學纂説一卷

［清］長樂謝章鋌輯　福建省圖書館藏稿本

是書專輯五家詞話，凡二十四則，計出毛先舒潠書二則、林昌彝射鷹樓詩話一則、梁紹壬兩般秋雨庵隨筆十四則、吴騫拜經樓詩話六則、李家瑞停雲閣詩話一則。謝氏嘗撰賭棋山莊詞話十二卷續編五卷，此稿即如盧前所言，「爲賭棋山莊詞話之資鑲」也。書衣有何振岱「謝江田夫子手稿，沈祖牟珍藏」、「受業何振岱敬讀一過」題識，卷末有盧前壬午年（一九四二）題識。林汾貽擁塵室讀書記云：「沈祖牟購平治樓書二十餘種，内有詞學纂説，謝枚如先生著，未審賭棋山莊詞話已否收入。」蓋謝氏身後此卷歸林宗澤，後轉歸沈氏。有「賭棋山莊著録」、「何振岱印」、「冀野經眼」諸印。（王　靖）

賭棋山莊詞學纂說

長樂謝章鋌枚如

唐名曲稱霓裳羽衣舊矣。然唐書樂志謂是河西節度使楊敬忠所獻。曲凡十二遍。又劉禹錫詩，開元天子萬事足。惟惜當年光景促。三鄉驛上望仙山。歸作霓裳羽衣曲。唐樂史太真外傳云，楊氏進見之日，奏霓裳羽衣曲。三說差不同而已。考碧雞漫志，以為西涼創作。明皇潤色之，似也。而外傳又稱妃醉中舞霓裳一曲。則妃特嫻此舞耳。製其曲當仍為明皇。趙宋填詞名有霓裳中序第一。亦鮮知其緣。余案夢溪筆談謂霓裳曲十二疊。前六疊無拍。至第七疊方有拍。而舞則填詞名中序

附录

福建文獻集成初編出版前言

傳承一地文脈、保存一地文獻之最佳途徑，莫過於編纂地方文獻叢書。今之地方文獻叢書由傳統之郡邑叢書演進而來，所收之書或求其全，或取其精；整理方式或點校，或影印，皆有益於文獻之傳佈。

福建之廣搜鄉邦著述、彙編爲通省之文獻叢書，肇始於二十世紀三十年代。當時有識之士董執誼、林汾貽、沈祖牟、郭白陽等，各出所藏孤罕之本，成立福建叢書編輯處，抄輯整理、薈萃成編，然以世事蜩螗，僅印行抑快軒文鈔一種。其餘若干種，尚存於福建省圖書館。當時抄輯之文本，今日亦成珍稀文獻，故知文獻之搜集、整理，使其繼替流傳，實每一時代責無旁貸之事，而文化傳承之精神，亦已蘊諸其中。

當今國力昌盛、文明日啓，福建乃有編纂八閩文庫之舉，以總結傳統文化之精髓，助益人文學術之研究，服務文化强省之建設。八閩文庫分「文獻集成」、「要籍選刊」、「專題彙編」三部分，其中福建文獻集成影印海内外所藏之珍稀福建文獻千餘種，將釐爲四編，陸續出版。本次印行者爲初編兩百册，分經史子集四部，收録文獻都二百一十七種，其中經部三十五種，史部六十一種，子部三十八種，集部八十三種。

茲將本編編纂之理念及收録文獻之特色略述如下：

一、本編屬展現福建區域文化之出版工程重要組成部分，爲勾勒福建歷史文化之風貌，必選入對歷史産生重大影響人物如朱熹、鄭樵、黄道周、鄭成功、林則徐等之著述。各家著述往往流佈較廣，本編多選取稿本、舊抄本，或稀見、精校刻本等珍善版本。

試舉明漳浦黄道周著述爲例。黄氏著述甚豐，然明刻本存世稀少，流佈較廣者爲清康熙間鄭開極彙刻、道光間彭藴章補刻石齋先生經傳九種本，含孝經集傳、易象正、三易洞璣、洪範明義、表記集傳（附春秋表記問業）、坊記集傳（附坊記春秋問業）、月令明義、緇衣集傳、儒行集傳等。乾隆間修四庫全書，九種而外又收入榕壇問業，並將春秋揆略、西曹秋思等列入存目。合以續修四庫全書、四庫禁燬書叢刊影印之博物彙典、詠業近集等數種明刻本，即爲當前學界常用之本，實以清代刻本或四庫寫本爲主。除此之外，浙江圖書館藏有明崇禎十五年刻本儒行集傳，福建省圖書館藏有孝經集傳明刻本，則尚未見中國大陸其他公藏，故本編僅收入儒行集傳、孝經集傳明刻本兩種。至於黄氏詩文，最初由弟子洪思編輯，明清之際多以抄本傳世，康熙間始付刊刻。較通行者如康熙五十三年鄭玟刻本黄石齋先生文集僅十三卷，續修四庫全書已據天津圖書館藏本影印；道光間陳壽祺編黄漳浦集五十卷，但刊刻時於違礙處有所删略。惟上海圖書館藏清佳山堂抄本黄石齋集，堪稱最近黄氏原稿面貌之本，二十世紀五十年代入藏上圖後，較少爲人所知，無論新編黄氏年譜，抑或整理黄氏文集，均未能利用此本，本編首次予以影印。

又如明末南安鄭成功、鄭經父子能詩文，有明延平二王遺集不分卷。因清廷忌諱，未能刊刻，僅以抄本流傳。今據復旦大學圖書館藏抄本影印。

二、古人著述匪易，流傳亦難，其稿本、抄本無論已刊、未刊，多以傳本稀少而爲人珍視。在基本古籍刻本之影印本已經普及情況下，本編尤爲注重訪求稿本及舊抄本。

舉未刊之清代閩省學者著述而言，本編影印之侯官林楓三禮備覽四卷，閩縣葉大莊詁經叢話四卷、閩中石刻記二卷、閩碑攷十卷，侯官劉家鎮説文分均再稾五卷，閩縣林茂春史記拾遺不分卷、漢書拾遺不分卷、後漢書考證一卷、後漢書拾遺一卷、後漢書校語不分卷、唐書詮要一卷，侯官魏本唐東越沿革表不分卷等，均以稿本行世；晉江陳遷鶴珍山陳庶子易説二十四卷，閩縣吴种説文引經異文集證五卷，閩縣趙在翰晉書補表二十五卷，閩縣龔一發遲陰堂詩存詩稿一卷、梅石山房詩鈔一卷、厚齋尺牘存稿不分卷等，均僅存抄本。清中期後福建研究説文之學者甚多，蔚爲風氣，上述説文分均再稾五卷、説文引經異文集證五卷外，又有復旦大學圖書館藏長樂梁運昌讀説文解字小箋稿本不分卷、中國國家圖書館藏長樂謝章鋌説文大小徐本録異稿本一卷、福建省圖書館藏謝章鋌説文閩音通稿本一卷附録一卷等，除謝氏書外皆未刊行，本編予以集中影印。

未刊稿本中包含鴻篇鉅製且獨具特色之著述，舉例而言，如中國國家圖書館藏清福清張甄陶撰正學堂五經通解不分卷，分周易傳義拾遺、尚書蔡傳拾遺、詩經朱傳拾遺、禮記陳氏集説刪補、春秋三傳定説五種，今存五十七册。其書援據豐富，漢宋兼采，紬繹群言，定爲一説，允稱清代前期福建之重要經學著述。

明末莆田鄭郊撰史統一百四十六卷，僅見上海圖書館藏清好古堂抄本一種，存一百十卷。撰者明亡後爲遺民，頗有效法宋代莆田鄭樵通志之志向與氣魄，其書以正統史觀述先秦至元代通史，分「正統」、「正而不統」、「統而不正」、「不正不統」、「正統之變」等類，又附以「師統」、「儒統」、「隱逸」、「方技」、「附記」各類。每類以時間爲序，仍遵正史體例，分世表、世紀、列傳各體，自成一家之言。

即使曾經刊刻之文獻，其稿本、抄本又有多種研究之價值，亦爲本編所重視。且當前之學術研究已不滿足於依靠一種固定文本，較多研究者往往藉助稿本或名家抄本、舊抄本，期望將研究推進一步。不僅研究一部書之内容，更據稿本、舊抄本研究其成書、流傳之經過，以及其中所藴含之撰者思想演進、師友學侣往來、學術群體形成之痕跡等。用心之學者，又可從中體會、效法古人之治學方法與撰著技巧。如清長樂梁章鉅撰文選旁證四十六卷，自晚清李慈銘以來多疑出他人代撰。本編影印之上海圖書館藏稿本，署「文選旁證弟八次稿本，道光乙未春日訂」，與道光十四年榕風樓序刊本自序所云「創於嘉慶甲子，丹黄矻矻，已三十餘年，中間凡八易稿」正相合，藉之可考梁氏文選旁證成書情形。

抄本亦選擇較有特色者，尤其注重與常見版本不同者。既爲進一步點校整理、學術研究提供便利，又可避免重複出版。如清光澤何秋濤擅長西北輿地之學及蒙元史，經義、小學亦多可觀，然遺稿散失，百不存一。本編影印之復旦大學圖書館藏一鐙精舍甲部藁江都李氏半畝園抄本八卷，編次與光緒刻本有異；一鐙精舍未定藁稿本一卷，多刻本未收之文。清閩縣王慶雲，咸豐間巡撫陝西、山西，總督四川，日記多當時之史料，近人金梁謂「世傳石渠餘紀出公手輯，爲考查掌故者所重。公之日記如能刊行，實較奏稿爲尤要」（王文勤公奏稿書後）。日記今存稿本一種及抄本二種，福建省圖書館藏王孝綺抄注本、中國社會科學院近代史研究所藏抄本及其整理本均節略王氏詩文，本編影印之中國國家圖書館藏稿本獨詳載之。

本編所收稿抄本中，亦有公藏以外之本。如明末永福黄文煥著述甚富，所撰詩經考、詩經瑯嬛體注、楚辭聽直、陶詩析義等，已爲學者所熟知。黄氏又撰有杜詩掣碧，前人曾加著録，但公藏書目未見著録，其罕見可知。今永泰黄氏藏清抄本一册，尚存七律、五律部分，可見其注杜之大概。黄文煥又撰有老子知常二卷，亦公藏所未見，本編據永泰黄氏藏清抄本影印。清末民初之長樂董執誼，搜羅福州鄉土民俗材料不遺餘力，其著述閩故别録、藕根齋摭拾等稿本均毁於兵燹。本編收入其後人所藏藕根齋存稿稿本一種。

三、區域文化之塑造必有歷代大量人物之參與。記載歷史人物之傳記，多可補正史、方志記載之不足；輯存各家詩文之總集，網羅放逸，保存文獻，亦可收以詩文存人、以人存史之效，故皆爲本編所注重。

録通省人物之傳記，如明清之際莆田吴鳳舉撰八閩人物志不分卷，收録唐代至明代人物數百人之小傳，史料來源頗廣。其書未刻，僅見上海圖書館藏稿本三十册。録一郡人物之傳記，如中國國家圖書館藏清海澄高維檜撰閩漳先賢列傳四卷，收録有明一代漳州六十九人之傳記。

傳記中專記一代嘉言懿行之言行録，自朱熹名臣言行録前、後二集開此體式，名臣、名儒，通代、斷代，後世多所撰述。清長樂梁章鉅輯國朝臣工言行記二十六卷，多清史稿、清國史列傳、文獻徵存録、碑傳集、耆獻類徵未見之人、未載之事。該書以抄本行世，本編據上海圖書館藏李洣校訂之清抄本影印。

閩省總集中，詩多而文少。已知文總集如真德秀清源文集、柯輅閩中文獻、鄭方坤嶺海文編等，皆已無存。本編所收總集之較具特色者，有上海圖書館藏清侯官王大經輯東治國朝文編三十五卷，稿本十七册，抄輯黎士弘至何治運凡三十五家文章。其中多有抄自未刻稿本者，或僅以抄本行世者，更有文章未編次成集者，均藉王氏文編而得存。福建省圖書館藏清甌寧葉承封輯閩文類編抄本不分卷，分類輯録自唐五代至清有關福建之文章，無論作者之籍貫，又屬專紀閩事之總集。

詩總集如梁章鉅輯乾嘉全閩詩傳十二卷首一卷，收入乾嘉間二百餘人之詩，各繫小傳，復引退菴詩話、注韓居詩話、閩海人文、蘭社詩略等書，乾嘉間閩人詩作未成集與詩集不存者，或賴此以傳。詩傳纂成未刻，本編據中國國家圖書館藏稿本影印。

四、明中期以降，文獻校藏之家皆以宋元舊本爲貴；清嘉道以還，又視黄跋顧校之文獻爲拱璧。凡迭經前代學者精心抄藏之名品，不惟版本多具特色，其本身亦屬文獻研究之對象，故爲本編編纂時所關注。

刻本如龜山先生語録後録，用明末毛氏汲古閣舊藏南宋咸淳間福建漕治刻本；北溪先生字義用瞿氏鐵琴銅劍樓舊藏明弘治刻本；滄浪集用清鮑廷博以元刻本手校之明末刻本。

抄本如唐書直筆新例用清顧錫祺校跋清影宋抄本；魏公譚訓用清昭文張氏愛日精廬抄本，有季錫疇識語；何博士備論用明穴研齋抄本，經何焯、翁方綱、黄丕烈、張蓉鏡、陸樹聲、周叔弢等遞藏，有黄丕烈、錢天樹、黄廷鑒、王芑孫、程恩澤跋；春渚紀聞用清吴翌鳳、黄丕烈、陳鱒、周星詒校跋明抄本；鐵圍山叢談用清錢謙益手校明秦氏雁里草堂抄本，錢謙益、錢曾、鮑廷博、張燕昌、孫從添、黄丕烈、汪士鐘等遞藏；四朝聞見録用清鮑廷博、顧廣圻手校清抄本，汪啓淑、鮑廷博、顧廣圻、張乃熊遞藏；覺非先生文集五卷，用清林氏樸學齋抄本，鄭杰、陳壽祺、楊浚遞藏；竹溪鬳齋十一藁續集用明長樂謝氏小草齋抄本，周亮工、李馥、何治運、陳壽祺、楊浚等遞藏；蘆川詞用明影宋抄本，錢曾、吴焯、黄丕烈、丁日昌等遞藏，有何焯題記、黄丕烈跋、繆荃孫跋；虚齋樂府用明末毛氏汲古閣影抄宋書棚本，朱彝尊、黄丕烈等遞藏。凡此各種，不僅版本精良、流傳有緒，更以藏印累累、題跋精妙而兼具鑒賞價值。

此外，清乾隆間開四庫全書館，徵訪天下遺書逾一萬三千種，擇其中近三千五百種編入四庫全書，内多精善版本。然所徵之書盡存於翰林院，迭遭諸厄，幸存於世者寥寥。本編所收中國國家圖書館藏清抄本游廌山先生集四卷，係四庫底本；卮林明抄本，爲四庫采進之本。

福建文獻集成之編纂出版工作，猶需略作説明者如下：

一、嚴格考辨作者及籍貫。本編所收均係閩人撰述或有關閩省之文獻，古人同名者及古今地名更易甚多，收入時均嚴格去取。古人同名者，如清代名陳壽祺且存著述傳世者有二人，一嘉道間閩縣人，一咸同間山陰人；又如張秉銓，一侯官人，字幼亦，同治十年進士，撰有于役百篇吟；一海昌人，字菊町，浙江圖書館藏課餘小草稿本一册，則署「海昌張秉銓菊町」。凡此類外省著述概不闌入。古今同地名者，如福建之德化，江西亦有德化（今九江）；福建之興化（今莆田），江蘇亦有興化；福建之永福（今永泰），廣西亦有永福。凡此籍貫混淆之撰者及其著述，均作謹慎區別。亦有若干舊題閩人文獻，編纂時經考辨不予收録，如福建省圖書館藏題惠安陳金城撰陳念庭文稿四册，除一篇外，多抄輯寧化李世熊、武進張成孫之文，蓋出陳氏舊藏，遂誤認作陳氏所撰者。

二、依據特點選擇版本。前已述及之稿抄本外，各書版本存留較多者，如刻本、抄本皆存之同一文獻，或存多種刻本之書，擇其版本佳善或較具特色者收入本編。

刻本多選擇足本、較早或流傳不廣之版本。如清建安鄭方坤撰本朝名家詩鈔小傳二卷，較多版本存在不同程度之删改，本編據上海圖書館藏清乾隆間杞菊軒刻初印本影印。唐晋江歐陽詹撰歐陽行周文集十卷，據中國國家圖書館藏明弘治十七年莊槩、吴晟刻本影印，以該本之底本源自明内府藏宋本。宋連江鄭思肖撰心史二卷，則以南明隆武政權建政於福州，選擇日本國立公文書館藏所謂「隆武」刻本。

名家稿本雖稱罕覯，然亦有數種稿本並存之情況。如馮登府閩中金石志，原爲道光福建通志金石門，以道光志毁棄而别行，至民國間由吴興劉氏嘉業堂刊刻，流佈始廣。今存稿本如上海圖書館藏三卷本、湖北省圖書館藏不分卷本、南京圖書館藏十四卷本，抄本如復旦大學圖書館藏本，本編則以南京圖書館藏稿本十四卷較完整而選爲影印之底本。又如寧波天一閣博物院藏梁章鉅稱謂録稿本兩種，其一即通行之三十二卷刻本之稿本，其一爲首次發現之十二卷本。兩本俱不全，然合而觀之，頗可考其成書過程，故皆予收入。

若不止一種抄本存世，則盡量選取較爲佳善之本。宋侯官林之奇三山拙齋林先生尚書全解四十卷，今存抄本四種，其中中國國家圖書館藏明末清初毛氏汲古閣本抄成時代較早且憑據舊本抄寫，故爲本編選定。清光澤高澍然爲嘉道間福建古文大家，所撰抑快軒文集迄未刊刻，有多種抄本傳世，本編所選底本爲復旦大學圖書館藏清楊浚抄本，凡七十四卷、六百一十九篇。不惟篇目較多，訛誤亦少。此外又有福建省圖書館藏抑快軒文集抄本一種三十卷，書中之周凱評語爲別本所未載，因而一併收入。

三、檢核全書釐正錯亂。現存古書以或經配補，或已改裝，常見編次之錯亂，尤以稿抄本爲甚。如福建省圖書館藏明福清郭造卿撰燕史清抄本，曾經改裝，其燕道記二因闕失首尾而誤入燕政記與燕統記之間，目録亦闕載，收入本編時據首都圖書館、北京大學圖書館藏本釐正。上海圖書館藏清梁章鉅文選旁證稿本，原書第六册卷三十後附有六葉散稿，經查核分别歸於卷八、卷四十六。

此外，中國國家圖書館藏清張甄陶撰正學堂五經通解，周易部分以首册缺失而書名未詳，本編乃據張氏墓誌銘、東越儒林後傳本傳、重纂福建通志經籍志等考其原名周易傳義拾遺。

四、遵照版本類型配補殘缺。存世古書常有殘缺，本編多收録珍稀稿抄本文獻，配補尤難，故僅以同類型者略事配補。如中國國家圖書館藏清抄本榕海舊聞，以復旦大學圖書館藏清抄本配補；中國國家圖書館藏明抄本後村詩話卷一至八，寧波天一閣藏同書卷九至十四，兩者恰成完璧。鄭孝胥海藏樓詩初刻八卷，續刻九、十兩卷，又續刻十一至十三卷，本編影印中國國家圖書館藏十卷本，又補以單行之卷十一至十三。其餘若文選旁證稿本、閩大記清抄本、福州府志稿本、閩鹾外記抄本等，雖屬殘帙，暫亦無從配補，則以其價值獨具而收入。

五、約請專人撰寫解題。各書之前，均冠以新撰解題一篇，道其内容大略、篇帙多寡、版本精粗及價值之所在。内容常見而版本珍稀者，則偏重其版刻或抄寫源流、各本異同等。雖力避流於空泛、襲蹈前人，然以解題語言凝練、知識密集、成於衆手，容易致誤，故黽勉從事，或將有助於讀者。

地方文獻叢書之編纂出版，端賴各圖書館之鼎力支持。本項目立項之初，擬收入若干佳善底本，然經目驗、調整，協商未洽者有之，書品殘損嚴重者有之，已簽訂排他性合同者有之，不予複製者有之，故不得不忍痛割捨、選擇其次；所訪之書，既有裝潢精美、丹黄爛然之名品，亦有簡斷編殘、鼠嚙蠹蝕之舊本，由是益知珍善古籍之影印保存，化身千百，實爲刻不容緩之事。

本編之出版，承蒙中國國家圖書館、福建省圖書館、上海圖書館、復旦大學圖書館、浙江圖書館、寧波天一閣博物院、南京圖書館等公藏機構與永泰黄氏、福州董氏後裔之支持，各書解題撰者之贊成，謹致謝忱。

二〇二〇年十月

福建文獻集成初編凡例

一、本編收入唐代至民國初以傳統方式撰寫之福建人著述，及有關福建之著述凡二百一十七種，其中稿本八十八種，抄本七十六種，刻本五十二種，油印本一種。

一、採用傳統四部分類法編次，獨撰或郡邑、氏族類叢書與類編，均按子目分別收録。其中醫學類文獻、通俗文學作品分別編入八閩文庫「專題彙編」之相關部分，另行出版。

一、各種文獻均著録書名、卷數、撰者、收藏者等項。書名據卷端題名著録，稿抄本書名爲後擬且欠妥者，酌予改動。卷數殘缺者注明實存多少，稿抄本不分卷者、卷數無考者均著録爲不分卷。撰者標明時代、籍貫，其籍貫依當時之行政區劃；籍貫爲福建省以外者不予標明。

一、所收文獻或經配補，或見改裝，其編次錯亂明顯者，予以釐正。

一、若干底本有所殘闕，僅以同類型者相配補。暫無從配補者，據現存部分收入。

一、以單色影印爲主，底本有朱筆或多色批校、圈點者，酌情採用彩色影印方式。

一、各書浮籤均予保留，並根據各自情況略作技術處理。

一、各書原有卷次，均於書眉標注；不分卷或稿抄本卷次難以釐清者則不標。

一、各書均作解題，其中著述較多撰者之小傳不避重複，但各册中僅出現一次，俾便讀者翻檢。

書名筆畫索引

一畫

二畫

三畫

四畫

八畫

九畫

十畫

十一畫

十二畫

十三畫

十四畫

十五畫

十六畫

十七畫

十八畫

十九畫

著者筆畫索引

四畫

六畫

七畫

八畫

九畫

十畫

十一畫

十二畫

十三畫

十四畫

十五畫

十七畫

十九畫

二十二畫

圖書在版編目（CIP）數據

福建文獻集成初編解題 / 八閩文庫編輯部編. -- 福州：福建人民出版社，2021.12
（八閩文庫. 專題彙編）
ISBN 978-7-211-08823-2

Ⅰ. ①福… Ⅱ. ①福… Ⅲ. ①地方文獻－彙編－福建
Ⅳ. ①K295.7

中國版本圖書館CIP數據核字（2021）第277977號

福建文獻集成初編解題

編　　者：八閩文庫編輯部
責任編輯：連天雄　莫清洋
美術編輯：陳培亮
出版發行：福建人民出版社
電　　話：0591—87533169（發行部）
網　　址：http://www.fjpph.com
電子郵箱：fjpph7221@126.com
地　　址：福建省福州市東水路76號
經　　銷：福建新華發行（集團）有限責任公司
印刷裝訂：雅昌文化（集團）有限公司
地　　址：深圳市南山區深雲路19號
電　　話：0755—86083235
開　　本：787毫米×1092毫米 1/16
印　　張：45.75
版　　次：2021年12月第1版第1次印刷
書　　號：ISBN 978-7-211-08823-2
定　　價：280.00元

本書如有印裝質量問題，影響閱讀，請直接向承印廠調換。
版權所有，翻印必究。